AF832393

Phonologische Diversität –
Wechselbeziehungen zwischen Phonologie, Morphologie und Syntax

Emmerich Kelih

Phonologische Diversität – Wechselbeziehungen zwischen Phonologie, Morphologie und Syntax

PETER LANG
EDITION

Bibliografische Information der Deutschen Nationalbibliothek
Die Deutsche Nationalbibliothek verzeichnet diese Publikation in der Deutschen Nationalbibliografie; detaillierte bibliografische Daten sind im Internet über http://dnb.d-nb.de abrufbar.

Diese Publikation wurde gefördert durch die Universität Wien.

ISBN 978-3-631-66432-2 (Print)
E-ISBN 978-3-653-05593-1 (E-PDF)
E-ISBN 978-3-631-69689-7 (EPUB)
E-ISBN 978-3-631-69690-3 (MOBI)
DOI 10.3726/978-3-653-05593-1

© Peter Lang GmbH
Internationaler Verlag der Wissenschaften
Frankfurt am Main 2016
Alle Rechte vorbehalten.
Peter Lang Edition ist ein Imprint der Peter Lang GmbH.

Peter Lang – Frankfurt am Main · Bern · Bruxelles · New York · Oxford · Warszawa · Wien

Das Werk einschließlich aller seiner Teile ist urheberrechtlich geschützt. Jede Verwertung außerhalb der engen Grenzen des Urheberrechtsgesetzes ist ohne Zustimmung des Verlages unzulässig und strafbar. Das gilt insbesondere für Vervielfältigungen, Übersetzungen, Mikroverfilmungen und die Einspeicherung und Verarbeitung in elektronischen Systemen.

Diese Publikation wurde begutachtet.

www.peterlang.com

za Mileno / für Milena
*17.10.2013

Inhalt

Vorwort

In der gegenwärtigen linguistischen Literatur ist eine lebendige Diskussion über die Bedeutung des Phoneminventars entbrannt. Insbesondere geht es um die linguistische Relevanz, die der Anzahl von Phonemen über die eine Sprache verfügt, zugesprochen werden kann. Aus vergleichenden typologischen Untersuchungen ist – die theoretischen Fragen und Probleme der Bestimmung eines Phoneminventars sind einstweilen auszublenden – eine erstaunliche Diversifikation in dieser Hinsicht bekannt: Natürliche Sprachen sind sowohl mit 13 Phonemen als auch mit über 120 Phonemen vollkommen funktional und stellen für die menschliche Sprachverarbeitung keine kognitive Hürde dar. In allen Fällen dienen die Phoneme als grundlegende Bausteine für die Bildung von sprachlichen Einheiten (wie z. B. Silben, Morphemen, Wortformen, Sememen u. Ä.). Das gilt für Sprachen mit relativ wenigen Phonemen genauso wie für Sprachen, die über eine hohe Anzahl von Phonemen verfügen. Im Kontext von Sprachursprungstheorien und der anthropologischen Linguistik wird gegenwärtig die Frage intensiv diskutiert, ob die Anzahl von Phonemen pro Sprache in irgendeiner Weise mit extralinguistischen Faktoren zusammenhängt. Im Konkreten geht es darum, ob z. B. der Phoneminventarumfang einer Sprache mit der jeweiligen Anzahl von Sprechern in einer wechselseitigen Beziehung steht – eine Diskussion, die nicht nur im engen linguistischen Kreis stattfindet, sondern mittlerweile auch die Leser von *Science* erreicht hat. Die genauen Hintergründe dieser Diskussion, die auf eine Wechselbeziehung von inner- und extralinguistischen Faktoren hinausläuft, werden einleitend nachzuzeichnen sein. Gleichzeitig ist aber die Diskussion auch der Ausgangspunkt für die eigentliche Frage- und Problemstellung, die im Mittelpunkt des vorliegenden Buches steht: Welche Wechselbeziehungen lassen sich ausgehend vom Phoneminventarumfang zu weiteren sprachlichen Merkmalen und Eigenschaften herleiten? Oder anders gefragt: Determiniert die Anzahl von Phonemen phonologische, silbenstrukturelle, morphologische, morphosyntaktische und lexiko-semantische Merkmale einer Sprache? Tendieren eventuell Sprachen mit einem geringen Phoneminventar zu einer bestimmten Art von Silbenstruktur? Kommen Sprachen mit einem hohen Inventar vielleicht mit relativ kurzen Morphemen aus? Hängt der (im Idealfall quantitativ charakterisierbare) morphologische Typus einer Sprache mit den grundlegenden Merkmalen des Phonemsystems zusammen? Welche Rolle spielt der Akzent als eine zentrale suprasegmentale Eigenschaft in dem skizzierten Beziehungsgeflecht?

Die Frage derartiger Wechselbeziehungen – in der gegenwärtigen typologischen Literatur wird in diesem Zusammenhang auch von *Ko-Varianz* gesprochen, d. h. vom Zusammenspiel und dem gegenseitigen Einfluss von unterschiedlichen linguistischen Merkmalen und Eigenschaften auf den unterschiedlichen Ebenen (Phonologie, Morphologie, Syntax, Lexik, Semantik) bzw. zwischen ihnen – steht seit Langem im Fokus der Sprachwissenschaft. Die Einführung strukturalistischer Denkschemata in die Linguistik führte vordergründig zur Überwindung einer bloßen Beschreibung (als isoliert verstandener) sprachlicher Einheiten und Ebenen, denn es wurde erkannt, dass Einzelteile noch kein funktionierendes Gesamtsystem ergeben. Aber gerade deshalb sind holistische Ansätze (die das „Ganze" vor Augen haben) von besonderer Bedeutung für das Verstehen des Funktionierens sprachlicher Systeme. Erinnert sei an dieser Stelle an die grundsätzlichen „holistischen" Überlegungen eines der Pioniere der modernen Sprachwissenschaft und Typologie Georg von der Gabelentz oder aber an die Arbeiten des Prager Typologen Vladimír Skalička. Beide Sprachwissenschaftler, deren Arbeiten und Überlegungen zeitweise fast in Vergessenheit gerieten, rückten Zusammenhänge, Verbindungen, Wechselwirkungen, gegenseitige Abhängigkeiten und wechselseitig bedingte Einflüsse, kurz gesagt Wechselbeziehungen zwischen sprachlichen Eigenschaften und Merkmalen, in den Fokus der modernen Sprachwissenschaft. Im Anschluss an diese älteren Ansätze wurden in den letzten Jahrzehnten darüber hinaus in der quantitativen und synergetischen Linguistik methodologische Ansätze entwickelt, die es nun erlauben die Frage nach linguistischen Wechselbeziehungen – eingebettet in einen systemtheoretischen Rahmen – auf eine valide theoretische, methodologische und empirische Basis zu stellen. In dem vorliegenden Buch wird die zentrale Frage nach den Wechselbeziehungen in sprachlichen Systemen anhand eines selektiven Merkmals, nämlich der Anzahl von Phonemen, über die eine Sprache verfügt (=Phoneminventarumfang), schrittweise erörtert. Deren Relevanz wurde, wie einleitend erwähnt, in der gegenwärtigen Diskussion zwar erkannt und mehr oder weniger zur Kenntnis genommen, dennoch ist in diesem Zusammenhang eine Reihe von Aspekten und Problemen unberücksichtigt geblieben. Es ist daher ein zentrales Anliegen des vorliegenden Buches einerseits forschungsrelevante theoretische und methodologische Fragen anzusprechen und andererseits auf die Vielzahl linguistischer Probleme und Schwierigkeiten zu verweisen, die sich bei der empirischen Untersuchung von mit dem Phoneminventarumfang verbundenen Eigenschaften ergeben können. In einem ersten Schritt ist mithin eine in Teilen wissenschaftshistorische Perspektive auf den Themenkomplex funktioneller Wechselbeziehungen geboten, die – ausgehend vom Phoneminventarumfang einer Sprache – von phonologischen, morphologischen, syntaktischen und semantischen Eigenschaften eingegangen werden können.

In diesem Sinne geht es u.a. um ein bewusst induktiv gehaltenes schrittweises Aufdecken von mit dem Phoneminventarumfang in Zusammenhang stehenden Merkmalen und Eigenschaften. Wie zu zeigen sein wird, lässt sich eine Vielzahl von einschlägigen Überlegungen aus unterschiedlichen Richtungen der Linguistik (Sprachtypologie, Systemlinguistik, Psycholinguistik, synergetische Linguistik, historisch-vergleichende Sprachwissenschaft, quantitative Linguistik, frequenzbasierte Linguistik, Universalienforschung etc.) extrahieren. Die aufeinander aufbauende Darstellung z. T. überkommener Annahmen zur Relevanz des Phoneminventarumfangs dient aber neben dem Ziel einer zusammenfassenden Synthese als zentrale Grundlage für das Aufdecken einiger Widersprüche und Inkonsequenzen, die sich aus dem kritischen Überblick ergeben. In einer abschließenden Zusammenschau geht es dann um eine Systematisierung der vielen mit dem Phoneminventarumfang in Zusammenhang stehenden Merkmale und Eigenschaften. Als ein weiteres Resultat der Arbeit wird ein sowohl theoretischer als auch methodologischer Vorschlag für eine systematische Untersuchung von linguistischen Wechselbeziehungen und Zusammenhängen präsentiert. Es wird insbesondere dafür plädiert, den Begriff *Wechselbeziehung* in einem statistischen bzw. mathematischen Sinne zu interpretieren und mit Hilfe bestimmter mathematischer Funktionen zu erfassen. Damit wird in einem letzten Schritt die Modellebene, die aus epistemologischer Sicht als die höchste Stufe der linguistischen Theoriebildung anzusehen ist, erreicht. Die vorliegende Arbeit bleibt aber einen genuin empirischen Beitrag zu dieser Art von Modellbildung nicht schuldig: Im abschließenden Teil wird am Beispiel slawischer Sprachen aufgezeigt, auf welche Art und Weise eine hypothesengeleitete Untersuchung selektiver Wechselbeziehungen des Phoneminventarumfangs durchzuführen ist. Es sind die entsprechenden Randbedingungen (Wahl der phonologischen Transkription, Bestimmung des Untersuchungsmaterials, Operationalisierung) zu reflektieren. Slawische Sprachen stehen dann im Mittelpunkt einer empirischen Untersuchung von zuvor im Detail begründeten Wechselbeziehungen zwischen dem Phoneminventarumfang und der Wortlänge. Auf dieser Basis werden eine Reihe von Konsequenzen für weiterführende Diskussionen abgeleitet. Für die Lektüre des vorliegenden Buches sind keine speziellen mathematischen oder statistischen Kompetenzen nötig, vielmehr steht die Diskussion relevanter linguistischer Hypothesen im Vordergrund. Die Entstehung des Buches geht auf eine langjährige Auseinandersetzung mit der Phonologie slawischer Sprachen und den Theorien und Methoden der quantitativen und synergetischen

Linguistik zurück, die zunehmend auf empirische Probleme und die damit verbundenen Bereiche fokussiert ist. Gabriel Altmann, Wolfgang Eismann, Peter Grzybek, Reinhard Köhler, Ján Mačutek und Steffen Heidinger sei in diesem Zusammenhang für wertvolle Anmerkungen und kritische Hinweise gedankt. Dem historisch-philologischen Geist der Wiener Slawistik sind konzeptuell einige Präzisierungen und Zuspitzungen der vorgestellten Problembereiche zu verdanken. Frank Steffen ist für das bewährte und umsichtige Lektorieren des Manuskriptes herzlichst zu danken. Zu danken ist auch dem Dekanat der Philologisch-Kulturwissenschaftlichen Fakultät für den geleisteten Druckkostenzuschuss.

Wien, im September 2016

1. Einleitung

Die Phonologie spielte lange Zeit die Rolle einer sprachwissenschaftlichen Königsdisziplin. In diesem Bereich wurde ein grundsätzlicher Terminologie- und Methodenapparat geschaffen, der von nachhaltiger Bedeutung für viele linguistische Schulen und Richtungen sowie die Beschreibung von linguistischen Einheiten ist. Die bedeutungsunterscheidende Funktion von Phonemen, die Merkmalsanalyse, die Eruierung von Minimalpaaren, die Berücksichtigung des distributionellen Kontextes (Phonemdistribution, Phonotaktik) und das stetige Anwachsen der Kenntnisse über grundlegende qualitative Eigenschaften der phonologischen Systeme der Sprachen unserer Welt ist mittlerweile integraler Grundbestand linguistischen Wissens. Wenngleich am Rande, werden aber – wie zu zeigen sein wird – mit erstaunlicher Beharrlichkeit auch immer wieder quantitative Charakteristika phonologischer Systeme thematisiert. Als ein auf den ersten Blick simpel erscheinendes quantitatives Merkmal eines phonologischen Systems gilt dabei die Anzahl von Phonemen (=Phoneminventarumfang)[1]. Diese Eigenschaft wird in dem vorliegenden Buch in einen entsprechenden Kontext gestellt und es wird nach ihrem aktuellen Stellenwert gefragt.

So geht es im zweiten Kapitel um die gegenwärtige Diskussion zum Phoneminventarumfang und die potenziellen Wechselbeziehungen zu extralinguistischen Faktoren, konkret um die Anzahl von Sprechern. Damit werden Fragen der sprachlichen Diversifikation und des Zusammenspiels von internen und externen Faktoren (Phoneminventarumfang als immanentes Merkmal vs. Sprecherzahl) angesprochen. Darüber hinaus wird aber die empirische Bandbreite hinsichtlich der Anzahl von Phonemen in den Sprachen der Welt aufgezeigt. Hierzu hat die Sprachtypologie und Universalienforschung in den letzten Jahrzehnten umfangreiches Wissen beigesteuert. Neben diesen durchaus interessanten Aspekten gilt es aber auch den Phoneminventarumfang als eine systemimmanente Eigenschaft zu interpretieren. Ein Phonemsystem ist ein abgeschlossenes Inventar von Einheiten, welches gut die quantitativen Beschränkungen sprachlicher Systeme vor Augen führt. Im konkreten Fall lassen sich die empirisch beobachtbaren Beschränkungen (es gibt keine natürliche Sprache

---

1 In der englischsprachigen Literatur wird etwas präziser vom *phoneme inventory size* gesprochen. Im Folgenden wird an einigen Stellen aus stilistischen Gründen der Begriff Phoneminventarumfang als Synonym zu Phoneminventar verwendet. In beiden Fällen ist damit die Anzahl von Phonemen gemeint, über die eine Sprache verfügt.

mit z. B. 200 Phonemen) durch physische und psychologische Gegebenheiten begründen. Diese Beschränkungen zeigen auch die Grenzen der menschlichen Sprachverarbeitung auf. Gleichzeitig spielt der Phoneminventarumfang aber auch eine zentrale determinierende Rolle für über der Phonemebene liegende Eigenschaften und Merkmale.

Das dritte – äußerst umfangreiche – Kapitel ist eine systematische Aufarbeitung von in der Vergangenheit in der linguistischen Literatur diskutierten Wechselbeziehungen, die vom Phoneminventar ausgehen. Wie zu erwarten, sind in erster Linie phonologische Eigenschaften selbst von besonderer Bedeutung. Zentral ist die Differenzierung zwischen segmentalen und suprasegmentalen Eigenschaften, weil in Abhängigkeit davon nicht nur erhebliche Unterschiede bei der Festlegung eines bestimmten Phoneminventarumfangs festzustellen sind; es gilt auch die Bedeutung des Akzents zu klären und (insbesondere quantitativ erfassbare) silbenphonologische Eigenschaften hervorzuheben, da sie ebenfalls mit dem Phoneminventarumfang in einer Wechselbeziehung stehen. In einem weiteren Schritt ist zu klären, inwieweit der Phoneminventarumfang morphologische bzw. morphosyntaktische Eigenschaften einer Sprache determinieren kann. Diskutiert wird die Frage, ob der morphologische Typus einer Sprache in irgendeiner Weise mit der Anzahl von Phonemen zusammenhängt, über die diese Sprache verfügt. Spätestens an dieser Stelle wird die Ausweitung auf eine Vielzahl von potenziellen Einflussfaktoren vor Augen geführt, die in der einen oder anderen Weise mit dem Phoneminventarumfang in Verbindung gebracht werden können. Es sind dies unterschiedliche morphologische Kodierungsstrategien, Längungs- und Kürzungstendenzen sprachlicher Ausdrücke, Fragen der Beschränkung von Morpheminventaren, die Häufigkeit von Morphemen und Lexemen, morphosyntaktische Eigenschaften, aber auch Sprecher- und Hörerbedürfnisse, die Einfluss auf die Ausgestaltung eines sprachlichen Systems haben. Unter anderem sind Distinktivität, Redundanz und Ambiguität sprachlicher Zeichen zu nennen. So gelangt man – selbst wenn die Rolle des Phoneminventarumfangs zunächst in den Hintergrund zu rücken scheint – zu Fragen der semantischen Organisation sprachlicher Systeme, deren grundlegendes Kennzeichen die Polysemie bzw. Ambiguität ist. Auch diese Merkmale lassen sich mit dem jeweiligen Phoneminventarumfang einer Sprache in Verbindung bringen. Die Zusammenschau der Vielzahl von Einflussfaktoren ist begleitet von einer sukzessiven Einbettung der Frage nach dem Phoneminventar in theoretische Probleme der Sprachwissenschaft wie die der sprachlichen Ökonomie, die der Kompensationsmechanismen und die der linguistischen Komplexität. Alle drei Bereiche lassen sich mit dem Phoneminventarumfang in Verbindung bringen, wenngleich dazu sowohl eine Schärfung des Begriffes *Wechselbeziehung* als auch die Frage nach einer stringenten empirischen Untersuchung notwendig sind.

Nachdem exemplarisch das Netz von Zusammenhängen auf der Basis des Phoneminventarumfangs illustriert worden ist, widmet sich das vierte Kapitel den unterschiedlichen Interpretationen und dem terminologischen Spielraum der Begriffe *Wechselbeziehung*, *Zusammenhang*, *Abhängigkeit* und *Interrelation*. Es wird dafür plädiert Wechselbeziehungen nicht in einem breiten Sinne als gegenseitig sich beeinflussende Eigenschaften und Größen zu verstehen, sondern es wird versucht den Begriff *Wechselbeziehung* auf eine Modellebene zu stellen: Linguistische Wechselbeziehungen lassen sich auf der Ebene statistischer und mathematischer Modelle erfassen. Für die Modellierung sind neben statistischen Korrelationsmethoden – die in der Linguistik mittlerweile in vielen Fällen mit Erfolg angewandt werden – lineare Regressionsmodelle und insbesondere nichtlineare Ansätze von Bedeutung. Die letztgenannte Form mathematischer Modellierung lässt sich vortrefflich aus synergetischen und in der quantitativen Linguistik diskutierten Ansätzen ableiten. So ergibt sich eine sowohl theoretisch als auch methodologisch reflektierte Grundlage, die eine solide Basis für empirische Untersuchungen linguistischer Wechselbeziehungen darstellt.

Das fünfte Kapitel beinhaltet einleitend eine fokussierte Zwischenbilanz von ausgewählten Wechselbeziehungen des Phoneminventars. Das Hauptaugenmerk gilt dabei insbesondere Eigenschaften, die entweder als quantitative Begriffe in Erscheinung treten bzw. quantitativ interpretiert (operationalisiert) werden können. Im Detail geht es vor allem um Faktoren, die einen Einfluss auf die Wechselbeziehung von Phoneminventarumfang und Wortlänge haben können. Es ist dies eine Vielzahl von interagierenden Eigenschaften, die die multidimensionale Verwobenheit und hohe Komplexität dieser Wechselbeziehungen deutlich machen. Die empirische Dimension dieser Fragestellung und damit verbundene Probleme werden sodann einerseits in Form einer Reanalyse von Daten aus der Sekundärliteratur und andererseits auf der Basis von adäquatem Textmaterial aus slawischen Standardsprachen (Bulgarisch, Kroatisch, Mazedonisch, Obersorbisch, Polnisch, Russisch, Serbisch, Slowakisch, Slowenisch, Tschechisch, Ukrainisch, Weißrussisch) demonstriert. In diesem Zusammenhang geht es dann um die Klärung und Diskussion von ausgewählten Randbedingungen. U. a. werden anhand der untersuchten slawischen Sprachen grundsätzliche Probleme der Bestimmung von Phoneminventaren und einer einheitlichen phonologischen Transkription diskutiert. Besondere Aufmerksamkeit wird der Frage einer adäquaten Textbasis gewidmet, in der die Wortlänge bestimmt wird. Es wird für die Verwendung einer homogenen Vergleichsbasis plädiert, die im vorliegenden

Fall durch die Untersuchung adaptierter Swadesh-Wortlisten für slawische Standardsprachen und slawischer Paralleltexte gewährleistet erscheint. Im Detail wird auch die Form eines notwendigen phonologischen bzw. morphologischen Inputs angesprochen, die bei der Analyse der Wortlänge zu berücksichtigen ist (Lemma, Wortformen-Types, Wortformen-Tokens). Mit Hilfe des vorgestellten statistischen Methodenapparats wird eine Modellierung der Zusammenhänge von Phoneminventarumfang und Wortlänge durchgeführt und auf ihre empirische Validität hin überprüft. Die sich für die untersuchten slawischen Sprachen zum Teil ergebende Nicht-Übereinstimmung mit theoretischen Annahmen wird abschließend als Ausgangspunkt für eine kritische Neubewertung der Rolle des Phoneminventarumfangs herangezogen.

Das abschließende sechste Kapitel gibt die wichtigsten Resultate der vorliegenden Monografie wieder und versteht sich als Plädoyer für eine auf quantitativen Begriffen fußende Untersuchung linguistischer Wechselbeziehungen. Die propagierte Art der Untersuchung linguistischer Wechselbeziehungen sollte als Gradmesser der Komplexität sprachlicher Systeme, der Wirkkraft von Kompensationsmechanismen und der sprachökonomisch motivierten Strukturierung von sprachlichen Systemen verstanden werden. Abgeschlossen wird mit einer kritischen Evaluierung offener theoretischer, methodologischer und empirischer Probleme von Hypothesen, die einen Bezug zu linguistischen Wechselbeziehungen aufweisen, und dem zentralen Hinweis auf die Notwendigkeit einer künftigen Ausarbeitung von Modellen, die in der Lage sind multidimensionale Abhängigkeiten zu erfassen.

2. Linguistische Relevanz des Phoneminventarumfangs

Eines der Ziele des folgenden Kapitels ist es, einen Einblick in die gegenwärtigen linguistischen Diskussionen zu geben, in denen der Phoneminventarumfang in der einen oder anderen Form eine Rolle spielt. Zu beginnen ist mit extralinguistischen Faktoren wie der Sprecherzahl, da diese mit dem Phoneminventar in einem Zusammenhang zu stehen scheint. Im Anschluss an den Überblick und die Herausstellung von Kritikpunkten und konzeptuellen Problemen der Postulierung derartiger Zusammenhänge sind einige theoretische Erklärungsversuche darzulegen, die sich mit der Frage auseinandersetzen, warum die Phoneminventare in den Sprachen der Welt eine so breite Streuung bzw. eine so hohe Diversifikation aufweisen. Immerhin kommt ein Großteil von Sprachen mit einem relativ geringen Phoneminventar von im Durchschnitt ca. 30 Phonemen (bei einer Zählung ohne Berücksichtigung von suprasegmentalen Eigenschaften) aus. Nach der Besprechung vornehmlich funktioneller Erklärungsversuche werden statistische Daten zur Häufigkeit von Phoneminventaren in ausgewählten Sprachen der Welt angeführt, die im Rahmen der an sprachlichen Universalien orientierten Sprachtypologie diskutiert werden, um einen Einblick in die empirische Bandbreite des Phänomens zu geben.

2.1 Phoneminventarumfang und Sprecherzahl: Zusammenhänge?

In der linguistischen und anthropologischen Literatur der letzten Jahre gibt es eine umfangreiche Diskussion zur Bedeutung des Phoneminventars in den Sprachen der Welt. Unter anderem vermeinte Atkinson (2011) in einem prominent in der Zeitschrift *Science* publizierten Aufsatz zur Frage des Sprachursprungs den „ultimativen" Beweis für eine Entstehung der Sprache in Afrika gefunden zu haben. Diese in der Sprachursprungstheorie weit verbreitete, wenngleich umstrittene Annahme, wird von Atkinson mit der Anzahl von Phonemen verknüpft, über die eine Sprache verfügt. Seine Argumentation umfasst folgende Punkte:

1. Es gibt einen Zusammenhang zwischen der Anzahl von Sprechern einer Sprache und deren Phoneminventarumfang (untersucht werden immerhin 504 Sprachen aus dem *WALS – Word Atlas of Language Structures*, vgl. dazu Haspelmath et al. 2005). Je kleiner eine Sprechergruppe, desto geringer sei

auch das Phoneminventar bzw. je mehr Sprecher eine Sprache habe, desto höher sei die Anzahl von Phonemen in der betreffenden Sprache.

2. Die „phonologische Diversifikation", die mit der Anzahl von Phonemen pro Sprache operationalisiert wird, sei in Afrika am höchsten und nähme, so die weiterführende Behauptung, mit zunehmender geographischer Distanz ab. So fänden sich in Afrika die Sprachen mit den höchsten, in Südamerika und Ozeanien aber die Sprachen mit den geringsten Phoneminventaren.

In diesem Fall nimmt Atkinson, der im Übrigen kein Linguist ist, offenbar eine parallele Entwicklung der (phylo)genetischen (sog. *Gründereffekt* als genetische Abweichung und – ausgehend von einer angenommenen Stammpopulation – eine mit der Zeit zunehmend geringere Diversifikation) und der linguistischen Diversifikation an, die sich seiner Ansicht nach anhand der unterschiedlichen Ausprägung von Phoneminventaren in den Sprachen der Welt ablesen lässt.

Ohne Zweifel gelingt es Atkinson mit seinen Überlegungen gezielt Fragen der Diversifikation bzw. von Diversifikationsprozessen im Bereich linguistischer, anthropologischer und biologischer Forschungen (Nettle 1999) in einen wechselseitigen Zusammenhang[2] zu bringen. Wie sich allerdings aus der Vielzahl

2 Implizit wird von Atkinson (2011) angenommen, dass ein ursprüngliches Phoneminventar einer hypothetischen Ursprache über eine hohe Anzahl von Phonemen verfügt hat. Diese Behauptung hat grundsätzlich spekulativen Charakter. Von Nutzen könnte allerdings ein Blick in den kindersprachlichen Erwerb von Phoneminventaren sein, was mit Blick auf die neuesten Forschungen insbesondere in Bezug auf die perzeptuelle Erkennbarkeit von Vokalen bzw. Konsonanten interessant ist. Laut Jusczyk (1992: 26) haben Neugeborene bis zum Alter von vier Monaten eine hohe perzeptuelle Sensibilität sowohl gegenüber vokalischen als auch konsonantischen Lauten. Bekanntlich ist der Erwerb von Sprache bei Kindern ein gradueller Prozess und daher ist von einer sukzessiven Aneignung der phonologischen Kontraste und der phonologischen/allophonischen Segmente auszugehen. Allerdings meint das – im Gegensatz zu der älteren Annahme von Jakobson (1969: 60 ff.) – nicht automatisch, dass es eine bestimmte Reihenfolge der Aneignung (vgl. Dinnsen 1992: 193) geben muss. Angeführt wird aber, dass (so zumindest im amerikanischen Englisch) zuerst die vokalischen Segmente und erst dann das Konsonantensystem (Menn/Stoel-Gammon 1995: 348) erworben werden. Bereits seit Längerem ist der stetig verlaufende Zuwachs an Vokalen und Konsonanten bzw. der Erwerb des Phonem- bzw. Lautinventars (*phonetic inventory model*) im Kindersprachenerwerb gut untersucht (vgl. referierend Stoel-Gammon 1992: 448 f.). Demnach ergibt sich, dass bis zu einem Alter von zwei Jahren von einem stetigen und regulären und statistisch modellierbaren Zuwachs des Konsonanteninventars (analog dazu des Silbeninventars) bzw. des Verhältnisses von Vokalen und Konsonanten gesprochen werden kann (vgl. dazu Bauer 1988: 366 ff., Kent/Miolo 1995: 313 sowie

ablehnender und kritischer Rückmeldungen ablesen lässt[3], ist der Autor doch etwas voreilig weit über das Ziel hinausgeschossen.

Aus linguistischer Sicht müsste – wenn man seine Annahmen irgendwie stützen wollte – gelten, dass Sprachen am Anfang ihrer Entwicklung eine sehr hohe Diversifikation (d. h. eine hohe Anzahl von unterschiedlichen Phonemen) aufweisen und tatsächlich in Afrika anzusiedeln wären. Darüber hinaus müsste gelten, dass es sich bei den Sprechern dieser Sprachen um kleine Gruppen gehandelt hat, bei denen ein schneller Verlust von Phonemen (=Minimierung des Inventars) auf der Zeitachse zu beobachten ist. Darüber hinaus müsste tatsächlich im Laufe von Siedlungsbewegungen eine gleichzeitig stattfindende Änderung der Phoneminventare zu beobachten sein.

Es steht hier nicht an die weitreichenden Probleme des Sprachursprungs und die spekulative Frage eines ursprünglichen Phoneminventarumfangs zu thematisieren,[4] vielmehr gilt es, auf einen zentralen linguistischen Aspekt der Argumentation von Atkinson einzugehen: Es ist dies die Idee eines Zusammenhangs zwischen der Anzahl von Sprechern einer Sprache und deren Phoneminventarumfang. Diesen Zusammenhang hat Atkinson – und das wird im Folgenden im Detail zu zeigen sein – mehr oder weniger ungeprüft und unreflektiert aus der einschlägigen linguistischen Literatur entnommen. Bereits vor einigen Jahren haben Hay/Bauer (2007) in der prominenten linguistischen

---

spezieller und ausführlicher Robb/Bauer 1991). Das wurde auch für gehörgeschädigte Kinder festgestellt, die sich allerdings später und nur in reduzierter Form Lautinventare aneignen können (vgl. dazu Serry/Blamey 1999). Die wichtigste Erkenntnis aus diesen Studien ist aber, dass Phoneminventare graduell und sukzessive erworben werden bzw. vokalische Kontraste – dies könnte auch für ernstzunehmende Hypothesen zum Sprachursprung relevant sein – zuerst erkannt und produziert werden. In jedem Fall ließe sich induktiv ein Prinzip der Entwicklung von „einfach" zu „komplex" postulieren, welches auf eine sukzessive Erweiterung des Phoneminventars hinausläuft.

3 Vgl. dazu u.a. Ross/Donohue (2011), Sproat (2011), Trudgill (2011), Wang et al. (2012). Weitere Details dazu am Ende dieses Unterkapitels.

4 Der interessierte Leser sei u.a. auf Hunley/Bowern/Healy (2012) verwiesen, die auf eine Reihe von Inkonsistenzen der Argumentation von Atkinson (2011) hinweisen. Insbesondere wird gezeigt, dass Phoneminventare bzw. vorkommende Phoneme keine zuverlässigen Informationen über Evolutionsprozesse liefern, da die Veränderungsrate von Phonemen bzw. Phonemsystemen ihrer Ansicht nach sehr hoch und de facto nicht modellierbar ist. Auch zeigen Maddieson et al. (2011), dass die phonologische Diversifikation (definiert anhand eines Bündels von phonologischen Merkmalen) keineswegs mit zunehmender Entfernung von Afrika abnimmt, sondern dass immer wieder lokale (d. h. areal bedingte) Ausreißer zu beobachten sind.

Zeitschrift *Language* in einer Studie den potenziellen Zusammenhang zwischen dem Phoneminventarumfang einer Sprache und der Anzahl von Sprechern postuliert. Die statistische Untersuchung von 216 Sprachen aus unterschiedlichen Arealen der Welt zeigt im Ergebnis, dass es überraschenderweise tatsächlich folgende starke Korrelation zu geben scheint: Je höher die Sprecherzahl, desto größer das Phoneminventar. Dieser Befund war selbst für die Autoren (Hay/Bauer 2007: 398) derart überraschend, dass sie freimütig zugeben, ihnen sei nicht klar, worin die tieferliegende theoretische Begründung für diesen empirisch belegbaren Zusammenhang liegen könnte. Dazu ist ein genauerer Blick in einige Arbeiten der Sprachtypologie und der Soziolinguistik vonnöten, der tatsächlich einige Aspekte zu Tage fördert, die mit dem Inventarumfang von Phonemsystemen in Zusammenhang zu bringen sind. Bei etwas näherer Betrachtung lassen sich tatsächlich einige relevante linguistische Ansatzpunkte ausmachen, die – abgesehen von induktiv gefundenen Zusammenhängen – durchaus von theoretischer Relevanz sein könnten.

Einige wichtige Hinweise findet man z. B. bei Trudgill (2004), der in seinem Beitrag *Linguistic and social typology. The Austronesian migrations and phoneme inventories* in *Linguistic Typology* eine Reihe von Faktoren thematisiert, die Einfluss auf die Herausbildung eines ungewöhnlich kleinen bzw. großen Inventars von Phonemen in einer Sprache haben können. Genauer gesagt geht es um außersprachliche soziolinguistische Faktoren, die für eine „extreme" Ausprägung von Phoneminventaren verantwortlich zeichnen. Bevor diese nun im Detail besprochen werden, ist anzumerken, dass Trudgill in erster Linie austronesische Sprachen vor Augen hat und nicht unbedingt auf Verallgemeinerung zielt.

Folgende Einflussfaktoren auf die Ausprägung von Phoneminventaren werden von Trudgill (2004: 312) angeführt bzw. durch den Bezug auf ältere (sozio-) linguistische Arbeiten geltend gemacht: Erstens der Sprachkontakt, der aufgrund von Entlehnungen in der Regel zu einer Ausweitung von Phoneminventaren führt. Im Gegensatz dazu müsste ein weniger intensiver Sprachkontakt und ein hoher soziokultureller Isolationsgrad einer Sprache zu einem kleineren Phoneminventar führen. Zweitens ist Trudgill (2004: 314) der Meinung, dass die Größe einer sprachlichen Gemeinschaft eine Rolle spielen könnte, da eine kleine Sprachgemeinschaft unter Umständen über einen hohen Anteil an gemeinsamer Information verfüge und daher in der alltäglichen Kommunikation mit einem niedrigen Grad an Redundanz auskommt. Das führe wiederum dazu, dass eine kleine Sprachgemeinschaft – so die etwas voreilige Schlussfolgerung von Trudgill (2004: 315) – mit einem kleineren Phoneminventar ihr Auskommen haben könnte[5]. Die diesbezüglichen Annahmen von Trudgill (2004) sind in der nachfolgenden Literatur zu Recht intensiv diskutiert worden. In diesem Zusammenhang sollen die aus unserer Sicht besonders treffenden Einwände und empirischen Beobachtungen, die gegen diese Annahmen sprechen, kurz angeführt werden:

1. Trudgill's Thesen, die hauptsächlich durch ihren Bezug auf austronesische bzw. polynesische Sprachen gestützt werden, können für nordamerikanische Sprachen nicht bestätigt werden, die trotz eines hohen Isolationsgrades und deutlicher Resistenz gegenüber Entlehnungen dennoch über große Inventare verfügen. Auch ist keine diachrone Tendenz zur Simplifizierung[6], d.h.

---

5 Darüber hinaus geht Trudgill auf den Einfluss eines kleineren Phoneminventars auf die Wortlänge und weitere Faktoren wie Größe und Anzahl von Sprachkontakten ein. Im Laufe der Arbeit wird noch zu zeigen sein, dass Redundanz tatsächlich mit dem Phoneminventarumfang einer Sprache in Zusammenhang gebracht werden kann, allerdings scheint sich Trudgill der systemlinguistischen Komponente bzw. der Komplexität dieser Problematik nicht bewusst zu sein. Insbesondere fehlt bei ihm ein Vorschlag zur empirischen Erfassbarkeit des Begriffes *Redundanz*. Diese wäre zum Beispiel anhand der Häufigkeit von Phonemen operationalisierbar. Vgl. dazu Kapitel 3.1.3 zur Wiederholungsrate von Phonemen in Relation zum zugrunde gelegten Phoneminventar. Hinsichtlich der Rolle der Wortlänge ist auf Wichmann/Rama/Holman (2011) zu verweisen, die eine Wechselbeziehung zum Phoneminventarumfang herleiten und sich dabei auf die Studien von Nettle (1995, 1998) beziehen, der bereits empirische Evidenz für eine negative Korrelation liefert: Je höher der Phoneminventarumfang, desto geringer die Wortlänge. Diese Resultate werden in Kapitel 3.3 und Kapitel 5 analysiert und einer kritischen Neubewertung unterzogen.

6 Klein (2006a: 48) kommt zu dem Ergebnis, dass der Umfang des Phoneminventars von Kreol-Sprachen (untersucht werden afrikanische Sprachen) in vielen Fällen geringer ist als das Phoneminventar der zugrunde gelegten „Substrat-Sprache(n)". Erklärt wird das durch Vereinfachungs- und Ökonomietendenzen, die bei einer Kreolisierung vonstattengehen. Auf der Basis von geographisch nicht gewichteten Sprachen wird des Weiteren gezeigt, dass Kreolsprachen keineswegs „einfache" (kleinere) Phoneminventare haben, sondern „typische" Phoneminventare nach dem Mittelwert aus der UPSID-Datenbank (=ca. 30 Phoneme). Ähnliches konnte Klein (2006b: 13 ff.) auch für das Vokalinventar nachweisen. Demnach wäre es nicht begründet von einer Simplifizierung von Kreolsprachen in Hinsicht auf das Phoneminventar zu sprechen. In Mukherjee et al. (2007) konnte empirisch gezeigt werden, dass Konsonanteninventare über eine höhere Redundanz (berechnet auf der Grundlage von distinktiven Merkmalen) als Vokalinventare verfügen. Die oben angeführte Behauptung müsste in jedem Fall durch eine gesonderte Untersuchung des Vokal- und Konsonantensystems untermauert werden

eine Verkleinerung von Phoneminventaren im Laufe der Sprachgeschichte, nachzuweisen (vgl. dazu Rice 2004).

2. Ein weiteres Gegenargument ist, dass es offenbar einen Zusammenhang zwischen einem kleineren Phoneminventar und der arealtypologischen Zugehörigkeit von Sprachen gibt: So zeigt Hajek (2004) auf der Basis der UPSID-Datenbank (*The UCLA Phonological Segment Inventory Database*), dass z. B. Sprachen mit kleinen Inventaren in der Region von Neuguinea zu finden sind. In diesem Punkt sind keine Verallgemeinerungen möglich, da auch andere Areale hinsichtlich ihres Isolationsgrades a priori (Gebirgsregionen, Wüsten, isolierte Gemeinschaften in tropischen Arealen usw.) als besonders anfällig für kleine Phoneminventare gelten müssten. Ähnlich unsicher ist der Zusammenhang zwischen der Ausprägung des Phoneminventars und der genetischen Zugehörigkeit von Sprachen, der zwar nicht auszuschließen ist, bis dato aber noch nicht eingehend empirisch überprüft wurde. In populärwissenschaftlichen Darstellungen wird gerne auf afrikanische Sprachen bzw. Kaukasussprachen verwiesen, die über sehr große Inventare verfügen.
3. Veränderungen des Phoneminventars (=Verkleinerung bzw. Vergrößerung der Anzahl von Phonemen) können nicht durch soziolinguistische Faktoren allein erklärt werden. Aus phonologischer Sicht ist zu berücksichtigen, dass nicht immer „ganze“ Phoneme aus einem sprachlichen System fallen, sondern in der Regel zuerst einzelne phonologische Kontraste ihre Funktion in bestimmten Positionen verlieren; erst danach kommt es zu einer Änderung in der Anzahl von Phonemen (vgl. dazu Kabak 2004). Dieses Argument richtet sich aber im Grunde nicht gegen die Hypothesen von Trudgill, sondern bezeichnet einen für künftige Diskussionen wichtigen ergänzenden Tatbestand.

Bevor auf weitere Faktoren eingegangen werden kann, ist auf den eingangs formulierten Zusammenhang zwischen dem Phoneminventarumfang einer Sprache und der Sprecheranzahl zurückzukommen. An diesem empirisch gefundenen Zusammenhang in Form einer statistisch positiven Korrelation („je mehr Sprecher, desto höher das Phoneminventar“) ist – insbesondere mit Blick auf die Arbeiten von Atkinson (2011) und Hay/Bauer (2007) – ebenfalls aus unterschiedlicher Perspektive Kritik geübt worden:

1. Grundsätzlich wird auf unterschiedliche Möglichkeiten einer Operationalisierung der zu untersuchenden Einheiten, d. h. der Bestimmung des

bzw. es wäre zu klären, ob Vokale oder tatsächlich die Konsonanten einen größeren Beitrag zur Redundanz leisten.

Phoneminventars und der entsprechenden Anzahl von Sprechern, über die eine Sprache verfügt, verwiesen. Es geht um Fragen einer einheitlichen Phonemdefinition bzw. um den Umgang mit suprasegmentalen Eigenschaften bei der Bestimmung von Phoneminventaren. Darüber hinaus wird angeführt, dass die Anzahl von Phonemen oder auch die Anzahl von Vokalen und Konsonanten ein zu einfacher Gradmesser für die phonologische Komplexität bzw. phonologische Diversifikation von Sprachen ist. Zu weiteren Details vgl. Ross/Donohue (2011).

2. Aus linguistischer Sicht wäre bei der Bestimmung von Phoneminventaren zwischen der phonologischen und der phonetischen Ebene zu unterscheiden. Diese Unterscheidung ist nicht nur konzeptueller, sondern auch qualitativer Natur. Wie Bowern (2011) betont, ist eine Diversifikation eher auf der phonetischen bzw. allophonischen Ebene zu beobachten, während ein Phoneminventar per se als sprachwissenschaftliche Abstraktion bzw. abstrakte Beschreibungseinheit zu verstehen ist, die mit einer minimal notwendigen Anzahl von konstituierenden Merkmalen erstellt wird. In diesem Sinne müsste für die oben angeführten Untersuchungen das Inventar von Allophonen und nicht das Phoneminventar als Bezugsgröße dienen.
3. Ein Großteil der Kritik bezieht sich auf statistisch-methodologische Details der Untersuchungen von Hay/Bauer (2007) und Atkinson (2011). So liefert bereits Pericliev (2004) mit statistischer Evidenz Argumente gegen einen Zusammenhang zwischen der Größe einer Sprachgemeinschaft und der Ausprägung des Phoneminventars. Die Auswertung der Phoneminventare der UPSID-Datenbank mit Blick auf die Sprecherzahl[7] der jeweiligen

7 Die Untersuchung von Pericliev (2004) bezieht sich inhaltlich und konzeptuell auf die Arbeit von Trudgill (2004). Zu bedenken ist allerdings, dass Trudgill in seinem Ansatz nicht nur von der Sprecherzahl spricht, sondern auch von der Dichte der Sozialstruktur einer Sprechergemeinschaft und der unterschiedlichen Stärke oder Schwäche des Sprachkontaktes. All diese Faktoren fließen in die bivariate Analyse von Pericliev nicht ein. Für zukünftige Untersuchungen wäre zu überlegen, ob und wenn ja, in welcher Weise diese Faktoren sinnvoll operationalisiert werden könnten. Nach der Veröffentlichung des Artikels von Atkinson (2011) in *Science*, der sich u.a. auf Trudgill (2004) stützt, verweist Trudgill (2011) folgerichtig darauf, dass er keinen einfachen Zusammenhang zwischen der Anzahl von Sprechern und dem Phoneminventarumfang vor Augen hat, sondern eben eine Vielzahl von soziolinguistischen Faktoren postuliert, die es bei derartigen Untersuchungen zu berücksichtigen gilt. In Maddieson et al. (2011) wird u.a. unter ausführlicher Bezugnahme auf die einschlägige Literatur diskutiert, inwiefern phonologische Komplexität mit klimatischen Bedingungen in Zusammenhang gebracht werden könnte. So besagt die *Acoustic adaptation hypothesis* (vgl. dazu Maddieson et al. 2011: 276), dass

Sprachen zeigt, dass diesem Zusammenhang keine statistisch signifikante Korrelation zugrunde liegt. In einer weiteren Untersuchung von 1350 Sprachen konnten Donohue/Nichols (2011) nochmals zeigen, dass es keinen statistisch signifikanten Zusammenhang[8] zwischen der Anzahl der Sprecher einer Sprache und dem Phoneminventarumfang gibt. Dieser Punkt ist insofern von weitreichender Relevanz, als davon ausgehend höchstens noch von einer statistischen Tendenz gesprochen werden kann. Bestimmte in den empirischen Wissenschaften akzeptierte Signifikanzgrenzen werden bei diesen Untersuchungen nicht überschritten. Moran/McCloy/Wright (2012) können ebenfalls aufgrund akribischer Analysen von Daten aus areal und genetisch gewichteten Sprachgruppen zeigen, dass die gefundenen Korrelationen ein Kunstprodukt der Datenaufnahme sind.

4. Zusätzlich zu den bisher angesprochenen Kritikpunkten wird angeführt, dass die Herstellung eines Zusammenhangs zwischen der Sprecherzahl und dem Phoneminventarumfang der Ergänzung durch weitere Faktoren bedürfe. Es sollte nicht nur die Anzahl von Sprechern als Bezugsgröße (deren Festlegung im Detail kaum exakt sein kann) diskutiert werden, sondern

---

Kommunikationssysteme, die auf Lauten basieren, sich an klimatische/ökologische Umweltbedingungen optimal anpassen. So wären zum Beispiel Sprachen aus Gebieten mit moderatem Klima und offener Vegetation eher konsonantenlastig, während Sprachen in feuchten und dicht bewaldeten Gebieten eher vokallastig seien. Zur weiteren Diskussion vgl. Munroe/Silander (1999). Es ist ferner auf Heinrich Koppelmann zu verweisen, der ebenfalls in seinen Arbeiten (1934, 1939) Zusammenhänge zwischen der Struktur von Sprachen und dem Klima postuliert. Es wird versucht, klimatische Bedingungen mit der Verteilung und Lokalisierung von konsonantenreichen und vokalreichen Sprachen in der Welt in Verbindung zu bringen. Die beiden Texte von Koppelmann sind auch aus heutiger Sicht durchaus empfehlenswert. Seiner Ansicht nach finden sich konsonantenreiche Sprachen in den gemäßigten Klimazonen, vokalreiche hingegen in den tropischen Gebieten (vgl. Koppelmann 1939: 38 f.). Eine bessere Kenntnis der Geschichte der Sprachwissenschaft und älterer Arbeiten würde so manche Neu-Diskussion erübrigen. Allerdings bleibt auch Koppelmann eine Antwort auf die Frage nach den Gründen für die behaupteten Zusammenhänge schuldig.

8 Der Nachweis dieses Zusammenhangs basiert auf der Verwendung von Korrelations- und Regressionsanalysen. Jaeger/Pontillo/Graff (2012) verweisen auf einige methodologische Probleme der Untersuchung und die Gefahr einer falschen Interpretation der Ergebnisse, die sich durch eine Überinterpretation von Signifikanzgrenzen ergeben. Cysouw/Dediu/Moran (2012) gehen davon aus, dass es einen Zusammenhang zwischen dem Phoneminventarumfang einer Sprache und der arealen Zugehörigkeit geben könnte, allerdings ließe sich ihrer Ansicht nach kein Zusammenhang zwischen dem Phoneminventarumfang und der Sprecherzahl herleiten.

auch die Dichte der sozialen und kommunikativen Bindungen innerhalb einer Sprachgemeinschaft, eines Stammes oder einer Familie. Ferner wären der Isolationsgrad einer Sprachgemeinschaft und das Ausmaß des Sprachkontakts einer Sprechergemeinschaft zu beachten (vgl. dazu Trudgill 2009, der diese Faktoren in die rezente Komplexitätsdiskussion in der Linguistik einbettet). Als äußerst problematisch ist die Frage nach der exakten empirischen Erfassung von Phänomenen wie z. B. der sozialen und kommunikativen Bindung zu sehen. Überhaupt spielt als Voraussetzung für das Entstehen menschlicher Sprache das Vorhandensein von überschaubaren Populationen eine nachhaltige Rolle. Relativ konkret wird in der anthropologischen Literatur ein Durchschnitt von 150 Personen für einen typischen Stammesverband angeführt (Heeschen 2001: 183), der auch als Stammzelle für das Entstehen eines funktionierenden sprachlichen Systems angesehen werden kann. In diesem Zusammenhang ist u.a. auf Sinnemäki (2009) zu verweisen, der eine Beziehung zwischen der Anzahl von Sprechern und der morphosyntaktischen Komplexität (Argument-Struktur) herstellt. Begründet wird der Zusammenhang, der immerhin auf der Basis von 50 Sprachen empirisch nachgewiesen wurde, durch die unterschiedliche Ausprägung der Form-Inhalt-Relation von Morphemen und der notwendigen Aufrechterhaltung von formalen Unterschieden in der Zeichenkodierung („distinctiveness"), die bei Gruppen mit einer geringen Anzahl von Sprechern seinen Daten zufolge niedriger ausfällt als bei größeren Gruppen. Darüber hinaus wird als Argument angeführt, dass kleine Sprachgruppen (in dieser Untersuchung handelt es sich durchweg um Sprachen mit weniger als 1000 Sprechern)[9] einen größeren Fundus an gemeinschaftlicher Information in sich tragen und daher keine allzu große Notwendigkeit für eine Diversifikation besteht – eine Argumentation, die allerdings in dieser Form bereits bei Trudgill (2004) zu finden ist.

Anders formuliert: Es ergeben sich erste Hinweise auf die Relevanz der Sprecherzahl, wenngleich die Untersuchungen dazu noch in den Kinderschuhen stecken. Darüber hinaus sind – wie Everett (1985) in seiner umstrittenen Untersuchung einer isolierten Amazonassprache (Pirahã) anführt – nicht nur das

9 Offen bleibt die Grenzziehung zwischen einer „kleinen" und „großen" Sprache. Es stellt sich die Frage, ob ein selektives syntaktisches Problem – die Argument-Struktur – ein adäquater Gradmesser für *Komplexität* ist. Wenn man diesen Befund bewusst vereinfacht darstellt, würde sich ergeben, dass niedrige Komplexität von Sprachen mit einer geringen Sprecherzahl einhergeht.

Segment-Inventar, sondern auch der üblichen lautlichen Kommunikation ähnliche Formen wie Brummen, Pfeifen, Kreischen usw. zu berücksichtigen. Diese Arten der Kommunikation sind für einige Sprachgemeinschaften ein durchaus wichtiger zusätzlicher Diskurskanal.

Abgesehen von der Vielzahl an Kritikpunkten, Ergänzungen, andersartigen Vorschlägen zur Operationalisierung, abgesehen auch von offenen Problemen der angewandten statistischen Methodologie und einer Reihe von noch im Detail zu untersuchenden linguistischen Faktoren lässt sich das bisher Gesagte auf folgende zentrale Frage zuspitzen: Wie lässt sich ein Zusammenhang zwischen der Anzahl von Sprechern einer Sprachgemeinschaft und dem Phoneminventar eigentlich theoretisch begründen? Und weiter: Warum sollte es einen Zusammenhang zwischen diesen beiden Faktoren geben? Welches sind die linguistischen Gründe? Was wäre eine potenzielle Erklärung? Mithin bleibt festzustellen, dass die Begründung eines Zusammenhangs zwischen der Bevölkerungs- resp. Sprecheranzahl und dem Umfang des Inventars weniger eine Frage der Empirie als vielmehr eine der Theorie ist.

Die bisher angeführten Hinweise zur Kontrolle der Redundanz in (relativ) kleinen Sprachgemeinschaften sind daher eher als Verlegenheitslösungen zu interpretieren, zumal nicht klar wird, auf welche Art und Weise die Verbindung zum Phoneminventar einer Sprache hergestellt werden könnte. Unter diesem Blickwinkel ist Bybee (2011a) zuzustimmen, die in der Ausgabe 15, 2 (2011) von *Linguistic Typology*, die ausschließlich dem Zusammenhang von Phoneminventarumfang und Sprecherzahl gewidmet ist, ausführt, dass eine künftige seriöse Diskussion der Hypothesen und Vermutungen über Zusammenhänge zwischen linguistischen und extralinguistischen Eigenschaften zumindest an einen bestimmten Grad linguistischer Plausibilität gebunden sein sollte. Diese scheint im Falle der Diskussion um die Verknüpfbarkeit von sprachinternen (=Anzahl von Phonemen) und sprachexternen Faktoren (=Anzahl von Sprechern) in vielen Bereichen nicht gegeben. Insofern lässt sich ohne Weiteres behaupten, dass – und damit kehren wir zur eingangs aufgeworfenen Fragestellung zurück – ob der Vielzahl von offenen Problemen und Kritikpunkten – die Frage nach der Lokalisierung der Entstehung von Sprache[10] aus unserer Sicht zum gegenwärtigen

10 Im Anschluss an die Veröffentlichung des Beitrages von Atkinson (2011) entbrannte in *Science* eine umfangreiche Diskussion mit einer Vielzahl von Beiträgen, die hier nicht im Detail wiedergegeben werden können. Neben Kritikern und Gegnern der Atkinson'schen Hypothesen melden sich auch Forscher zu Wort, die mit einer ähnlichen Methodologie und Vorgehensweise nunmehr Asien als vermeintlichen Entstehungsort von Sprache sehen wollen. Vgl. dazu Wang et al. (2012). Misst man den

Zeitpunkt nicht seriös beantwortet werden kann. Allerdings bietet die Diskussion um die Rolle des Phoneminventars bzw. dessen Beziehung zur Sprecheranzahl stimulierende Denkanstöße für eine Änderung der Blickrichtung, die auf folgende nun zu reflektierende und zu diskutierende Punkte zielt:

1. Wie ist die Verteilung der Phoneminventarumfänge in den Sprachen der Welt?
2. Gibt es ein regelmäßiges Muster in der Häufigkeitsverteilung von Phoneminventarumfängen?
3. Wie viele Einheiten umfassen „typische“, d. h. durchschnittliche Phoneminventare?
4. Gibt es einen Zusammenhang zwischen der genetischen bzw. arealen Zugehörigkeit von Sprachen und deren Phoneminventarumfang?
5. Welche Faktoren (Isolationsgrad, Entlehnungen, Verlust der Funktionalität von Phonemen usw.) bewirken eine quantitative Änderung von Phoneminventaren?
6. Wie lässt sich die *phonologische Komplexität* von Sprachen unter Einbeziehung des Phoneminventars definieren?
7. Ist die Gruppengröße (=Anzahl von Sprechern) überhaupt in irgendeiner Weise relevant für die Struktur einer Sprache?
8. Welche sprachinternen Faktoren wirken auf das Phoneminventar und welche Eigenschaften und Merkmale eines sprachlichen Systems werden davon beeinflusst bzw. haben darauf Auswirkungen?

Die Vielzahl offener Probleme, die in der vorliegenden Monografie nur in einigen Aspekten gestreift werden kann, bietet einen willkommenen Anlass über den Tellerrand der gegenwärtigen Diskussion[11] zu blicken und auf Arbeiten einzugehen, die über die Sprachtypologie, über die Soziolinguistik und auch über die linguistische Anthropologie hinausgehen. In erster Linie sind systemlinguistische und funktional orientierte Ansätze zu nennen, die weniger außersprachliche Faktoren mit dem Inventarumfang an Phonemen in Verbindung bringen, sondern

prosodischen Merkmalen (Vorhandensein von Tonhöhenunterschieden) bei der Bestimmung der Vokalinventare eine besondere Bedeutung zu, kann man in der Tat relativ große Phoneminventare in Asien verorten. Auch in diesem Fall scheint aber zu gelten, dass man der Bestimmung von Phoneminventaren zu wenig (linguistische) Aufmerksamkeit schenkt.

11 Sproat (2011) verweist berechtigterweise darauf, dass Beiträge wie Atkinson (2011) zwar eine hohe Publikumswirksamkeit haben, aber in Summe populärwissenschaftliche Vereinfachungen darstellen.

vielmehr phonologische, morphologische und syntaktische Eigenschaften vor Augen haben, die in einer Wechselbeziehung zum Phoneminventarumfang einer Sprache stehen können.

2.2 Beschränkungen von Phoneminventaren: Erklärungsversuche

Sprachliche Systeme sind in Hinsicht auf ihre konstitutiven Bestandteile kaum als geschlossene Systeme zu bezeichnen. Für eine Sprache lässt sich, im Gegensatz zu einem „abgeschlossenen" Text, kein verbindliches geschlossenes Inventar an Lexemen, Morphemen, Silben u. Ä. festlegen. Es wäre wohl naiv zu behaupten, dass natürliche sprachliche Systeme über genau *x* Lexeme bzw. *x* Morpheme verfügen, da Sprachen offene dynamische Systeme sind und durch Entlehnungen, Übernahme von Fremdwörtern, Nutzbarmachung von neuen Derivationsverfahren usw. gleichsam tagtäglich ihr Erscheinungsbild ändern.

Nichtsdestotrotz scheint es aus epistemologischer Sicht vertretbar für sprachliche Systeme auf bestimmten Ebenen fixe geschlossene Inventare anzusetzen. Diese Inventare, seien es nun – um bei überschaubaren Einheiten zu bleiben – eine bestimmte Anzahl von Silbentypen, Akzentformen oder morphologischen Wortbildungsmustern, sind wie alle linguistischen Einheiten begriffliche Konstrukte, die es erlauben, sich innerhalb eines Gegenstandsbereichs zu orientieren und nach dessen inneren Mechanismen zu suchen.

Das gilt ohne Zweifel auch für die Bestimmung eines Phonemsystems bzw. für die Bestimmung des entsprechenden Phoneminventars. Diese Prozedur ist mit einer Reihe von komplexen linguistischen Problemen und theoretischen Entscheidungen verbunden. Als Resultat einer derartigen linguistischen Analyse lässt sich eine bestimmte Anzahl von bedeutungsunterscheidenden Phonemen angeben, über die eine Sprache verfügt.

Während die Frage der Bestimmung eines Phoneminventars bzw. theoretische Fragen des Phonembegriffs in einer Vielzahl von sprachwissenschaftlichen Schulen – von den unterschiedlichen Richtungen des Strukturalismus über die generative Schule bis zu heutigen hochspezialisierten phonologischen Theorien (man denke etwa an die lexikalische, prosodische, metrische und funktionale Phonologie[12]) – immer wieder im Mittelpunkt des Interesses stehen, ist die quantitative Ausprägung des Umfanges eines Phonemsystems und dessen

---

12 Vgl. u.a. Blevins (2005), Boersma (1998), Clements/Keyser (1983), Donegan (1978), Goldsmith (1990), Hall (2011) und mit einem Überblick Hayes (1995), Kenstowicz (1994), Lombardi (2004), Tobin (1997).

Bedeutung nur in einigen wenigen Teilbereichen der Linguistik diskutiert bzw. reflektiert worden.

Bei einer näheren Beschäftigung mit der Bedeutung des Phoneminventars in der allgemeinen Sprachwissenschaft, der funktional orientierten Linguistik und der typologisch orientierten Universalienforschung kommt aber eine Vielzahl von bemerkenswerten Aspekten zu Tage.

Eine erste – vordergründig naive – Feststellung ist, dass Phoneminventare systemimmanenten, quantitativen Beschränkungen unterliegen. Es ist bekannt, dass Phoneminventare in den Sprachen der Welt nur eine bestimmte Spannweite einnehmen können und darüber hinaus die Präferenz zeigen sich innerhalb eines bestimmten quantitativen Bereichs zu konzentrieren. Die entsprechenden crosslinguistischen Befunde und empirische Studien dazu werden in Kapitel 2.3 besprochen. An dieser Stelle reicht es darauf hinzuweisen, dass ein Großteil der Sprachen der Welt einen Phoneminventarumfang von circa 30 Phonemen hat, während Sprachen mit einem extrem kleinem bzw. extrem großen Phoneminventar (d. h. mehr oder weniger als 30 Phoneme) weitaus seltener vorkommen. Bei diesen Zahlenangaben beschränkt man sich in der Regel auf die segmentalen Phoneme.

Eine plausible Erklärung für diese bemerkenswerte Art der Beschränkung lässt sich in der Phonetik bzw. der *substance-based* Phonologie finden. Der menschliche Sprechapparat weist nun mal einen bestimmten physiologischen Aufbau auf, der für die konkrete Ausprägung der von Menschen produzierten Laute bzw. Phoneme und deren perzeptueller und akustischer Spannweite verantwortlich ist. Es lassen sich in diesem Zusammenhang unterschiedliche Ansätze ausmachen, die im Folgenden kurz darzustellen sind.

Zu beginnen ist mit der sogenannten *Quantal Theory of Speech* (vgl. Stevens 1972, 1983, Stevens/Keyser 2010). Die Grundidee ist, dass die Artikulationsorgane zwar unterschiedliche Positionen einnehmen können, aber bereits wenige Bewegungen nachhaltige Änderungen in der akustischen Perzeption nach sich ziehen. Darüber hinaus wird – insbesondere bei Vokalen[13] – überhaupt nur

13 Vielversprechende Einsichten in die Organisation von Vokal- und Konsonantensystemen liefern in letzter Zeit Computersimulationsmodelle aus dem Bereich der künstlichen Intelligenzforschung und experimentellen Phonetik. Im Rahmen von simulierten Sprachspielen werden Agenten bestimmte Parameter der Vokalerzeugung (Formantenbereich, Tonhöhe usw.) vorgegeben, die dann Laute künstlich erzeugen und mit ihrer Hilfe in Kommunikation mit anderen Agenten treten können. Diese Agenten sind entweder in der Lage, die gehörten Laute bestimmten ihnen „bekannten" Prototypen zuzuordnen, oder nicht. Erhöht man die Anzahl der Agenten und somit die Anzahl

ein kleiner Teil der Artikulationsmöglichkeiten genutzt, die aber – sofern sie in Anspruch genommen werden – bereits phonologisch relevante Veränderungen der produzierten Laute mit sich bringen. Das bedeutet, der Artikulationsraum verfügt über einen Bereich relativer Stabilität, der eine hohe Bedeutung für die Produktion von Lauten hat. Darüber hinaus beinhaltet dieser Ansatz die genaue Bestimmung von konkreten Produktionsbereichen im Vokaltrakt, die im Großen und Ganzen den distinktiven Merkmalen entsprechen. Während somit potenziell mögliche Artikulationen in einem „kontinuierlichen Raum" stattfinden, findet die „Produktion" von distinktiven Merkmalen in einem *quantalen*, d. h. in einem eng abgrenzbaren Bereich statt.

Vordergründig erlangt man so zwar keine genauere Auskunft über die Art der zu einem sprachlichen System gehörenden Vokale bzw. Konsonanten, aber immerhin gewinnt man eine Vorstellung darüber, warum überhaupt nur eine bestimmte Anzahl von Phonemen bzw. – genauer – von distinktiven Merkmalen in natürlichen sprachlichen Systemen vorkommt. Insofern geht es um die physischen und anatomischen Beschränkungen in der Produktion (vgl. dazu auch Ohala 1983) und auch in der Perzeption von Lauten, da bekanntermaßen nur bestimmte Frequenzbereiche dem menschlichen Ohr zugänglich sind. Diese Faktoren sind erste, zugegebenermaßen sehr allgemeine Erklärungen für die zu beobachtenden quantitativen Ausprägungen und Beschränkungen von Phoneminventaren.

Ein weiterer Ansatz, bezeichnet als *Maximal Dispersion Theory*, geht von auffälligen Gemeinsamkeiten in den Lautsystemen der Welt aus. Eine davon besagt, dass eine Voraussetzung für erfolgreiche Kommunikation im „maximalen perzeptuellen Kontrast" liegt, den Laute aufweisen müssen, um vom Hörer überhaupt als solche erfolgreich erkannt zu werden. Dieses Phänomen ist für die unterschiedliche Ausprägung von Vokalen (vgl. Liljencrants/Lindblom 1972,

möglicher Kommunikationsakte, so ergibt sich, dass in der Tat alsbald nur noch eine bestimmte überschaubare Anzahl von vokalischen Prototypen übrig bleibt (Boer 2001). Eine Erweiterung auf Konsonanten und eine einfache silbische Kommunikation findet sich in Oudeyer (2006). Ob die gehegten Hoffnungen, mit Hilfe dieser Experimente den Ursprüngen der menschlichen Sprache auf die Spur zu kommen, erfüllt werden, sei dahingestellt, aber die in diesen Ansatz integrierte Selbstregulation und die Berücksichtigung eines stochastischen Moments (Bildung und Varianz von Prototypen) der Lauterzeugung verdienen zumindest Beachtung. Auch könnten diese Versuche als Nachweis für eine sukzessive Optimierung einer Sprecher-Hörer-Kommunikation verstanden werden, die auf Vokalebene darauf hinausläuft, dass immer nur eine relativ überschaubare Zahl von Typen (=Phonemen) als Grundlage für die Kommunikation gebraucht wird.

Ohala 1983) verantwortlich und lässt sich auch bei künstlich generierten Lauten beobachten, sofern bestimmte Parameter der menschlichen Lautproduktion wie der Öffnungsgrad des Kiefers, die Position der Zunge usw. als Bestandteile in die entsprechenden Modelle aufgenommen werden.

Als ein weiteres Prinzip, das die akustische Form von Konsonanten reguliert, wird die sogenannte Bequemlichkeit/Leichtigkeit[14] der Artikulation (*ease of articulation*) angeführt. Vgl. dazu Lindblom/Maddieson (1988) und Lindblom (1983: 232). Es geht um die durchaus nachvollziehbare Idee, dass der menschliche Sprachapparat „extreme" Laute bei der Produktion vermeidet bzw. mit Blick auf die Sprechgeschwindigkeit ein moderates Tempo bevorzugt. Letztlich geht es darum solche Laute zu produzieren, die eine erfolgreiche Kommunikation zwischen einem Sprecher und einem Hörer ermöglichen. In diesem Sinne können sprachökonomische Faktoren für die unterschiedliche Ausprägung von Phoneminventaren verantwortlich gemacht werden. Ein Aspekt, der in Kapitel 3.4 noch ausführlich diskutiert wird.

In einer Analyse der UPSID-Datenbank unterscheiden Lindblom/Maddieson (1988: 67) bei Konsonanten zwischen einfachen, elaborierten (z. B. stimmhafte Frikative, stimmlose Sonanten) und komplexen Artikulationsmodi (z. B. die Kombination von uvularen und bilabialen Artikulationen). Ausgehend von dieser Dreigliederung (deren Zuordnung im Detail zu diskutieren wäre) zeigen sie, dass eine Erweiterung von Konsonanteninventaren in der Regel nur durch die Aufnahme elaborierter und komplexer Konsonanten in ein System erreicht wird. Das bedeutet, dass viele Sprachen mit einem überschaubaren Inventar an „einfachen" Konsonanten auskommen und „komplexere" Konsonanten nur in Ausnahmefällen in einem System auftreten. Des Weiteren gilt: Durch das Hinzunehmen von Konsonanten in ein sprachliches System nimmt die perzeptuelle Distanz der einzelnen Konsonanten eher ab. Dennoch sind sprachliche Systeme – wie es Lindblom/Maddieson (1988: 72) zusammenfassend ausdrücken – bestrebt einen Ausgleich zu erreichen: „Consonant inventories tend to evolve so as to achieve maximal perceptual distinctiveness at minimum articulatory cost".

Sprachliche Systeme versuchen mit den zur Verfügung stehenden akustischen Möglichkeiten ein Phoneminventar auszubilden, das die für die Kommunikation notwendigen perzeptuellen Unterschiede gewährleistet, wobei ein größeres

---

14 Die Nähe dieses Ansatzes zu den Überlegungen von G. K. Zipf und seiner zentralen Idee des Ausgleichs von Sprecher- und Hörerbedürfnissen ist offensichtlich und muss an dieser Stelle nicht ausführlich kommentiert werden, zumal mit der sogenannten synergetischen Linguistik (vgl. dazu ausführlich Kapitel 3.5) eine moderne Synthese und Weiterentwicklung der Zipf'schen Ideen vorliegt.

Phoneminventar unter Umständen mit einer größeren perzeptuellen Konkurrenz (Lindblom 1992: 141) einhergeht.[15] Zusammenfassend lässt sich sagen: Als systembestimmendes Kriterium gilt ein ausreichender perzeptueller bzw. akustischer Kontrast von Konsonanten/Vokalen, der mithin als selektierender Parameter von Phoneminventaren auftritt. Vgl. dazu referierend Bybee (2003: 197 ff.), die versucht, Faktoren wie die Erleichterung der Artikulation, den Erhalt der Distinktivität von Phonemen usw. nicht nur als bestimmend für die quantitative Ausprägung eines Phoneminventars, sondern auch als auslösenden Faktor für den Laut- und den Sprachwandel anzusehen.[16]

Neben der Komplexität der Artikulation bzw. dem Artikulationsaufwand genügt es einstweilen festzuhalten, wie wichtig der perzeptuelle Kontrast bei der Herausbildung von Konsonanten- und Vokalsystemen ist. Insofern kann angenommen werden, dass Phonemsysteme bzw. deren quantitative Ausprägung in gewisser Weise das Resultat einer Optimierung der akustischen Distinktivität und des Artikulationsaufwands (vgl. Lindblom 1986, Boer 2001: 15) sind.[17]

Neben dem Artikulationsaufwand können allerdings noch weitere Produktions- und Verarbeitungsbeschränkungen des menschlichen Sprech- und Hörapparats als ausschlaggebend für die quantitative Beschränkung von Phoneminventaren angeführt werden. So wie beispielsweise eine Sprechgeschwindigkeit von mehr als 30 Lauten pro Sekunde den menschlichen Hörapparat überfordert (vgl. dazu Liberman et al. 1972), ist auch die Erkennbarkeit und Perzeption einer allzu hohen Anzahl unterschiedlicher Phoneme kognitiv

---

15 In Hacquard/Walter/Marantz (2007) wird u.a. davon berichtet, dass der Inventarumfang von Vokalen unter Umständen mit der perzeptuellen Erkennbarkeit des zur Verfügung stehenden „akustischen Raumes" in einem Zusammenhang steht. Demnach würde mit einem kleinen Vokalinventar eine intensivere Nutzung von einzelnen Vokalen einhergehen. Ähnliche Überlegungen stellt Lavoie (2002) an, die auf der Basis von Spektrogramm-Analysen nachzuweisen versucht, dass unterschiedlich große Lautinventare von Sprachen einen unmittelbaren Einfluss auf die Spannweite der vorkommenden Lautvariation haben.

16 Vgl. dazu ausführlich Zipf (1949a), der ohne empirische Untersuchungen anzustellen, lediglich aufgrund wirkender Regulationen der Komplexität von Lauten und den ähnlichen physiologischen und kognitiven Voraussetzungen menschlicher Sprachproduktion ein Inventar von 20 bis 60 Phonemen als ausreichend ansieht.

17 In einer computerbasierten Simulation von möglichen Vokalsystemen, die aus bestehenden Vokalsystemen der UPSID-Datenbank (vgl. Vallée et al. 2002) gebildet werden können, wird gezeigt, dass selbst wenn man alle möglichen Arten der Artikulation theoretisch durchspielt, keine anderen (dem Menschen zugängliche) Vokallaute produziert werden könnten.

schlichtweg nicht möglich. Und selbst wenn eine über dem Phonem liegende Einheit (wie etwa die Silbe) als die eigentliche Perzeptionsgröße sprachlicher Kommunikation anzusehen ist, gelten auch dort – in Abhängigkeit von dem zur Verfügung stehenden Phoneminventar – bestimmte Längen- und Strukturbeschränkungen zunächst der Silben und dann auch von Morphemen. Schließlich müssen ebenfalls bestimmte „Produktionskriterien" erfüllt sein. In Bezug auf die Silbenstruktur werden beispielsweise eine sensitive Diskriminierbarkeit (zwei distinktive Laute zeichnen sich durch eine maximale Distanz aus) der Laute und eine wenig „extreme Artikulation" angeführt. Als zu erfüllende Perzeptionsbedingungen sind somit die notwendige perzeptuelle Distanz und die perzeptuelle Erkennbarkeit der Silbe hervorzuheben.

Zusammenfassend bleibt als Ergebnis dieses Kapitels festzuhalten: Es gibt eine Reihe von Begründungen für die unterschiedliche Ausprägung von Phoneminventaren. Allgemein gesprochen können physiologische, neuronale, kognitive, akustische und perzeptive Faktoren angeführt werden, die für deren Beschränkung und Restriktion zuständig sind, wobei die physiologische und anatomische Beschaffenheit des menschlichen Sprech- und Hörapparates von vorrangiger Bedeutung ist. Im folgenden Kapitel sind dann – nach einem Exkurs zur Bedeutung von distinktiven Merkmalen – einige statistische Daten zur Ausprägung von Phoneminventaren in den Sprachen der Welt in Erinnerung zu rufen.

2.2.1 Exkurs: Merkmal- vs. inventarbasierte Ansätze

Die Bestandteile eines Phoneminventars lassen sich je nach Perspektive und Fokussierung auf die zugrunde liegenden Eigenschaften zu jeweils spezifischen Gruppen und Klassen zusammenfassen. Eine erste – freilich grobe und dichotome – phonetisch und akustisch durchaus sinnvolle Unterscheidung innerhalb eines Phonemsystems wäre die zwischen Vokalen und Konsonanten, die sich ihrerseits in kleinere Gruppen zusammenfassen lassen. So kann man die Gruppe der Konsonanten – wiederum je nach Fokussierung – in weitere Subgruppen wie Plosive, Frikative, Affrikate usw. unterteilen. Allerdings ergeben sich bei einer dichotomischen Klassifikation immer Randfälle wie /j/, /w/, Diphthonge und Ähnliches, wobei angemerkt werden muss, dass die Dichotomisierung in erster Linie ein heuristisches Hilfskonzept und Resultat der entsprechenden Begriffsbildung ist.

Eine andere Schwerpunktsetzung erlaubt denn auch die Zerlegung eines Phoneminventars bzw. seiner konstituierenden Phoneme in noch kleinere Einheiten. In der Phonologie wird in diesem Zusammenhang von distinktiven Merkmalen ausgegangen, die auf entsprechende phonetische Eigenheiten zurückzuführen sind. Die forschungsgeschichtliche Entwicklung dieser Serie relevanter und für die Beschreibung menschlicher Sprachen geeigneter Charakteristika, die in der Regel auf phonetischer (artikulatorischer) Basis gefunden werden, geht auf die bahnbrechenden Arbeiten von Trubetzkoy (1939), Jakobson/Halle (1957) und Chomsky/Halle (1968) zurück. Als Resultat dieses Ansatzes ergibt sich ein mehr oder weniger universell gültiges Set an phonetisch motivierten Eigenschaften und phonologisch relevanten Merkmalen, die eine systematische Beschreibung von Lautsystemen der Sprachen der Welt erlauben. Auch wenn diese Zusammenstellung in der Folgezeit immer wieder spezifiziert und erweitert worden ist (vgl. dazu ausführlich und anregend Clements 2003 und Clements 2009) steht der linguistischen Forschung mit den sogenannten *distinktiven Merkmalen* ein zentraler Beschreibungsapparat zur Verfügung.

Im gegenwärtigen Kontext ist von vorrangiger Bedeutung, dass distinktive Merkmale als ein geschlossenes Inventar in Erscheinung treten. Ähnliches lässt sich auch für Phoneminventare festlegen, deren einzelne Phoneme als Bündel von distinktiven Merkmalen gelten. In beiden Fällen werden phonologisch relevante Charakteristika bzw. Merkmalsbündel als konstituierend für den jeweiligen Inventarumfang angesetzt. Die Frage nach ihrer Ausnutzung in einem Phonemsystem erscheint daher als sinnvolle Ergänzung einer auf das gesamte Phoneminventar fokussierten Untersuchung. *Distinktive Merkmale* sind ohne Zweifel konstitutive Einheiten eines Phonems, aber letztlich ergibt erst ein Bündel von mehreren solcher Charakteristika eine für Phoneme konstituierende vollwertige bedeutungsunterscheidende Funktion. Es ist zwar nicht ausgeschlossen, dass Teilmengen von distinktiven Merkmalen (z. B. +/- Nasal, +/-Vokal usw.) oder aber nur ein einzelnes (z. B. +/- Stimmhaftigkeit) für die Bedeutungsunterscheidung verantwortlich sind, aber dies betrifft jeweils nur Teilgruppen eines Phonemsystems.

Im gegebenen Zusammenhang hat die Unterscheidung zwischen einem merkmalsbasierten und einem inventarbasierten Ansatz in erster Linie heuristischen Charakter. Auch wenn im Rahmen der vorliegenden Monografie der Phoneminventarumfang als zentrale Größe angesehen und somit von einem inventarbasierten Ansatz ausgegangen wird, sollen an dieser Stelle zumindest einige wenige Hinweise auf die Möglichkeiten einer merkmalsbasierten Untersuchung folgen.

Zu verweisen ist u.a. auf Altmann/Lehfeldt (1980: 55), die *distinktive Merkmale* als klassifikatorische Begriffe verstehen, die in den einzelnen Phonemen realisiert sind oder nicht. Die weiterführende Auffassung eines Phonemsystems als Merkmalsmatrix eröffnet die Chance einer Vielzahl von Analysen, insbesondere zur Effektivität eines Transkriptionscodes bzw. des

Ausnutzungsgrades[18], mit Blick auf die Gleichmäßigkeit der Nutzung der einzelnen distinktiven Merkmale. Eine weitere Möglichkeit besteht darin, die Anzahl der für die Beschreibung notwendigen mit der Anzahl der tatsächlich verwendeten Merkmalsausprägungen zu vergleichen (vgl. Altmann/Lehfeldt 1980: 62).

Solche Arten einfacher Metrisierung[19] des merkmalbasierten Inventars ermöglichen u. a. auch weiterführende Untersuchungen zur Ähnlichkeit von Phonemen und zur Berechnung der exakten Distanz zwischen ihnen. Bezogen auf die hier im Vordergrund stehende inventarbasierte Untersuchung ist aber von zentraler Bedeutung, dass natürlicherweise von einer systematischen Korrelation zwischen dem Phoneminventarumfang einer Sprache und der (absoluten) Anzahl von distinktiven Merkmalen auszugehen ist. Es gilt: Je größer das Phoneminventar, desto größer auch die absolute Anzahl von distinktiven Merkmalen. Damit sind auf dieser Ebene der Abstraktion der merkmalsbasierte und inventarbasierte Ansatz als gleichwertig[20] anzusehen, wenngleich die üblicherweise in der phonologischen Literatur angeführte Bezugsgröße in der Regel das Inventar von Phonemen ist.

In der neueren linguistischen Literatur hat sich insbesondere Clements (2003: 292 ff., 2009) ausführlich mit Fragen der sprachlichen Ökonomie im Bereich der distinktiven Merkmale in Relation zu den segmentalen Phoneminventaren auseinandergesetzt. Die grundsätzliche Idee dahinter ist, dass phonologische Systeme die Tendenz zeigen, die vorhandenen distinktiven Merkmale in einem ökonomischen Sinne auszulasten. So werden in keinem Fall alle theoretisch möglichen Kombinationen ausgenutzt. In diesem Zusammenhang schlägt Clements (2003: 289) einen Ökonomie-Index vor, der es erlauben würde das Phänomen empirisch zu erfassen. Der Index besteht aus der Anzahl von Lauten dividiert durch die Anzahl von distinktiven Merkmalen in einem phonologischen System. Betrachtet man die zwei Systemgrößen zeigt sich, dass in Phonemsystemen zwei unterschiedliche Arten[21]

18 Die Idee des Ausnutzungsgrads im Bereich der distinktiven Merkmale ist allerdings nicht wirklich neu: Bereits in Groot (1931) wird darauf verwiesen, dass phonologische Merkmale bzw. Eigenschaften wiederholt in unterschiedlichen Lauten verwendet werden, wenn dies auch, so Groot (1931: 122), eher für Konsonanten als für Vokale gilt.

19 Eine informationstheoretisch geprägte Auseinandersetzung mit Problemen der syntagmatischen und paradigmatischen Ausnutzung von distinktiven Merkmalen findet sich in Grassegger (1977).

20 Das bedeutet nicht, dass die Merkmale dennoch durch einen höheren Abstraktionsgrad ausgezeichnet wären als die entsprechenden Phoneme. Im gegebenen Zusammenhang geht es um die Frage, welche Form von Inventar betrachtet wird.

21 Kritisiert wird an der prinzipiell überzeugenden Überlegung, dass nicht klar definiert ist, worin die eigentliche sprachliche Ökonomie besteht (vgl. auch Vaux 2009: 84).

der Ökonomie zum Einsatz kommen: Eine Minimierung bzw. Maximierung der Anzahl von Phonemen oder aber eine Minimierung bzw. Maximierung des Ausnutzungsgrades der zur Verfügung stehenden distinktiven Merkmale. Ohne Zweifel kommen aber bestimmte Gruppen von Phonemen in einem sprachlichen System häufiger vor, so dass auch der Ausnutzungsgrad der jeweiligen distinktiven Merkmale unterschiedlich hoch ausfällt. Sprachliche Systeme vermeiden die Bildung isolierter, d. h. unikaler Laute und präferieren stattdessen eine sprachökonomisch motivierte Ausnutzung der distinktiven Merkmale.

2.3 Universalienforschung: Häufigkeit von Inventarumfängen

Die Frage der Häufigkeit von Phoneminventaren in den Sprachen der Welt ist in der linguistischen Literatur mehrfach behandelt worden. Entsprechende Studien geben – abgesehen von den im vorangegangenen Kapitel erwähnten physiologischen, anatomischen, akustischen und perzeptuellen Beschränkungen – einen wichtigen Einblick in die vorhandenen quantitativen Beschränkungen der möglichen Spannweite. Zu beginnen ist mit der Studie von Sigurd (1963). Für ihn stehen deskriptive Aspekte im Vordergrund, die sich mit einem gewissen mathematisch-statistischen Interesse verbinden: Zum einen geht es um die Frage der Häufigkeit von Sprachen mit *x* Phonemen in den Sprachen der Welt und zum anderen stellt sich Sigurd die Frage, welche Form eine aus den Häufigkeiten von Phoneminventaren generierte Häufigkeitsverteilung ergibt.

Als Basis dienen die bereits in Hockett (1955, 1958)[22] angeführten Angaben zu Inventarumfängen in 68 bzw. 69 Sprachen der Welt. Folgende statistische Schlüsse werden gezogen: Der Mittelwert der erhobenen Daten liegt in etwa bei 27 und dies bei einer Standardabweichung von +/-2 Phonemen. Des Weiteren äußert Sigurd die Vermutung, dass die Häufigkeitsverteilung der untersuchten Phoneminventare ein „harmonisches" Gesamtbild ergibt und der sogenannten Normalverteilung zu folgen scheint, was aber im Detail nicht überprüft wird. Neben diesen deskriptivstatistischen Angaben wird ohne weiterführende Überlegungen lediglich noch auf die typologische Verwertbarkeit des Ergebnisses verwiesen.

Angesichts der relativ geringen Anzahl von Sprachen, die in der Untersuchung von Sigurd analysiert wurden, sei hier auf eine mehr als zwölf Jahre später erschienene Studie von Lehfeldt (1975) hingewiesen. Dieser geht erneut näher auf die quantitative Verteilung von Phoneminventaren in den Sprachen

22 Der Beitrag von Hockett (1955, 1958) zur linguistischen Rolle des Umfanges von Phoneminventaren wird in Kapitel 3.3 detailliert vorgestellt.

der Welt ein. Zu diesem Zweck eruiert Lehfeldt – und das ist vermutlich die bislang umfangreichste Datenbasis, die mit Blick auf die Fragestellung je ermittelt wurde – für rund 600 Sprachen aus der linguistischen Sekundärliteratur die jeweilige Anzahl von segmentalen Phonemen. Die reichen in seiner Studie von 13 Phonemen (=Minimum) bis zu einem Maximum von 61 Phonemen. In der Untersuchung werden die Phoneminventare darüber hinaus in unterschiedliche Intervalle (Phoneminventare von 10–15, 16–20, 21–15 usw.) gruppiert. Als durchschnittliche Anzahl werden 31 Phoneme angegeben, womit der Mittelwert etwas höher ausfällt als in der Studie von Sigurd (1963).

Die Arbeit von Lehfeldt ist nicht nur statistisch-deskriptiven Aspekten gewidmet, sondern der Autor geht einen Schritt weiter, greift die bereits bekannte Überlegung des evtl. „harmonischen" Verlaufs der Häufigkeitsverteilung von Phoneminventaren in den Sprachen der Welt neuerlich auf und diskutiert ein entsprechendes mathematisches Modell dafür. Konkret wird eine spezielle Gamma-Verteilung vorgeschlagen, die ihm offenbar geeignet erscheint, die entsprechenden Häufigkeiten auf statistischer Modellebene zu erfassen.[23]

Weiter wird von Lehfeldt eine durch Konfidenzintervalle abgesicherte Klassifikation von Sprachen aufgrund des Phoneminventars vorgelegt. Es wird vorgeschlagen die Sprachen in folgende Gruppen zu gliedern:

1. Sprachen mit einem signifikant kleinen Phoneminventar (weniger als 18 Phoneme),
2. Sprachen mit einem normalen Inventar zwischen 19 und 48 Phonemen und
3. Sprachen mit einer signifikant hohen Anzahl, d. h. einem Phoneminventar größer als 48 Phoneme.

Auch wenn vom Autor nicht alle Rohdaten veröffentlicht wurden und unbekannt bleibt, wie viele der 600 untersuchten Sprachen in die jeweiligen Gruppen fallen bzw. ob bei der Auswahl eine areale bzw. genetische Gewichtung vorgenommen wurde, hat diese Art der Gruppierung zumindest einen hohen heuristischen Wert. Erstmals wird – basierend auf umfangreichen Zählungen – die quantitative Bandbreite von Phoneminventaren festgestellt; darüber hinaus kann die Gruppierung für weitergehende typologische Fragestellungen verwendet werden, weil ein nachvollziehbares Verfahren für eine Gliederung von Sprachen

23 In einer späteren Arbeit sollten Altmann/Lehfeldt (1980: 99) dieses Vorgehen bei der Modellierung kritisch bewerten, da sich die gewählte Verteilung nicht durch linguistische bzw. theoretische Argumente begründen lässt. Das vorgeschlagene Modell ist somit eine empirisch-induktive Annäherung.

nach den Parametern *kleines, mittleres* und *großes* Phoneminventar vorgelegt wird. Von besonderer Bedeutung ist aber die Erkenntnis, dass trotz aller vorhandenen und beobachtbaren Varianz ein Großteil der Sprachen über ein Inventar von ca. 31 segmentalen Phonemen verfügt.

Zum Abschluss dieses Überblicks ist auf eine etwas aktuellere Beschreibung der quantitativen Struktur von Phoneminventaren in unterschiedlichen Sprachen einzugehen. Sie liegt mit der sogenannten UPSID-Datenbank von Maddieson (1984) vor, dessen theoretische Motivation für diese Art der Untersuchung in der Greenberg'schen Universalienforschung zu suchen ist. Die Analyse von 317 Sprachen zeigt bei Maddieson folgendes Bild: Das kleinste Inventar besteht in der Studie aus 11 segmentalen Phonemen (Rotokas), während die Sprache !Xũ als diejenige mit dem höchsten Phoneminventar (über 141 Phoneme) angeführt wird. Der Mittelwert liegt in dem Datensatz bei 31 Phonemen, d. h. er ist gleich hoch wie in der Untersuchung von Lehfeldt (1975). Damit kristallisiert sich diese Zahl als ein durchaus repräsentativer Durchschnittswert heraus. Maddieson (1984: 7) geht darüber hinaus davon aus, dass seinen Daten zufolge das „typische Inventar" einer Sprache bei 20 bis 37 Phonemen liegt. Dieser Aussage folgt keine weitere statistische Begründung, da jedoch die Daten von Maddieson vollständig vorliegen, können sie nun detailliert besprochen werden. Der Median (50 % der Werte liegen ober- bzw. unterhalb dieses Punktes) liegt bei 29 Phonemen. Besonders auffallend ist die beobachtbare hohe Standardabweichung von 11,73 Phonemen. Vgl. dazu Tab. 1. mit einer Übersicht aller relevanten statistischen Daten.

Tab. 1: Statistische Kenngrößen zu Phoneminventarhäufigkeiten

Mittelwert	30,99
Median	29
Standardabweichung	11,73
Spannweite	130
Minimum	11
Maximum	141

Eine graphische Darstellung der Häufigkeitsverteilung von Phoneminventaren, d. h. ein Überblick darüber, wie oft Sprachen mit einem Inventar *K* in den Sprachen der Welt vorkommen, findet sich in Abb. 1.

Abb. 1: Häufigkeitsverteilung der Phoneminventare in 317 Sprachen (nach Maddieson 1984).

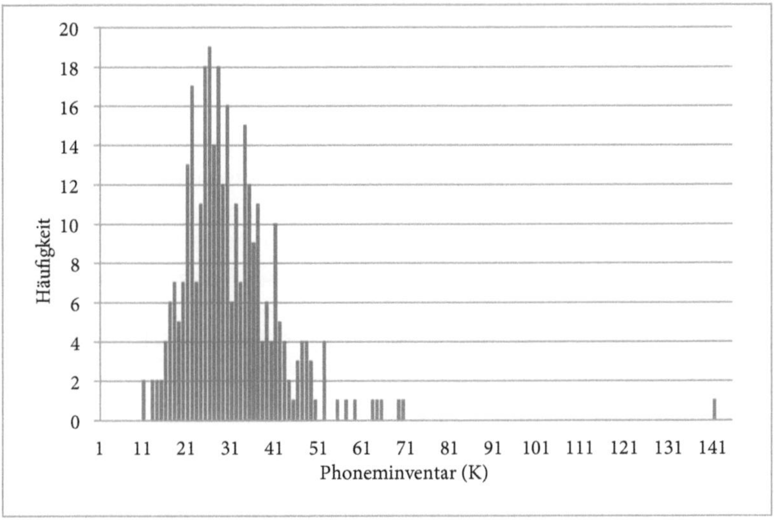

Tatsächlich liegen – das lässt sich aus Abb. 1 gut ablesen – mehr als 95 % der untersuchten Sprachen in einem Intervall von ca. 19 bis 42 Phonemen. Diese Spannweite, die weitaus aussagekräftiger ist als ein berechneter Mittelwert, kann demnach als „typisches" Phoneminventar der Sprachen der Welt bezeichnet werden.

Überschaut man alle drei einschlägigen Untersuchungen (Sigurd 1963, Lehfeldt 1975, Maddieson 1984) und versucht sie induktiv zu verallgemeinern, so lassen die bislang vorgelegten Befunde folgende Schlüsse zu: Es gibt in den Sprachen der Welt (die Anzahl der untersuchten Sprachen kann mit Ergänzungen durchaus als repräsentativ bezeichnet werden) ein präferiertes Phoneminventar in der Größe von ca. 30 Phonemen. Die Spannweite von 19 bis 42 Phonemen erfasst einen Großteil der jeweils untersuchten Sprachen und ist so hinsichtlich der Anzahl von Phonemen als das typische Phoneminventar anzusehen. Des Weiteren ergibt sich mit Blick auf die Häufigkeit von Phoneminventaren bzw. mit Blick auf die Häufigkeitsverteilung in der Tat so etwas wie eine „Harmonie" des Kurven-Verlaufes.

Wie die statistischen Befunde linguistisch zu interpretieren sind, das bleibt zum gegenwärtigen Zeitpunkt mehr oder weniger offen. Die quantitativen Grenzen der Phoneminventare lassen sich in erster Linie durch die bereits besprochenen physiologischen, anatomischen, physischen, akustischen und artikulatorischen Beschränkungen der menschlichen Sprachproduktion erklären. Der signifikante Trend hin zu einer „Tendenz zur Mitte" lässt sich unter Umständen im Sinne eines sprachspezifischen Optimums bzw. einer sprachökonomischen Motivation interpretieren, die – wie die oben angeführten Daten zeigen – freilich nicht von allen Sprachen erfüllt wird und auch nicht erfüllt werden muss. Vielmehr ist davon auszugehen, dass im Zuge von Sprachwandelprozessen eine Selbstregulation in Gang gesetzt wird, die je nach den vorhandenen Bedürfnissen und dem vorhandenen Inventar auf eine Annäherung an ein implizit vorhandenes ökonomisches Optimum abzielt. Damit wären sowohl die Minimierung als auch die Maximierung eines Phoneminventars im Sinne eines infiniten Wandelprozesses durchaus plausibel. Letztlich ist aber das systematische Verhalten, welches sich an der „harmonischen" und systematischen Verteilung der Häufigkeit von Phoneminventaren ablesen lässt, eine zentrale Bestätigung dafür, dass es sich tatsächlich um eine relevante und modellierbare Systemgröße handelt.

2.4 Zusammenfassung

Die bisherige Diskussion lässt den Schluss zu, dass die Anzahl von Phonemen, über die eine Sprache verfügt, keineswegs als eine triviale bzw. vernachlässigbare Eigenschaft eines sprachlichen Systems angesehen werden kann. Vielmehr ist sie ob der Vielzahl von damit verbundenen Aspekten und Problemen als eine systemrelevante linguistische Größe zu betrachten. Davon zeugt – zumindest die wichtigsten Eckpunkte konnten in den vorangehenden Kapiteln aufgezeigt werden – die Vielzahl von linguistischen wie auch nicht-linguistischen Disziplinen, die sich mit der Frage des Phoneminventars auseinandersetzen. Sie reichen von der Sprachtypologie und der Universalienforschung über die allgemeine Linguistik, die Phonetik, die Phonologie und die kognitive Linguistik bis hin zur Psycholinguistik, die allesamt aus jeweils unterschiedlicher Perspektive auf die Bedeutung des Phoneminventars verweisen. Gleiches gilt für die Anthropologie, die Biologie, die Soziologie und die Psychologie, die insbesondere die Rolle des Phoneminventars im Zusammenhang mit Diversifikationsprozessen und Theorien zum Sprachursprung thematisieren. Somit kann ein multi- und interdisziplinäres Interesse am Phoneminventarumfang festgestellt werden.

Die einleitend vorgestellten Überlegungen zu einer möglichen Interrelation zwischen einem genuin linguistischen Faktor (=Phoneminventarumfang) und einer demografischen Variable (=Anzahl von Sprechern) erwiesen sich im Rahmen eines kritischen Überblicks in erster Linie als plakativ, als in weiten Teilen zu stark vereinfacht und aus theoretischer Perspektive als wenig durchdacht. Hier zeigt sich die begrenzte Bedeutung von induktiv gewonnenen und ausschließlich empirisch beobachteten Zusammenhängen, die ohne entsprechende theoretische Plausibilität für eine weiterführende wissenschaftliche Auseinandersetzung relativ unattraktiv sind.

Dennoch sind die angestellten Überlegungen hinsichtlich der Zusammenhänge zwischen dem Phoneminventarumfang und der Sprecheranzahl ein willkommener Ausgangspunkt für die systematische Reflexion der linguistischen Bedeutung und Relevanz der Phänomene. Aus systemtheoretischer Sicht ist es notwendig, das Inventar an Phonemen als ein abgeschlossenes Set anzusehen. Die Unterscheidung zwischen einem inventar- und merkmalbasierten Ansatz bei der Bestimmung der Inventare hat in erster Linie heuristischen Wert. Beide Ansätze bedingen einander, obwohl ob der konkreten Fassbarkeit und der Vielzahl bereits vorhandener Arbeiten leichter an inventarbasierte Ansätze angeknüpft werden kann.

Um damit zu weiteren nennenswerten Ergebnissen zu kommen: Die empirische Untersuchung einer Vielzahl von Sprachen der Welt zeigt das genaue Ausmaß der quantitativen Beschränkungen phonologischer Systeme. Phoneminventare verfügen über eine Spannweite von 19 bis 42 Phonemen, wobei sich eine Konzentration von Sprachen um einen Mittelwert von ca. 30 Phonemen herum ausmachen lässt. Auch wenn ein „mittlerer" bzw. „durchschnittlicher" Wert von 30 Phonemen, über die eine Sprache verfügt, in erster Linie eine abstrakte Größe ist, so verbirgt sich dahinter eine tiefere linguistische Relevanz: Die Überschaubarkeit der Anzahl von Phonemen ist ein zentrales Kennzeichen eines funktionierenden sprachlichen Systems. Die quantitativen Grenzen und die Spannweite sind durch eine Vielzahl von wirkenden Beschränkungen (man denke an physiologische, neuronale, kognitive, akustische und perzeptive Faktoren etc.) determiniert. Offenbar sind aber trotz der beobachtbaren Diversifikation alle Phoneminventare unabhängig von der Anzahl an Phonemen in der Lage ihre zentrale Aufgabe zu erfüllen: Die Kodierung von sprachlichen Formen in einer Weise, die in einem gebührenden (für die menschliche Sprachverarbeitung notwendigen) Ausmaß die Unterscheidbarkeit von sprachlichen Ausdrücken gewährleistet. Ausgehend von der beobachtbaren Diversifikation ist nun im nächsten Kapitel schrittweise auf die Fragen einzugehen, welche weiteren linguistischen Eigenschaften mit dem Phoneminventar in eine Wechselbeziehung gebracht werden können bzw. in welcher Weise das Phoneminventar diese beeinflussen kann.

3. Wechselbeziehungen des Phoneminventarumfangs

In letzter Zeit scheinen sich die Sprachwissenschaft und die eng mit ihr verbundenen Disziplinen von einer selbst auferlegten Tabuisierung der Auseinandersetzung mit Fragen des Sprachursprungs zu lösen. Zu beobachten ist auch, dass sich in zunehmendem Maße nichtlinguistische Disziplinen wie die Psychologie, die Anthropologie, die Evolutionstheorie, die Ethnologie, die Biologie und noch viele andere mit dem Thema Sprachursprung beschäftigen (vgl. u.a. Carstairs-McCarthy 1999, Johansson 2005, Tallerman 2005a).

Eine große Zahl von Forschern setzt den Beginn der Ausbildung eines sprachlichen Systems auf die Zeit vor etwa 250.000 Jahren (dem Auftreten des homo sapiens – vgl. Aitchison 1996: 53) an. Während der Ursprung aufgrund evolutionsbiologischer Überlegungen in Afrika (vgl. dazu Botha/Knight 2009) lokalisiert wird, bleibt bis heute weitgehend unklar, auf welche Art und Weise sich sprachliche resp. Phonemsysteme herausgebildet haben.

Vielfach wird davon ausgegangen, dass der Anfang eines funktionierenden Kommunikationssystems in der Gestensprache liegt und Vorläufer für die menschliche Sprache in diesem Bereich zu suchen sind. Abgesehen von einer Vielzahl von offenen Fragen und vielen empirisch nicht belegbaren Annahmen wird spekulativ vermutet, dass die Produktion von Lauten (insbesondere die von Vokalen – vokalähnliche Laute kommen auch im Tierreich vor) die weitere Nutzbarmachung des vorhandenen Stimm- und Hörapparates ausgelöst hat (vgl. Kihm 2006). Demnach wäre die Artikulation von einfachen Vokalen eine der zentralen Voraussetzungen für den Auf- und Ausbau eines funktionierenden sprachlichen Kommunikationssystems. Hinsichtlich der Konsonanten wird angeführt, dass auch Tiere (insbesondere Schimpansen) Bilabialen ähnliche Laute produzieren, aber komplexere dentale Laute von ihnen bereits aufgrund der fehlenden – zur Artikulation nötigen – feineren Zungenbewegungen nicht gebildet werden können (vgl. dazu Lieberman 2001, referierend Aitchison 1996: 83 ff.).

Die nächste wichtige Stufe bei der Herausbildung von sprachlichen Systemen ist dann, selbstverständlich erst nachdem die motorischen und kognitiven Voraussetzungen erfüllt waren, die Bildung und Verwendung von einfachen Silben (vgl. dazu insbesondere MacNeilage 2008: 107 ff.). Allzu extreme Interpretationen wie die bekannte 4-Silben-Theorie von N. Ja. Marr sind vielleicht nicht notwendig (vgl. dazu Hentschel 1989). Es ist aber nicht ausgeschlossen, dass vor der Utilisierung von Silbenstrukturen bereits einfache Interjektionen (seien es nun Ausrufe, Zurufe oder auch Gejohle etc.) vorkamen. Damit – und dies ist der entscheidende Schritt der Sprachentwicklung – setzte eine schrittweise Lexikalisierung der produzierten Lautketten ein. So möchte auch Stopa (1989) unter Verweis auf Vorarbeiten des umstrittenen dänischen Linguisten J. v. Ginneken anhand der Verwendung von Ejektiven diese symbolische Theorie des Sprachursprungs stützen. Ähnliche Standpunkte nimmt die lautsymbolische „Theorie" ein, die versucht zwischen einzelnen Phonemen und ihrem Vorkommen in bestimmten Wörtern (solchen für Gefühle, Verwandtschaftsbeziehungen usw.) Querverbindungen herzustellen.

In jedem Fall wird deutlich, dass biologische, anatomische, motorische, soziale, neurologische und kognitive Faktoren und Voraussetzungen erfüllt sein mussten, damit sich Sprache als Kommunikationsinstrumentarium herausbilden (vgl. Aitchison 2001, Studdert-Kennedy 2005a, 2005b, Tallerman 2005b) und durchsetzen konnte. Nicht zuletzt wird auch das Konzept der Selbstregulation bemüht, welches für die Herausbildung einer Lautsprache bzw. eines Lautsystems von vorrangiger Bedeutung ist (Boer 2001, Oudeyer 2006). Auch die Gruppengröße soll bei der Herausbildung eines funktionierenden Kommunikationssystems eine Rolle spielen. Aus anthropologischer Sicht ist das ein nicht zu vernachlässigender Faktor: Je größer eine soziale Gruppe wird, desto umfangreicher wird auch die Anzahl von Interaktionen zwischen den Personen. Damit steigt der Bedarf an einem ausgebauten Lautsystem (vgl. Dunbar 2009), das die neuen Kommunikationsanforderungen zu erfüllen hilft.

Es ist an dieser Stelle müßig über ein ursprüngliches Lautsystem zu spekulieren. Durchaus plausibel erscheint die Annahme, dass die Entwicklung ihren Ausgang in einfachen (kleinen) Phoneminventaren gefunden hat und sich erst dann komplexe (=umfangreiche) Inventare ausbilden konnten. Ähnliche Befunde stammen aus dem Bereich des kindlichen Spracherwerbs: Vokalische werden vor konsonantischen Segmenten angeeignet und darüber hinaus kann auch hier – quantitativ gesehen – ein systematischer sukzessiver Zuwachs an Phonemen mit zunehmendem Alter festgestellt werden.

Der Phoneminventarumfang ist aufgrund der Vielzahl von Anknüpfungspunkten kaum als eine isolierte Größe anzusehen. Es stellt sich auch die Frage, ob und in welcher Form der Inventarumfang einen Einfluss auf andere sprachliche Ebenen haben kann bzw. ob das Phoneminventar einer Sprache selbst in der Lage ist, sprachliche Eigenschaften und Merkmale zu beeinflussen. Eine Sprache ist ein dynamisches System, in dem es keine isolierten Entitäten gibt, und daher bietet es sich an, folgenden Fragestellungen auf den Grund zu gehen:

1. Welchen Einfluss hat der Phoneminventarumfang auf phonologische, morphologische und morphosyntaktische Eigenschaften?
2. Welche Konsequenzen zieht das Vorhandensein eines bestimmten relativ geringen oder eben eines relativ umfangreichen Phoneminventars nach sich?

Diese und ähnliche Fragen sind in den nächsten Kapiteln zu diskutieren. Im Anschluss daran wird ein Gesamtüberblick über die mit dem Phoneminventar verbundenen sprachlichen Eigenschaften und Größen geliefert. Gleichzeitig geht es aber auch um eine Evaluierung von Überlegungen und Ideen, die in der Literatur mit dem Phoneminventar in Zusammenhang gebracht werden. Im Rahmen der zu erstellenden Synthese ist es unausweichlich, auch die Widersprüche zwischen den unterschiedlichen Ansätzen und postulierten Hypothesen aufzuzeigen.

3.1 Segmentale Eigenschaften und Merkmale

Zu beginnen ist der Überblick über die mit dem Phoneminventar verbundenen und in potenzieller Wechselwirkung stehenden quantitativen Eigenschaften auf der phonologischen Ebene. Das Phoneminventar, d. h. die Anzahl von Phonemen, über die eine Sprache verfügt, ist ein grobes Deskriptionsmaß eines phonologischen Systems. Die sich daran anschließende weiterführende Frage ist, ob in Abhängigkeit von der Anzahl der Phoneme bestimmte phonologische Eigenheiten unterschiedlich ausfallen oder nicht. Eine andere Fragestellung läuft darauf hinaus, das Phoneminventar selbst differenziert zu betrachten und z. B. die Anzahl von Vokalen und Konsonanten zu unterscheiden, um darauf aufbauend zu weiterführenden generalisierenden Schlussfolgerungen zu gelangen. Aus zum Teil älteren systemlinguistischen Arbeiten lässt sich eine Reihe von interessanten Vermutungen und Überlegungen extrahieren, die beide Fragestellungen gleichermaßen betreffen.

Um eine mehr oder weniger systematisierte Darstellung der mit dem Phoneminventar verbundenen phonologischen Eigenschaften und Merkmale zu ermöglichen, ist auf einige grundsätzliche Postulate der strukturalistischen Sprachwissenschaft zurückzugreifen. Demnach ist grundlegend zu unterschieden zwischen

1. der paradigmatischen Ebene, d. h. den Merkmalen und Eigenschaften, die das Phonemsystem selbst betreffen (dazu gehören u. a. die Anzahl von Phonemen, die Anzahl von Vokalen und Konsonanten, die Anzahl von Phonemkombinationen u. Ä.) und
2. der syntagmatischen Ebene, d. h. der konkreten Realisierung von Einheiten, Merkmalen und Eigenschaften eines Phonemsystems, wozu in erster Linie

das Auftreten von Phonemen in einem konkreten Sprechakt (Text) bzw. in einer Lautkette (z. B. bei der Bildung von Phonemkombinationen) gehört.

Davon ausgehend ist dann zu prüfen, ob es zwischen ausgewählten Eigenschaften (z. B. der Anzahl von Vokalen und der Anzahl von Konsonanten) in sprachlichen Systemen einen Zusammenhang gibt. In einem abschließenden Schritt wird diskutiert, welchen Einfluss die quantitative Ausprägung eines Phoneminventars auf die Phonemdistribution bzw. Phonotaktik einer Sprache haben kann.

3.1.1 Anzahl von Vokalen und Konsonanten im Phonemsystem

Eine einfache und zugleich inhaltlich durchaus nachvollziehbare Differenzierung eines Phoneminventars ergibt sich auf der Basis von grundlegenden akustischen und perzeptuellen Unterschieden in der Form von Vokalen und Konsonanten. Die Unterscheidung selbst spielt eine Rolle für intern vorhandene Wechselbeziehungen und für eine typologische Einteilung in konsonantische und vokalische Sprachen.

Als Ausgangspunkt für eine differenzierte Betrachtung des Inventarumfangs nach der Anzahl von Vokalen bzw. Konsonanten ist auf die einschlägigen Ideen des amerikanischen Linguisten Charles Hockett einzugehen. Der hat sich (Hockett 1955: 138) knapp mit dem Vokal-Konsonanten-Verhältnis auf paradigmatischer Ebene beschäftigt und kommt u.a. auch auf die Rolle des Phoneminventarumfangs zu sprechen. Hockett geht von der empirischen Beobachtung aus, dass die relative Anzahl von Vokalen innerhalb der Phonemsysteme in den Sprachen der Welt unterschiedlich hoch ausfällt – so gibt es im Finnischen einen in etwa 40%igen Vokalanteil, während in Bella Coola nur ein Vokalanteil von 8 % feststellbar ist. Daher vermutet er (1955: 138 und ein weiteres Mal 1958: 95), dass es den folgenden Zusammenhang zwischen der Anzahl vokalischer Phoneme und der Gesamtanzahl von Phonemen in einem sprachlichen System gibt: „[…] there is some correlation between this ratio [=Anteil an Vokalphonemen – EK] and the total number of segmental phonemes." Konkret geht Hockett davon aus, dass Sprachen mit einem großen Phoneminventar weniger vokalische Phoneme aufweisen als Sprachen mit einem relativ kleinen Inventar. Oder vereinfachter ausgedrückt: Ein großes Phoneminventar ist in der Regel durch das Vorhandensein einer Vielzahl von Konsonanten bedingt.[24] Beides, insbesondere aber eine hohe Anzahl an Vokalen, hängt seiner Ansicht nach mit dem Grad an – allerdings nicht

24 Zu prüfen wäre in diesem Zusammenhang, welche der beiden Gruppen (Vokale, Konsonanten) einen höheren Grad an Redundanz aufweist.

näher definierter *Redundanz* – zusammen. Abgesehen von einigen ausgewählten Beispielen legt Hockett aber keine empirischen Nachweise für die behauptete interne Wechselbeziehung zwischen der Anzahl von Vokalen und Konsonanten vor.

Die so formulierte Idee über potenzielle Zusammenhänge zwischen dem Phoneminventarumfang und ausgewählten Subeinheiten eines Phonemsystems ist in etwas modifizierter Form fast ein halbes Jahrhundert später wieder aufgenommen worden. An dieser Stelle ist auf die Ergebnisse in Maddieson (1984, 2005a, 2005b) zu verweisen. Im Anschluss an seine ältere Studie aus dem Jahr 1984 bestimmt Maddieson (2005a, 2005b, 2005c) nun in über 600 Sprachen die Anzahl von vokalischen und konsonantischen Segmenten. Unter anderem gelangt er (2005b: 262) und (2005c: 15) auf der Basis einer solchen Vielzahl von Sprachen aus unterschiedlichen genetischen bzw. arealen Gruppen zu dem Ergebnis, dass es in seinem Datenmaterial keinen Zusammenhang – gemeint ist in diesem Fall eine statistische Korrelation – zwischen der Anzahl von Vokalen und der Anzahl von Konsonanten gibt[25]. Ausgehend von der umfangreichen Untersuchung kann mittlerweile als empirisch gesichert gelten, dass zwischen der Anzahl von Vokalen und der Anzahl von Konsonanten – anders als das noch Hockett angenommen hat – keinerlei statistische Wechselbeziehungen bestehen. Also wird an dieser Stelle mit Größen (dem Inventarumfang, der Anzahl von Vokalen und der Anzahl von Konsonanten) operiert, die – um es vereinfacht in der Sprache der Statistik auszudrücken – unabhängige „Zufallsereignisse“[26] darstellen. Es ist auch keine andersartige gegenseitige Bedingtheit feststellbar.

---

25 Der Vollständigkeit halber muss erwähnt werden, dass der Befund im Widerspruch zur Studie von Maddieson (1984: 9) steht, in der u. a. behauptet wird, dass die absolute Anzahl von Vokalen mit der Anzahl von Konsonanten positiv korreliert. Offensichtlich spielt bei dieser Art der Untersuchung auch die Anzahl von Sprachen bzw. eventuell die Art der untersuchten Sprachen eine Rolle. In jedem Fall untersucht Maddieson nur segmentale Phoneme, so dass der vokalische Bereich unterrepräsentiert ist.

26 Justeson/Stephens (1984) haben den vielfach angedeuteten Zusammenhang zwischen der Anzahl von Vokalen und Konsonanten in Phoneminventaren empirisch untersucht. Sie begründen die Hypothese (1984: 536) rein rechnerisch damit, dass der Anteil von Konsonanten in einem System in der Regel die Anzahl von Vokalen (konkret um mehr als das Zweifache) übersteige. Überprüft wird der Zusammenhang durch die Korrelation folgender zwei Variablen: Einem Quotienten aus der Anzahl von Vokalen dividiert durch das Gesamtinventar und deren Relation zum Gesamtinventar (bestehend aus Vokalen und Konsonanten). Allerdings zeigt auch diese Analyse (untersucht werden 50 Sprachen), dass es keine empirischen Zusammenhänge zwischen den Variablen gibt. Offen bleibt, welche linguistische Relevanz eine derartige systematische Beziehung

Während die Häufigkeitsverteilung von Phoneminventarumfängen in den Sprachen der Welt einen durchaus systematischen Charakter aufweist und daher als eine Systemgröße in Betracht zu ziehen ist, hat die Anzahl von Vokalen und Konsonanten in einer Sprache keinen systematischen Charakter, der darauf aufbauende weiterführende Verallgemeinerungen zuließe. Einzig scheint zu gelten, dass Sprachen mit großen Inventaren die Tendenz zeigen konsonantischer zu sein, was mit den umfangreicheren Möglichkeiten der Artikulation von Konsonanten im Vergleich zur Bildung von Vokalsegmenten erklärbar ist. Der Befund gilt allerdings vorbehaltlich einer Vernachlässigung von suprasegmentalen Eigenschaften, die bekanntlich das Vokalsystem einer Sprache entscheidend erweitern und damit auch die quantitativen Verhältnisse hinsichtlich der Anzahl von Vokalen nachhaltig nach oben korrigieren können.

Allerdings sollte die fehlende Korrelation hinsichtlich einer gegenseitigen Wechselbeziehung in der Anzahl von Vokalen und Konsonanten nicht überbewertet werden, da bislang eine theoretische Begründung fehlt. Neben Hockett – und damit kommen wir zu den ursprünglichen Überlegungen zurück – setzte sich etwa zeitgleich der bekannte Prager Linguist Vladimír Skalička im Rahmen seiner umfangreichen sprachtypologischen Studien intensiv mit ausgewählten quantitativen Eigenschaften des Phoneminventars und damit zusammenhängenden Problemen auseinander. Er geht von vokalischen und konsonantischen Sprachen aus, die er als unterschiedliche typologische Klassen auffasst.

Skalička (1958) hat im Vergleich mit anderen slawischen Sprachen besonders das Russische im Auge. Theoretisch eingebettet in Überlegungen zum sogenannten „Kompensationsprinzip“ (vgl. dazu auch Kapitel 3.6), d. h. zu Ausgleichstendenzen zwischen sprachlichen Ebenen und Merkmalen, geht er auf eine ganze Reihe von Wechselbeziehungen ein, mit denen das Phoneminventar bzw. die Anzahl von Vokalen oder Konsonanten einer Sprache potenziell in Zusammenhang stehen könnte. So vermutet er beispielsweise, ein stark differenziertes Konsonantensystem (im Sinne eines über viele Konsonanten verfügenden Phonemsystems) bringe es mit sich, dass das vorhandene Vokalsystem sprachhistorisch weniger ausgebaut wird (vgl. Skalička 1958: 73–74 und Skalička 1962: 212). Damit bliebe letztlich das Vokalsystem konsonantenreicher Sprachen eher klein. Auch wenn Skalička – und darin liegt der Mangel einer Vielzahl seiner Überlegungen – keine bzw. nur wenige Beispiele und empirische Beweise für die Behauptung vorlegt, bleibt das Ganze ein Versuch, die Anzahl von Vokalen und

zwischen diesen zwei Subgruppen hätte bzw. welche weiteren Konsequenzen daraus abgeleitet werden könnten. Es fehlen auch die möglichen Randbedingungen.

Konsonanten als Merkmale zu verstehen, die sich sprachgeschichtlich in einer dynamischen und ineinander verzahnten Wechselwirkung befinden.

Ausgehend von der Idee einer gegenseitigen Kompensation von vokalischen und konsonantischen Phonemen, die bei Skalička immerhin als ein leitendes Prinzip eingeführt wird, ist auf weitere Zusammenhänge hinzuweisen, die in Hinblick auf den morphologischen Bau von Sprachen[27] zu gelten scheinen. Postuliert werden fünf unterschiedliche morphologische (Ideal)Typen (flektierend, introflexiv, agglutinierend, isolierend bzw. polysynthetisch), für die ein Zusammenhang mit der Vokal- bzw. Konsonantenhaftigkeit der jeweiligen Sprachen behauptet wird. Da in den nachfolgenden Kapiteln auch Interrelationen zu morphologischen Eigenschaften diskutiert werden, hier kurz die wichtigsten Überlegungen:

1. Sogenannte polysynthetische Sprachen (als Beispiele werden Chinesisch, Vietnamesisch und Thaisprachen genannt): Sie verwenden nach Ansicht von Skalička (1966: 111) Vokale zur Bildung von Wörtern, die grammatikalische Beziehungen ausdrücken. Daher würden sich in diesen Sprachen lange Ketten von phonologisch gleichwertigen Elementen bilden, die aber allesamt phonologisch nicht komplex sind, d. h. es gibt in derartigen Sprachen keine komplizierten Konsonantenkombinationen. Die Sprachen haben ein diversifiziertes Vokalsystem mit unterschiedlichen Vokalquantitäten und eine Vielzahl von suprasegmentalen Eigenschaften. So würden polysynthetische

27 Im gegenwärtigen Kontext kann man getrost von einer Neuentdeckung der typologischen Arbeiten von Skalička sprechen. Mit einiger Berechtigung bezeichnet Plank (1998: 203) seine Ausführungen als „[...] one of the most prominent later attempts at truly holistic typology“. Plank (1998: 203–206) bietet eine imposante Liste unterschiedlichster sprachlicher Eigenschaften an, die sich aus den Arbeiten von Skalička eruieren lassen und die als Ausgangspunkt für die Erstellung eines Netzes miteinander verzahnter sprachlicher Eigenschaften herangezogen werden können. Die von uns diskutierte Problematik mit Blick auf die Anzahl von Vokalen und Konsonanten in einem sprachlichen System gibt nur einen kleinen Teilbereich der Ideen von Skalička wieder. Es ist darauf hinzuweisen, dass bei ihm phonologische/phonetische Eigenschaften nur selten im Vordergrund des Interesses stehen (vgl. Geckeler 1988, Plank 1998). In einigen Fällen entsteht so der Eindruck einer gewissen Skizzenhaftigkeit. Skaličkas prägnante und innovative Einsichten basieren zwar auf vielen Beispielen aus einer Vielzahl von Sprachen, aber letztlich erweisen sich seine Überlegungen beim Versuch einer Neu-Systematisierung als nicht immer konsistent. Interessant ist im gegebenen Zusammenhang die negative Stellungnahme von Skalička (1967) zu einer „holistischen“ phonologischen Typologie von Sprachen: Aus seiner Sicht sollten phonologische Eigenschaften nicht überbewertet werden. Diese Einschätzung bzw. Abwertung der eigenen Leistung ist durch seinen offensichtlichen Morphozentrismus zu erklären.

Sprachen über ein relativ kleines Konsonanteninventar und gleichzeitig über ein vergleichsweise gut ausgebautes Vokalinventar verfügen.

2. Anders funktionieren sogenannte isolierende (in Skalička 1966: 111 auch als analytisch bezeichnete) Sprachen (u. a. Englisch und Französisch): In diesen Sprachen treten Synsemantika gewöhnlich als selbständige Wörter auf, wobei allerdings die Vorkommenshäufigkeit der Wörter eine hohe phonologische Komplexität verbietet, die in diesem Fall mit einer ausgeprägten Konsonantenhäufigkeit gleichzusetzen ist. Insofern sind analytische Sprachen, so Skalička (1966: 112), eher einem „vokalischen Typus" zuzuordnen, wobei unklar bleibt, ob damit eine paradigmatische oder syntagmatische Eigenschaft (die Erwähnung der Häufigkeit von synsemantischen Wortformen würde für letzteres sprechen) gemeint ist.
3. Agglutinierende Sprachen hängen an eine Wurzel zahlreiche wortbildende Morpheme und Endungen: Für sie wird davon ausgegangen, dass sie über eine geringe Anzahl von Synsemantika verfügen und phonologisch komplizierte Wurzeln vorhanden sind. Die Komplexität wird durch Konsonantenkombinationen bzw. durch die Längung der Wurzelmorpheme erreicht. Insofern zeichnen sich agglutinierende Sprachen durch eine hohe Anzahl von Konsonanten aus.
4. Die flektierenden Sprachen werden von Skalička (1966: 113) als „stark vokalische" Sprachen bezeichnet. Begründet wird das mit der hohen Anzahl von Endungen und mit der Vielzahl von grammatischen Wörtern, die seiner Ansicht nach durch vokalische Phoneme ausgedrückt werden. Daher werden flektierende Sprachen[28] als „reine" Vokalsprachen mit nur wenigen Konsonantenkombinationen angesehen.

---

28 Als Beispiel für eine vokalische flektierende Sprache wird das Urslawische angeführt, welches durch eine hohe Diversifikation des Vokalsystems charakterisiert ist. Im Gegensatz dazu sieht Skalička (1958: 80) die slawischen Gegenwartsprachen als konsonantische Sprachen an. Demnach haben sich die slawischen Sprachen sukzessive von einer flektierenden Sprache (Urslawisch) zu einem Mischtypus entwickelt. Begründet wird das bei ihm durch eine beobachtbare Reduktion von Deklinations-und Konjugationstypen, dem Verlust des Duals usw. So wird das Russische in Skalička (1958) als eine Sprache mit Tendenz zur Flexion, zur Agglutination und zur Isolation, insgesamt aber als eine Sprache mit hoher „Konsonantenhaftigkeit" charakterisiert. Als Ausnahmen treten seiner Ansicht nach das Slowenische und das Serbokroatische auf; es habe sich die Polytonie des Urslawischen erhalten und daher gehörten diese Sprachen weiterhin dem vokalischen Typus an. Die Idee von konsonantischen und vokalischen slawischen Sprachen findet sich u.a. bereits bei Isačenko (1939/1940). Vgl. dazu die Kritik von Kempgen (1991) und die Reanalyse von Kelih (2010a).

5. Zu den introflexiven Sprachen äußert sich Skalička nur knapp und meint, dass diese Sprachen von einer agglutinierenden und flektierenden Komponente begleitet sind; zum Vokal- oder Konsonantenanteil gibt er keine Auskunft.

Die Überlegungen Skalička s haben zwar ein Wechselverhältnis zwischen der phonologischen und der morphologischen Ebene im Blick, bleiben aber dennoch in einem wichtigen Punkt unvollständig: Unklar ist, auf welche Ebene sich die von ihm postulierte „Vokal- bzw. Konsonantenhaftigkeit" bezieht. Ist es eine paradigmatische, d. h. auf das Sprachsystem bezogene Eigenschaft und meint so die Anzahl von Vokalen/Konsonanten in einem Phonemsystem, oder ist eine syntagmatische Eigenschaft gemeint, also die Häufigkeit von Vokalen und Konsonanten in einem Text bzw. Sprechakt? Es scheint einiges dafür zu sprechen, dass Skalička (1966) beide Merkmale nicht stringent voneinander trennt, sondern eine enge Verwobenheit annimmt. Das ist auch der Grund, warum man seine Befunde vor dem Hintergrund der fehlenden systematischen Korrelation von Vokalen und Konsonanten, aber auch aufgrund einer fehlenden Definition und stringenten Abgrenzung von vokalischen und konsonantischen Sprachen, in Bezug auf die Rolle des jeweiligen Phoneminventars (insbesondere hinsichtlich der Anzahl von Vokalen bzw. Konsonanten) nicht verallgemeinern kann.

Sieht man von diesen Details der von Skalička (1966) diskutierten Ideen ab, so sind zusammenfassend zwei Punkte hervorzuheben, die in der weiteren Diskussion um die Relevanz des Phoneminventars wichtig bleiben:

1. Neben der Anzahl von Vokalen und Konsonanten[29] in einem Phonemsystem ist deren unterschiedliche Funktion in der morphophonologischen

29 Angesichts des systemlinguistischen Hintergrunds der Ideen von Skalička (1958, 1966) muss auf Nikonov (1959) nicht detailliert eingegangen werden. Dieser resümiert diverse Arbeiten zur Verteilung von Konsonanten (C) und Vokalen (V) in mehreren Sprachen und verweist auf einige mehr oder weniger plausible Gründe (arealtypologische, genetische usw.) für die unterschiedliche Verteilung des V-C-Anteils in verschiedenen Sprachen. Weiterführende Analysen zur Verteilung von V und C in einem sprachlichen System bzw. in Texten finden sich für das Polnische, Russische und Ukrainische in Gorbatjuk/Perebyjnis (1968). Darüber hinaus wird die unterschiedliche V-C-Verteilung als Parameter für die Berechnung der phonologischen Ähnlichkeit bzw. der phonologischen Nähe von Sprachen verwendet. Zu einem älteren Versuch der Typologisierung von Sprachen aufgrund der Anzahl von Vokalen und Konsonanten im System, aber auch aufgrund ihrer Häufigkeit im Text vgl. Voegelin (1957) und Yegerlehner et al. (1957). Die Idee einer Nutzbarmachung des zahlenmäßigen bzw. anteiligen Verhältnisses von Vokalen und Konsonanten wird in mehreren, in der Regel aber älteren, sprachtypologischen Arbeiten thematisiert.

Kodierung zu berücksichtigen. So ist es durchaus legitim den Vokalen in erster Linie eine akustische und silbenbildende Funktion einzuräumen, die als Träger der grammatischen Information in Erscheinung tritt, während Konsonanten nach Skalička (1966: 114) „semiologische" Aufgaben innehaben.

2. Die unterschiedlichen Funktionen von Vokalen und Konsonanten – die im Detail für jede zu untersuchende Sprache erst zu zeigen wären – können im Sinne von Skalička durchaus Auswirkungen auf die grammatische bzw. auf die morphologische Struktur haben.
3. Der bei Skalička angedeutete Zusammenhang zwischen der Anzahl von Vokalen bzw. Konsonanten in einem Phonemsystem und deren Realisierung in einem Text verdient eine nähere Betrachtung.

3.1.2 Häufigkeit von Vokalen und Konsonanten: System vs. Text

Die Frage, die nunmehr zu diskutieren ist, lautet, ob zwischen der paradigmatischen Ebene (=dem Phoneminventar) und der Häufigkeit von Phonemen auf syntagmatischer Ebene (=Text, Sprechakt) eine Wechselbeziehung festzustellen ist. Es gibt Grund zu der Vermutung, dass ein ausgebautes Konsonantensystem, d. h. eine große Anzahl von Konsonanten im Phoneminventar, eine hohe Konsonantenhäufigkeit im Text bedingen könnte. Ähnliches kann für das Vokalinventar angenommen werden, weil z. B. eine hohe Vokalanzahl im Phoneminventar sich auf syntagmatischer Ebene in Form einer erhöhten Vokalhäufigkeit zeigt. Begründbar wäre das u.a. durch die einfache Überlegung, dass Einheiten, die überproportional in einem System vertreten sind, auch in entsprechender Weise ausgenutzt werden.

Eine ganze Reihe von Arbeiten zu diesem Thema geht auf den Prager Linguisten J. Krámský zurück. Darin wird genau dieses Wechselverhältnis zwischen dem Umfang des Phoneminventars und der Häufigkeit von Phonemen im Text thematisiert.[30] Eingebettet in Überlegungen der Prager Funktionallinguistik steht für ihn vor allem die Vokal- bzw. Konsonantenfrequenz im Zentrum des Interesses. In dem gegebenen Zusammenhang interessiert besonders eine Studie von Krámský (1946/1948), die als direkte Weiterentwicklung der bekannten

30 Bereits Čistjakov/Kramarenko (1929: 11 f.) hatten in einer wenig bekannten Studie – allerdings ohne Erfolg – versucht einen Zusammenhang zwischen den beiden Ebenen herzustellen. Ein zentrales Problem dieser Arbeit ist, dass hartnäckig und ohne Begründung behauptet wird, Sprachen würden sich durch eine konstante Häufigkeit von Vokalen und Konsonanten auszeichnen. Diese Behauptung wurde erst nach der detaillierten Untersuchung von über fünfzig Sprachen (vgl. dazu Čistjakov 1972) verworfen.

sprachtypologischen Untersuchung von Isačenko (1939/1940) anzusehen ist und in der versucht wird slawische Sprachen auf der Basis des Anteils von Vokalen und Konsonanten unterschiedlichen Gruppen (vokalischen, konsonantischen Sprachen und einer Zwischengruppe) zuzuordnen.[31] Während sich Isačenko bei dieser Art einer quantitativen phonembasierten Typologie ausschließlich auf die paradigmatische Ebene konzentriert, zieht Krámský die Phonemhäufigkeit als weiteres sprachtypologisches Merkmal hinzu. Erste Ansätze dazu finden sich bereits in Krámský (1941). Untersucht werden das Deutsche, Englische, Slowakische, Angelsächsische, Spanische, Italienische und das Persische. Für jede der genannten Sprachen bestimmt er den relativen Anteil an Vokalen im Phonemsystem und die entsprechende Häufigkeit von Vokalen in Texten.

Im Ergebnis seiner statistischen Analyse ordnet er nun – ausgehend von einem zu bildenden Quotienten[32] – die untersuchten Sprachen zwei unterschiedlichen Gruppen zu, nämlich einer vokalischen und einer konsonantischen Gruppe. Folgt man dieser Dichotomisierung so gehören beispielsweise das Deutsche und das Englische dem vokalischen Sprachtypus an, während das Italienische, das Spanische, das Persische, das Tschechische, das Angelsächsische und das Slowakische dem konsonantischen Sprachtypus zuzuschlagen sind (siehe Tab. 2 für weitere quantitative Details dieser Untersuchung).

Das zweite Ergebnis der Studie ist allerdings einigermaßen überraschend, so dass ein etwas ausführlicherer Kommentar unumgänglich ist. Krámský (1946/1948: 43) stellt anfangs – wie auch in einer späteren Arbeit (vgl. Krámský 1959: 74) – empirisch fest, dass mit einer großen Anzahl von Konsonanten in einem Phonemsystem nicht unbedingt eine hohe Konsonantenhäufigkeit im Text einhergehen muss. Vielmehr scheint Folgendes zu gelten: Je höher der Anteil von Konsonanten auf paradigmatischer Ebene, desto niedriger ist die Häufigkeit von Konsonanten im Text. Oder anders gesagt: Je mehr Konsonanten in einem Phoneminventar vorkommen, desto weniger häufig kommen sie in einem Text (=syntagmatische Ebene) vor.

Dieser Befund, der im Widerspruch zu der eingangs angeführten Vermutung steht, ist dahingehend zu interpretieren, dass die Untersuchung der

31 In Kelih (2010a) konnte in einer Reanalyse der Daten von Isačenko (1939/1940) gezeigt werden, dass – sofern man multivariate Diskriminanzanalysen verwendet – eine derartige Klassifizierung weder statistisch noch linguistisch haltbar ist.

32 Der Quotient *V* wird aus dem Konsonanten-Anteil im Inventar (*pi*) und dem Prozentanteil von Konsonanten (*pt*) im Text berechnet. Als Trennmarke zwischen vokalischer und konsonantischer Sprache wird V=1 angesetzt, d. h. jener Punkt, an dem der relative bzw. prozentuelle Anteil von Vokalen im System und im Text gleich hoch ist.

Phonemhäufigkeit (bzw. konkret der Konsonantenhäufigkeit) Antwort auf die Frage gibt, ob und in welcher Weise gegebene Artikulationsmöglichkeiten[33] auf Textebene realisiert werden. Vorhandene phonologische Kontraste bzw. Phoneme weisen eine unterschiedliche Funktionalität auf und treten daher in Texten – und das ist zumindest partiell als eine Erklärung für das beobachtete spezifische Wechselverhältnis anzusehen – mit jeweils unterschiedlicher Häufigkeit auf.

Vor der weiterführenden Diskussion sollen an dieser Stelle (um des besseren Einblicks willen) Teile der fraglichen Studie reproduziert und reanalysiert werden.[34] In Tab. 2 finden sich die von Krámský (1946/1948) angeführten Daten zu den untersuchten Sprachen:

1. der prozentuale Anteil von Konsonanten im Phonemsystem (C-Inventar) und
2. die prozentuale Häufigkeit dieser Konsonanten (C-Text) in Texten.

Tab. 2: C-Anteil (in %) im System und C-Häufigkeit (in %) im Text (Krámský 1946/1948)

Sprache	**Konsonantenanteil im Inventar (%)**	**Konsonantenhäufigkeit im Text (%)**
Deutsch	52,6	61,7
Englisch	54,5	59,5
Slowakisch	60,0	57,5
Angelsächsisch	65,9	58,8
Tschechisch	66,6	57,6
Persisch	78,2	57,5
Spanisch	80,0	57,7
Italienisch	82,5	52,0

33 So untersucht Krámský (1959) in 23 Sprachen die Häufigkeit von Konsonanten (gesondert nach ihrem Artikulationsmodus und -ort). Es ergibt sich, dass zwar bestimmte Konsonantengruppen überdurchschnittlich oft verwendet werden, allerdings muss Krámský (1959: 84) zugeben, dass seine Untersuchung keine klaren linguistisch interpretierbaren Resultate hervorbringt. Das liegt u.a. an fehlenden linguistischen Hypothesen hinsichtlich der unterschiedlichen Ausnutzung von Artikulationsmodi.

34 In dieser Studie wird auf die Frage nach der Bestimmung der Phoneminventare und der jeweils analysierten Texte nicht näher eingegangen, was ein großes Manko ist.

Wie Tab. 2 zu entnehmen ist, gibt es in den untersuchten Sprachen sowohl hinsichtlich des Konsonantenanteils als auch der Konsonantenhäufigkeit durchaus beträchtliche Unterschiede. Als Beispiele seien z. B. das Spanische und das Deutsche angeführt: Während das Spanische einen Konsonantenanteil von 80 % im Inventar aufweist und deren prozentuelle Häufigkeit im Text mit etwa 58 % angegeben wird, zeigt das Deutsche mit etwas mehr als 50 % an Konsonanten im Inventar mit über 60 % die höchste Konsonantenhäufigkeit innerhalb der analysierten Sprachen. Zu bemerken ist auch, dass es hinsichtlich des Konsonantenanteils in den Phoneminventaren eine beträchtliche Spannweite gibt (zwischen ca. 50 und 80 %), während aber bei der Häufigkeit von Konsonanten der Bereich relativ eng ausfällt (zwischen ca. 50 und 60 %).

In Anbetracht der Tatsache, dass Krámský (1946/1948) – abgesehen von der Präsentation des Zahlenmaterials – keine weiterführenden statistischen Analysen zu dem postulierten Zusammenhang durchgeführt hat, soll das an dieser Stelle kurz nachgeholt werden. Die Vermutung, dass mit einem zunehmenden Konsonanteninventar (=Anteil von Konsonanten in einem Phonemsystem) die Frequenz von Konsonanten im Text sinkt, lässt sich ohne weiteres statistisch überprüfen: Man nimmt tentativ und induktiv einen linearen Zusammenhang[35] zwischen diesen beiden Eigenschaften an. Legt man das Modell C-Text = -0,1805*C-Inventar + 69,98 zugrunde, so ergibt sich ein Determinationskoeffizient[36] R^2 = 0,58.

So kann zumindest tendenziell bestätigt werden, dass es zwischen dem Anteil von Konsonanten in einem Phonemsystem und der Häufigkeit von Konsonanten in einem Text eine statistisch modellierbare Korrelation gibt. Die Richtung des Zusammenhangs lässt sich auch aus der unten stehenden Abb. 2 ablesen.

35 Eine alternative – nicht auf die Modellebene abzielende – Möglichkeit der Analyse eines Zusammenhangs zwischen zwei Eigenschaften besteht in der Berechnung von Korrelationskoeffizienten. Auf diese Art der Modellierung wird im gegebenen Zusammenhang allerdings verzichtet, da ein lineares Modell genauere Auskunft über die Richtung und die Art des Zusammenhangs gibt. Weitere Details dazu im Kapitel 4.

36 Der Determinationskoeffizient gibt das Ausmaß der Übereinstimmung zwischen empirischen und theoretisch berechneten Werten wieder. Je näher das R^2 bei 1, desto höher die Übereinstimmung. In der Praxis der quantitativen Linguistik (vgl. Eom 2006: 121) wird von einer zufriedenstellenden Modellierung gesprochen, wenn sich ein $R^2 > 0{,}80$ ergibt. An anderer Stelle wird 0,85 bzw. 0,90 als eine sehr gute Anpassung bezeichnet (vgl. Popescu/Mačutek/Altmann 2009: 16). Zu einer ausführlichen Diskussion zur Problematik der Anpassungsgüte vgl. Grotjahn (1992). Die erwähnten Grenzen sind nichts anderes als Konventionen innerhalb einer bestimmten wissenschaftlichen Gemeinschaft.

Abb. 2: C-Inventar (in %) vs. C-Text (in %): Reanalyse von Krámský (1946/1948).

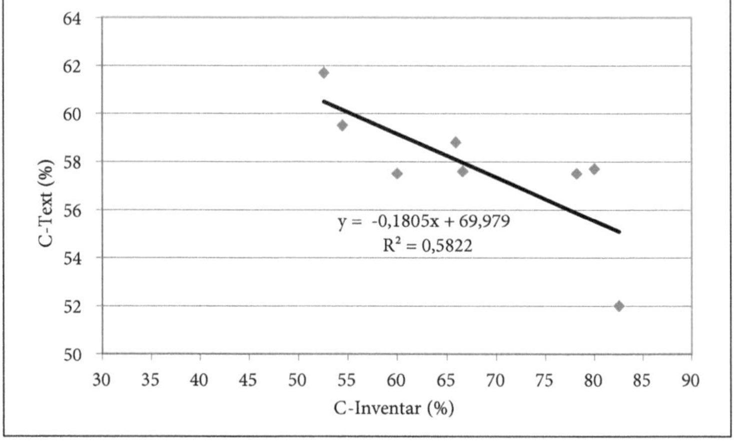

Vor einer Verallgemeinerung dieser Beobachtung sei jedoch ausdrücklich gewarnt, da die Analyse von nur acht ausschließlich indoeuropäischen Sprachen eine viel zu wenig umfangreiche empirische Basis[37] darstellt. Es wird ja – abgesehen von der zentralen Frage nach der Bestimmung der Phoneminventare – völlig außer Acht gelassen, dass die Häufigkeit von Konsonanten in Texten je nach Diskurstyp bzw. Varietät stark variiert. Darüber hinaus werden keine absoluten Zahlen hinsichtlich der untersuchten Phoneminventare angegeben. Abgesehen von dem empirischen Nachweis ist im gegebenen Zusammenhang jedoch auch eine theoretische Begründung für die beobachtete Wechselbeziehung von Interesse.

Während bei Krámský (1959: 74) als Begründung vage und knapp eine Art von Systembalance zwischen paradigmatischen und syntagmatischen Eigenschaften angeführt wird, bringt Skalička für derartige beobachtbare Zusammenhänge die sogenannte Kompensationstheorie ins Spiel. So postuliert Skalička (1966: 114) für konsonantisch „reiche" Sprachen (wie beispielsweise das Russische), dass ein reiches Konsonantenrepertoire auf Systemebene durch einen „schwächeren"

37 In Kelih (2013a) wird in einer Reanalyse der Phonemhäufigkeiten von slawischen Sprachen (Bulgarisch, Kroatisch, Mazedonisch, Polnisch, Russisch, Serbisch, Slowakisch, Slowenisch, Ukrainisch, Tschechisch und Weißrussisch) gezeigt, dass es keinen (statistisch zufriedenstellenden) Zusammenhang zwischen der Anzahl von Konsonanten und der Häufigkeit von Konsonanten gibt. Damit ist zumindest für die Sprachfamilie der slawischen Sprachen die Nichthaltbarkeit dieser Wechselbeziehung empirisch evident.

Konsonantismus auf Textebene „kompensiert“ werde. Es wird davon ausgegangen, dass mit einem zunehmenden Konsonantenanteil im Phoneminventar die Häufigkeit von Konsonanten im Text sinkt. Die Kompensationstheorie bzw. die Wirkkraft von Ausgleichsmechanismen wird als konstituierend für sprachliche Systeme angesehen, wenngleich eine „positive“ Kompensation (ein großes Inventar an Konsonanten führt zu einer hohen Vorkommenshäufigkeit in Texten) ebenfalls als möglich anzusehen wäre.

Sofern Kompensationsprinzipien als allgemeingültig bestätigt werden können bzw. sich in vielen Sprachen bestätigen ließen, würde das tatsächlich bedeuten, dass in sprachlichen Systemen Sicherheitsmechanismen eingebaut sind: Demnach müssten Sprachen z. B. mit einem geringen Inventar (sei es an Vokalen oder auch an Konsonanten) den mehr oder weniger offensichtlichen Mangel durch eine erhöhte Vorkommenshäufigkeit wettmachen und umgekehrt. Allerdings bleiben solche Erklärungsversuche im Grunde genommen auf einer sehr abstrakten Ebene. Kompensationsvorgänge sind eher als allgemein wirkende Konstruktions- und Steuerungsmechanismen anzusehen (vgl. dazu Kapitel 3.6). Die beobachtete Regulierung der Häufigkeit von Konsonanten bzw. Phonemen lässt sich durch die in jedem sprachlichen System auffällige ungleiche und asymmetrische Verteilung der Häufigkeiten erklären. Aus heutiger informationstheoretischer und systemlinguistischer Sicht geht es um die Steuerung der Redundanz in phonologischen Systemen, die nun näher zu erläutern sein wird.

3.1.3 Phonemhäufigkeiten und Wiederholungsrate

Die Fragen nach dem Phoneminventarumfang, nach der Anzahl von Vokalen und Konsonanten in einem Phonemsystem und nach deren Häufigkeit sind im Rahmen einer quantitativen Phonologie ohne weitere Probleme begrifflich in den Bereich der *funktionalen Belastung* einzubetten. Das Konzept der funktionalen Belastung, insbesondere von der Prager Schule erarbeitet und diskutiert, findet sich auf unterschiedlichen sprachwissenschaftlichen Ebenen, hauptsächlich jedoch in der Phonologie/Phonetik.

Die funktionale Belastung kann z. B. auf ausgewählte Eigenschaften von Phonemsystemen bezogen werden. Zu denken ist an den Ausnutzungsgrad von distinktiven Merkmalen, von Artikulationsarten, der Häufigkeit von Phonemen und Phonemkombinationen und Ähnliches. In Bezug auf phonologische Systeme haben die umstrittenen Arbeiten von King (1967a, 1967b) eine gewisse Bekanntheit erlangt, da darin die zentrale Idee, die funktionale Belastung von sprachlichen Einheiten als auslösenden Faktor von Sprachwandelprozessen anzusehen, in Frage gestellt worden ist. Zudem wird unmissverständlich von ihrer Überbewertung gesprochen.

Zurück zur uns interessierenden Fragestellung: In Bezug auf Phonemsysteme bzw. Phoneminventarumfänge lässt sich – um eine empirische Erfassbarkeit zu ermöglichen – die funktionale Belastung von Phonemen mit der Vorkommenshäufigkeit der Phoneme in Texten gleichsetzen.

Ein wichtiges Merkmal sprachlicher Systeme im Allgemeinen ist es, dass deren Einheiten (Phoneme, Grapheme, Silben, Morpheme usw.) in Texten nicht mit der gleichen Häufigkeit (Gleichverteilung) vorkommen, sondern bestimmte Einheiten überdurchschnittlich oft genutzt werden. Die linguistische Operationalisierbarkeit und verfeinerte Metrisierung[38] der funktionalen Belastung ergibt sich in Bezug auf die Häufigkeit von Phonemen durch die Berechnung der sogenannten Wiederholungsrate.

Die Wiederholungsrate ist eine in der quantitativen Phonologie häufig diskutierte Kenngröße (vgl. Altmann/Lehfeldt 1980: 151 f.). Diese lässt sich als

$$R = \sum_{r=1}^{n} p_r^2,$$

d. h. als die Summe der quadrierten relativen Häufigkeiten (*p*) der einzelnen Phoneme berechnen. Die Wiederholungsrate ist ein Maß der Gleichverteilung[39] der Häufigkeiten von Phonemen und besagt etwas über den Ausnutzungsgrad der einzelnen Phoneme. In die Linguistik wurde sie von Herdan (1962: 36 ff.) eingeführt, der darin ein globales Charakterisierungsmaß einer Häufigkeitsverteilung sieht.

---

38 In Altmann/Lehfeldt (1980: 190) findet sich ein Überblick über die wichtigsten Ansätze zur Messung der funktionalen Belastung im phonologischen Bereich.

39 Als weiteres globales Maß einer Häufigkeitsverteilung wird in der Regel die Entropie angeführt. Zwischen der Entropie und der Wiederholungsrate gibt es eine Reihe von Querbeziehungen. Zu theoretischen Details und den Möglichkeiten einer unterschiedlichen mathematischen Berechnung der Entropie und der Wiederholungsrate vgl. Grzybek/Kelih/Altmann (2005: 122 ff.). Die Wiederholungsrate und die Entropie bzw. deren jeweilige Relativierungen durch die Stichprobengröße können aber nicht nur für empirische Häufigkeitsverteilungen, sondern auch für theoretische Verteilungsmodelle berechnet werden. Das setzt voraus, dass bekannt ist, welches theoretische Verteilungsmodell für Phonemhäufigkeiten in Frage kommt. Diese Frage lässt sich trotz einer Vielzahl von durchgeführten Untersuchungen bislang nicht eindeutig beantworten. Es ist auch weitgehend ungeklärt, welche Einflussfaktoren außer dem Phoneminventarumfang auf Häufigkeitsverteilungen von Phonemen einwirken.

Grundlegendes Merkmal der Wiederholungsrate ist es, dass sie umso kleiner wird, desto ähnlicher die Häufigkeiten von Phonemen verteilt sind. *Ähnlich* bedeutet in diesem Zusammenhang *mit einer gleichen bzw. annähernd gleichen Häufigkeit in einem Text vorkommend*. Das kommt in sprachlichen Systemen nicht vor. Die Häufigkeit von sprachlichen Einheiten ist in der Regel ungleich und asymmetrisch verteilt, weshalb man im Zusammenhang mit linguistischen Daten mit einer extremen Schiefe von Häufigkeitsverteilungen zu rechnen hat (vgl. u. a. Altmann 1999, Köhler 2005a, Köhler/Altmann 2005, Tuldava: 1998: 58 ff.). Bestimmte Einheiten aus einem Inventar kommen meist mit einer überdurchschnittlichen Häufigkeit vor, während andere Einheiten mit einer nur sehr geringen Frequenz vorkommen. Das Zusammenspiel von über- und unterdurchschnittlicher Häufigkeit resp. der funktionalen Belastung von sprachlichen Einheiten gilt demnach auch für Phonemsysteme.

In Bezug auf den Phoneminventarumfang von Sprachen gilt, dass mit zunehmendem Inventarumfang die Wiederholungsrate systematisch sinkt. Je höher die Anzahl von Phonemen in einem System, desto geringer fällt die Wiederholungsrate aus. Einen umfangreichen empirischen Nachweis der Gültigkeit dieser bedeutsamen Behauptung haben Altmann/Lehfeldt (1980: 158 f.) auf der Basis von 63 Sprachen geliefert. Sie zeigten, dass mit zunehmendem Inventarumfang die Wiederholungsrate sukzessive und mathematisch exakt modellierbar sinkt. Zur besseren visuellen Veranschaulichung des Zusammenhangs sind in Abb. 3 die von Altmann/Lehfeldt (1980: 158 f.) verwendeten Daten (Phoneminventarumfang vs. berechnete Wiederholungsrate) graphisch dargestellt.

Abb. 3: Phoneminventarumfang vs. Wiederholungsrate in 63 Sprachen.

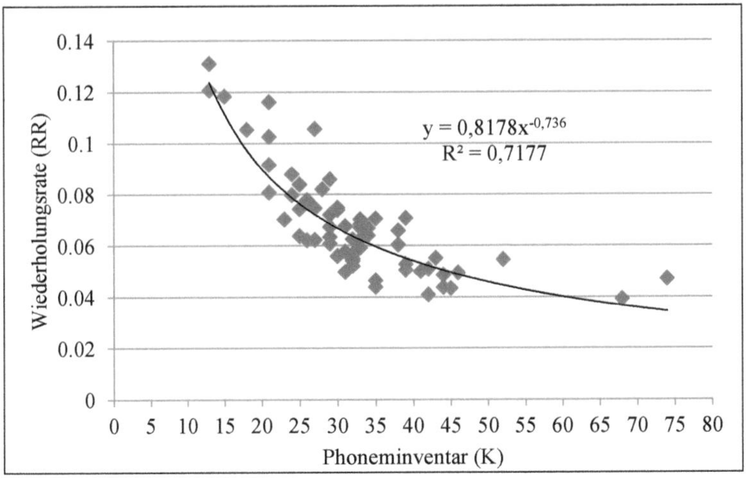

Der Zusammenhang zwischen Inventarumfang (K) und Wiederholungsrate (R) wird üblicherweise, wie in Altmann/Lehfeldt (1980: 171 f.) gezeigt, mit einer Potenzfunktion $R = aK^{-b}$ erfasst, in der a und b iterativ bestimmbare Parameter darstellen[40]; wie zu sehen ist, ergibt sich für den oben angeführten Zusammenhang ein zufriedenstellendes $R^2 = 0{,}7177$, welches tendenziell den prognostizierten Verlauf bestätigt.

Abgesehen von den offenen Fragen einer (alternativen) mathematischen Modellierung ist aus linguistischer und systemtheoretischer Sicht insbesondere der folgende Befund von Interesse: Sprachen mit einem geringen Phoneminventar zeigen die Tendenz bestimmte Phoneme sehr stark auszulasten und in dem Sinne auch überzubelasten, während ein großer Inventarumfang eher eine Gleichverteilung von Phonemen zu begünstigen scheint. Insofern erweist sich nun der von Krámský gefundene und im vorangegangenen Kapitel erläuterte Zusammenhang zwischen der Anzahl von Konsonanten und der Konsonantenhäufigkeit als Spezialfall einer Regulation von Inventargröße (Phoneminventar) und Vorkommenshäufigkeit. Diese Systemeigenschaft der unterschiedlichen Ausnutzung von Einheiten in Abhängigkeit eines vorhandenen Phoneminventars ist ein grundlegender Konstruktionsmechanismus von Phonemsystemen (bzw. von geschlossenen Systemen mit fixen Inventarumfängen) und als solcher für die notwendige Selbstregulation von Redundanz verantwortlich. In jedem Fall ist in dem Befund eine wichtige Systemeigenschaft phonologischer Systeme zu sehen, die sich auf der Basis des Phoneminventars – und nicht etwa in Ansehung der einzelnen Komponenten wie der Anzahl von Vokalen oder der Anzahl von Konsonanten im Inventar – ablesen lässt. Der so gefundene Zusammenhang hat neben seiner empirischen Überprüfbarkeit den Vorteil theoretisch abgesichert zu sein. Eine der entscheidenden Aufgaben des Phoneminventarumfangs ist somit tatsächlich die systematische Steuerung der jeweiligen Ausnutzung von Phonemen.

---

40 In einer Reanalyse der Daten von Altmann/Lehfeldt (1980) durch Grzybek/Kelih (2005) wurde für Graphem- und Phonemhäufigkeiten der Zusammenhang zwischen dem Inventarumfang und der Wiederholungsrate getrennt berechnet. Eine weitere Analyse der Wiederholungsrate findet sich in Zörnig/Altmann (1983). Kelih (2013b) verweist auf die systematische Organisation von slawischen Schriftsystemen in Bezug auf die Häufigkeit der entsprechenden Einheiten. Anhand einer Vielzahl von slawischen Sprachen lässt sich zeigen, dass der Zusammenhang von Inventarumfang und Wiederholungsrate auch für die graphematische Ebene gilt, wenngleich bestimmte Sprachen als Ausreißer in Erscheinung treten (insbes. Mazedonisch und Weißrussisch, deren spezifisches Verhalten aber durchaus linguistisch erklärbar ist).

3.1.4 Zwischenbilanz (1)

An dieser Stelle kann eine erste Zwischenbilanz gezogen werden, die das Phoneminventar, dessen konstitutive Elemente (die Anzahl von Vokalen und Konsonanten) und die Vorkommenshäufigkeit von Phonemen bzw. Phonemklassen betrifft. Die bisher dargestellten Ergebnisse zeigen, dass ein inventarbasierter Ansatz, der das gesamte Phoneminventar in Betracht zieht, für die hier geführte Diskussion von besonderer Bedeutung ist. Das Betrachten von Teilsystemen (wie z. B. der Anzahl von Vokalen und Konsonanten, des Vokal-Konsonanten-Verhältnisses oder der Häufigkeit von Vokalen und Konsonanten auf syntagmatischer Ebene) ist hingegen ob der fehlenden Interrelationen zwischen diesen Eigenschaften von geringerer theoretischer Relevanz.

Vielmehr ist es interessant, die bislang diskutieren Eigenschaften miteinander zu verknüpfen und so zu einem Netz von Zusammenhängen und Wechselbeziehungen zu kommen. Eine Visualisierung dieses Netzes ist in Abb. 4 zu finden und stellt eine erste Synthese der bislang vorgestellten Überlegungen dar. Die postulierten Wechselbeziehungen verstehen sich nicht als sprachenunabhängig, sondern sind – in Anlehnung an die Überlegungen von Skalička und Krámský – in Abhängigkeit vom jeweiligen morphologischen Typus einer Sprache zu sehen. Die in Abb. 4 angeführten morphologischen Typen (bzw. deren Gliederung) sind dennoch tentativ und dienen dazu, die determinierende Rolle der Morphologie für phonologische Strukturen zu untermauern.

Abb. 4: Phoneminventarumfang und phonologische/morphologische Merkmale.

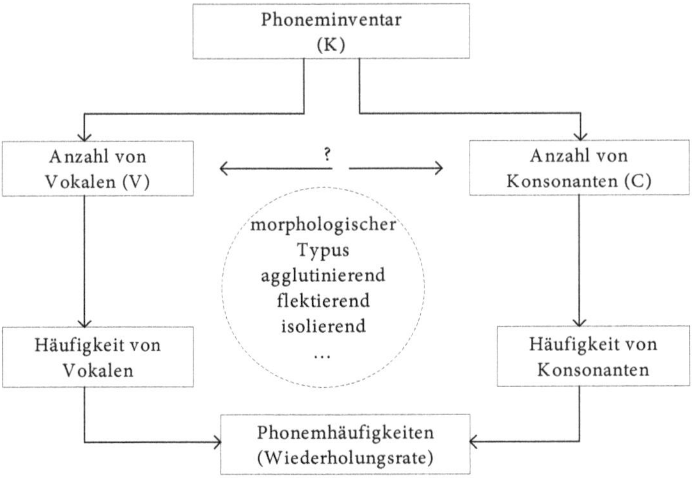

Die wichtigsten Befunde hinsichtlich der Relevanz des Phoneminventarumfangs und damit verbundener Merkmale und Eigenschaften lassen sich demnach folgendermaßen zusammenfassen:

1. Zwischen der Anzahl von Vokalen und Konsonanten in einem Phonemsystem gibt es weder eine theoretisch begründbare noch empirisch nachweisbare Beziehung.
2. Zwischen dem Phoneminventarumfang einer Sprache (insbesondere aber der Anzahl von Vokalen und Konsonanten) und ihrem morphologischen Bau sind Wechselbeziehungen nicht auszuschließen. Das hängt in erster Linie mit der unterschiedlichen Funktionalität von Vokalen bzw. Konsonanten bei der Bildung von Morphemen zusammen. Allerdings sind dazu bislang keine systematischen empirischen Befunde bekannt.
3. Der Phoneminventarumfang spielt eine entscheidende Rolle bei der Steuerung der Redundanz von sprachlichen Systemen. Empirisch lässt sich das in Form des Verhaltens der Wiederholungsrate von Phonemhäufigkeiten zeigen, die sich in systematischer und mathematisch exakt modellierbarer Abhängigkeit vom Phoneminventar einer Sprache befindet. Sprachen mit einem geringen Phoneminventar tendieren zu einer überproportionalen Ausnutzung von einzelnen Phonemen, während Sprachen mit größeren Inventaren mit einer eher gleichmäßigen funktionalen Belastung der einzelnen Phoneme auskommen. Die Wechselbeziehung zwischen der Anzahl von Konsonanten in einem Phonemsystem und der Vorkommenshäufigkeit ist vor dem Hintergrund dieser allgemeingültigen Regulation als Spezialfall anzusehen.
4. Die Steuerung der Redundanz in phonologischen Systemen, die vom Phoneminventarumfang ausgeht und auf die Verteilung der funktionalen Belastung einwirkt, ist ein gewichtiger Nachweis für das komplexe, aber modellierbare Wechselverhältnis zwischen paradigmatischen und syntagmatischen sprachlichen Eigenschaften und Merkmalen.

3.1.5 Phonemkombinatorik und Ausnutzungsgrad: Quantitative Aspekte

Weitere postulierte Wechselbeziehungen des Phoneminventarumfangs betreffen die Kombination von Phonemen (Phonotaktik, Phonemdistribution). Spätestens seit den einschlägigen Überlegungen von Trubetzkoy (1939/1989[7]: 219 ff.) ist die Untersuchung phonotaktischer Beschränkungen integraler Bestandteil der Analyse phonologischer Systeme. In jeder Sprache ist die Bildung von Phonemkombinationen speziellen Restriktionen unterworfen, die allerdings weniger universell gültig als vielmehr sprachspezifisch sind. Vgl. die älteren Arbeiten zur

Kombinationsfähigkeit von Phonemen in Mathesius (1931) und Trnka (1936). Die Frage der Phonemdistribution ist seit den Anfängen der modernen Phonologie ein Arbeitsfeld der Prager Schule[41] (ähnlich dazu auch Skalička 1966: 111). In diesem Kontext wurde sie immer wieder auf der Basis von quantitativ fassbaren Merkmalen mit Hilfe von statistischen Methoden untersucht, wobei im Mittelpunkt der Ausnutzungsgrad von Phonemkombinationen stand und steht. Außerhalb der quantitativen Phonologie (u. a. Kleinlogel/Lehfeldt 1972, Schulz/Altmann 1988, Kempgen 1995a, 1999, 2001, Kelih 2010b) scheint ihre Relevanz in der Folge aber nicht erkannt worden zu sein. Einige Aspekte aus dem so skizzierten Bereich sind daher an dieser Stelle zu thematisieren.

In Anlehnung an Altmann/Lehfeldt (1980: 217 ff.) wird unter dem Begriff *Phonemdistribution* eine syntagmatische Eigenschaft von Phonemen verstanden, insbesondere deren Fähigkeit immer nur mit jeweils bestimmten Phonemen eine Verbindung eingehen zu können. Es handelt sich um eine Restriktion, die z. T. sprachspezifisch, aber auch sprachenübergreifend wirken kann. Konkret ist etwa an die eingeschränkte Kombinationsfähigkeit von stimmlosen bzw. stimmhaften Konsonanten zu denken; für slawische Sprachen sind Auslautverhärtungen, regressive und progressive Assimilation u. Ä. von Relevanz.[42] Weiter geht es um die eingeschränkte Bindefähigkeit von Phonemen (so ist z. B. die Kombination von gleichen Vokalen nur an Morphemgrenzen erlaubt), um positionelle Restriktionen palatalisierter Konsonanten in ostslawischen Sprachen, um die Vermeidung von Geminaten usw. usf.

Ohne alle Aspekte im Detail ausführen zu können, bleibt festzuhalten: Von besonderer Bedeutung für die vorliegende Problemstellung ist, dass eine Vielzahl von phonetischen, phonologischen, morphophonologischen und morphologischen Prozessen die Kombinationsmöglichkeiten einzelner Phoneme in unterschiedlichem Ausmaß ein- und beschränkt. Bezogen auf die Frage nach der absoluten Anzahl der in einem sprachlichen System möglichen bzw. tatsächlich

41 Hervorzuheben ist u.a. die Arbeit von Krámský (1966: 17), der die Häufigkeit von Phonemen mit der funktionalen Belastung (Funktion und „Brauchbarkeit" von einzelnen Phonemen für die Bildung von Silben, Morphemen und Wörtern/Lexemen) in Verbindung bringt und diese Einsicht in der Folge auf wirkende Restriktionen auf der phonotaktischen Ebene bezieht. Eine vergleichende quantitative Untersuchung von Phonemhäufigkeiten im Georgischen und Ost-Armenischen findet sich in Krámský (1978). Dort wird auf die eingeschränkte Kombinationsfähigkeit und deren quantitative Konsequenzen eingegangen.

42 Zu einer ausführlichen Analyse russischer Phonemkombinationen vgl. Kempgen (1995a, 1999, 2001).

realisierten Phonemkombinationen ist aber klar, dass keine natürliche Sprache ihr theoretisch mögliches Reservoir an Phonemverbindungen ausschöpft. Es wird immer nur ein geringerer Teil an Phonemkombinationen gebildet.

Die genaue Bestimmung der absoluten Anzahl von Phonemverbindungen in einem phonologischen System ist kein leichtes Unterfangen, sondern unterliegt sowohl der zugrunde gelegten Phonemtheorie als auch linguistischen Randbedingungen, die es zu beachten gilt. Offen ist die Frage, ob die Anzahl von Phonemverbindungen in einer Sprache überhaupt als ein abgeschlossenes Inventar angesehen werden kann, oder ob sie als ein offenes System zu betrachten ist (man denke in diesem Zusammenhang an die Übernahme von Fremd- und Lehnwörtern, die systemfremde Kombinationen mit sich bringen können). Und: Welches ist die Rahmeneinheit, in der die Anzahl von Phonemkombinationen bestimmt wird? In erster Linie ist im phonologischen Kontext an die Silbe zu denken. Genauso gut kann die Anzahl von Phonemkombinationen aber auch innerhalb des Morphems oder des Lexems bestimmt werden. Sowohl die Kombinatorik von Silben als auch die von Morphemen (Morphotaktik, Syllabotaktik) unterliegt ihrerseits phonetischen und phonologischen Restriktionen, wenngleich es durchaus plausibel ist anzunehmen, dass je hierarchisch höher die gewählte Rahmeneinheit angesetzt ist, desto größer auch die Anzahl von Phonemkombinationen innerhalb einer Sprache sein wird.

Weiterhin ist für die Bestimmung der Anzahl von Phonemverbindungen auch die Frage von zentraler Bedeutung, auf welcher sprachlichen Ebene sie ermittelt wird. Hierbei kann, grob vereinfacht, wiederum zwischen einem paradigmatischen und einem syntagmatischen Zugang unterschieden werden. Unter einem paradigmatischen Zugang wird die maximale Anzahl von erlaubten Phonemverbindungen verstanden, die eine Sprache in Rücksicht auf potenziell gültige systemhafte phonotaktische Restriktionen aufweist. Vgl. hierzu insbesondere die Überlegungen von Kempgen (1999), der in diesem Kontext von modellbedingten Vorkommensbeschränkungen auf paradigmatischer Ebene spricht. Die syntagmatische Analyse besteht aus der Untersuchung von ausschließlich in Texten empirisch realisierten Phonemverbindungen. Es ist davon auszugehen, dass in dem Fall die Anzahl der Phonemverbindungen geringer ausfällt als auf der Systemebene, da in einzelnen Texten nicht das gesamte Inventar an Phonemkombinationen ausgeschöpft wird. Hier kommt das Problem der Stichprobengröße ins Spiel, denn mit zunehmender Stichprobengröße dürfte die Anzahl der eruierten Phonemkombinationen steigen. Darüber hinaus spielen auch die Auswahl der Textsorten, die des untersuchten Diskurstyps usw. eine Rolle. Zu beachten ist das Vorkommen von Fremdwörtern, Entlehnungen, expressiver Lexik usw., das ebenfalls einen nicht zu unterschätzenden Einfluss auf die Art und die Anzahl der vorkommenden Phonemkombinationen hat. Nicht zuletzt ist wichtig, ob die Ermittlung der Anzahl von Phonemverbindungen auf eine funktionell vollständig ausgearbeitete Standardsprache (wiederum im Sinne einer paradigmatischen Analyse), oder aber auf ein bestimmtes Register (Dialekte, Umgangssprache usw.) bezogen wird.

Der kurze Überblick sollte zumindest im Ansatz einen Eindruck von der Komplexität der Untersuchung von Phonemkombinationen vermitteln. Davon ausgehend kommen wir auf die eingangs gestellte Frage nach den Wechselbeziehungen des zugrunde gelegten Phoneminventars einer Sprache zurück. Während in den älteren Prager Arbeiten die Wichtigkeit der Kombinationsfähigkeit von Phonemen erstmals erkannt wurde (insbesondere hinsichtlich der Analyse von Phonemkombinationen innerhalb bestimmter Positionen von Wortformen, z. B. Wortanfang, -mitte und -ende), liegt mit Kleinlogel/Lehfeldt (1972) eine nennenswerte Untersuchung vor, die sich mit quantifizierbaren Problemen der Phonotaktik beschäftigt.

Konkret geht es darum, ob und welchen Einfluss der Phoneminventarumfang auf die Anzahl der jeweils gebildeten Phonemkombinationen hat. Die darauf bezogene theoretische Ausgangsposition ist, dass wohl in keinem sprachlichen System die Notwendigkeit besteht die theoretisch mögliche Anzahl von Phonemverbindungen (die sich aus dem Quadrat des Phoneminventars (K), also K^2, ergibt) auszuschöpfen. Welche Konsequenzen sind nun daraus für unterschiedlich große Phoneminventare abzuleiten? Es wäre zu vermuten, dass Sprachen mit einem relativ kleinen Inventar ihr Kombinationspotenzial mehr nutzen müssen als Sprachen mit einem relativ großen Phoneminventar.[43] Und umgekehrt wäre es ebenso plausibel anzunehmen, dass Sprachen mit großen Inventaren sich den „Luxus" leisten können, ihr Kombinationspotenzial nicht voll ausschöpfen zu müssen.

Schulz/Altmann (1988: 31) haben diesen Zusammenhang in Form einer empirisch überprüfbaren Hypothese formuliert: „Je mehr Phoneme eine Sprache hat, desto mehr leere Zellen kann sie zulassen, bzw. desto stärkere Präferenzen kann sie bilden". Unter der Anzahl von „leeren Zellen" versteht man die in einer Sprache nicht realisierten Phonemverbindungen. Mathematisch ist daher davon auszugehen, dass die Zahl der nicht realisierten Phonemverbindungen (L) in einem proportionalen Wechselverhältnis zum Phoneminventar (K) steht: $dL/L = k*dK/K$. Hier gibt *L* die Anzahl der nicht realisierten Phonemverbindungen

43 Ohne Zweifel müssen dabei auch weitere Randbedingungen wie die Anzahl von Konsonanten/Vokalen, die Silbenstruktur, der morphologische Typus usw. berücksichtigt werden.

(Lücken) an, *K* bezeichnet das zugrunde gelegte Phoneminventar und *k* die aus den Daten zu bestimmende Proportionalitätskonstante. Bleibt *a* (das sich als Integrationskonstante ergibt) als ein aus den Daten zu schätzender Parameter (vgl. dazu auch Kapitel 4 mit einer ausführlichen Darstellung dieser Art mathematischer Modellbildung).

Die Lösung der Differentialgleichung führt zu folgender Formel: $L = a*K^k$. Da die Hypothese nach unserem Wissen bislang noch keiner empirischen Untersuchung unterzogen wurde, soll das hier mit Bezug auf die in Kelih (2010b) untersuchten slawischen Sprachen nachgeholt werden. Auf die mannigfaltigen Probleme der genauen Bestimmung des Phoneminventars und der Anzahl von Phonemverbindungen kann nicht noch einmal eingegangen werden (Details dazu in Kelih 2010b: 35 ff.). Aus der Sekundärliteratur wurden Angaben zur Anzahl von Phonemverbindungen in den einzelnen slawischen Sprachen extrahiert. Die Tatsache, dass für einige Sprachen mehrere Datensätze zur Verfügung stehen, ist nicht weiter störend, sondern verweist lediglich auf den theoretischen und empirischen Spielraum bei der Bestimmung der Anzahl von Phonemkombinationen.

In Tab. 3 finden sich die entsprechenden Rohdaten[44] mit den Angaben zum Phoneminventar (K), der Anzahl von realisierten Phonemverbindungen (R) und der Anzahl von „Lücken" (L), die sich aus der Differenz von theoretisch möglichen Phonemverbindungen (K^2) und (R) ergibt. Angegeben ist auch der relative Ausnutzungsgrad (P_{rel}), der aus R/K^2 folgt.

Tab. 3: Daten zur Phonemdistribution in slawischen Sprachen (Reanalyse)

Nr.	**Sprache**	**K**	**R**	**K^2**	**P_{rel}**	**L**
1	Slowenisch	26	519	676	0,7678	157
2	Serbokroatisch (1)	31	596	961	0,6202	365
3	Serbokroatisch (2)	31	690	961	0,7180	271
4	Kroatisch	31	629	961	0,6545	332
5	Mazedonisch (1)	32	618	1024	0,6035	406
6	Mazedonisch (2)	32	597	1024	0,5830	427
7	Polnisch (1)	37	814	1369	0,5946	555
8	Polnisch (2)	40	883	1600	0,5519	717

44 Es ist mit Nachdruck darauf zu hinzuweisen, dass die Daten der Sekundärliteratur entnommen worden sind. Zu den Problemen der uneinheitlichen Bestimmung von Phoneminventaren und der sich daraus ergebenden Anzahl von Phonemverbindungen vgl. Kelih (2010b: 35 ff.).

Nr.	Sprache	K	R	K^2	P_{rel}	L
9	Polnisch (3)	41	920	1681	0,5473	761
10	Tschechisch (1)	38	896	1444	0,6205	548
11	Tschechisch (2)	38	826	1444	0,5720	618
12	Ukrainisch (1)	38	826	1444	0,5720	618
13	Ukrainisch (2)	43	867	1849	0,4689	982
14	Ukrainisch (3)	46	963	2116	0,4551	1153
15	Ukrainisch (4)	46	913	2116	0,4315	1203
16	Russisch (1)	39	908	1521	0,5970	613
17	Russisch (2)	39	910	1521	0,5983	611
18	Weißrussisch	43	985	1849	0,5327	864
19	Bulgarisch	45	878	2025	0,4336	1147
20	Slowakisch	46	1066	2116	0,5038	1050

Unter Verwendung der angeführten Daten lässt sich nun der Zusammenhang zwischen dem Phoneminventar (K) und der Anzahl der in einem System vorhandenen Lücken (L) untersuchen. Das oben genannte Modell $L = 0{,}005*K^{3{,}225}$ ergibt ein $R^2 = 0{,}9675$. Somit ist der empirische Nachweis erbracht, dass zumindest in den untersuchten slawischen Sprachen[45] mit einem zunehmenden Phoneminventarumfang die Anzahl der nicht realisierten Phonemverbindungen nach einem regelmäßigen und mathematisch exakt beschreibbaren Muster (vgl. dazu Abb. 5) zunimmt.

45 Für eine Untersuchung des Zusammenhangs von Phoneminventarumfang und der Anzahl von Phonemverbindungen auf der Basis von mehr als 40 Sprachen, darunter auch vielen aus nicht-indoeuropäischen Sprachen, vgl. Kelih (2009a). Dort werden zwar bei der Modellbildung geringfügig andere Voraussetzungen angesetzt, aber das Zusammenspiel von Phoneminventar und Anzahl von Phonemkombinationen lässt sich ebenfalls durch ein entsprechendes statistisches Modell erfassen.

Abb. 5: Phoneminventar (K) und nicht realisierte Phonemverbindungen (L) in slawischen Sprachen.

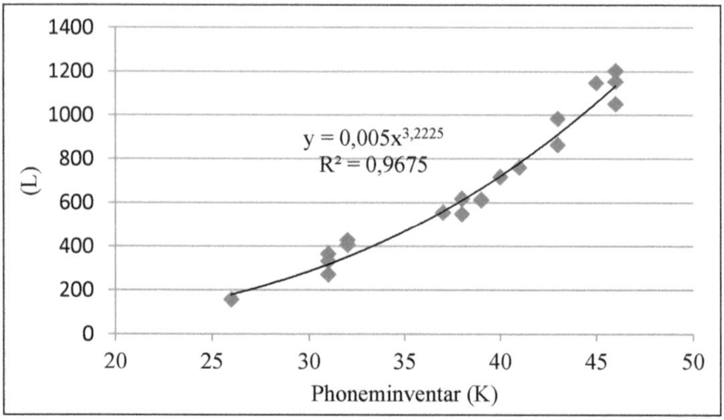

Das sichtbare systematische Wechselspiel von Inventarumfang und Anzahl nicht realisierter Phonemverbindungen bedeutet, dass Sprachen mit einem relativ großen Phoneminventar (wie in dem vorliegenden Fall Slowakisch, Bulgarisch, Russisch, Ukrainisch usw.) ihr theoretisch vorhandenes Potenzial in wesentlich geringerem Ausmaß nutzen als z. B. Sprachen mit einem kleineren Inventar. Im Gegensatz dazu sind Sprachen mit einem kleineren Inventar mehr oder weniger dazu gezwungen, die vorhandenen Phoneme zur Erfüllung der an sie gestellten kommunikativen Anforderungen in vielfältiger Weise zu kombinieren.

Ändert man die Perspektive auf das Zusammenspiel von Phoneminventarumfang und Kombinationsfähigkeit, wird ein weiteres Mal die Tragweite des Zusammenhangs deutlich. Zieht man nämlich als Bezugsgröße zum Phoneminventarumfang (K) die relative Anzahl von realisierten Phonemverbindungen (P_{rel}) heran, ist eindeutig (vgl. dazu Abb. 6) das sukzessive und systematische Sinken des Ausnutzungsgrads eines phonologischen Systems resp. seiner funktionalen Belastung auf der Ebene von Phonemkombinationen zu erkennen.

Abb. 6: Phoneminventar (K) und relativer Ausnutzungsgrad P_{rel} in slawischen Sprachen.

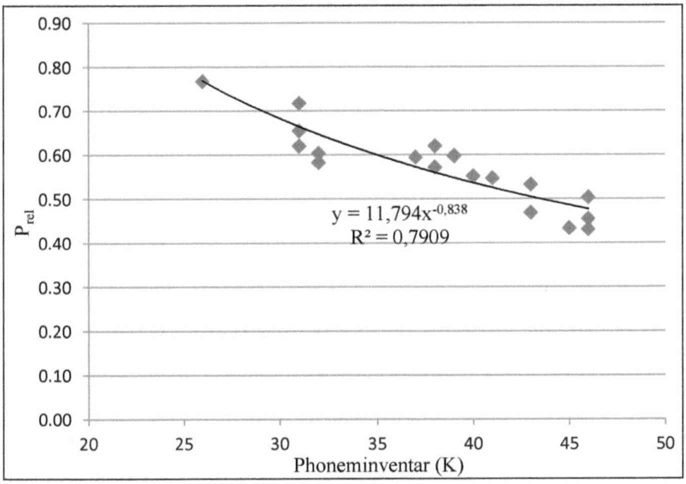

Abb. 6 zeigt die nachhaltige Bedeutung des Phoneminventarumfangs: Während etwa das Slowenische, die Sprache mit dem geringsten Phoneminventarumfang[46] (K= 26) innerhalb der slawischen Sprachen, über 75 % der theoretisch möglichen Phonemverbindungen auch tatsächlich realisiert, benötigt eine Sprache wie Slowakisch (K = 46) davon nicht mehr als 50 %. Der Zusammenhang selbst ist wiederum durch ein einfaches Potenzmodell in der Form $P_{rel} = 11{,}794 * K^{-0{,}838}$ mathematisch mit einer zufriedenstellenden Übereinstimmung von theoretischen und empirischen Werten ($R^2 = 0{,}79$) zu erfassen.

Aus dem Verhältnis von Phoneminventarumfang und dem relativen Ausnutzungsgrad der Phonemverbindungen lassen sich weitere Konsequenzen ableiten: Da Sprachen mit einem relativ kleinen Phoneminventar gleichsam gezwungen sind eine Vielzahl von Phonemverbindungen zu bilden, ist davon auszugehen, dass sich so der Kreis zur funktionalen Belastung von Phonemen schließt. Die Vorkommenshäufigkeit von Phonemen bzw. die auf dieser Basis berechnete Wiederholungsrate lässt sich nicht nur aus dem Prinzip der ungleichen Auslastung von Phonemen in Abhängigkeit vom Phoneminventarumfang erklären, sondern ergibt sich auch aus der Anzahl der zur Verfügung stehenden Phonemkombinationen, die ihrerseits durch den Phoneminventarumfang einer

46 In Kapitel 5 wird für slawische Sprachen z. T. von anderen Phoneminventarumfängen ausgegangen. Das ist dem Umstand geschuldet, dass bei der Bestimmung suprasegmentale Eigenschaften berücksichtigt werden.

Sprache bestimmt ist. Damit kristallisiert sich neuerlich eine nicht zu vernachlässigende Bedeutung des Phoneminventarumfangs heraus. Sie lässt sich an der Regulation des Ausnutzungsgrads und der Kombinatorik von Phonemen ablesen. Mit einem solchen Befund kann jetzt von der Ebene der Phonemkombinationen auf die Silbenebene übergegangen werden.

3.1.6 Silbenstrukturelle Merkmale

Neben phonotaktischen Eigenschaften (Anzahl von Phonemkombinationen) lässt sich generell auch die Silbenstruktur einer Sprache mit dem Phoneminventarumfang in Verbindung bringen. Erste Überlegungen dazu finden sich wiederum bei Skalička (1958: 74), der davon ausgeht, dass die Anzahl von Vokalen bzw. Konsonanten einen direkten Einfluss auf die Silbenstruktur einer Sprache hat. Während aber bei Skalička weitere Hinweise auf die Art des Einflusses fehlen, liegen mit Maddieson (2005a, 2005b, 2005c, 2009) eine Reihe von empirischen Untersuchungen vor, die auf diese Fragestellung abzielen.

Eingebettet in die Diskussion der Silbenkomplexität wird ein Zusammenhang zwischen dem Umfang des Konsonanteninventars und der Silbenstruktur hergestellt. *Silbenkomplexität* ist nach Maddieson (2005a: 217 f., 2005b: 261 f.) eine kategoriale Rangvariable, die drei Werte umfasst, nämlich *einfach* („simple"), *moderat* („moderate") und *komplex* („complex"). Eine einfache Silbenkomplexität haben nach Ansicht des Autors jene Sprachen, die über eine CV-Struktur (Silbe als Abfolge von Konsonant und Vokal) verfügen; moderate Sprachen sind hingegen jene, die maximal Konsonanten-Konsonanten-Cluster (CC) zulassen und als komplexe Sprachen werden jene bezeichnet, die über reiche Onset- und Coda-Cluster verfügen. Der Silbennukleus – der in der Regel einen vokalischen Kern hat – wird von Maddieson (2005a: 218) bei der Erfassung der Silbenkomplexität nicht beachtet.

Auf der Basis der Untersuchung von 600 Sprachen aus der UPSID-Datenbank wird eine statistisch positive Korrelation zwischen dem Umfang des Konsonanteninventars (Anzahl von Konsonanten) und der Silbenkomplexität, wie sie oben operationalisiert wurde, abgeleitet. Der Befund gilt aber nur, sofern „Ausreißer" (Sprachen mit einem auffällig abweichenden Verhalten vom Gesamttrend) aus dem Datensatz eliminiert werden. Generell bedeutet dies, dass Sprachen, die über ein reiches Konsonanteninventar verfügen, die Tendenz zeigen, es bei der Bildung von Silbentypen auch einzusetzen. Damit lassen sich komplexe

Silbenstrukturen[47] für Sprachen mit einem relativ großen Konsonanteninventar erklären. Auf welche Art und Weise das abweichende Verhalten einiger Sprachen erklärt werden kann, ist an dieser Stelle nicht zu diskutieren. Es wäre dazu eine separate individuelle Prüfung der entsprechenden Randbedingungen notwendig. Interessanterweise gilt ein analoger Befund aber nicht für die Anzahl von Vokalen (bestimmt durch die Anzahl von segmentalen Vokalen unter Berücksichtigung der Vokallängen und Tonhöhenunterschiede), denn die weisen keinen Zusammenhang zur Silbenkomplexität auf (vgl. Maddieson 2005b: 263–264).

Nach Maddieson (2005a: 219) spricht das gegen das Wirken von Kompensationsmechanismen bei der Silbenbildung. Sonst würde ja eine geringe Anzahl von Konsonanten im Inventar eine komplexe Silbenstruktur (=mehrere unterschiedliche Silbentypen) nach sich ziehen, um das offensichtliche Defizit wettzumachen. Das wäre eine Form der negativen Kompensation, die sich aber so nicht bestätigen lässt. Vielmehr gilt das genaue Gegenteil: Hat eine Sprache viele Konsonanten, dann zeigt sich die Tendenz sie extensiv auszunutzen und bei der Silbenbildung entsprechend einzusetzen.

Vor weiterführenden Verallgemeinerungen dieser Erkenntnisse in Hinblick auf die Bedeutung der Anzahl von Konsonanten für die Silbenstruktur ist aber kritisch anzumerken:

1. Bei einer solchen Untersuchung kommt es nur zu einer grob skalierten Messung der Silbenkomplexität in Form von ausschließlich nominalen Variablen (es werden nicht mehr als drei Gruppen gebildet). Sie müsste im Bedarfsfall durch eine verfeinerte Skalierung ergänzt werden.
2. Sowohl die Anzahl von Konsonanten im Phonemsystem als auch die Silbenkomplexität, die anhand der unterschiedlichen Form und Länge von Konsonantenkombinationen erfasst wird, sind paradigmatische Eigenschaften. Es wäre aber auch die tatsächliche Vorkommenshäufigkeit der unterschiedlichen Silbentypen zu berücksichtigen. Das ist bei einer Stichprobengröße von über 600 Sprachen aufwändig und schwierig, aber dennoch notwendig, weil die Analyse der vorhandenen bzw. paradigmatisch zugelassenen Silbentypen ohne Berücksichtigung des Realisierungspotenzials eine

47 Maddieson (2005b) untersucht auch, ob es einen Zusammenhang zwischen der genetischen/arealen Zugehörigkeit einer Sprache und ihrer Silbenstruktur gibt. Nach seinen Befunden ist allerdings die Wechselbeziehung zwischen dem Konsonanteninventar und der Silbenkomplexität nicht auf eine bestimmte Sprachfamilie beschränkt, sondern hat sprachübergreifenden Charakter.

einseitige Reduktion und Verzerrung der jeweiligen sprachlichen Verhältnisse darstellt.

3. Unbeantwortet bleibt die Frage, ob eine statistisch signifikante Korrelation zwischen dem gesamten Phoneminventarumfang (d. h. also nicht differenziert nach der Anzahl von Vokalen und Konsonanten) und der Silbenkomplexität festzustellen ist oder nicht.

Zusammenfassend lässt sich festhalten, dass die Studien von Maddieson desungeachtet wichtige Hinweise auf die Rolle des Inventarumfangs (=Anzahl von Konsonanten) bei der Ausbildung silbenstruktureller Eigenschaften geben.

Die Silbenkomplexität[48] kann aber auch auf andere Art und Weise operationalisiert werden, wie die Herangehensweise der Klagenfurter Sprachwissenschaftlerin G. Fenk-Oczlon und des Psychologen A. Fenk von 2008 zeigt. Ähnlich wie bei Maddieson stehen Probleme der sprachlichen Komplexität und der Wirkung von Kompensationsmechanismen im Vordergrund des Interesses. Es geht nicht um das modellierbare Verhalten von Teilsystemen (eben nicht nur der Anzahl von Vokalen bzw. Konsonanten), sondern um den Phoneminventarumfang als Ganzes. In diesem Zusammenhang postulieren Fenk-Oczlon/Fenk (2008: 49) folgende Hypothese: Je größer das Phoneminventar, desto höher die silbische Komplexität.

Die Silbenkomplexität wird auf zwei unterschiedliche Arten operationalisiert. Einerseits in der Anzahl von Phonemen pro Silbe (=durchschnittliche Silbenlänge) und andererseits in der Anzahl der strukturellen Silbentypen. Unter *strukturellen Silbentypen* (auch: *kanonische Silbentypen*) versteht man Silben, die als Abfolge von Vokalen und Konsonanten dargestellt werden (CV, VC, CCV usw.) und deren Anzahl pro Sprache offenbar exakt bestimmt werden kann. Somit werden folgende zwei Hypothesen formuliert (vgl. dazu Fenk-Oczlon/Fenk 2008: 49):

48 Die Komplexität eines sprachlichen Systems wird bei Fenk-Oczlon/Fenk (2008) u.a. anhand folgender Eigenschaften quantitativ erfasst: 1. Durch die Anzahl von Silben, 2. durch die Anzahl von Silben per Teilsatz (clause), 3. durch die Anzahl von Wörtern pro Teilsatz (clause), 4. durch die Verb-Objekt-Reihenfolge, 5. durch die Anzahl von Kasus, 6. durch die Anzahl von Präpositionen, 7. durch das Vorhandensein eines Wortakzents und 8. anhand des Vorliegens einer fusionalen oder isolierenden Morphologie. Insofern erweist sich die Silbenkomplexität nur als ein selektiver Ausschnitt der globalen linguistischen Komplexität.

(1) Je größer das Phoneminventar, desto größer ist die durchschnittliche Silbenlänge in der Anzahl von Phonemen.
(2) Je größer das Phoneminventar, desto größer ist die Anzahl kanonischer Silbentypen.

Die beiden Hypothesen und die damit einhergehende empirische Überprüfung sollen jetzt reproduziert und reanalysiert werden. Der postulierte Zusammenhang Phoneminventar – Silbenkomplexität wird von Fenk-Oczlon/Fenk ausschließlich auf der Basis von einsilbigen Wortformen untersucht. Als Datenbasis dient die (zumindest in der quantitativen Linguistik gut bekannte) Arbeit von Menzerath (1954), der die Silbentypen von englischen, deutschen, rumänischen, kroatischen, katalanischen, portugiesischen, spanischen und italienischen Einsilbern detailliert untersucht und dabei die durchschnittliche Silbenlänge in der Anzahl von Phonemen gemessen hat. Ebenfalls herausgestellt wurde die jeweilige Anzahl von Silbentypen pro Sprache. Um einen Einblick in die Datenstruktur der untersuchten Sprachen zu geben, sind diese in Tab. 4 reproduziert.

Tab. 4: Rohdaten aus Fenk-Oczlon/Fenk (2008: 50)

Sprache	**Phoneminventar-umfang (K)**	**Anzahl von Silbentypen**	**durchschnittl. Silbenlänge (Phoneme pro Silbe)**
Spanisch	25	17	3,034
Rumänisch	28	16	3,591
Italienisch	29	8	2,452
Katalanisch	30	11	3,293
Portugiesisch	31	9	2,868
Kroatisch	34	12	3,427
Englisch	35	43	3,787
Deutsch	40	35	3,861

Wie Tab. 4 zu entnehmen ist, werden ausschließlich indoeuropäische Sprachen untersucht. Darüber hinaus übernehmen Fenk-Oczlon/Fenk (2008) ohne näheren Kommentar nicht nur die Sprachen aus Menzerath (1954), sondern auch die Angaben zum jeweiligen Phoneminventar.[49] Konzentriert man sich nun auf

49 So wird für das Kroatische – ohne suprasegmentale Eigenschaften – üblicherweise ein Inventar von 31 Phonemen angegeben. In Abhängigkeit von der Interpretation des Vokals /ije/ bzw. der silbenbildenden Funktion des /r/ können sich geringfügig

die statistische Validierung des behaupteten Zusammenhangs, so ergibt sich eine positive Korrelation zwischen der Anzahl von Phonemen und der durchschnittlichen Silbenlänge; legt man dem ein lineares Modell in der Form durchschnittl. Silbenlänge = 0,639*Phoneminventar (K) + 1,2749 zugrunde, so ergibt sich ein Determinationskoeffizient R^2 = 0,386. Abb. 7 zeigt eine graphische Darstellung des Zusammenhangs.

Abb. 7: Phoneminventar (K) und durchschnittl. Silbenlänge (nach Fenk-Oczlon/ Fenk 2008: 53).

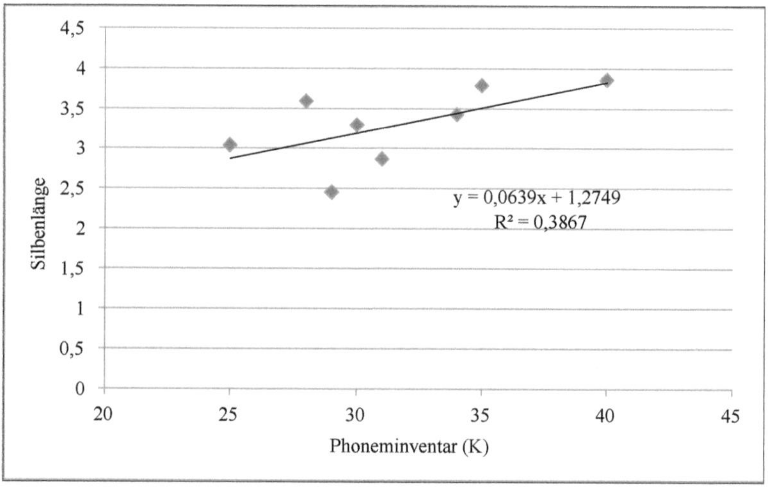

Der errechnete Determinationskoeffizient für das Ausmaß der Übereinstimmung zwischen empirischen und theoretischen Werten bestätigt zumindest tendenziell (als Richtung des vorausgesagten Verhältnisses) den postulierten Zusammenhang zwischen dem Phoneminventar und der durchschnittlichen Silbenlänge. Problematisch daran ist aber die Verwendung von linearen Modellen; hier genügt der Hinweis, dass es mit Blick auf die verwendeten Daten aus theoretischen Gründen angebracht wäre mit nichtlinearen Modellen[50] zu arbeiten.

andere Zahlen ergeben. Eine Berücksichtigung von suprasegmentalen Eigenschaften würde für das Kroatische allerdings – wiederum je nach Zählart – eine weitaus höhere Anzahl von Phonemen ergeben.

50 Passt man für die Daten eine konkave Kurve an, die zu einer Konstante konvergiert, dann ergibt sich ein R^2 = 0,54. Allerdings ist – wie oben ausgeführt – die Anzahl von Daten viel zu gering, als dass eine valide Verallgemeinerung möglich wäre.

Kommen wir nun zur statistischen Validierung der zweiten Hypothese, die besagt, dass mit zunehmendem Phoneminventar die Anzahl von strukturellen Silbentypen pro Sprache ansteigt. Unter Verwendung eines linearen Modells in der Form Anzahl von Silbentypen = 1,756*Phoneminventar (K) - 36,45 ergibt sich ein Determinationskoeffizient von $R^2 = 0{,}403$. Auch wenn sich wiederum tendenziell ein Ansteigen der Anzahl von Silbentypen mit zunehmendem Phoneminventar bestätigt, zeigt ein Blick auf Abb. 8, dass sich dieses Ergebnis in erster Linie der hohen Anzahl von Silbentypen für das Deutsche (35) und das Englische (43) verdankt. Die anderen Sprachen bilden hinsichtlich der postulierten Korrelation eher eine Punktewolke und lassen viel weniger eine systematische Tendenz erkennen.

Abb. 8: Phoneminventar (K) und Anzahl von Silbentypen (nach Fenk-Oczlon/ Fenk 2008: 50–53).

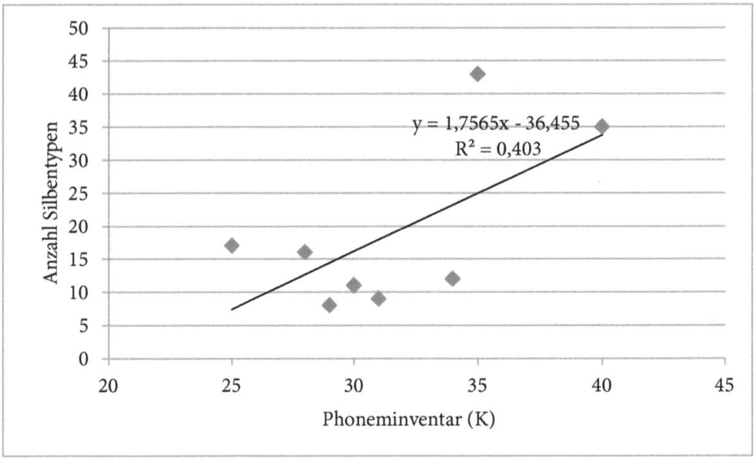

Es ist anhand der empirischen Überprüfung der beiden Hypothesen zum Phoneminventar in Relation zur durchschnittlichen Silbenlänge und der Anzahl von Silbentypen kritisch anzumerken, dass eine Analyse von nur acht Sprachen ganz klar keinen Anspruch auf Repräsentativität erheben kann. Daher sind auch keine weiterführenden Verallgemeinerungen möglich und zugelassen. Die Ergebnisse können lediglich als Illustration bzw. als wichtiger Hinweis auf eine möglicherweise vorliegende quantitative Determinierung der Silbenstruktur durch den Phoneminventarumfang dienen. Beobachtbar ist auch eine gegenseitige Regulation der Komplexität: Eine hohe phonologische Komplexität (=Anzahl von

Phonemen) bedingt offenbar eine hohe silbenstrukturelle Komplexität (=Bildung von komplexen und längeren Silben).

Der Ansatz von Fenk-Oczlon/Fenk ist aber insofern hervorzuheben, als aufbauend auf silbenstrukturellen Eigenschaften versucht wird, noch weitere Wechselbeziehungen zu postulieren. Zu nennen wäre u. a. die Hypothese: „Je höher die Anzahl von Silbentypen, desto höher die Anzahl von einsilbigen Wortformen (=absolute Anzahl von einsilbigen Wörtern)“ (Fenk-Oczlon/Fenk 2008: 49). Es wird angenommen, dass Sprachen mit einer hohen Anzahl von einsilbigen Wörtern gleichzeitig über ein großes Inventar an unterschiedlichen Silbentypen (V, CV, VC, CCV, CVC, VCC, CCCVCC usw.) verfügen. Dieser Zusammenhang soll wirkende Ausgleichs- und Kompensationsmechanismen[51] zwischen der phonologischen und der morphologischen Komplexität erklären. Eine hohe Anzahl von Silbentypen wird mit einer hohen phonologischen Variation gleichgesetzt, während eine hohe Anzahl einsilbiger Wörter mit einem niedrigen Komplexitätsgrad in der Wortformenbildung in Verbindung gebracht wird.

Ein weiterer Zusammenhang besagt: „Je höher die durchschnittliche Anzahl von Phonemen pro Silbe (durchschnittliche Silbenlänge in der Anzahl von Phonemen), desto höher die Anzahl von unterschiedlichen Silbentypen“ (Fenk-Oczlon/Fenk 2008: 49). Eine hohe Silbenkomplexität in Bezug auf die durchschnittliche Silbenlänge wird demnach durch eine entsprechende Ausnutzung des vorhandenen Inventars an Silbentypen erreicht. Die obige Hypothese impliziert, dass ein großer Formenreichtum auf der Silbenebene durch die Längung von Silben erreicht werden kann. Abschließend lautet eine weitere Hypothese: „Je höher die durchschnittliche Silbenlänge in der Anzahl von Phonemen einsilbiger Wortformen, desto höher ist auch die Anzahl von einsilbigen Wortformen.“ (Fenk-Oczlon/Fenk 2008: 49). Diese Hypothese läuft wiederum auf eine Wechselwirkung zwischen der phonologischen und der morphologischen Ebene hinaus: Eine hohe Silbenkomplexität (=lange Silben) geht mit einer erhöhten „Produktion“ von einsilbigen Wortformen in einer Sprache einher.

Aus dem bisher Gesagten ergibt sich eine Menge von Eigenschaften und Merkmalen (Phoneminventarumfang, Anzahl von Vokalen bzw. Konsonanten, Anzahl von Silbentypen, durchschnittliche Silbenlänge) auf deren Basis sich ein Set von Wechselbeziehungen zwischen Phoneminventarumfang und Silbenstruktur deduktiv ableiten lässt. Als problematisch anzusehen ist die nicht repräsentative

51 Somit liegt den vorgestellten Ansätzen die Annahme von Kompensationsmechanismen zugrunde, die in diesem Falle besagen würde, dass eine niedrige phonologische Komplexität (=geringe Anzahl von Phonemen im Inventar) zu einer höheren Komplexität auf einer anderen, z. B. auf morphologischer Ebene, führt.

Datenbasis[52] und die ausschließliche Verwendung von linearen Modellen. Auch werden in diesem Ansatz eine Vielzahl von Faktoren[53] (insbesondere die Anzahl von Phonemkombinationen, die syntagmatische Häufigkeit von Phonemen, der morphologische Typus der Sprache u. Ä.) nicht berücksichtigt. Dennoch ist es gerechtfertigt davon auszugehen, dass silbenstrukturelle Eigenschaften durchaus durch die Anzahl von Phonemen determiniert sind und Fenk-Oczlon/Fenk (1999, 2005, 2008) und Maddieson (2005a, 2005b, 2009) als zentrale Anknüpfungspunkte für weiterführende Arbeiten anzusehen sind.

3.1.7 Zwischenbilanz (2)

Um eine entsprechende Übersicht über die Vielzahl der postulierten Einflussgrößen und der mit dem Phoneminventar einer Sprache verbundenen silbenstrukturellen Eigenschaften zu erhalten, werden sie im Folgenden zusammengefasst und in Form einer graphischen Darstellung (Abb. 9) abgebildet. Die wichtigsten Eckpunkte sind folgende:

1. Der Phoneminventarumfang hat Einfluss auf die Anzahl der in einem sprachlichen System zugelassenen Phonemverbindungen. Es ist davon auszugehen, dass mit zunehmendem Phoneminventarumfang die Anzahl von Phonemkombinationen steigt, wenngleich in jedem System unterschiedliche phonetische/phonologische Restriktionen wirken. Die Restriktionen schließen zwar die Kombination bestimmter Phoneme aus, generell scheint aber die jeweilige quantitative Ausprägung die Anzahl von Phonemkombinationen in einem hohen Ausmaß zu determinieren.

---

52 Ein grundsätzliches Problem derartiger Studien ist, dass sehr oft nur indoeuropäische Sprachen in Betracht gezogen werden. In jedem Fall sollte beim Aufstellen linguistischer Hypothesen zumindest als Randbedingung erwähnt werden, für welche Typen von Sprachen sie gelten sollen.

53 Weitere von Fenk-Oczlon/Fenk (1999) getestete Zusammenhänge betreffen ebenfalls die Silbe bzw. mit ihr zusammenhängende Eigenschaften. U. a. wird postuliert: 1. je mehr Silben pro Teilsatz, desto weniger Phoneme pro Silbe; 2. je mehr Silben pro Wort, desto weniger Phoneme pro Silbe; 3. je mehr Silben pro Teilsatz, desto mehr Silben pro Wort und 4. je mehr Wörter pro Clause, desto weniger Silben pro Wort. Die entsprechenden Hypothesen, die durch die Berechnung des Pearson'schen Korrelationskoeffizienten *r* (und unter Angabe des Signifikanzniveaus) statistisch gestützt werden, bestätigen im Großen und Ganzen die angeführten Zusammenhänge. Als eine Erklärung für die untersuchten Wechselbeziehungen zwischen Wort- und Silbenlänge bietet sich das Menzerath'sche Gesetz an.

2. Für Sprachen mit einem großen Phoneminventarumfang wurde ein geringer Ausnutzungsgrad hinsichtlich der relativen Anzahl von Phonemverbindungen festgestellt; das bedingt ihre in Relation dazu hohe absolute Anzahl bei Sprachen mit einer geringen Anzahl von Phonemen im Inventar. Somit lässt sich in Abhängigkeit vom zugrunde gelegten Phoneminventar eine unterschiedliche Steuerung der Redundanz beobachten, die sich sowohl auf die Häufigkeit von Phonemen als auch auf die Häufigkeit von Phonemkombinationen bezieht. Allerdings darf kein Anspruch auf Allgemeingültigkeit erhoben werden, da das Vorkommen von Sprachen mit einem kleinen Phoneminventar und einer gleichzeitig geringen Anzahl von Phonemkombinationen nicht auszuschließen ist.
3. Sprachen mit einer hohen Anzahl an Phonemen zeigen die Tendenz komplexere Silben zu bilden. Unter *komplex* versteht man in diesem Zusammenhang einerseits die Anzahl der vorhandenen (kanonischen) Silbentypen und andererseits die durchschnittliche Silbenlänge. Es gibt Hinweise, dass hier vor allem die Anzahl von Konsonanten in einem phonologischen System eine entscheidende Rolle spielt.
4. Man kann davon ausgehen, dass die Silbenstruktur einer Sprache eine vom Phoneminventarumfang her determinierte Größe ist. Als relevante Merkmale erscheinen die Häufigkeit von Silbentypen in ausgewählten Wortlängenklassen (z. B. in einsilbigen Wörtern), die Häufigkeit von einsilbigen Wortformen sowie vorhandene Längenbeschränkungen von Silben und Wortformen.
5. Eine besondere Bedeutung – allerdings bislang nicht gesondert thematisiert – erlangt der Grad des Monosyllabismus einer Sprache, der einerseits einen direkten Zusammenhang mit der Anzahl der verfügbaren Silbentypen aufweist, andererseits aber auch mit der morphologischen Struktur der jeweiligen Sprache in Verbindung gebracht werden kann. Für eine als analytisch geltende Sprache sind kürzere lexikalische Einheiten anzunehmen, womit sich u.a. ein erhöhter Grad an Monosyllabismus erklären ließe. Der könnte allerdings durch eine erhöhte Flexionsaktivität – sofern Vokale überdurchschnittlich oft zur Kennzeichnung grammatischer Kategorien herangezogen werden – wettgemacht werden. Vgl. dazu die aktuelle Auseinandersetzung mit Problemen des Monosyllabismus in den Sprachen der Welt in Stolz/Nau/Stroh (2012), insbesondere aber Steiner (2012), die versucht ein Netz von Interrelationen zu entwickeln, welches auf quantitativen Merkmalen der Silben- und Wortstruktur basiert.

Abb. 9: Phoneminventarumfang und Zusammenhänge zur Phonotaktik und zur Silbenstruktur.

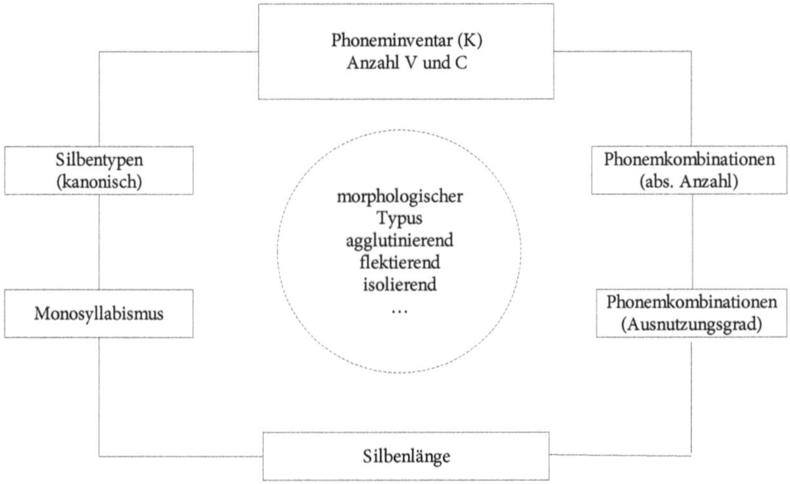

Abschließend sei aber auf ein Desiderat hingewiesen: Im Grunde genommen wurden bis dato nur ausgewählte Wechselbeziehungen analysiert. Eine Synthese aller bislang ermittelten Zusammenhänge, wie z. B. der Beziehungen zwischen phonotaktischen und silbenstrukturellen Merkmalen, oder der Zusammenhang zwischen der Anzahl von Phonemkombinationen und der Silbenkomplexität ist unseres Wissens weder theoretisch hergeleitet noch empirisch untersucht worden.

3.2 Suprasegmentale Eigenschaften und Merkmale

Für die Frage nach der exakten Bestimmung des Phoneminventars ist die Unterscheidung von segmentalen und suprasegmentalen Eigenschaften von zentraler Bedeutung. Dieser Aspekt ist in der vorliegenden Arbeit bis jetzt nicht gebührend reflektiert worden. Als wichtigste Teilsysteme von suprasegmentalen (prosodischen) Eigenschaften sind der Akzent (die Betonung), Tonhöhenunterschiede und die Wort- und Satzintonation zu sehen. In einem weiteren Sinne kann die Länge von Vokalen (Vokalquantität) bzw. bei Konsonanten das Auftreten von Geminaten als suprasegmentale Eigenschaft interpretiert werden. Aus linguistischer Sicht hat man es mit einem breiten Spektrum von sowohl phonetischen als auch phonologischen Eigenschaften zu tun (vgl. Clark/Yallop 1995: 328 ff., Hall 2011: 29–30).

Die unmittelbare Relevanz der Unterscheidung von segmentalen bzw. suprasegmentalen Eigenschaften lässt sich zur Illustration anhand des folgenden Beispiels demonstrieren: Man untersucht z. B. eine Sprache mit den fünf Grundvokalen /i, e, a, o, u/. Alle diese Vokale sind durch eine phonologisch relevante Vokalquantität ausgezeichnet. Somit bestehen hinsichtlich der Bestimmung des Phoneminventarumfanges folgende Möglichkeiten:

1. Ein Vokalinventar von sechs Einheiten: /i, e, a, o, u/ und die Vokallänge /:/ als gesondertes Phonem.
2. Ein Inventar von 10 Phonemen: Jeder lange Vokal wird als eigenes Phonem aufgefasst und das Inventar beinhaltet dann /i, e, a, o, u, i:, e:, a:, o:/ und /u:/.

Analog betrifft das u.a. die Interpretation der in einem sprachlichen System auftretenden Tonhöhenunterschiede, die ebenfalls auf unterschiedliche Art und Weise berücksichtigt werden können, was zu unterschiedlichen Inventarumfängen führt. In jedem Fall ist die Klärung dieser und ähnlicher Fragen der Phoneminventarbestimmung von herausragender Bedeutung. Abgesehen von der Tatsache, dass man für empirische Untersuchungen die quantitativen Auswirkungen der jeweiligen Interpretation einzurechnen hat, sind suprasegmentale Eigenschaften ohne Zweifel ein wichtiger Faktor bei der Kodierung sprachlicher Einheiten und daher in jedem Fall gebührend zu berücksichtigen.

Suprasegmentale Eigenheiten stehen in enger Wechselwirkung zu unterschiedlichen sprachlichen Einheiten und Ebenen (derjenigen der Silbe, des Morphems, der phonologischen Wortform etc.) und – verlässt man die Ebene des Wortakzents – zur Intonation, zum Satzakzent, zur Satzprosodie und zum sprachlichen Rhythmus. Vgl. dazu u.a. Auer/Couper-Kuhlen/Müller (1999), Donegan/Stampe (1983), Dufter (2003), Eom (2006), Kohler (2009), Ploquin (2012), Potapov (2001) und Ramus/Nespor/Mehler (1999).

Zu denken ist z. B. an einen Wort- bzw. Satzakzent, der eine wichtige grammatische und kommunikative Funktion einnimmt (Emphase, prosodische Hervorhebung semantisch/pragmatisch wichtiger Teile, syntaktische Strukturierung von Phrasen, Beeinflussung der Wortstruktur). Ähnliches gilt für die Prosodie und Intonation, die beide mit suprasegmentalen Eigenschaften in einem engen Wechselverhältnis stehen. In der Hinsicht lassen sich Fragen des Akzents wiederum mit Mechanismen der syntaktischen Kodierungsstrategien und Problemen der lexikalischen Topikalisierung in Zusammenhang bringen. Darüber hinaus stehen Fragen der Akzentstruktur in einer engen gegenseitigen Beziehung zur rhythmischen Struktur einer Sprache, die ihrerseits auf die Wortstellung bzw.

auf die Informationsstruktur (Hawkins 1992, Lambrecht 1994) Einfluss nehmen kann. Damit lässt sich festhalten, dass suprasegmentale Eigenschaften im weitesten Sinne eine wichtige Schnittstelle zwischen der phonetischen/phonologischen Ebene und der Morphologie, der Morphosyntax und der Syntax darstellen. Die Notwendigkeit ihrer gesonderten Interpretation wird mit Blick auf die linguistische Bedeutung des Phoneminventars im folgenden Kapitel anhand eines ausgewählten Merkmals, nämlich des Akzentes, diskutiert.

3.2.1 Wechselbeziehungen des Akzents

Im Folgenden geht es um das Wechselverhältnis zwischen der phonologischen (suprasegmentalen) und der morpho- und morphosyntaktischen Organisation einer Sprache. Der Akzent[54] hat in Sprachen u.a. folgende Funktionen zu erfüllen (vgl. dazu Clark/Yallop 1995, Garde 1993, Hayes 1995, Lehfeldt 2003, Trubetzkoy 1939/1989[7]):

1. Eine identifikatorische bzw. konstitutive Funktion, da er eine Taktgruppe bzw. ein phonologisches Wort markiert.
2. Eine delimitative Funktion, indem er mehr oder weniger streng und exakt die Grenzen von phonologischen Wörtern kennzeichnet.
3. Eine bedeutungsunterscheidende Funktion, da aufgrund der Betonungsposition sowohl lexikalische als auch grammatikalische Bedeutungen unterschieden werden können.

Der Akzent hat neben der identifikatorischen und bedeutungsunterscheidenden auch eine wichtige pragmatische Funktion, weil er flexibel zur Verstärkung von kommunikativen und stilistischen Absichten herangezogen werden kann. Aus phonetischer Sicht sind seine wichtigsten Merkmale:[55]

1. Die (relative) Hervorhebung einer Silbe im Sinne einer erhöhten (größeren) Lautstärke.
2. Die relative Dauer einer betonten Silbe gegenüber einer unbetonten Silbe.

---

54 Im Folgenden wird ausschließlich von *Akzent* gesprochen. Der Begriff *Betonung* wäre unangemessen, da damit in erster Linie die phonetischen Korrelate (erhöhter Atemdruck u. ä.) erfasst würden. Vgl. dazu Lehfeldt (2003: 3), der den Akzent als eine abstrakte Einheit versteht, während die Betonung als die jeweilige konkrete Realisierungsform angesehen wird.

55 Vgl. dazu u.a. Garde (1993), Hyman (1977), Lehfeldt (2003) und Stadnik-Holzer (2009).

3. Der Tonhöhenverlauf (*pitch*, *tone*) einer akzentuierten Silbe, die über höhere/tiefere bzw. steigende/fallende Töne (Kontur- bzw. Registertöne) verfügen kann.

Die Sprachen der Welt können anhand dieser Parameter jeweils unterschiedlichen Gruppen zugeordnet werden. So besteht eine der üblichen Zuordnungen in der Gliederung in Wortakzent-Sprachen (Hervorhebung eines Akzents durch Lautstärke bzw. Länge, *lexical stress*), Tonsprachen (Tonhöhenverlauf als entscheidendes und ausschließliches Kriterium) und sogenannte Tonakzentsprachen (*pitch accent*), in denen semantische, grammatische und stilistische Unterschiede durch einen Tonhöhenverlauf markiert werden, der aber an betonte Vokale gebunden ist. Die Besonderheit des Akzents ergibt sich nicht nur aufgrund der komplexen Verwobenheit mit mehreren phonetischen Eigenschaften, sondern aufgrund seiner bedeutungsunterscheidenden Funktion. In dem Sinne ist er ein Ensemble ineinander verzahnter Eigenschaften, die nun daraufhin zu überprüfen sind, ob sich Zusammenhänge zum Phoneminventarumfang ergeben. Während aber in den vorangegangenen Kapiteln zumindest in einem Großteil der Fälle schon von quantitativen Begriffen ausgegangen werden konnte, sind für den Bereich der suprasegmentalen Eigenschaften in erster Linie qualitative Begriffe maßgebend. Auf welche Art und Weise diese Eigenschaften bzw. Variablen quantifiziert werden können, wird in der abschließenden Synthese zumindest anzudeuten sein.

3.2.2 Implikationen

Im Folgenden werden einige ausgewählte Arbeiten besprochen, in denen der Akzent nicht als isolierte, sondern als eine mit anderen linguistischen Eigenschaften verwobene Größe angesehen wird. Er erscheint als ein konstituierender Faktor, der auf allen sprachlichen Ebenen strukturierend wirken kann.

Zu beginnen ist der Überblick mit einer spezifischen Weiterentwicklung bzw. Modifizierung des bereits mehrfach erwähnten sprachtypologischen Ansatzes von Skalička. Ausgehend von unterschiedlichen morphologischen Typen (agglutinierend, flektierend, isolierend usw.) versucht Neustupný (1959) in einer Skalička sehr nahen Denkweise sprachliche Eigenschaften nicht isoliert zu betrachten, sondern in ihrer gegenseitigen Abhängigkeit zu sehen.

Demonstriert wird das anhand zweier Sprachen, die sowohl aus morphologischer als auch aus akzentologischer Sicht sehr unterschiedlich sind: Zum einen anhand des Russischen, einer stark flektierenden Sprache mit einem dynamischen („freien") Wortakzent, und zum anderen anhand des Japanischen, einer agglutinierenden Sprache, die als morenzählend gilt und über einen melodischen/musikalischen Akzent verfügt. Neustupný (1959) geht davon aus, dass mit den Unterschieden auf der phonologischen Ebene entsprechende Unterschiede auf der morphologischen Ebene einhergehen. So sei für das Russische als einer flektierenden Sprache 1. das Wort und nicht das Morphem die primäre Domäne des Akzents. 2. sei ein dynamischer Wortakzent zu beobachten, wobei 3. die Abfolge von Vokalen und Konsonanten unregelmäßiger als in einer agglutinierenden Sprache ist. Und 4. sei für das Russische eine bestimmte Wortstellung (nämlich Verb – Objekt) charakteristisch, während man im Japanischen eine Objekt-Verb-Reihenfolge beobachten kann.

Problematisch an dieser Aufzählung von selektiv ausgewählten Eigenschaften ist die Tatsache, dass darauf aufbauend keine weiterführenden Verallgemeinerungen möglich sind. Es bleibt unklar, ob die zweifellos beobachtbare Regelmäßigkeit/Unregelmäßigkeit der Abfolge von Vokalen bzw. Konsonanten tatsächlich mit dem jeweiligen Akzenttypus in Verbindung zu bringen ist. Nicht geklärt bleibt deren Interrelation zur Wortstellung bzw. es fehlt eine Erklärung für die gegenseitige Bedingtheit. Es sind auch keine allgemeingültigen Aussagen im Sinne von „flektierende Sprachen haben einen dynamischen Akzent“ möglich, da dies durch eine Vielzahl von Beispielen relativ einfach zu widerlegen ist. So ist der epistemologische Wert der Untersuchung zwar relativ gering[56], gibt aber dennoch einen zentralen Hinweis auf die Verknüpfung von morphologischen bzw. syntaktischen Merkmalen mit der phonetischen/phonologischen Ebene.

Ein weiteres Beispiel findet sich bei Lehmann (1973, 1978), der in seinen Arbeiten ebenfalls auf Wechselbeziehungen zwischen der phonologischen, der morphologischen, der morphosyntakischen und der syntaktischen Ebene eingeht. Bei Lehmann (1973) steht im Zentrum die Unterscheidung zwischen Verb-Objekt- (VO) und Objekt-Verb- (OV) Sprachen. Als typische und konsequente Vertreterin einer OV-Sprache gilt das Japanische, während viele indoeuropäische Sprachen in der Regel als VO-Sprachen[57] in Erscheinung treten. Lehmann belegt anhand einer Vielzahl von Beispielen, dass mit der unterschiedlichen

56 Auch meint *flektierende Sprache* eine Kategorie, die man durch einen quantitativen Begriff ersetzen müsste, sofern man an einer empirischen Untersuchung des Zusammenhangs von suprasegmentalen Eigenschaften und morphosyntaktischen Merkmalen interessiert ist.

57 Die Kategorisierung in OV- bzw. VO-Sprachen ist schon deshalb problematisch, als in Sprachen weder das Eine noch das Andere in „Reinform“ realisiert wird. Es könnte aber z. B. das Ausmaß der unterschiedlichen Kodierungsstrategien in Texten untersucht werden, womit diese als stetige Variablen aufgefasst werden könnte.

syntaktischen Organisation der Sprachen eine jeweils spezifische Organisation der morphologischen und phonologischen Ebene einhergeht. Insbesondere werden Unterschiede in der Silbenstruktur hervorgehoben. So haben seiner Ansicht nach OV-Sprachen eine einfache Silbenstruktur (mit einem wenig ausgebauten Onset, wenigen Elementen in der Koda), während demgegenüber flektierende Sprachen über eine komplexere Silbenstruktur verfügen (Lehmann 1973: 61 f.).

Darüber hinaus postuliert Lehmann (1973: 62), dass der Tonakzent (*pitch accent*) in OV-Sprachen häufiger vorkommt und diese öfter als morenzählend (im Sinne von Trubetzkoy 1939/1989[7]) in Erscheinung treten; hinsichtlich der flektierenden Sprachen werden außer der, dass das rekonstruierte Indoeuropäische eine Sprache mit Tonakzent gewesen sei, leider keine weiteren Angaben gemacht. In Lehmann (1978) wird das Schema, nach dem die Akzentstruktur und Wortstellungsprobleme einander bedingen, noch weiter ausgebaut, indem z. B. das Vorkommen von Vokalharmonie (als Beispiel für einen morphophonologischen Prozess) eher mit OV-Sprachen in Verbindung gebracht[58] wird, die ihrerseits meist zum agglutinierenden Typus gehören. Demgegenüber sollen in flektierenden Sprachen mehr morphophonologische Regeln wirken und in diesen Sprachen sei eine Tendenz zur Reduktion von unbetonten Vokalen zu beobachten.

Wie zu sehen ist, kommen Neustupný (1959) und Lehmann (1973, 1978) zu durchaus ähnlichen Ergebnissen bzw. gehen von ähnlichen sprachlichen Gegebenheiten aus. In beiden Fällen sind die gefundenen Wechselbeziehungen zwischen den einzelnen sprachlichen Eigenschaften als eine Art Implikation zu verstehen. Das Vorhandensein einer Eigenschaft *X* geht mit dem Vorhandensein einer weiteren Eigenschaft *Y* einher. In dem Sinne ergibt sich ein ganzes Ensemble von Eigenschaften, die jeweils einer a priori durchgeführten dichotomen Kategorisierung (OV- vs. VO-Sprachen) zugeordnet werden. Offen bleibt, wie

---

58 Fenk-Oczlon/Fenk (1999) finden zwischen der Teilsatzlänge und der Wortstellung folgende Korrelation: SOV-Sprachen (Subjekt-Objekt-Verb) sind durch eine höhere Anzahl von Silben pro Teilsatz als SVO-Sprachen (Subjekt-Verb-Objekt) charakterisiert. Das lasse sich dadurch „erklären", dass SOV-Sprachen häufiger (zumindest in dem verwendeten Sample) agglutinierende Sprache seien, die ihrerseits wiederum durch eine einfache Silbenstruktur charakterisiert sind. Ähnlich schon in Fenk-Oczlon/Fenk (1985: 357 f.), wo die Unterschiede mit einer sprachenspezifischen Organisation der Informationsstruktur und mit kognitiven Kapazitätsbeschränkungen auf Silbenebene begründet werden. Plank (1998: 198) verweist auf die erste Ausgabe der *Encyclopedia Britannica*, in der (vermutlich) William Smellie darauf verwiesen hatte, dass es unter Umständen einen Zusammenhang zwischen der Wortlänge und der Wortstellung gibt. Hohe Wortlänge wird für Sprachen mit einer relativ freien Wortstellung in Anschlag gebracht, die seiner Ansicht nach wiederum einen hohen Grad an Flexion aufweisen.

Lehmann (1973: 62) selbst schreibt, folgender zentraler Punkt: „[...] we have no explanation for correlations between syntactic and phonological characteristics [...].“ Es fehlt auch eine diachrone Evidenz und die Gründe eines „Wechsels“ von Sprachen von einer VO- zu einer OV-Struktur bleiben unklar.

Dennoch lässt sich zumindest die Denkrichtung der bislang vorgestellten (und zugegebenermaßen selektiven) Auswahl von Arbeiten aus dem Bereich einer holistischen Akzentuntersuchung einigermaßen klar umreißen: Der Akzent wird nicht als isolierte Einheit, sondern als eine mit unterschiedlichen Ebenen interagierende Ebene betrachtet. Hinsichtlich der im gegebenen Kontext verfolgten Frage nach der Relevanz des Phoneminventarumfangs sind zwei ausgewählte Eigenschaften von Bedeutung: Es werden in Abhängigkeit vom Akzenttypus 1. mit den Vokalen verbundene Prozesse (Vokalharmonie, Reduktionen) ins Spiel gebracht und 2. wird die Abfolge von Vokalen und Konsonanten – anders ausgedrückt: die Komplexität der Silben selbst – in den Vordergrund gerückt. Bevor noch einmal detailliert auf das Problem der Reduktionsprozesse und das der Silbenstruktur eingegangen werden kann, sind solche Ansätze aus dem Bereich der sogenannten „prosodischen“ Typologie näher vorzustellen, die z. T. über den Wortakzent hinaus gehen und auch den Satzakzent in Betracht ziehen.

3.2.3 Holistische Ansätze

Als eine der wichtigsten holistischen Arbeiten gilt die von Donegan/Stampe (1983), die den Akzent in den Mittelpunkt des linguistischen Interesses rücken und in ihm das zentrale organisierende Prinzipien sehen: „[...] accent is the only factor pervading all the levels of language.“ (Donegan/Stampe 1983: 350). Der Begriff *Akzent* wird von den Autoren in einem breiten Verständnis aufgefasst, so dass darunter nicht nur ein lexikalischer, sondern auch der Satz- bzw. Phrasenakzent fällt. Der Akzent wird so zum Hauptfaktor der rhythmischen Organisation und determiniere viele unterschiedliche sprachliche Ebenen und Merkmale. Ausgangspunkt von Donegan/Stampe ist eine a priori durchgeführte binäre Gliederung von Sprachen nach dem Typus ihres Phrasenakzentes: Unterschieden werden Sprachen mit einem steigenden (=finalen) und einem fallenden (=initialen) Phrasenakzent.[59]

59 Diese Ausgangsposition – die dichotome Gliederung von Sprachen in finale und initiale Typen – ergab sich offenbar durch die Analyse von austroasiatischen Sprachen, die als prototypische Vertreter angesehen werden, anhand derer sich die alle sprachlichen Ebenen betreffende rhythmische Organisation einer Sprache illustrieren lässt.

In Anlehnung an die Übersicht in Donegan/Stampe (1983: 337 ff.) weisen Sprachen mit einem steigenden (finalen) Phrasenakzent u.a. folgende Eigenschaften auf:

1. Eine rigide Wortstellung (in der Regel Subjekt – Verb – Objekt).
2. Eine vornehmlich analytische morphosyntaktische Kodierung.
3. Eine jambische Betonungsstruktur von Wortformen.
4. Eine Tendenz zum Monosyllabismus.
5. Ein silbenzählendes Akzentmuster.
6. Ein (diachron gesehen) instabiles, d. h. oftmaligen Änderungen unterliegendes Vokal- und Konsonanteninventar.

Darüber hinaus werden von den Autoren syntaktische Merkmale diskutiert, die ebenfalls in Abhängigkeit vom Sprachtypus eine spezifische Form aufweisen. Sprachen mit einem steigenden (finalen) Phrasenakzent treten z. B. als „modifier last"-Sprachen in Erscheinung, in denen typischerweise die *modifier* als Träger einer neuen Information angesehen werden. Für die rhythmische Struktur und die Informationsstruktur (im Sinne eines Sammelbegriffes hinsichtlich der Wortstellung) werden weitreichende Wechselbeziehungen postuliert. Demonstriert wird das anhand von zwei Sprachen aus dem austroasiatischen Bereich (Munda, Mon-Khmer); es scheint, dass die Autoren selbst keine weiterführenden Verallgemeinerungen für andere Sprachen ableiten wollen (zu einer Kritik dazu vgl. Auer 2001: 1395).

Die Arbeit von Donegan/Stampe ist aus unterschiedlichen Perspektiven kritisiert worden. So bemängelt Auer (1993: 14 f.) die fehlende Diskussion und Definition des Begriffes *Phrasenakzent* und die im Detail nicht beantwortete Frage nach der Schnittstelle von Syntax bzw. Semantik und phonetischen/phonologischen Merkmalen. Ein entscheidender Einwand ist, dass keine kategoriale Unterscheidung[60] des finalen vom initialen Phrasenakzent möglich ist. Zu beachten ist auch, dass nicht jede Sprache über eine Prosodie bzw. Intonation verfügt, die über die Silbe – dem eigentlichen Kernbereich von prosodischen Phänomenen – hinausgehen würde.

Neben Donegan/Stampe (1983) hat Gil (1986) einen weiteren prominenten Vorschlag für eine holistisch orientierte prosodische Typologie vorgelegt.

60 Dufter (2003: 50) fragt kritisch nach, ob die postulierten Zusammenhänge zwischen einem initialen Phrasenakzent und der Zugehörigkeit zu einem akzentzählenden Sprachtypus tatsächlich gelten. Die Frage führt zu einem weiteren Problem, nämlich dem der linguistischen Definition von silben- und akzentzählenden Sprachen. Darauf kann jedoch hier nicht weiter eingegangen werden.

Konzeptueller Ausgangspunkt ist der sprachliche Rhythmus, weil dafür der Akzent als konstituierendes Merkmal gilt. Von daher werden Merkmale wie Wortstellung, Silbenstruktur, der Phoneminventarumfang und prosodische Struktur untersucht. In groben Zügen lässt sich der Ansatz folgendermaßen umreißen: Im Anschluss an Befunde zu hebräischen versifizierten Texten wird a priori eine Trennung von Sprachen in jambische (unbetonte Silbe gefolgt von einer betonten Silbe) und trochäische (betonte Silbe gefolgt von einer unbetonten Silbe) durchgeführt. Dann postuliert Gil eine Reihe damit einhergehender sprachlicher Eigenschaften, u.a. sollen jambische Sprachen eine Objekt-Verb-Reihenfolge präferieren, während trochäische eine Verb-Objekt-Reihenfolge aufwiesen. Des Weiteren hätten jambische Sprachen (die im Übrigen ohne nähere Begründung mit Objekt-Verb-Sprachen gleichgesetzt und als agglutinierend bezeichnet werden) darüber hinaus eine einfache Silbenstruktur, ein hohes Vokal-Konsonanten-Verhältnis im Inventar, mehr Obstruenten auf Textebene und im Phoneminventar sowie keine Tonhöhenunterschiede (vgl. Gil 1986: 191 ff.). Jambische Sprachen zeichnen sich darüber hinaus durch ein höheres Sprechtempo aus und seien als akzentzählend einzustufen.

Ausgewählte Aspekte der angestellten Vermutungen bzw. der behaupteten Wechselbeziehungen, die allerdings eher den Eindruck voreiliger und wenig reflektierter Verallgemeinerungen erwecken, werden von Gil einer empirischen Überprüfung zugeführt. Auf der Basis von Daten aus dem *Stanford Phonology Archive* und der *Phonological Segment Inventory Database* (140 Sprachen) untersucht er, ob es zwischen der Wortstellung (OV-Sprachen vs. VO-Sprachen) und der Silbenstruktur Korrelationen gibt. Es bestätigt sich, dass die untersuchten OV-Sprachen offenbar eine einfachere Silbenstruktur (operationalisiert in Form der Silbenlänge) und somit ein höheres Vokal-Konsonanten-Verhältnis als VO-Sprachen (Gil 1986: 211) haben. Demnach ist es wenig wahrscheinlich, dass OV-Sprachen relevante Tonhöhenunterschiede aufweisen. Ein Zusammenhang zwischen der Komplexität der Silbenstruktur (gemessen wiederum in Form der Silbenlänge) und dem Vorhandensein von Tonhöhenunterschieden zeigt sich jedoch nicht.

Die Arbeit von Gil (1986) ist, wie die von Donegan/Stampe (1983), aus einer Reihe offensichtlicher Gründe vielfach kritisiert worden (vgl. dazu Auer 1993: 25, Dufter 2003: 50 f., Plank 1998: 215, Ramat 1986). Da sind zum einen die Probleme der statistischen Validierung und empirischen Überprüfung[61] und

---

61 Schweiger (1990) äußert u.a. Kritik an den statistischen Signifikanztests in Gil (1986), nennt allerdings keine Alternativen. Die gibt es durchaus: Nicht-parametrische Tests,

zum anderen ist sich Gil (1986: 211) offenbar selbst der Tatsache bewusst, dass seine prosodische „Typologie" in vielen Punkten im Widerspruch zu einigen üblichen Annahmen der Linguistik steht. Denen zufolge müsste z. B. das Aufkommen bzw. Vorhandensein von Tonhöhenunterschieden in der Prosodie mit der Vereinfachung bzw. mit einer einfachen Silbenstruktur einhergehen. Ramat (1986: 11) verweist auf ein weiteres zentrales Problem der diskutierten Zusammenhänge, denn auch dann, wenn tatsächlich statistisch nachweisbare Korrelationen zwischen prosodischen und syntaktischen Eigenschaften bestünden, blieben zentrale Fragen unbeantwortet: Aufgrund welcher Parameter erfolgt die Zuordnung von *jambisch* bzw. *trochäisch* zu den einzelnen Sprachen und zu den genannten Wortstellungstypen? Was wäre die Entsprechung für eine schwache bzw. starke Silbe auf der syntaktischen Ebene? Kurz gesagt, die Unterscheidung von jambischen und trochäischen Sprachen ist bei Gil an keiner Stelle begründet oder exemplifiziert.

Abgesehen von diesen grundsätzlichen Problemen ergeben sich hinsichtlich der Silbenstruktur und der genannten prosodischen Eigenschaften weitere Unzugänglichkeiten und Inkonsistenzen. Man nehme nur die Silbenkomplexität, die u. a. anhand der Anzahl von Phonemen pro Silbe bestimmt wird. Hinsichtlich einer *einfachen* bzw. *komplexen* Silbenstruktur lassen sich ganz unterschiedliche Szenarien durchspielen: Eine einfache Silbenstruktur mit einer ausschließlichen Konsonant-Vokal-Struktur (CV) kann sich aus einem Mix unterschiedlicher Faktoren ergeben und ganz verschiedene Konsequenzen haben:

1. Sprachen mit einem wenig umfangreichen Inventar an Vokalen und Konsonanten können eine maximale Ausnutzung von wenigen und einfachen Silbentypen anstreben und somit auf Systemebene die notwendige Diversifikation erreichen.
2. Eine vergleichsweise geringe Anzahl von Silbentypen auf Systemebene lässt sich durch eine höhere Vorkommenshäufigkeit auf Textebene in entsprechender Weise kompensieren.
3. Sprachen mit einem einfachen Silbeninventar können auf die suprasegmentale Ebene ausweichen und z. B. durch Tonhöhenunterschiede eine Erweiterung

die nicht auf die Normalverteilung rekurrieren, sind für sprachliche Daten besonders geeignet. Die von Schweiger demonstrierte Nicht-Gültigkeit der von Gil verwendeten Methoden basiert auf der selektiven Entfernung einzelner Sprachen aus dem Datensatz. So kann er zeigen, dass dadurch Verzerrungen entstehen. Damit wird auf die fehlende Repräsentativität verwiesen, mithin auf ein tatsächlich äußerst komplexes Problem der statistischen Untersuchung sprachlicher Daten.

der Kodierungspotenz erreichen. Ähnliches gilt auch für die Flexibilität der Position des Akzentes innerhalb von Wortformen; er kann etwa bei völliger Positionsfreiheit eine weitaus höhere Kodierungsleistung erbringen als im Falle einer restriktiven Positionierung.

Vor diesem Hintergrund sind die Annahmen von Gil (1986) hinsichtlich einer einfachen Silbenstruktur und einer Tendenz zur nicht-tonalen Prosodie eher unplausibel. Auch die Behauptung, Sprachen mit einer einfachen Silbenstruktur hätten sowohl weniger Obstruenten im Inventar als auch weniger Obstruenten auf Textebene, ist weder theoretisch noch empirisch belegt bzw. bestätigt. Die umfangreichen Untersuchungen etwa von Maddieson, aber auch die von Krámský (vgl. dazu Kapitel 3.1) hatten ja bereits gezeigt, dass es zwischen einzelnen Subgruppen von Phonemen (z. B. Vokalen, Konsonanten, Obstruenten usw.) in einem Sprachsystem und deren Häufigkeit auf Textebene keinen nachweisbaren Zusammenhang gibt. Somit bleibt festzuhalten: Der von Gil präsentierte Ansatz ist unübersichtlich und zu weiten Teilen nicht stichhaltig[62], aber er zeigt zumindest die konzeptuelle Richtung einer empirischen Untersuchung von Wechselbeziehungen, die vom Akzent ausgehen.

3.2.4 Typologische Ansätze

Ein letzter Ansatz, den es im Detail vorzustellen gilt, da ebenfalls der Akzent und seine potenziellen Wechselbeziehungen im Fokus stehen, ist der von Dauer (1983, 1987). Mit ihren Überlegungen zur Unterscheidung von sogenannten akzent- und silbenzählenden Sprachen leistet Dauer (1987) einen bedeutenden Beitrag zur prosodischen bzw. rhythmischen Typologie. Summa summarum wird die intensive Verzahnung des Akzents als suprasegmentale Eigenschaft mit anderen linguistischen Ebenen aufzeigt.

Die rhythmusbasierte Typologie von Dauer basiert ausschließlich auf solchen phonologischen bzw. phonetischen Merkmalen, die als konstituierend für den sprachlichen Rhythmus gelten. Es handelt sich u. a. um 1. die Dauer von akzentuierten Vokalen bzw. Silben, 2. um die Silbenstruktur, 3. um die Vokalquantität, 4. um die Intonationshöhe, 5. um unterschiedliche Wechselbeziehungen zwischen Register- bzw. Konturtönen und dem Akzent, 6. um die Vokalqualität, 7. um das koartikulatorische Verhalten von Konsonanten in betonten bzw. unbetonten Silben und 8. um die Funktion und die Position der Betonung innerhalb von

62 Die Einschätzung von Auer (1993: 20) fällt kritischer aus: Er meint mit Blick auf die Arbeit von Gil (1986), diese sei „[...] somewhat too mysterious to be reproduced here [...]“.

Wortformen. Bereits anhand der bloßen Aufzählung der in diese Typologie einfließenden Merkmale[63] wird die Vielschichtigkeit des Ansatzes deutlich.

Die einzelnen Merkmale sind nun im Folgenden kurz zu besprechen. Allerdings ist hierbei nicht die Frage nach deren Relevanz für die Unterscheidung in akzent- oder silbenzählend vorrangig von Bedeutung, sondern die Einbettung des Akzentes in ein Netz von Wechselbeziehungen. Zu beginnen ist mit dem Merkmal *Dauer von akzentuierten Silben bzw. Vokalen*. Da man darunter ausschließlich die zeitliche Dauer von betonten Vokalen versteht, d. h. eine explizit phonetische Eigenschaft, scheint eine weiterführende Relevanz dieses Parameters für die hier diskutierte Fragestellung nur dann gegeben, wenn die Vokallänge auch eine phonologische Bedeutung hat und somit tatsächlich eine distinktive Kodierung von Einheiten ermöglicht.

Die zweite Eigenschaft, die von unmittelbarer Bedeutung für die Unterscheidung in silben- bzw. akzentzählende Sprachen ist, ist die – im gegebenen Zusammenhang bereits häufig diskutierte – *Silbenstruktur* einer Sprache. Dauer (1987: 448) konzentriert sich auf einige wenige ausgewählte Aspekte, die aus ihrer Sicht von besonderer Bedeutung sind: 1. auf die Anzahl von unterschiedlichen Silbentypen, 2. auf das Vorhandensein von schweren und leichten Silben und 3. auf den Einfluss des Akzents auf die Silbenstruktur, insbesondere im Zusammenhang mit Koartikulationsphänomenen (Reduktionen, Vereinfachungen von Konsonantenclustern, Epenthesen, Liaison usw.). Es geht um den Akzent bzw. die Position des Akzents innerhalb der Silbe und um dessen inhärente Verknüpfung mit Koartikulationsphänomenen.

Das dritte Merkmal, das ebenfalls unmittelbaren Einfluss auf die prosodische Struktur einer Sprache hat, ist die *Vokalquantität* (sofern sie phonologisch relevant und mithin bedeutungsunterscheidend ist). Die Vokalquantität wird in einen engen Zusammenhang mit dem Akzent einer Sprache gebracht und es wird systematisch differenziert, ob und in welchen Silben (akzentuiert, nicht akzentuiert) Quantitätsunterschiede vorkommen können. Es geht um positionelle Restriktionen von suprasegmentalen Merkmalen, die eine Beschränkung des „Freiheitsgrades" der Vokalquantität darstellen.

Das vierte und fünfte Merkmal bezieht sich auf die *Tonhöhe* und die *Intonationsstruktur* in Relation zum Akzent. Von Bedeutung ist die Frage, ob Akzent und Tonhöhenunterschiede korreliert sind, d. h. ob z. B. Tonhöhenunterschiede

63 Vgl. dazu auch Kelih (2013c) mit einer ausführlichen Besprechung des Ansatzes von Dauer (1983, 1987) und einem Versuch, diesen Merkmalskatalog auf das Slowenische – eine slawische Sprache mit durchaus komplexer Organisation der suprasegmentalen Ebene – zu übertragen.

nur in betonten Silben auftreten können oder nicht. Es geht um das Ausmaß der Verzahnung von Akzent und Tonhöhenunterschieden und – differenzierter gesehen – wiederum um die entsprechenden positionellen Restriktionen. Vor diesem Hintergrund sind Tonhöhenunterschiede, die in allen Silben realisiert werden können, hinsichtlich ihrer funktionalen Leistung höher einzuschätzen als ein positionell eingeschränktes Vorkommen.

Das sechste und siebente Merkmal aus dem Katalog von Dauer bezieht sich auf die *Vokalqualität* und das *Verhalten von Konsonanten* (in Abhängigkeit vom Akzent). Zusammengefasst geht es um die Anzahl von betonten und unbetonten Vokalen und die Frage, inwiefern Konsonanten bzw. deren Qualität durch den Akzent beeinflusst werden. Beide Faktoren sind nicht nur für die quantitative Bestimmung des Inventars von vorrangiger Bedeutung, sondern können ebenfalls im Sinne einer funktionalen Belastung der einzelnen Einheiten interpretiert werden.

Als einen weiteren Faktor der prosodischen Typologie – und das ist der letzte, der an dieser Stelle eingehend zu besprechen ist – führt Dauer die in einem sehr breiten Sinne interpretierte allgemeine *Funktion des Akzents* an. Angesprochen werden nämlich 1. die Position der Betonung und 2. die lexikalische bzw. grammatische Funktion des Akzents im weitesten Sinne. Das Spektrum an Typen, welches sich bei Dauer ergibt, reicht von Sprachen mit einem freien, dynamischen Akzent[64] mit delimitativer und identifikatorischer Funktion bis hin zu Sprachen am anderen Ende des Spektrums, in denen der Akzent fast keine prosodische Rolle spielt. Als eine Art Zwischenstufe zwischen diesen beiden Polen werden Sprachen mit einem fixen Akzent angesehen, in denen – gerade aufgrund der Fixierung – der Akzent grammatische und lexikalische Bedeutungen aufgrund von positionellen Restriktionen nur eingeschränkt differenzieren kann.

3.2.5 Zwischenbilanz (3)

Die in den vorangehenden Kapiteln vorgestellten Ansätze, die den Akzent aus unterschiedlichen Perspektiven betrachten, bieten genügend Material, um in dieser Hinsicht eine Zwischenbilanz zu ziehen.

---

64 In diesem Zusammenhang ist auf die sprachtypologische Studie von Hyman (1977) zu verweisen, der über 400 Sprachen hinsichtlich der Akzentposition untersucht hat. Es zeigt sich, dass die meisten Sprachen entweder zu einer fixen Initial- oder fixen Endbetonung tendieren. Damit lässt sich, zumindest indirekt Evidenz für die wichtige identifikatorische Funktion des Akzentes anführen. Gleichzeitig zeigt sich, dass Sprachen ganz offenbar eher zu einer positionellen Beschränkung tendieren.

Erstens ist der Akzent (neben der Vokalquantität, der Tonhöhe und der Wort- und Satzprosodie) eine suprasegmentale Eigenschaft mit der zentralen Funktion das Inventar an segmentalen Phonemen in entsprechender Weise zu ergänzen. Ein ausgebautes suprasegmentales System weist eine erhöhte Kodierungsleistung auf. Das bedeutet, dass bei allen Diskussionen um Relevanz und Bedeutung des Phoneminventarumfangs suprasegmentale Eigenschaften zu berücksichtigen sind. Beachtet man sie nicht (oder nicht genügend) kommt es zu ungerechtfertigten Verzerrungen der Kodierungsleistung eines phonologischen Systems. Die hervorhebenswerte Besonderheit ist das Vorhandensein einer inhärenten Verzahnung der einzelnen segmentalen und suprasegmentalen Eigenschaften, die aber in erster Linie sprachenspezifisch sind.

Im Einzelnen lassen sich u. a. folgende quantitative Merkmale extrahieren, die es in einem zu untersuchenden sprachlichen System zu unterscheiden gilt:

- die Anzahl von Vokalen (bzw. zusätzlich auch Konsonanten, die in bestimmten Positionen als Vokale auftreten können),
- die Anzahl von betonten bzw. unbetonten Vokalen,
- die Anzahl von Vokalen mit phonologisch relevanter Vokalquantität,
- die Anzahl von Vokalen mit Tonhöhenunterschieden und
- die Anzahl von Konsonanten.

Diese einfachen quantitativen Merkmale stellen die Grundlage für eine differenzierte Betrachtung eines Phoneminventarumfangs dar. Zusätzlich müssen aber noch eine Reihe weiterer Eigenschaften berücksichtigt werden, wobei in erster Linie der Grad an positionellen Restriktionen relevant ist. Die sind von besonderem Interesse z. B. hinsichtlich der Freiheit des Akzents (im Sinne einer Unterscheidung von Sprachen mit freiem bzw. fixem Akzent), aber auch hinsichtlich der Position von Tonhöhenunterschieden und Vokalquantitäten. Je freier die Positionsgestaltung in einem System ist, desto höher ist auch die Kodierungsleistung einzustufen. Mit Blick auf den Akzent ist darüber hinaus wichtig, welche Funktion er einnimmt. Neben der prosodischen Gestaltung der Silbe, einer Wortform bzw. einer Phrase ist von Bedeutung, inwiefern bzw. ob der Akzent grammatische oder lexikalische Bedeutungen unterscheidet oder nicht. Ein eventuelles Zusammenspiel von Vokalquantität und Akzent ist ebenfalls in Betracht zu ziehen (z. B. können lange Vokale nur in nachtoniger Position auftreten usw.), so dass ein zusätzlicher Parameter hinsichtlich der Kodierungsleistung ins Spiel kommt.

Zweitens ist – und das leuchtet durchaus ein – eine Verbindung von Akzent bzw. Akzentstruktur und Silbenebene vorhanden. Auch in dem Fall gilt, dass eine einfache Betrachtung der segmentalen Struktur der Silbe zu kurz greift und in jedem Fall suprasegmentale Eigenschaften zu beachten sind. Der Vokal bzw.

ein vokalischer Kern gilt als die konstituierende Einheit der Silbe und darüber hinaus sind Vokale Träger des Akzents, was eine inhärente Wechselbeziehung per se begründet. Insofern ist davon auszugehen, dass die suprasegmentalen Eigenschaften in einer umfassenden Wechselbeziehung zur Silbenkomplexität stehen. Konkret sind die Silbenstruktur (hinsichtlich der kanonischen Silbentypen) und die Silbenlänge zu nennen, die durch die entsprechenden suprasegmentalen Eigenschaften determiniert sein können.

Drittens konnte gezeigt werden, dass sehr allgemeine Beziehungen zwischen – vereinfacht gesagt – morphologischen bzw. morphosyntaktischen und suprasegmentalen Eigenschaften (insbesondere dem Akzent) festgestellt werden können. Die haben in der Regel die Form einer Implikation im Sinne des Postulats, dass mit dem Vorhandensein einer Eigenschaft *X* das Auftreten einer Eigenschaft *Y* einhergeht. Als Beispiel sind Beziehungen zwischen morphologischen Eigenschaften und dem Akzenttypus einer Sprache anzuführen. So wird (offenbar sind bei dieser Art Verallgemeinerung immer prototypische Vertreter von Sprachen gemeint) für flektierende Sprachen ein dynamischer Akzent und eine komplexe Silbenstruktur angenommen, während agglutinierende Sprachen, die gleichzeitig morenzählend sind, sich durch eine relativ einfache Silbenstruktur auszeichnen. Immer wieder wird auch die Idee angeführt, dass der Akzent mit der morphosyntaktischen Struktur – insbesondere mit der Wortstellung – in Zusammenhang zu bringen ist. Das setzt ein Hinausgehen über den Silben- bzw. Wortakzent und die angemessene Berücksichtigung der intonatorischen Gestaltung einer Phrase voraus. So kommen am Ende noch Fragen der rhythmischen Organisation ins Spiel. Letztere Problematik lässt sich wiederum mit der Informationsstruktur in Verbindung bringen, was meint, dass sowohl morphosyntaktische als auch Probleme der semantischen Organisation sprachlicher Systeme (abzulesen an der Wortstellung) mit dem Akzent zusammenhängen.

Um einen Überblick über die Vielzahl von Eigenschaften und Parametern zu geben, findet sich in Abb. 10 der Versuch einer Systematisierung der bislang diskutierten Aspekte. Hinsichtlich der morphosyntakischen Struktur erfolgt eine bewusste Einschränkung auf ausgewählte Eigenschaften aus den Arbeiten von Donegan/Stampe (1983). In erster Linie geht es um das Aufzeigen von möglichen Wechselbeziehungen zwischen dem Akzent und der Informationsstruktur. Sie kann mit der Wortstellung bzw. der Positionierung von Modifiern in Zusammenhang gebracht werden; es spielt auch – im Ausblick auf das nächste Kapitel – der morphologische Typus einer Sprache eine Rolle. Er ist ebenfalls in Betracht zu ziehen. Die in Abb. 10 angeführten Eigenschaften sind keine vollständige Aufzählung, sondern verstehen sich als eine selektive Auswahl von relevanten Merkmalen.

Abb. 10: Suprasegmentale Eigenschaften und Wechselbeziehungen.

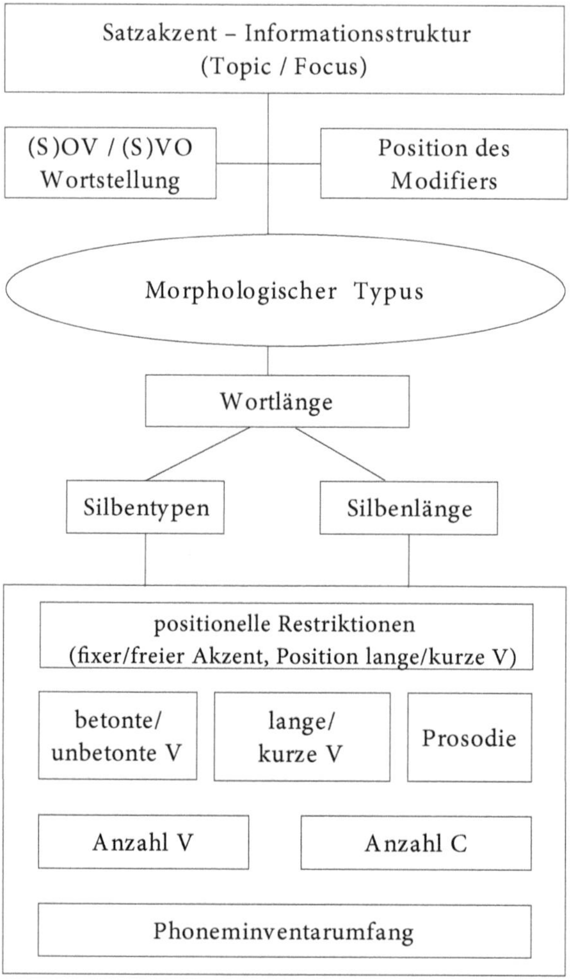

Da im vorliegenden Kontext nur ein quantitatives Merkmal, nämlich der Phoneminventarumfang im Vordergrund des Interesses steht, sollen abschließend einige Wechselbeziehungen zu quantitativ erfassbaren Merkmalen der phonologischen bzw. morphologischen Struktur deduziert werden. Generell lässt sich festhalten, dass hinsichtlich der segmentalen wie suprasegmentalen Eigenschaften eine Vielzahl von Kombinationen denkbar ist. Vorstellbar wäre z. B. eine Sprache mit einem geringen Phoneminventar und einer dennoch vorhandenen Vielzahl von Tonhöhenunterschieden und Vokallängen. Die spezifische Mischung segmentaler und suprasegmentaler Eigenschaften könnte rein hypothetisch dazu führen, dass Sprachen tatsächlich mit einem relativ kleinen Phoneminventarumfang auskämen. Zusätzlich können sprachliche Systeme ja auf relativ einfache Weise den Formenreichtum von hierarchisch über der phonologischen Ebene liegenden Einheiten (z. B. Silbe, Morpheme, Wortformen) durch deren entsprechende Längung erhöhen und so den gestellten Kodierungserfordernissen gerecht werden.

Ohne Zweifel ist aber die Längung nicht das einzige Mittel der morphologischen Kodierung, sondern die entsprechenden suprasegmentalen Eigenschaften können ebenfalls Kodierungsaufgaben übernehmen. An dieser Stelle ist eine Studie in Erinnerung zu rufen, die sich anhand von slawischen Sprachen genau mit dieser Problematik auseinandersetzt. Kempgen (1990) stellt sich der Frage nach einem Zusammenhang von Betonungsstruktur und Wortlänge, d. h. nach einem Merkmal, welches in Abhängigkeit von der jeweils durchgeführten Messung durchaus als ein morphologisches zu interpretieren ist. Es wird davon ausgegangen, dass sich die Anzahl der suprasegmentalen Mittel in einer Sprache umgekehrt proportional zur Wortlänge verhält. Die Hypothese lautet konkret so: „Je mehr suprasegmentale Mittel eine Sprache besitzt, desto geringer ist die durchschnittliche Wortlänge" (Kempgen 1990: 119).

Die Vermutung wird anhand des Bulgarischen, einer slawischen Sprache mit einem freien, dynamischen Akzent und anhand des Mazedonischen, ebenfalls einer slawischen Sprache, allerdings einer, die über einen festen Akzent (Betonung auf der drittletzten Silbe) verfügt, empirisch überprüft. Dem liegt die Überlegung zugrunde, dass das Bulgarische aufgrund seines dynamischen Akzents einen Freiheitsgrad mehr hat als das Mazedonische. Insofern stellt ein freier Akzent ein flexibles Werkzeug dar, während ein fixierter nur in einem sehr eingeschränkten Ausmaß seiner distinktiven Funktion nachkommen kann.

Kempgen kann allerdings auf der Basis des untersuchten Materials keinerlei signifikante Unterschiede zwischen dem Mazedonischen und dem Bulgarischen hinsichtlich der Wortlänge feststellen. Damit gilt die oben angeführte Hypothese zwar als empirisch unbestätigt[65], bleibt aber dennoch ein wichtiger theoretischer

---

65 Hinsichtlich der Häufigkeit von Akzentstrukturen liefert Kempgen (2008) eine Analyse der Betonungsposition im Mazedonischen. Die Auswertung eines mazedonischen Häufigkeitswörterbuchs zeigt, dass die Betonung auf der drittletzten Silbe eine überaus seltene Erscheinung und z. B. der Anteil von Wortformen mit Anfangsbetonung weitaus häufiger anzutreffen ist. Verantwortlich zeichnet dafür – neben einer im Mazedonischen offenbar gerade stattfindenden Akzentverschiebung – die Verteilung der

und methodologischer Ausgangspunkt für weitere quantitative Untersuchungen zur Rolle und Funktion suprasegmentaler Eigenschaften. Aus systemlinguistischer Sicht gelten suprasegmentale Eigenschaften als notwendiges Mittel zur Erhöhung der Redundanz. Jede Sprache löst das Regulationsproblem auf ihre eigene Weise: Entweder vermehrt sich die Phonemanzahl (=Inventarvergrößerung), oder es verlängern sich die Wörter. Daneben bleiben suprasegmentale Hilfsmittel. Aus alledem folgt, dass mindestens diese Aspekte bei der Diskussion der Rolle des Phoneminventarumfangs in Relation zu anderen sprachlichen Eigenschaften in gebührender Weise zu berücksichtigen sind.

3.3 Morphologische Eigenschaften und Merkmale

Im Folgenden ist auf ausgewählte morphologische Eigenschaften einzugehen, die ebenfalls in eine Wechselbeziehung zum Phoneminventar einer Sprache gebracht werden können. Derartige Zusammenhänge mögen auf den ersten Blick überraschen, sind aber in einer Vielzahl von linguistischen Untersuchungen präsent. Meist zielen sie, wie die einleitend behandelten Pionierarbeiten von Hockett (1958) und Skalička (1958), auf die Kodierungstechniken von bedeutungstragenden Einheiten und auf die dabei zu beobachtenden quantitativen Regulationsmechanismen. Im Anschluss an eine kritische Darstellung der bisherigen Ergebnisse wird in Form einiger einfacher mathematischer Berechnungen gezeigt, welche Auswirkungen die quantitative Veränderung eines Phoneminventars auf die Anzahl der damit zu bildenden Morphemtypen hat. Das illustriert die Relevanz des angenommenen Wechselspiels zwischen Phoneminventarumfang und Morphemstruktur (verstanden als ein Bündel von quantitativ erfassbaren morphologischen Merkmalen). Danach wird – über Fragen der quantitativen Struktur hinausgehend – auf morphologische Faktoren eingegangen, die den Formenreichtum einer Sprache beeinflussen können. Besondere Aufmerksamkeit gilt der theoretischen Begründung des postulierten engen Wechselverhältnisses von Morphologie und Phonologie. Abschließend geht es um einen Gesamtüberblick, der eine kritische Diskussion der Relevanz des Inventarumfangs für die morphologische Ebene ermöglicht.

Wortlängen. Der Befund zeigt, dass die faktische Distinktionsleistung eines fixen Akzentes offenbar sehr gering ist.

3.3.1 Kleines Phoneminventar – lange Morpheme?

Auf welche Art und Weise wird nun der Phoneminventarumfang einer Sprache mit der Länge von Morphemen bzw. Wörtern in Zusammenhang gebracht? Das Problem beschäftigte schon eine ganze Reihe von Linguisten und zieht sich im Grunde genommen wie ein roter Faden durch die entsprechende Literatur[66].

Im Endeffekt läuft die Vermutung hinsichtlich eines Zusammenhangs zwischen dem Phoneminventar und der Länge von Morphemen (bzw. auch der daraus gebildeten Einheiten wie Wortformen, Lexeme u. Ä.) auf Folgendes hinaus: Es wird vermutet, dass eine Sprache, die nur ein geringes Phoneminventar zur Verfügung hat, dieses Defizit durch die Bildung längerer Sequenzen von Phonemen bei der Morphembildung kompensiert. Für Sprachen mit einem großen Inventar wird die umgekehrte Relation angenommen, d. h. einer derartigen Sprache genügt eine weitaus kürzere Morphemlänge. Hocketts Ansatz – der stellvertretend für eine Vielzahl von ähnlichen Überlegungen zitiert wird – lautet im Original:

> We might naturally expect that, other things being equal, it would in general require longer strings of segmental phonemes to express given meanings in a language like Hawaiian [= einer Sprache mit 13 segmentalen Phonemen – EK] than on one like Chipewyan [= einer Sprache mit 45 Phonemen – EK]. Hockett (1958: 93).

Alles in allem liegt dieser Überlegung eine informationstheoretische[67] Motivation zugrunde. Die Überlegung zielt auf die Länge von Strings mit einem endlichen Inventar an Einheiten. Bezogen auf linguistische Verhältnisse lässt sich das ohne weiteres auf das Inventar von Phonemen, die daraus gebildeten Einheiten und deren Länge übertragen.

---

66 Vgl. u. a. Zipf (1949a: 395), Hockett (1958), Skalička (1958: 74), Sigurd (1963), Lomtev (1965), Milewski (1965), Saporta (1966: 69–70), Décsy (1970: 11), Lehfeldt (1975), Slipčenko (1977), Dressler (1979: 268), Polikarpov (1979), Köhler (1986), Kempgen (1990), Nettle (1995, 1998), Plank (1998), Carstairs-McCarthy (1999: 13), Wurzel (2001a: 379), Weber (2005).

67 Eine weitere informationstheoretische Überlegung zur Redundanz bzw. Ökonomie von sprachlichen Systemen betrifft in Hockett (1958: 284) den Zusammenhang zwischen dem Phoneminventar und der Anzahl von kanonischen morphologischen Formen (Morpheme dargestellt als Abfolge von Konsonanten und Vokalen). Neben der sprachlichen Redundanz und der Erhaltung eines bestimmten Formenreichtums, die beide eine unabdingbare Voraussetzung eines funktionierenden Sprachsystems sind, müssen auch Faktoren wie Vokalharmonie, Silbenstruktur usw. bei der Modellierung der Anzahl von Morphen in einer Sprache berücksichtigt werden.

So einfach und auf den ersten Blick einleuchtend ein derartiger Zusammenhang sein mag, so sehr sind dennoch die zum größten Teil fehlende empirische Evidenz, Einseitigkeit und die daraus resultierende reduktionistische Betrachtungsweise zu bemängeln. Die Kapitel 3.1 und Kapitel 3.2 haben bereits gezeigt, dass eine Kodierung von bedeutungstragenden Einheiten in erster Linie unter Berücksichtigung 1. der zur Verfügung stehenden segmentalen und suprasegmentalen Mittel, 2. der phonotaktischen Gegebenheiten und 3. der silbenstrukturellen Gesetze erfolgt. Für alle genannten Ebenen finden sich Untersuchungen, die belegen, wie sehr die Anzahl von Phonemen, über die eine Sprache verfügt, eine gestaltende Funktion haben kann. Als empirisch fassbare Eigenschaft wurde schon auf die unterschiedliche Verteilung von Phonemhäufigkeiten in Abhängigkeit vom zugrunde gelegten Phoneminventar (das konnte u.a. an der Wiederholungsrate von Phonemhäufigkeiten gezeigt werden) verwiesen: Die Anzahl von Phonemkombinationen steht in einer mathematisch exakt modellierbaren Interrelation zum Phoneminventarumfang. Evident ist auch, dass die Silbenstruktur bzw. zumindest Teilbereiche davon in Abhängigkeit vom Phoneminventarumfang zu sehen sind.

Die Bildung von Morphemen ist aber darüber hinaus durch eine Vielzahl weiterer Faktoren determiniert, die im Kapitel 3.3.3 noch ausführlicher zu besprechen sind (morphophonologische Prozesse, Alternationen, Fragen der Polysemie und Ambiguität, Homophonie, Homonymie, Allophonie und Allomorphie etc.). An dieser Stelle soll die Aufmerksamkeit zunächst auf weitere Faktoren gelenkt werden, die neben dem Phoneminventar und der Länge von Morphemen ebenfalls eine Rolle spielen können. Es bietet sich an, auf eine der wenigen Arbeiten hinzuweisen, die sich genau mit dieser Problematik intensiv auseinandergesetzt hat. Weber (2005) liefert eine synoptische Darstellung und erweitert so das Spektrum von Eigenschaften und Merkmalen, die bei der Bildung von Morphemen eine Rolle spielen können:

1. Anzahl von Phonemen (Phoneminventarumfang),
2. Länge von Morphemen (Morphemlänge),
3. Länge von über dem Morphem liegenden Einheiten (Wortlänge) und
4. absolute Anzahl der mit einem bestimmten Phoneminventar gebildeten Morpheme (einer Sprache zur Verfügung stehendes Morpheminventar).

Es handelt sich zwar ebenfalls um einen reduktionistischen Blick auf die Morphembildung, allerdings zeigt die Vielzahl der Möglichkeiten eines möglichen Zusammenspiels von Faktoren die Komplexität der Fragestellung. Versucht man diese vier Eigenschaften in einen Zusammenhang zu bringen, so bieten sich rein deduktiv tatsächlich unterschiedliche Möglichkeiten an, die im Folgenden durchzuspielen sind.

Als Gedankenexperiment erscheinen in Anlehnung an Weber (2005: 224) - Fragen der Homonymie und Polysemie werden bewusst ausgeblendet - zumindest zwei unterschiedliche Szenarien plausibel. Ausgangspunkt ist die Annahme, dass Sprachen mit einem kleinen Phoneminventar - aus welchen Gründen auch immer - nicht zur Bildung von überdurchschnittlich langen Morphemen tendieren. In der Konsequenz würde auf den ersten Blick ein relativ geringes Morpheminventar zur Verfügung stehen. Allerdings werden erst bei der Wortbildung längere Ketten von Morphemen benötigt. So ergibt sich - wie ursprünglich angenommen - die Möglichkeit, dass ein geringes Phoneminventar tatsächlich eine vergrößerte Morphemlänge nach sich zieht. Insofern bieten sich nach Weber (2005: 224) für eine Sprache mit kleiner Phonemanzahl folgende Möglichkeiten:

1. Je geringer die Phonemanzahl, desto kleiner die daraus gebildete Anzahl von Morphemen und desto größer die durchschnittliche Wortlänge.
2. Je geringer die Phonemanzahl, desto größer die durchschnittliche Morphemlänge und desto kleiner die durchschnittliche Wortlänge.

Auf das Durchspielen weiterer Szenarien kann an dieser Stelle verzichtet werden. Zu denken wäre etwa daran, ob die Relation von Phonem- und Morpheminventar tatsächlich in der Form gilt bzw. ob es nicht angemessener wäre, überhaupt das Morpheminventar als fixe Größe einzuführen. Wichtiger erscheint aber Folgendes: Betrachtet man die hypothetischen, einstweilen aus vier Komponenten (Phoneminventarumfang, Morpheminventar, Morphemlänge, Wortlänge) bestehenden Szenarien, so sind in Abhängigkeit vom zugrunde gelegten Phoneminventar auf morphologischer Ebene zumindest zwei[68] unterschiedliche, aber theoretisch mögliche Wechselbeziehungen abzuleiten. Sie sind in Abb. 11 graphisch dargestellt.

68 Hier wird die mögliche Konstellation einer Sprache mit wenig Phonemen, einer kleinen Morphemlänge und einer gleichzeitig kleinen Wortlänge (wie z. B. in polynesischen Sprachen) nicht weiter berücksichtigt. Für derartige Sprachen wären Kompensationsstrukturen auf anderen sprachlichen Ebenen ins Auge zu fassen.

Abb. 11: Zusammenhänge von Phoneminventar – Morpheminventar – Morphemlänge – Wortlänge.

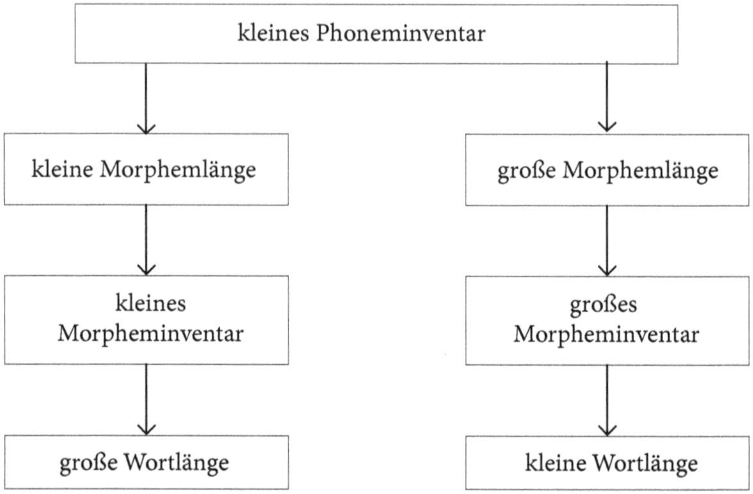

Empirische Untersuchungen bzw. Befunde zu den postulierten Abhängigkeiten stehen nach unserem Erkenntnisstand aus, aber hinsichtlich der Bedeutung des Phoneminventarumfangs lässt sich als zentrales Ergebnis Folgendes festhalten: Ein Einfluss der Anzahl von Phonemen auf die Morphemstruktur, konkreter die Morphemlänge, ist weder zu bestätigen noch zu widerlegen. Es stehen – wie in Abb. 11 skizziert – eben prinzipiell unterschiedliche Möglichkeiten zur Verfügung, womit die Frage nach einem direkten Zugriff des Phoneminventars auf die Morphemebene im Sinne einer wechselseitigen Bedingtheit nicht unzweideutig beantwortet werden kann. Eindeutig ist ausschließlich die Relation von Morphem- und Wortlänge, die durch das in der quantitativen Linguistik gut bekannte Menzerath'sche Gesetz erklärt werden kann. Bezogen auf die Wort- und Morphemlänge gilt es festzuhalten, dass mit zunehmender Wortlänge die in das Wort eingehenden Morpheme kürzer ausfallen, was die von Weber (2005) angedeutete Regulation von Wort- und Morphemlänge begründet. Auf welche Weise der Phoneminventarumfang in das Menzerath'sche Gesetz integriert werden könnte, bleibt bis auf weiteres nicht geklärt und kann hier auch nicht geleistet werden.

Dennoch bleiben die angenommenen Zusammenhänge einer Relation von Phoneminventarumfang und Morphemlänge als Hypothese interessant. Die zwei Szenarien sind ohne empirische Beweise als gleichwertig anzusehen.

Verständlicherweise bleibt im Detail aber eine Reihe von Fragen offen. Zu bedenken wären die vielfältigen Probleme einer linguistischen Operationalisierung der Systemgröße *Morpheminventar*, die Messbarkeit von Morphemen und die Bestimmung der Maßeinheit bei der Messung der Wortlänge. Aufgrund der Tatsache, dass zur Frage nach der Interaktion von Phoneminventar, Morphemlänge, Wortlänge und Morpheminventar nach derzeitigem Erkenntnisstand keine empirischen Befunde vorliegen, werden im nächsten Kapitel zumindest in Form eines mathematischen Experiments einige Teilaspekte aufgezeigt, die es bei dieser Diskussion zu beachten gilt.

3.3.2 Ein Experiment: Phoneminventar, Morphemlänge und Morphemtypen

Einige quantitative Aspekte der Morphembildung in Abhängigkeit vom jeweils zugrunde gelegten Phoneminventar sollen nun in Form eines mathematischen Modells erfasst werden, welches drei Komponenten umfasst: 1. die Anzahl von kanonischen Morphemtypen, 2. die Morphemlänge und 3. den Phoneminventarumfang. Es wird in dem Modell aus Gründen einer bewussten Simplifizierung nicht zwischen lexikalischen und grammatischen Morphemen unterschieden.

Die erste Eigenschaft, die es gilt in das Modell einzuführen, ist die Anzahl von kanonischen Morphemtypen. Morpheme werden als eine Abfolge von Vokalen (V) und Konsonanten (C) dargestellt. Es stellt sich zuerst die Frage, wie viele Morphemtypen in Abhängigkeit von einer gewählten Morphemlänge gebildet werden können. Jeder Morphemtyp kann – linguistisch durchaus nachvollziehbar – eine unterschiedliche Länge (k) in der Anzahl von Phonemen aufweisen. Es wird angenommen, dass Vokale und Konsonanten keinerlei phonotaktischen oder silbenstrukturellen Beschränkungen unterliegen, d. h. sie können sich völlig frei miteinander verbinden. Zwar erscheint eine solche Annahme linguistisch irreal, aber sie ist für eine Vereinfachung der durchzuführenden Rechenoperationen notwendig.

Die Anzahl unterschiedlicher Morphemtypen lässt sich in Abhängigkeit von unterschiedlichen Morphemlängen schrittweise als 2^k berechnen. Bei einer Morphemlänge von einem Phonem ist entweder V oder C möglich, während bei einer Morphemlänge von 3 Phonemen bereits acht unterschiedliche Typen möglich sind (VVV, VVC, VCV, VCC, CVV, CCV, CVC, CCC). Da an jeder Stelle jeweils V und C möglich sind – so die Modellannahme – ergibt sich bei Morphemlänge drei: $2*2*2 = 8 = 2^3$.

Die Berechnung der Anzahl von Morphemtypen bis zu einer maximalen Länge von 10 Phonemen findet sich in Tab. 5. Bei einer Morphemlänge von 10 Phonemen – ein z. B. für slawische Sprachen sehr unwahrscheinlicher, aber theoretisch möglicher Fall – ergeben sich, und das ist eigens zu betonen, auf der Basis eines einzelnen zur Verfügung stehenden Vokals und eines einzelnen Konsonanten bereits 1024 unterschiedliche Morphemtypen.

Tab. 5: Theoretische Anzahl von kanonischen Morphemtypen

Morphemlänge (k)	Anzahl von Morphemtypen
1	2
2	4
3	8
4	16
5	32
6	64
7	128
8	256
9	512
10	1024

Der potenzielle Zuwachs an unterschiedlichen Morphemtypen mit zunehmender Morphemlänge lässt sich an der unten stehenden Abb. 12 ablesen.

Abb. 12: Anzahl von kanonischen Morphemtypen bei zunehmender Morphemlänge (theoretische Werte).

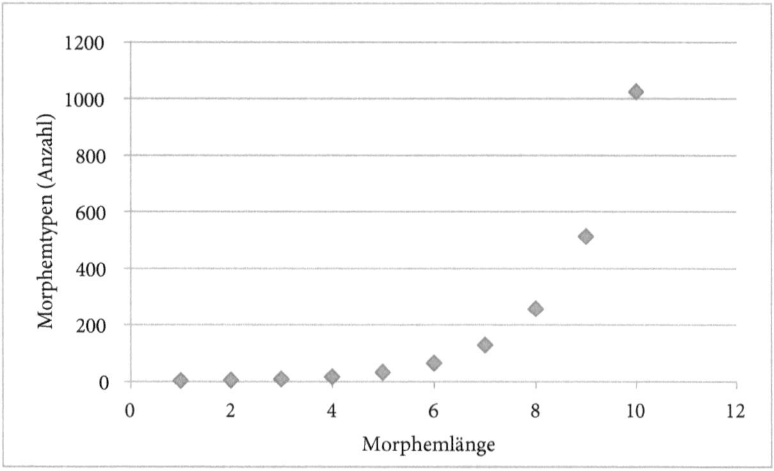

Die graphische Darstellung verdeutlicht den systematischen und, ab einem gewissen Punkt (ab Morphemlänge sechs), recht schnellen Anstieg von kanonischen Morphemtypen. Bildet man die Summe aus allen theoretisch möglichen Typen unterschiedlicher Morphemlänge (als maximale Länge werden, wie bereits erwähnt, 10 Phoneme angenommen), so ergibt sich die beträchtliche Anzahl von 1024 unterschiedlichen Morphemtypen. Diese Zahl wird (vermutlich) in keiner natürlichen Sprache in dieser Form erreicht. Natürliche sprachliche Systeme kommen in der Regel mit weitaus weniger Morphemtypen aus. Die Vielzahl möglicher Faktoren, die darauf einen Einfluss haben kann, muss nicht erneut hervorgehoben werden. Es genügt der Hinweis, dass bereits einfachste phonotaktische bzw. silbenstrukturelle Beschränkungen innerhalb einer Sprache das Inventar an Morphemtypen nachhaltig[69] einschränken können. Dennoch ist sichtbar geworden, dass mit einem sehr geringen Input (V, C) durch die Längung von Morphemen[70] mit einem relativ geringen Aufwand der morphologische Formenreichtum nachhaltig und effektiv erhöht werden kann.

---

69 Darüber hinaus ist zu berücksichtigen, dass in natürlichen Sprachen die Morphemlänge unterschiedlich verteilt ist. Sprachen präferieren einen bestimmten „mittleren" Längenbereich, während Extrema gemieden werden. Alles in allem ist die Frage der Morphemlänge – vermutlich aufgrund der Vielzahl von Problemen bei der operationalen Bestimmung – innerhalb der quantitativen Linguistik wenig untersucht. Terminologisch wäre übrigens auch zu klären, ob der Begriff *Morphlänge* oder *Morphemlänge* angebrachter ist.

70 Angaben zur Morphemlänge in der Anzahl von Phonemen sind – ähnlich wie quantitative Angaben zum Morpheminventar – immer noch rar. Verständlicherweise hängt die Morphemlänge in erster Linie vom morphologischen Typ einer Sprache ab. Auf der Basis der von Pustet/Altmann (2005) publizierten Daten zur Länge von Morphemen in der Sprache Lakota (indigene Sprache Nordamerikas) ergibt sich z. B. ein Mittelwert von ca. drei Phonemen (2,89) pro Morphem. Die Silbenstruktur dieser Sprache ist sehr einfach. Die maximale Morphemlänge liegt zwar bei 13 Phonemen, aber Längen in diesem Bereich sind extrem selten. Diese Daten wurden aus der Analyse von einzelnen Texten gewonnen. In Best (2000) finden sich Auswertungen der Morphemlänge in deutschen Prosatexten, die im Durchschnitt bei ca. 2,5 Phonemen liegt. Die maximale Länge wird mit 7 Phonemen angegeben, allerdings ist auch das ein sehr seltener Fall. In Kelih/Zörnig (2012) finden sich Daten zur Morphemlänge in drei Sprachen. Es ergeben sich folgende durchschnittliche Morphemlängen: Spanisch ca. 4,5, Russisch ca. 2,1 und Slowenisch 2,3 Phoneme. Die Unterschiede zwischen Spanisch und den slawischen Sprachen lassen sich mit unterschiedlichen Auszählungsprinzipien erklären. Es spielt auch die Frage eine entscheidende Rolle, ob Text- oder Wörterbuchmaterial verwendet wird. Eine Übersicht zu Problemen der Quantifizierung auf der Morphemebene und speziell zur Morphemlänge findet sich in Best (2005).

Damit kann zum zweiten Teil des Gedankenexperiments übergeleitet werden: Die Anzahl von Morphemtypen ist nicht ausschließlich in Abhängigkeit von einer bestimmten Morphemlänge zu sehen. Sprachen greifen nicht nur zu einer Längung von Morphemen, sondern tendieren in erster Linie zu einer nachhaltigen Ausnutzung des gesamten zur Verfügung stehenden Phonemrepertoirs. Entscheidend für die Herausbildung eines signifikanten Formenreichtums im Bereich der Morphemstruktur ist daher die Anzahl der zur Verfügung stehenden Phoneme, genauer gesagt: Die jeweils zur Verfügung stehende Anzahl von Vokalen und Konsonanten.

Um derartige Auswirkungen zu illustrieren sei zu Demonstrationszwecken in einem ersten Schritt von einer prototypischen Sprache mit fünf Vokalen und 25 Konsonanten ausgegangen. Eine weitere Annahme ist, dass in dieser hypothetischen Sprache fast keine phonotaktischen Restriktionen gelten sollen: Jeder Vokal kann sich zwar mit jedem Konsonanten verbinden, allerdings soll – um die Rechenarbeit nicht zusätzlich zu erschweren – innerhalb eines Morphems keine Kombination von jeweils identischen Phonemen (also kein /aa/, /ee/, /tt/ usw.) zugelassen werden.

In diesem Fall ergeben sich bei einem Phoneminventar von 5 Vokalen und 25 Konsonanten und einer Morphemlänge =1 bereits 30 unterschiedliche Morpheme, d. h. jeder einzelne Vokal und jeder einzelne Konsonant bilden je ein Morphem. Erhöht man nun schrittweise die Morphemlänge, so ergibt sich bereits ab zwei Phonemen eine starke Steigerung der Anzahl an formal unterschiedlichen Morphemen. Die Anzahl von Morphemen mit dem Typus VV berechnet sich – da eine Vokaldoppelung identischer Vokale nicht angenommen wird[71] – in diesem Fall aus N_V*(N_V - 1). Somit ergibt sich bei fünf vorhandenen Vokalen eine Anzahl von 20 Morphemen des Typus VV (z. B. /ae/, /ai/, /au/ usw.). Für die Berechnung von VC und CV folgt – Vokale und Konsonanten können sich in dem Modell beliebig miteinander verbinden – ausgehend von N_V*(N_C) die Anzahl von 125 Morphemen. Da aber sowohl VC als auch CV möglich ist, entstehen schlussendlich schon 250 unterschiedliche Morphemtypen. Analog zur Anzahl von Morphemen des Typus VV berechnet sich die Anzahl des Typus CC als N_C*(N_C - 1) und so ergeben sich 380 Morpheme. In Summa macht das – ausgehend von einem Phoneminventar von 30 Phonemen, davon 5 Vokale und 25 Konsonanten – bereits bei einer Morphemlänge von maximal 2 Phonemen 600 unterschiedliche Morpheme. Diese Zahl ergibt sich – und das ist wiederum deutlich hervorzuheben – schon bei einem Inventar von 30 Phonemen, also jenem Inventar, das in den Sprachen der Welt am häufigsten vorkommt.

71 Die Zahl der Vokale wird im Folgenden mit N_V und die Zahl der Konsonanten mit N_C angegeben.

Um nun den weiteren Anstieg an Morphemtypen in Abhängigkeit von der Morphemlänge und dem zur Verfügung stehenden Phoneminventar zu zeigen, soll in einem weiteren Schritt zu Demonstrationszwecken auch die Anzahl unterschiedlicher Morpheme mit maximal 3 Phonemen berechnet werden. Zu beginnen ist mit dem kanonischen Morphemtypus VVV. Es wird angenommen, dass jeder Vokal sich mit jedem anderen Vokal außer mit sich selbst verbinden kann. Das meint, der Vokal in der ersten Position darf sich nicht in der zweiten Position wiederholen, kann das aber sehr wohl in der dritten Position. Darüber hinaus darf sich der Vokal in der zweiten Position nicht in der dritten Position wiederholen. Unter Verwendung der Formel $N_V*(N_V - 1)*(N_V - 1)$ ergibt sich – entsprechend der oben angeführten Restriktionen – eine Anzahl von 80 unterschiedlichen Morphemen. In Analogie zu dieser Berechnung folgen daraus 500 unterschiedliche Morpheme des Typus VVC, aber bereits 3000 unterschiedliche Morpheme des Typus CCV; ein Typus CCC ergibt theoretisch gesehen sogar 14400 unterschiedliche Morpheme. Insgesamt finden wir allein für eine Sprache mit fünf Vokalen und 25 Konsonanten eine Gesamtanzahl von 25860 unterschiedlichen Morphemen mit einer maximalen Morphemlänge von nur drei Phonemen. Vgl. dazu Tab. 6 mit einer entsprechenden Auflistung der einzelnen Zahlen und der absoluten Anzahl von unterschiedlichen Morphemen.

Tab. 6: Theoretische Anzahl von Morphemen (variable Morphemlänge)

Morphemlänge (in Phonemen)	**kanonische Morphemtypen**	**Anzahl von Morphemen (theoretisch)**
1	V (5), C (25)	30
2	VV (20), VC (125), CV(125), CC (380)	600
3	VVV(80), VVC (500), VCV (625), VCC (3000), CVV (500), CCV (3000), CVC (3125), CCC (14440)	25230
Summe		**25860**

Auch wenn die oben aufgeführten Zahlen das Resultat eines theoretischen Modells sind, das eine Vielzahl von Vereinfachungen beinhaltet, sieht man, wie aus mathematischer Sicht eine Sprache durch eine geringfügige Längung von Morphemen mit einem Phoneminventar von 30 Phonemen bereits eine durchaus reiche morphologische Struktur schaffen kann. Eine solche formale Diversifikation ist absolute Voraussetzung für das Funktionieren eines sprachlichen Systems. Ohne Zweifel gilt es aber eine Randbedingung von vielen besonders zu beachten, nämlich die, dass in der Regel Vokale und Konsonanten in sprachlichen Systemen eine unterschiedliche semasiologische Funktion einnehmen. So werden beispielsweise jeweils bestimmte Vokale in slawischen Sprachen u. a. überdurchschnittlich oft für die Kennzeichnung grammatischer Relationen und die Schaffung von silbenstrukturellen Bedingungen herangezogen. Die Rolle phonotaktischer Restriktionen muss nicht mehr gesondert erwähnt werden. Erinnert sei an die grundsätzlichen Erwägungen hinsichtlich der Schnittstellen von Phonologie und Morphologie in Jakobson (1949: 10 ff.). Dort wird in aller Deutlichkeit gesagt, dass eine Betrachtung des Inventars an Phonemkombinationen nur dann Sinn hat, wenn die jeweils damit ausgedrückten grammatischen Kategorien und Bedeutungen mit untersucht werden. Es ist trotz des weitgehenden Fehlens von quantitativen Analysen in diesem Bereich anzunehmen, dass auf Morphemebene ebenfalls spezifische phonotaktische Restriktionen wirken und z. B. die Anzahl von kanonischen Morphemtypen einschränken.[72] Überhaupt muss innerhalb der Morpheme (bzw. generell in linguistischen Einheiten) ein bestimmter Grad an Redundanz bzw. an Kontrasten (Verwendung unterschiedlicher Konstituenten innerhalb einer bestimmten Entfernung) vorhanden sein.

Mit der Illustration von Konsequenzen eines systematischen Zusammenspiels von Morphemtypen und Morphemlänge kann jetzt auf die eingangs gestellte Frage nach der Relevanz des Phoneminventarumfangs für die Bildung unterschiedlicher Morphemtypen mit unterschiedlichen Morphemlängen näher eingegangen werden. Das obige Szenario – die Bildung von unterschiedlichen Morphemtypen mit einer unterschiedlichen Länge – soll abschließend für Sprachen mit einem unterschiedlichen Phoneminventarumfang durchgespielt werden. Die wiederum vereinfachten Annahmen sind folgende: Jede Sprache verfügt über ein fixes Inventar von fünf Vokalen, während das Konsonanteninventar variabel ist und zwischen 10 (=Minimum) und 50 Konsonanten (=Maximum) schwankt. Die Berechnung der unterschiedlichen Morphemanzahl erfolgt jeweils in Fünferschritten (10, 15, 20, 25 …). Für jede Sprache wird, um einer zu komplexen Berechnung zu entgehen, davon ausgegangen, dass maximal drei Phoneme pro Morphem vorkommen können.

Die theoretisch mögliche Anzahl an Morphemen variiert – wie zu erwarten – in Abhängigkeit vom zugrunde gelegten Phoneminventar beträchtlich. Tab.

72 Bereits Herdan (1956: 130 ff.) beschäftigt sich mit der theoretischen Berechnung eines Lexikons mit Einheiten unterschiedlicher Länge. Als zentrale Beschränkungen werden das vorhandene Inventar an Symbolen, ihre unterschiedliche Häufigkeit und positionelle und kombinatorische Restriktionen angeführt.

7 bzw. Abb. 13 ist zu entnehmen, dass sich mit einem Phoneminventar von 15 Phonemen 3165 unterschiedliche Morpheme generieren lassen, während eine Sprache mit 50 Phonemen (trotz der Beschränkung auf eine maximale Morphemlänge von drei Phonemen) theoretisch 122550 unterschiedliche Morpheme bilden könnte. Es wird bewusst eine äußerst geringe Länge, geringer als sie in den Sprachen der Welt zu vermuten ist, angenommen. In Tab. 7 ist die entsprechende Anzahl von Morphemen in Abhängigkeit von einem variablen Phoneminventar zusammengefasst.

Tab. 7: Theoretische Anzahl von Morphemen (variabler Phoneminventarumfang)

Vokale	Konsonanten	Phoneminventarumfang	Anzahl Morpheme
5	15	20	3165
	20	25	7620
	25	30	15025
	30	35	26130
	35	40	41685
	40	45	62440
	45	50	89145
	50	55	122550

Abb. 13: Morphemanzahl in Abhängigkeit vom Phoneminventar (theoretische Werte).

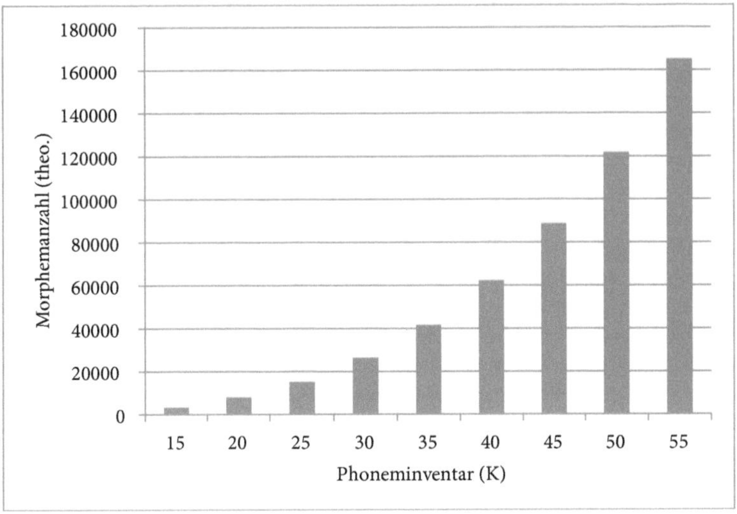

Ohne Zweifel werden auch in dem Fall in natürlichen Sprachen die vorhandenen Kombinationsmöglichkeiten[73] nicht in dieser Art und Weise ausgenutzt. Es konnte mit obigem Gedankenexperiment nur ein kleiner Bereich, nämlich das Zusammenspiel eines variablen Phoneminventars mit der Anzahl möglicher Morphemtypen bei variabler Morphemlänge, diskutiert werden. Die Randbedingungen sind grob vereinfacht, aber dennoch lässt sich so vor Augen führen, welch hohe Varianz bei der Bildung von Morphemen in Abhängigkeit von einem variablen Phoneminventarumfang möglich ist.

Vor einem solchen Hintergrund ist nicht auszuschließen, dass der Phoneminventarumfang auf die morphologische Struktur von Sprachen „zugreifen" kann und als determinierender Faktor angesehen werden muss. Allerdings bleibt die Frage offen, ob und in welchem Ausmaß natürliche Sprachen tatsächlich die theoretisch vorhandenen Möglichkeiten ausnutzen bzw. ausnutzen müssen. Im Grunde genommen kann bereits eine geringfügige Änderung eines der ins Spiel gebrachten Faktoren – z. B. der zur Verfügung stehenden Anzahl von Phonemen – eine nachhaltige Änderung des Inventars an Morphemtypen nach sich ziehen. Wurzel (2001b: 386) hebt in Anlehnung an Martinet (1963, 1981) richtig hervor, dass die menschliche Sprache auf der inhaltlichen Ebene schon mit einem Inventar von nur einigen tausend[74] Morphemen und einem überschaubaren Inventar

73 Zu erwähnen ist das von Trnka (1936) als *law of minimal contrasts* bezeichnete Gesetz der Beschränkung, wonach die innerhalb eines Morphems vorkommenden Phoneme einen minimalen Kontrast aufweisen müssen. Vgl. dazu Berg (2004: 1063), der dieses „Gesetz" mit dem in der Silbenphonologie intensiv diskutierten Sonoritätsprinzip in Verbindung bringt.

74 Genaue quantitative Angaben zur Morphemstruktur, insbesondere aber zur Anzahl von Morphemen innerhalb einer Sprache, sind ob der Komplexität der Bestimmung der Einheit relativ rar. In Wurzel (2001b: 389) werden, in Anlehnung an eine ältere computerlinguistische Auswertung, für das Deutsche 5000 Morpheme genannt. Eine Anzahl, die für eine flektierende indoeuropäische Sprache durchaus plausibel ist. Für das Russische, welches hinsichtlich seiner quantitativen Eigenschaften gut beschrieben ist, hat Kempgen (1995b: 29 ff.) die Forschungsliteratur mit Blick auf die quantitativen Angaben zur Morphemstruktur ausgewertet. Es wird von etwas mehr als 1000 Morphemtypen gesprochen, die sich allerdings aus der Extraktion von Häufigkeitswörterbüchern ergeben haben. In dem *Slovar' morfem russkogo jazyka* (*Wörterbuch der Morpheme der russischen Sprache*) von Kuznecova/Efremova (1986) werden folgende Zahlen angeführt: 4400 Morphemstämme, 70 Präfixe und ca. 500 Suffixe sind auf der Basis von 52000 Lemmata aus einsprachigen Wörterbüchern des Russischen extrahiert worden. Die Zahlen decken sich mit denjenigen aus dem Deutschen. Offenbar ist die Anzahl von 5000 Morphemen mehr oder weniger ausreichend für eine voll ausgebaute flektierende Standardsprache. Von etwas anderen Zahlen berichtet Karpilovs'ka (2002)

an Phonemen auskommen kann. Natürliche Sprachen sind mithin weit davon entfernt die angeführten Zahlen auch nur annähernd zu erreichen. Damit ist die Überschaubarkeit der Inventare letztlich ein zentraler Hinweis auf die strenge ökonomische Organisation sowohl der phonologischen als auch der morphologischen Gliederungsebenen.

Nicht gesondert zu erwähnen ist, dass in dem obigen Modell mit dem Problem der Ambiguität (Polysemie, Homonymie usw.) ein weiteres zentrales Kennzeichen bzw. Merkmal natürlicher Sprachen nicht berücksichtigt werden konnte. Durch die lexikalische und grammatische Mehrdeutigkeit können Morpheme die Kodierungsleistung eines sprachlichen Systems in beträchtlicher Weise und ohne zusätzlichen Aufwand um ein Vielfaches erhöhen. In diesem Fall sind aber weder das Phoneminventar noch die Anzahl von Morphemtypen oder die Morphemlänge relevant, was im Grunde einer Relativierung der Bedeutung der jeweiligen Kenngrößen gleichkommt.

3.3.3 Morpheminventar, Allomorphie und Morphemlänge

Auf der morphologischen Ebene stehen sprachlichen Systemen unterschiedliche Kodierungsmöglichkeiten zur Verfügung. Das Phoneminventar wird mit den Merkmalen *Morphemlänge*, *Wortlänge* und *Morpheminventar* in Zusammenhang gebracht. Die Merkmale sind jeweils zu berücksichtigende Teilgrößen. Auf Ronneberger-Sibold (1980) geht eine detaillierte Ausarbeitung der systemtheoretischen Bedeutung des Phoneminventarumfangs zurück. Von besonderer Bedeutung sind hierbei 1. die Einführung eines einfachen Sprecher-Hörer-Modells, 2. die Nennung einer Vielzahl von Performanzbedürfnissen, die sich als zentral für die Generierung bestimmter morphologischer Strukturen erweisen, und 3. die systematische Nutzbarmachung des Konzeptes der Sprachökonomie für Sprachwandelprozesse.

---

in ihrem Wörterbuch der ukrainischen Stammmorpheme: Aus einem Wörterbuch des Ukrainischen mit 71304 Wortformen wurden 2595 Stammmorpheme (davon 1820 Homographen) extrahiert. Ateşman (1987) liefert eine vollständige Liste türkischer Morpheme und spricht in diesem Zusammenhang von ca. 1000 Morphemen. Diese geringe Anzahl wird vom Autor damit erklärt, dass tatsächlich nur türkische Morpheme und keine Entlehnungen, die einen großen Teil der türkischen Sprache ausmachen, berücksichtigt wurden. Auch wenn keine weiteren genauen Zahlenangaben vorliegen, sieht man, dass die theoretische Anzahl möglicher Morpheme, die sich aus einem Inventar von 25 bis 30 Phonemen (7620 bzw. 15025 Morpheme) ergeben, mehr als ausreichend ist, um ein funktionierendes Morphemsystem zu generieren.

Die Sprachökonomie wird für jegliche Optimierungsprozesse sprachlicher Strukturen, die sich auf der diachronen Achse ablesen lassen, verantwortlich gemacht. So ist Sprachwandel nicht nur durch systemimmanente Kräfte selbst bedingt, sondern wird vornehmlich durch unterschiedliche Bedürfnisse der Hörer und Sprecher (Ausdrucks-, Kommunikations-, Performanzbedürfnis) ausgelöst. Der Vorkommenshäufigkeit linguistischer Einheiten wird eine explanative Kraft zugeschrieben und sie wird darüber hinaus als empirischer Ausdruck sprachökonomischen Handelns aufgefasst.

Mithin ist der Ausgangspunkt ein von einem Sprecher in Gang gesetzter Kommunikationsakt, der als komplexer Vorgang des Umsetzens eines auszudrückenden Inhalts in einen Ausdruck verstanden wird. Folgende Etappen werden von Ronneberger-Sibold (1980: 136) angeführt:

1. die semantische Planung, die dem Fassen eines Gedankens, einer Überlegung, einer Idee usw. gleichkommt,
2. die morphosyntaktische Planung, worunter vereinfacht gesagt die Auswahl und Anordnung von Morphen bzw. Morphemen verstanden wird,
3. die phonologische Planung, die darin besteht, dass Morphe unter Beachtung wirkender phonetisch-phonologischer Prozesse gebildet werden und
4. als letzte Komponente der eigentliche phonetische Artikulationsvorgang als psychisch-physische Tätigkeit, bei der ein diskretes Zeichen in ein kontinuierliches Zeichen umgewandelt wird.

Das Schema ist ohne Zweifel die sehr grobe Vereinfachung eines Sprechakts (fehlende Integration der Phonotaktik und der Silbenstruktur, Vernachlässigung der syntaktischen Strukturierung), berücksichtigt aber sowohl den Sprecher als auch den Hörer, der eine Lautkette in entsprechender Weise re- bzw. dekodieren muss.

Die grundsätzlichen Ideen und Überlegungen von Ronneberger-Sibold (1980) lassen sich auf folgende Art und Weise zusammenfassen: Eine vorausgesetzte Randbedingung ist die Annahme, dass Sprachen zu unterschiedlichen morphosyntaktischen Kodierungsstrategien greifen. Das lässt sich an unterschiedlichen morphologischen Sprachtypen wie *isolierend*, *agglutinierend* und *flektierend*[75] ablesen. Jede dieser morphosyntaktischen Strategien ergibt sich aus dem Zusammenwirken und aus dem gegenseitigen Ausgleich von Bedürfnissen.

---

75 Die morphozentrierte Sichtweise erinnert stark an die Ideen von Skalička, der allerdings von Ronneberger-Sibold (1980) nicht erwähnt wird. Auch fehlen Hinweise auf die Arbeiten von Hockett bzw. Saporta, die in diesem Zusammenhang von unmittelbarer Relevanz wären.

Konkret lassen sich jeweils bestimmte Vor- und Nachteile eines jeden Kodierungsverfahrens auf der Ebene der Performanzbedürfnisse festhalten.

Die Wirkung der eingangs erwähnten Sprecher- und Hörerbedürfnisse soll im Folgenden ausschließlich anhand einer prototypischen flektierenden Sprache demonstriert werden. Für flektierende Sprachen postuliert Ronneberger-Sibold (1980: 137), dass beim Artikulationsvorgang verschiedene Formen von Artikulationserleichterungen wirken: Assimilationen, Reduktionen und die beobachtbare Bildung von Akzentgruppen u. Ä. führen aus ihrer Sicht zu einer Entlastung der Artikulation und sind in erster Linie ideal für den Sprecher. Das flektierende Verfahren führt darüber hinaus zu einer Verkürzung[76] des Ausdrucks, denn aufgrund des fusionalen Charakters kann ein einziges Morphem sehr viele (insbesondere grammatikalische) Informationen tragen. Die relative Kürze des Ausdrucks ist als eine Erleichterung des Artikulationsaufwands für den Sprecher zu verstehen.

Als Kehrseite der Medaille wird von Ronneberger-Sibold (1980: 138) allerdings der auffällige Formenreichtum flektierender Sprachen bezeichnet, der sich durch die Vielzahl wirkender phonologischer und morphophonologischer Prozesse erklären lässt. Letztere sind auch für den hohen Anteil an Allomorphen verantwortlich, womit eine beträchtliche Vergrößerung des Morpheminventars einhergeht. Das ist aber im Grunde als Nachteil zu interpretieren, da es – so Ronneberger-Sibold (1980: 140) weiter – eine hohe Belastung des Gedächtnisses nach sich zieht.

Der Sprecher muss neben vielen Formen (in diesem Fall Morphemen) auch eine Vielzahl von komplexen Verknüpfungsregeln lernen und speichern. Des Weiteren führt das große Morpheminventar zu einer zusätzlichen Belastung der morphosyntaktischen Planung, was wiederum einen erhöhten Kodierungsaufwand zur Folge hat. Ausgehend von einer bestimmten Konstituentenfolge wird gleichzeitig ein steigender Dekodierungsaufwand postuliert, der mit einer zunehmenden Allomorphie und einem damit verbundenen großen Morpheminventar zusammenhängt. In dem erhöhten Kodierungsaufwand auf der morphologischen und morphosyntaktischen Ebene sei eben der Preis zu sehen, der für die erleichterte Artikulation zu zahlen ist. Sprachen müssen, wie Ronneberger-Sibold (1980: 141) formuliert, mit einem zentralen informationstheoretischen

76 Illustriert wird die Behauptung anhand einiger Beispiele aus dem Französischen, genauer anhand der Entstehung von synthetischen altfranzösischen Verbformen, die sich aus analytisch ausgedrückten Verben entwickelt haben. Ob die Diskussion einzelner Fälle allerdings ausreicht, um die obige – durchaus komplexe – Behauptung zur Artikulation in flektierenden Sprachen zu stützen, sei dahingestellt.

Grundproblem fertig werden, das auf ein Abwägen des Verhältnisses von Übertragungs- und Kodierungszeit hinausläuft.

Neben der Allomorphik, der – wie zu sehen ist – eine besondere Bedeutung in flektierenden Sprachen zukommt, ist an den in sprachlichen Systemen vorhandenen Suppletivismus zu erinnern. Suppletivismus kann als eine spezifische Form der Allomorphik interpretiert werden, die mit Blick auf die erschwerte Kodierung wie auch Dekodierung vordergründig als ein Nachteil zu betrachten ist. Insofern die Ausbildung von Suppletivformen aber u.a. mit der Häufigkeit von Morphemen bzw. Wortformen[77] auf syntagmatischer Ebene in Zusammenhang steht, erweist sich der Suppletivismus vor diesem Hintergrund eventuell gar nicht als zusätzliche Erschwernis für den Sprecher bzw. Hörer, sondern kann – sofern Suppletivformen kürzer sind als die Grundformen – durchaus als ein kognitiver und perzeptiver Vorteil verstanden werden. Entgegen der im eingangs erwähnten Modell vorgesehenen semantischen Planungsebene enden die Ausführungen von Ronneberger-Sibold (1980) im Grunde genommen mit der morphologischen Ebene[78], wenngleich hinsichtlich der morphosyntaktischen und syntaktischen Gliederung noch weitere bislang nicht diskutierte Aspekte ins Spiel gebracht werden.

Es geht insbesondere um die Frage nach der Wortstellung und Topikalisierung, die ebenfalls in Abhängigkeit davon zu sehen ist, auf welche Art und Weise die morphologische Information kodiert bzw. wie stark sie an eine bestimmte Position gebunden ist. Bei flektierenden Sprachen ist sie auf der morphologischen Ebene als mehr oder weniger fixiert anzusehen, was natürlich die Kombinationsmöglichkeiten und die Freiheit der Serialisierung nachhaltig einschränkt. Die feste Konstituentenfolge ist gleichzeitig als ein kognitiver Vorteil für die Rekodierung anzusehen. Es wird auch festgehalten, dass sowohl die lexikalische wie auch die grammatische Ambiguität eher ein Vorteil für den Sprecher und

---

77 Wie in Kelih (2009b) gezeigt werden konnte, wurde der Zusammenhang zwischen der Bildung von Suppletivformen und der Häufigkeit von Wortformen bereits von M. Kruszewski (1851–1887) ausführlich diskutiert. Die Idee wird auch im Kontext des gegenwärtigen Frequentismus bzw. *usage-based approach* immer wieder aufgenommen (vgl. dazu Bybee 2007, 2010).

78 Eine gesonderte syntaktische Komponente wird im Grunde genommen gar nicht in Betracht gezogen. Sie scheint, wenn überhaupt, einen sehr engen Syntaxbegriff im Sinne einer grammatikalisch korrekten linearen Anordnung von Morphemen zu beinhalten. Das würde aber – bezogen auf singuläre Wortformen – nur bei agglutinierenden Sprachen eine größere Rolle spielen.

ein klarer Nachteil für den Hörer ist, da Letzterer die Ambiguität sukzessive erst nach Vorliegen der gesamten Information dekodieren kann.

Nach den grundlegenden Überlegungen ist auf den Phoneminventarumfang einzugehen, der in den bisherigen Ausführungen noch nicht angemessen berücksichtigt wurde. Einen Anknüpfungspunkt erhält man, wenn man sich Ronneberger-Sibold (1980: 204) anschließt und annimmt, dass sowohl Hörer als auch Sprecher am Funktionieren des Sprechakts interessiert sind, wofür idealerweise folgende Merkmale und Eigenschaften erfüllt sein müssen:

1. leicht artikulierbare (und dekodierbare) Phonemfolgen,
2. ein kleines überschaubares Phoneminventar,
3. eine niedrige Phonemkomplexität,[79]
4. ein kleines Merkmalinventar (=wenig distinktive Merkmale),
5. kurze Morpheme (=geringe Morphemlänge),
6. kurze Morphem- bzw. Morphketten (=kurze Wortlänge) und
7. ein geringes Morpheminventar.

Diese Bedürfnisse sind ausgewählte Teilkomponenten der phonologischen und morphologischen Kodierung, die im Idealfall auf der Ebene der morphologisch-semantischen Kodierung durch eine Eins-zu-eins- Zuordnung von Inhalt und Ausdruck bei den Morphemen zu ergänzen ist. Weitere Faktoren sind das Streben nach einer festen Konstituentenfolge, ein geringer Grad an Allomorphie, kurze Suppletivformen und eine ökonomische Kodierung von Wortformen, indem häufig vorkommende Einheiten kurz kodiert werden.

Eine Verallgemeinerung der angesprochenen Bedingungen zeigt Abb. 14, wobei das vorgestellte Schema nicht der bei Ronneberger-Sibold (1980: 205) zu findenden Gesamtdarstellung entspricht. In Abb. 14 werden ausschließlich die das Phoneminventar betreffenden Faktoren hervorgehoben. In Abhängigkeit vom jeweiligen morphologischen Typus (die Autorin spricht von den klassischen Strategien wie isolierend, flektierend und agglutinierend) ergeben sich jeweils unterschiedliche Konstellationen.

---

79 Die phonologische Ebene ist bei Ronneberger-Sibold (1980) nicht ausdifferenziert; insbesondere wird *phonologische Komplexität* nicht näher spezifiziert. Die Einschränkung auf die Anzahl von distinktiven Merkmalen erscheint als ungebührliche Vereinfachung. Ein geringes Inventar an distinktiven phonologischen Merkmalen muss nicht unbedingt zu einem geringen Phoneminventar führen, da – im Gegenteil – wenig distinktive Merkmale maximal ausgenutzt werden. In dem Modell fehlen eine Vielzahl von phonologischen/phonetischen Eigenschaften und Merkmalen, die im Rahmen der hier vorliegenden Monografie bereits ausführlich diskutiert worden sind.

Abb. 14: Zusammenhänge zwischen phonologischen und morphologischen Merkmalen nach Ronneberger-Sibold (1980).

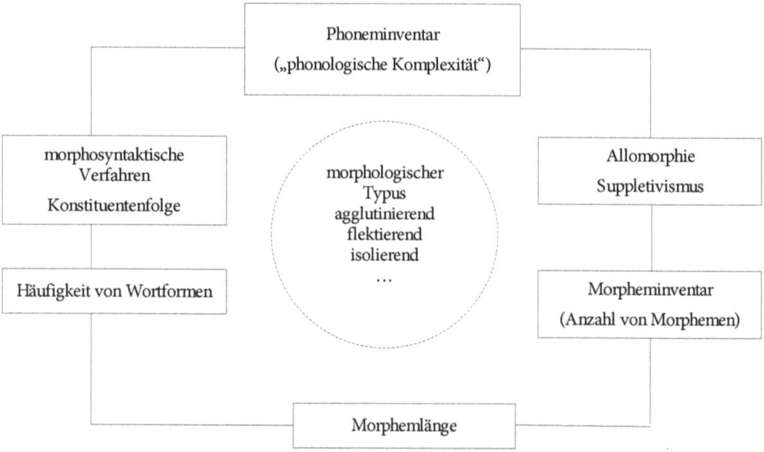

Mit Blick auf die Spezifizierung der Bedeutung des Phoneminventarumfangs kommt Ronneberger-Sibold (1980: 186) aber zu keinen neuen Schlussfolgerungen. Sie bleibt im Rahmen der bereits mehrfach diskutierten Überlegungen und schreibt:

> Um ein großes Morphinventar herzustellen, braucht man entweder ein großes Phoneminventar, dann können die Morphe kurz sein, oder man macht die Morphe länger, dann kommt man mit einem kleineren Phoneminventar aus.

Als veränderbare Größen treten das Phoneminventar, die Morphemlänge, aber auch das Morpheminventar auf. Ein großes Morpheminventar kann auf zweierlei Arten zustande kommen: Entweder steht einer Sprache ein großes Phoneminventar zur Verfügung, das in der Lage ist mit relativ kurzen Morphemen auszukommen, oder sie hat ein kleines Phoneminventar und muss diesen Mangel durch Längung der Morpheme kompensieren. Ronneberger-Sibold (1980) leistet zur Beantwortung der von uns verfolgten Kernfrage im Grunde genommen keinen neuen bzw. keinen innovativen Beitrag. Allerdings hält sie in einer zusammenfassenden linguistischen Interpretation der sprachlichen Ökonomie und des ständigen Interessenausgleich zwischen den kommunikativen Bedürfnissen und den gegenseitigen Abhängigkeiten in Bezug auf die Bedeutung des Phoneminventars Folgendes fest (vgl. Ronneberger-Sibold 1980: 228):

> Es können ja jeweils sehr viele äquivalente Lösungen allein dadurch erreicht werden, daß ein Bedürfnis auf Kosten der mit ihm verknüpften anderen immer mehr begünstigt wird. Ein Morphinventar bestimmter Größe kann z. B. mit einem Inventar von 30 Phonemen und einer durchschnittlichen Morphlänge von vier Phonemen erreicht werden, aber auch mit 31 Phonemen und entsprechend kürzeren Morphen. Es gibt keinen Grund, a priori eine der beiden Lösungen vorzuziehen, solange sie nicht an die Grenzen stoßen, innerhalb derer ein System möglich bzw. rentabel ist.

Der eigentliche Verdienst von Ronneberger-Sibold besteht somit darin, die Diskussion um die Rolle der Bedeutung des Phoneminventars um eine entscheidende Perspektive erweitert zu haben: Das Wechselspiel von Phoneminventarumfang, Morphemlänge und Morpheminventar muss in Hinblick auf die Richtung als prinzipiell offen angesehen werden. Insbesondere ist aber festzuhalten, dass die genaue Richtung der wechselseitigen Abhängigkeit nicht deduktiv ableitbar, sondern sprachspezifisch und somit nur auf empirischem Wege festzustellen ist. Das kann als Randbedingung in ein deduktives Modell aufgenommen werden. Hervorzuheben sind auch die Einbettung der Frage nach dem Phoneminventarumfang in die allgemeinen Probleme der Sprachökonomie und die Fruchtbarmachung eines einfachen Sprecher-Hörer-Modells sowie die weiterführende Thematisierung von Bedürfnissen, die auf die Strukturierung sprachlicher Systeme einwirken können. Darüber hinaus werden eine Vielzahl von Faktoren und Eigenschaften in die Diskussion eingebracht (morphophonologische Prozesse, Allomorphie, Suppletivismus, Inhalt-Form-Relation von Morphemen, Häufigkeit von linguistischen Einheiten, Konstituentenfolge usw.), die ohne Zweifel als Relativierung, aber auch als Spezifizierung der Rolle des Phoneminventarumfangs bei der Strukturierung der morphologischen und morphosyntaktischen Ebene zu verstehen sind. Die Überlegungen zur sprachlichen Ökonomie als sprachstrukturierende Eigenschaft eröffnen für die von uns verfolgte Fragestellung eine attraktive Perspektive und sie werden daher im nächsten Kapitel gesondert zu thematisieren sein.

3.4 Von der Wirkkraft der sprachlichen Ökonomie

Ohne Zweifel werden an sprachliche Systeme hohe Anforderungen gestellt, die von den Bedürfnissen der jeweiligen Sprecher bzw. Hörer ausgehen. Eines der wichtigsten Bedürfnisse ist die sprachliche Ökonomie, der in der linguistischen Literatur eine große explanative Kraft zugeschrieben wird. Ihre Bedeutung[80] für

80 Auf die Denkökonomie und das Prinzip der Einfachheit als wissenschaftstheoretisches Konzept im Sinne eines einfachen und möglichst sparsamen Einsatzes von

linguistische Fragestellungen ist früh erkannt worden und zieht sich seit dem 19. Jahrhundert (und damit seit Beginn der modernen Sprachwissenschaft) wie ein roter Faden durch die entsprechende Literatur. Viele, darunter durchaus prominente, Sprachwissenschaftler (u. a. William D. Whitney, Georg Curtius, Hermann Paul, Baudouin de Courtenay, Otto Jespersen, Georg von der Gabelentz, George K. Zipf, André Martinet, Witold Mańczak, Otmar Werner, Elke Ronneberger-Sibold, John Haiman, Martin Haspelmath und andere mehr) haben sich damit beschäftigt.

Im gegenwärtigen linguistischen Diskurs scheint weitgehend Einigkeit darüber zu herrschen, dass die sprachliche Ökonomie eine zentrale sprachstrukturformende Eigenschaft ist (vgl. Boersma 1998, Bybee 2011b, Bybee/Hopper 2001, Carstairs 1983, Coulmas 1992, Dauses 2000, Haiman 1983, 1985, Karlsson 1986, Mańczak 1980, Moser 1971, Roelcke 2002a, 2005, Ronneberger-Sibold 1980, 1997, Werner 1989, 1991, Wurzel 2001b u. a.). Ein kurzer wissenschaftshistorischer Exkurs bringt interessante Befunde zur Tragweite und zu den unterschiedlichen Auffassungen von Sprachökonomie zu Tage.

Einen Ausgangspunkt haben sprachökonomische Überlegungen u.a. in der Lautwandelforschung des 19. Jahrhunderts genommen. Sowohl William D. Whitney als auch Georg Curtius verweisen auf die sprachliche Ökonomie und die menschliche Bequemlichkeit als auslösende Faktoren für den Lautwandel (vgl. dazu Wurzel 2001b: 385 und Jespersen 1922: 261 f.). Die zentrale Annahme ist, dass Lautwandel aufgrund des Strebens der Sprecher nach Einfachheit, sparsamem Aufwand und Zeitersparnis auf eine Vereinfachung von Laut- und Sprachstrukturen hinausläuft.

Ganz ähnlich widmet Hermann Paul in seinen Prinzipien der Sprachgeschichte ein ganzes Kapitel der „Sparsamkeit im Ausdruck“ (vgl. Paul 1909: 313 ff.). Darunter versteht er einen „[...] gewissen haushälterischen Zug [...]“, der sich in der Sprechtätigkeit erkennen lässt. In dieser Sparsamkeit sieht er auch den

---

theoretischen Begriffen bei Erklärungsversuchen, die auf Ernst Mach und Richard Avenarius zurückgehen, wird nicht näher eingegangen (vgl. dazu u. a. Blackmore 1972, Haller/Stadler 1988). Es geht nicht um die sprachliche Struktur an sich, sondern vielmehr um die Frage einer möglichst effizienten Beschreibung von (u. a. auch sprachlichen) Prozessen und Phänomenen. So ist auch das Chomsky'sche *Minimalistische Programm* eher eine Form der Denkökonomie in Bezug auf die Anzahl und Redundanzfreiheit von generierenden Regeln als sprachliche Ökonomie in dem diskutierten Sinne. Die Optimalitätstheorie steht mit der offenen Anzahl von (in vielen Fällen redundanten) Beschränkungsbedingungen und deren Hierarchisierung vor einem ähnlichen Problem (vgl. Calabrese 2005: 19 f.).

Grund für die Herausbildung von bestimmten Ausdrucksweisen, die nicht mehr, aber auch nicht weniger enthalten als für eine verständliche Kommunikation notwendig ist. Insofern geht Paul – wie seine Vorgänger und Zeitgenossen – im Grunde genommen von einem Alltagsverständnis von Ökonomie aus, welches mit einem sparsamen Umgang mit den zur Verfügung stehenden sprachlichen Mitteln gleichgesetzt wird.

Auch in den Arbeiten des polnisch-russischen Sprachwissenschaftlers Baudouin de Courtenay (1845–1929) wird immer wieder auf die zentrale Rolle der sprachlichen Ökonomie im Sinne eines „stremlenie k udobstvu/einem Streben nach Bequemlichkeit" und „stremlenie k sbereženiju sil/einem Streben nach Kraftersparnis" gesprochen. Wie Šaradzenidze (1980: 85) systematisch herausgearbeitet hat, kommt *sprachliche Ökonomie* bei de Courtenay in verschiedenen Kontexten[81] vor. Erstens in Bezug auf phonetische Belange: Im Laufe des Lautwandels sei ein Übergang von komplexeren Lautverbindungen zu einfacheren zu beobachten. Zweitens als eine grundsätzliche Verkürzungstendenz sprachlicher Formen auf diachroner Ebene und drittens als eine Tendenz auf semantischer Ebene, wonach im Laufe von Sprachwandelprozessen für Lexeme ein sukzessiv abnehmender Abstraktheitsgrad[82] zu beobachten sei.

---

81 So bringt de Courtenay Ökonomie in einen Zusammenhang mit der Muskeltätigkeit (bei der Artikulation), der Nerventätigkeit und der Hirnkapazität. Durch diesen Einschluss von biologischen, physiologischen und kognitiven Faktoren hat de Courtenay bereits früh die weitreichende Dimension sprachökonomischer Bedürfnisse erkannt. Allerdings hat er seine Ideen an keiner Stelle fokussiert. Insofern sind seine Ansichten in der einschlägigen Diskussion um die sprachliche Ökonomie relativ unbekannt geblieben (vgl. dazu Alpatov 2005: 126).

82 Aus der Auseinandersetzung mit der lexikalisch-semantischen Struktur von Wörterbüchern und der Beschäftigung mit der Polysemie als sprachübergreifender Universalie resultiert bei Polikarpov die Theorie vom „Wort-Lebenszyklus" (vgl. Polikarpov 1990, 1993), die gerade den von de Courtenay angesprochenen Aspekt beinhaltet. Seine Theorie trifft Aussagen über die zeitliche Dynamik der Bedeutungsverschiebung von Wörtern bzw. Lexemen. Das semantische Potenzial eines Wortes durchläuft in der Lebenszyklus-Theorie einen Geburts- und Todesprozess: Demnach verfügt ein neues Wort bei seiner Geburt über eine einzige Bedeutung und erhält im Laufe seines weiteren „Lebens" durch zunehmenden Gebrauch immer mehr neue, unterschiedliche Bedeutungen. Das führt letztlich zu einer Steigerung des Polysemiegrads eines Wortes, die aber ab einem bestimmten Punkt ausgeschöpft ist. Danach verliert ein Lexem sein bisheriges semantisches Potenzial, d. h. seine Bedeutungen. Insofern ist man – so die Überlegung von Polikarpov – mit einer Art Sterbeprozess konfrontiert. Wenn man bereit ist diese Theorie zu akzeptieren, würde die semantische Entwicklung eines Wortes einen kurvenartigen Verlaufsprozess durchlaufen. Eine weitere Idee besagt, dass ein

In aller Ausführlichkeit wird *Bequemlichkeit* als ökonomisches Verhalten und als eine leitende und formende Kraft in sprachlichen Systemen von Georg von der Gabelentz (1901²: 181–185) besprochen. Auch für ihn steht das Streben nach einer bequemen Artikulation im Vordergrund des Interesses: „Jetzt articulieren wir mangelhaft, nuscheln, murmeln, muffeln mit träger Mundbewegung". Aber von der Gabelentz ist sich gleichzeitig der Tatsache bewusst, dass die Bequemlichkeit und die damit einhergehende Vereinfachung einer Sprache ihre Verständlichkeit wahren und darüber hinaus ein vorhandenes Hörerbedürfnis nach Deutlichkeit und Anschaulichkeit bedienen muss. Auch wird – und das zu betonen ist durchaus wichtig – die Möglichkeit gesehen, dass die Bedürfnisse nach Ökonomie in verschiedenen Registern in unterschiedlicher Weise wirken und natürlich in bestimmten Kontexten, wie etwa im „spielerische[n] oder künstlerische[n] Sinn" (von der Gabelentz 1901²: 182) bewusst blockiert werden bzw. nicht zur Geltung kommen.

Eine zentrale Rolle hinsichtlich der Verankerung der sprachlichen Ökonomie in der Linguistik spielen die Überlegungen von Zipf, dessen *principle of least effort* (vgl. Zipf 1949b) als *Prinzip der geringsten Anstrengung* für die Erklärung von in der Sprachstatistik beobachtbaren Regulationen der Häufigkeit von linguistischen Einheiten unverzichtbar geworden ist. Prominent ist die Unterscheidung von Kräften der Diversifikation beim Sprecher und Kräften der Unifikation beim Hörer, die sich andauernd gegenseitig ausgleichen müssen. Somit ist ein ökonomisches Verhalten nicht unidirektional, sondern hauptsächlich bidirektional. Mithin geht es nicht um einen sparsamen (haushälterischen) Einsatz von Mitteln bei der Kommunikation, sondern um einen Ausgleich von unterschiedlichen

---

Wort bei seiner „Geburt" nicht nur eine Bedeutung hat, sondern diese in der Regel auf konkrete Gegenstände bezogen ist. Erst durch den sukzessiven Zugewinn an Polysemie verschiebt sich die semantische Bedeutung in Richtung Abstraktheit, was eine höhere Gebrauchsfrequenz nach sich zieht. Die hohe Frequenz bzw. der damit in Zusammenhang stehende Polysemiegrad führt dann entsprechend der Lebenszyklus-Theorie zum Verlust der Abstraktheit, wobei dieser Prozess zum Entstehen von synsemantischen Wörtern, phraseologischen Wendungen bzw. syntaktischen Konstruktionen mit einer stabilen Bedeutung führt. Das zentrale Problem einer solch umfangreichen Theorie zum Wort-Lebenszyklus ist, dass eine empirische Überprüfung der Hypothesen am Fehlen entsprechender Daten scheitert. Zum gegenwärtigen Zeitpunkt gibt es zu wenig vollständige Informationen über die semantische Entwicklung eines Wortes. Insofern ist das Modell als ein theoretischer Entwurf zu verstehen, der aber nach erfolgter empirischer Überprüfung neue interessante Aussagen über die semantisch-lexikalische Entwicklung möglich machen könnte.

Interessen, die sowohl auf Hörer- als auch auf Sprecherseite sprachökonomisch motiviert sein können.

Vor diesem Hintergrund sind die strukturalistisch geprägten Arbeiten von Martinet (1963: 164 f. und 1981: 39 ff.) zur Sprachökonomie[83] und sein Prinzip des geringsten Kraftaufwands im Grunde eine ungebührliche Reduktion auf die Bedürfnisse der Sprecherseite, der eine einseitige Minimierung des sprachlichen Aufwands nachgesagt wird.

Allerdings ist sprachökonomisches Handeln nicht die Reduktion eines Aufwands um jeden Preis, sondern die Grenze ist dann überschritten, wenn die Kommunikation beeinträchtigt wird. Daher sind für sprachliche Systeme keine Minimum-Maximum-Modelle angebracht, die darauf hinauslaufen, *sprachliche* Ökonomie als bloße Minimierung des sprachlichen Aufwandes zu sehen, mit dem ein Maximum an sprachlicher Effektivität erreicht wird (vgl. zum Beispiel die Definition in Bußmann 2008: 656). Das liefe, wie es Roelcke (2005: 778) sehr treffend formuliert hat, darauf hinaus, dass sie im Einander-Anschweigen bei gleichzeitiger Vollvermittlung von Weltbezügen ihre Erfüllung finden würde.

Tatsächlich aber widerspricht eine solche Vorstellung allen gängigen Konzeptionen von Ökonomie und sprachlicher Effizienz. Es geht nicht um eine Maximierung oder Minimierung des Aufwands, sondern um einen sinnvollen Ausgleich zwischen unterschiedlichen Bedürfnissen auf Hörer- und Sprecher-Seite. Daher ist sprachökonomisches Verhalten ein wichtiges, aber sicherlich nicht das ausschließliche[84] systemformende Bedürfnis sprachlicher Kommunikationssysteme.

---

83 Die Rolle der Sprachökonomie als eine Erklärung für den Sprachwandel kann im gegebenen Kontext nicht ausführlich besprochen werden. Offenbar gibt es dazu unterschiedliche Ansichten. Jeglicher Sprachwandel kann als eine Art Optimierungs- und Vereinfachungsprozess verstanden werden, der durch sprachökonomisches Handeln motiviert ist. Auch in dem Fall gilt, dass dies kein unidirektionaler Vorgang sein kann, da eine konsequente (und im schlimmsten Falle als teleologisch interpretierte) Vereinfachung eines Sprachsystems wohl zu einem Zusammenbruch seiner Funktionalität führen würde. Zur älteren Diskussion dazu vgl. Lüdtke (1980a), Mańczak (1980), Keller (1994) u. a. Ausgehend von der Annahme, dass analytische Verfahren als ökonomischer anzusehen sind als synthetische, würde die sogenannte Drift- bzw. Strömungstheorie ebenfalls auf einen wellenförmigen Prozess (stetige Zu- und Abnahme) hinweisen, der sprachlichen Gegebenheiten eher gerecht wird.

84 In Arbeiten aus dem Bereich der sprachlichen Natürlichkeit wird immer wieder auf die Bedeutung der sprachlichen Ökonomie verwiesen, die aber mit anderen Kodierungsprinzipien im Konflikt stehen kann bzw. komplementär zu betrachten ist. Hier wird u. a. von einer Eins-zu-eins-Zuordnung von Ausdruck und Inhalt, von dem Prinzip der Ikonizität im Verhältnis von Ausdruck und Inhalt und von einem Wechselverhältnis

Technisch gesprochen ist ein sprachlich erfolgreicher Kommunikationsakt im Idealfall eine möglichst effiziente Kodierung durch den Sprecher, die von einer möglichst effizienten Dekodierung beim Hörer begleitet ist. Somit ist ein Ausgleich der Interessen notwendig, die in einem Fall den Hörer, im anderen Fall aber den Sprecher überbelasten könnten. *Sprachliche Ökonomie* ist in unserem Verständnis somit keinesfalls eine Minimierung oder der sparsame Einsatz der zur Verfügung stehenden Mittel, sondern eine (in der Regel) *unbewusste Steuerung des Aufwands bei der Kommunikation*, die sowohl vom Hörer als auch Sprecher determiniert ist.

---

von sprachlicher Markiertheit und Ökonomie (vgl. dazu Wurzel 2001b: 398 f.) gesprochen. Besondere Bedeutung hat in diesem Zusammenhang Haiman (1983, 1985) mit seinen zentralen Überlegungen zu einer von Ökonomie und Ikonizität gesteuerten „natürlichen" Syntax. Demnach wäre die sprachliche Ökonomie – durchaus im Sinne eines sparsamen Umgangs mit vorhandenen sprachlichen Mitteln und der Tendenz zur Kürze von sprachlichen Ausdrücken – in vielen Teilbereichen in direkter Konkurrenz mit der Ikonizität und sogar für deren Erosion (Haiman 1985: 157) verantwortlich. Eine detaillierte Auseinandersetzung zu Unterschieden und Gemeinsamkeiten von sprachökonomischen und natürlichkeitstheoretischen Ansätzen liefert Werner (1989), der sprachökonomische Vereinfachungstendenzen beim Sprachwandel in den Vordergrund rückt. Ähnlich verhält es sich mit der Integration von sprachökonomischen Konzepten in die an der Universalienforschung orientierte Sprachtypologie (vgl. Croft 2003:110). Auch in diesen Fällen wird die Sprachökonomie als ein universell gültiges organisierendes Prinzip von natürlichen Sprachen (Raible 2001: 19 f.) verstanden. Die Arbeiten aus dem Bereich des Frequentismus bzw. *usage-based approach* (vgl. u.a. Bybee/Hopper 2001), die in vielen Aspekten als eine Neu-Entdeckung der Arbeiten von Zipf zu verstehen sind, können im gegebenen Zusammenhang nicht näher besprochen werden. Es lassen sich auf der Basis der Frequenz und deren potenzieller Bedeutung für Sprachwandelprozesse, für Kürzungstendenzen usw. Querverbindungen zur sprachlichen Ökonomie als „formende" Komponente in Sprachverarbeitungsmechanismen (Bybee/Hopper 2001: 8) herleiten. Ähnlich auch Fenk-Oczlon (2001, 1990), die u.a. Längenverhältnisse und die morphologische Kodierung (z. B. in russischen Aspektpaaren bzw. im Genussystem) zueinander in Beziehung setzt und die sprachliche Ökonomie als Tendenz zur Kürze bei der Kodierung sprachlicher Einheiten als sprachformenden Faktor anführt. Weiter ist hier auf Haspelmath/Sims (2010: 265) zu verweisen, die eine Reihe von Frequenzeffekten in der Morphologie anführen: 1. die unterschiedliche, asymmetrische Verteilung von morphologischen Merkmalen wie Numerus, Kasus, Person und Tempus, 2. die Korrelation von Frequenz und Kürze sprachlicher Einheiten, 3. den Zusammenhang von Frequenz und Synkretismus (geringer Anteil von Synkretismus bei häufigen Einheiten) und 4. den Zusammenhang von Irregularitäten und der Häufigkeit von Formen.

In einem nächsten Schritt ist nun zu klären, anhand welcher Systemeigenschaften und Parameter sprachökonomisches Handeln erkannt und empirisch erfasst werden kann.

3.4.1 Sprachökonomie: Paradigmatische und syntagmatische Aspekte

Nach einigen grundsätzlichen Bemerkungen zur Sprachökonomie kann nun wieder auf die im Fokus stehende Frage nach der Bedeutung des Phoneminventarumfangs und den potenziell damit verbundenen Merkmalen eingegangen werden. Eine überzeugende und für die hier verfolgte Fragestellung weitgehend geeignete Differenzierung ist die Unterscheidung einer *paradigmatischen* von einer *syntagmatischen* Sprachökonomie (vgl. dazu Wurzel 2001b: 387), die auf Martinet zurückgeht.

Unter *paradigmatischer Ökonomie* wird *diejenige der Inventare* verstanden, während die *syntagmatische* als *Ökonomie der sprachlichen Formen und des Aufwands* zu verstehen ist. Prototypische Beispiele für paradigmatische Ökonomie sind das Phoneminventar einer Sprache, ihr Morphem- und Lexeminventar. Die Ökonomie besteht darin, dass alle diese Inventare in den natürlichen Sprachen der Welt mit einer relativ kleinen und überschaubaren Anzahl von Elementen auskommen. Hinsichtlich der Phoneminventare sind die Ausprägungen relativ ausführlich untersucht und mit Blick auf die Morpheminventare ist von einigen wenigen tausend Morphemen pro Sprache auszugehen.

Obwohl es als linguistische Binsenweisheit daher kommt, ist Wurzel (2001b: 389) dennoch vollkommen zuzustimmen, der betont, wie erstaunlich niedrig die Anzahl im Bereich des Phonem- und Morpheminventars ist, sofern man sie mit der Zahl der Lexeme in einer Sprache vergleicht. So wird bei Wurzel an der gleichen Stelle für das Deutsche eine Anzahl von 115.000 Lexemen angegeben. Das erscheint angesichts des Tatsache, dass einsprachige Wörterbücher des Russischen bzw. Slowenischen ebenfalls in etwa diesen Umfang haben (vgl. dazu Polikarpov 1987, Polikarpov/Krjukova 1989, Jakopin 1995) durchaus wahrscheinlich. Die Angaben stimmen auch mit der vergleichenden Analyse der Lexikonumfänge von Suprun (1983) überein, der überzeugend aufzeigt, wie sehr die Lexikongröße in erster Linie vom Ausbaugrad einer Sprache als polyvalente Standardsprache abhängt.

Eine relativ niedrige Anzahl von Phonemen und Morphemen (durchaus auch im Sinne von Ch. Hocketts *double patterning* und damit verwandter Ansätze vgl. dazu u. a. Boer/Sandler/Kirby 2012) reicht demnach aus, um alle in der Kommunikation notwendigen Eigenschaften, Prozesse, Merkmale, Objekte, Relationen usw. auszudrücken und im Bedarfsfall durch Neukombination und Entlehnung in fast beliebiger Weise zu erweitern. Das Wechselspiel von begrenztem Inventar und – unter Berücksichtigung von Wortbildungsprozessen etc. – unendlicher Anzahl von Äußerungen und Bedeutungen kann vor diesem Hintergrund ebenfalls als ökonomisch bezeichnet werden, was für die Generierung und Verteilung von Bedeutungen auch gilt. Die sind zwar häufig von Homonymie begleitet, aber Sprachen können mit einer hohen Anzahl von Synonymen bzw. polysemen Ausdrücken unterschiedlich umgehen und erfolgreich versuchen ihre Bildung zu bremsen. Auch auf dieser Ebene ist mithin von einem grundsätzlichen ökonomischen Umgang mit Zeichen und Bedeutungen bei der Kodierung auszugehen.

Während die paradigmatische Ökonomie eindeutig auf den Inventarumfang bezogen wird, engt Wurzel (2001b: 394) die syntagmatische auf die Ökonomie der Formen und des Aufwandes ein. Sie lässt sich seiner Ansicht nach anhand der Einfachheit und der Kürze von sprachlichen Formen im syntagmatischen Zusammenhang ablesen: „Die Ökonomie der Formen favorisiert kurze (quantitativ wenig komplexe) und einfache (qualitativ wenig komplexe sprachliche Formen) […]". Warum kurze Formen in der Kodierung bevorzugt werden, lässt sich auf zwei unterschiedliche Arten begründen: Einerseits ist davon auszugehen, dass die Länge von Einheiten tatsächlich in der Weise gesteuert wird, dass sie eben gerade so lang sind, wie es die kommunikativen Bedürfnisse erfordern. Anderseits ist in erster Linie aus sprachstatistischen Beiträgen und insbesondere aus den wichtigen Arbeiten von Zipf gut bekannt, dass ausschließlich häufig gebrauchte Einheiten (Lexeme, Morpheme) durch eine relative Kürze des Ausdrucks (gemessen in der Anzahl von Phonemen oder Silben) ausgezeichnet sind. Dieses Phänomen, das üblicherweise als *Zipf'sches Gesetz* bezeichnet wird (Zipf 1949b), ist in einer Vielzahl von Sprachen und auf unterschiedlichen Ebenen (Lexeme, Morpheme) empirisch nachgewiesen worden. Die Tendenz zur Kürze ist so ganz ohne Zweifel ein zentrales Merkmal sprachlicher Kodierungsverfahren. Innerhalb der Morphologie kann das durch Fusion erreicht werden, ein Aspekt, der bereits im vorhergehenden Kapitel erwähnt wurde. Ähnliche Einsparungen bei der Länge sprachlicher Konstrukte lassen sich z. B. durch Ellipsen erreichen.

Der Begriff *syntagmatische Ökonomie* kann darüber hinaus – im weitesten Sinne – auf der Textebene (parole) beobachtbare Eigenschaften ausgedehnt werden. Erstens meint das Reduktionen auf der phonetischen und phonologischen Ebene, das gewählte Sprechtempo oder die Auslassung unbetonter Vokale, dazu Abschwächungen, Tilgungen, Monophtongisierungen, die Vereinfachung von Konsonantenketten und den Ausnutzungsgrad distinktiver Merkmale sowie den Einsatz suprasegmentaler Eigenschaften. Zweitens geht es auf der graphematischen Ebene um eine effiziente Kodierung durch Zeichen, um die Eliminierung von Doppelformen und um die Bildung von Digraphen bzw. Ligaturen. Drittens lassen sich auf der morphologischen Ebene Kürzungstendenzen, die Verschmelzung von Stamm- und Flexionsmorphemen, eine Reduktion von Kasus, der Ausbau des Synkretismus, die Regulation des Grades an Suppletion, die funktionale Ausweitung von Tempusformen, unterschiedliche Vorgänge der Konversion, die Bildung von Abbreviationen, das Prinzip der Ikonizität und die Transparenz/Opakheit von sprachlichen Formen (z. B. Verringerung unregelmäßiger Verben usw.) beobachten. Viertens sind es auf der syntaktischen Ebene Ellipsen, die Länge eines Kernsatzes, die Wortstellung und unterschiedliche Serialisierungsphänomene, die es erlauben sprachökonomisches Verhalten zu beobachten. Fünftens ist man auf der semantischen Ebene mit der Metaphorisierung, dem Ausbau bzw. dem Blocken von Homonymie, der Regulation der Synonymie, der Übernahme von Entlehnungen und dem Bedeutungswandel von bestehenden Einheiten (jeweils anstatt von Neubildungen) konfrontiert.

Damit konnte zwar nur ein kleiner Ausschnitt von möglichen Beobachtungsebenen der sprachlichen Ökonomie aufgezeigt werden, die sind aber durchaus von tiefergehender Bedeutung. Versucht man abschließend den Phoneminventarumfang, das Morpheminventar und die Morphemlänge in einen sprachökonomischen Rahmen einzubetten, so gilt es Folgendes festzuhalten: Sowohl das Phonem- als auch das Morpheminventar sind als paradigmatische Eigenschaften zu verstehen. Hinsichtlich des Phoneminventars und des Wirkens von sprachökonomischen Bedürfnissen lässt sich aber in Kenntnis der crosslinguistischen Verteilung (vgl. dazu die entsprechenden Daten in Kapitel 2.3) festhalten, dass man keinesfalls von einer Minimierung, d. h. von einer extremen Ökonomisierung der Phoneminventare in den Sprachen der Welt sprechen kann. Man erinnere sich an die Häufigkeitsverteilung der Phoneminventare, die weder rechts- noch linksverteilt ist, sondern eindeutig eine Tendenz in Richtung Mitte zeigt. Die Tendenz zur Mitte bedeutet, dass weder Sprecher noch Hörer an einer Minimierung des Phoneminventars interessiert sein können, sondern offenbar gezwungen sind einen entsprechenden Kompromiss zu schließen. Problematischer erscheint eine verbindliche Aussage zur Ausprägung von Morpheminventaren, da hierzu keine ausreichenden empirischen Informationen vorliegen. Aus theoretischer Sicht wäre es nur zu heuristischen Zwecken erlaubt auf dieser Ebene ein geschlossenes System anzusetzen, während die linguistische Praxis die morphologische Ebene als ein offenes, dynamisches System versteht. Das gilt prinzipiell auch für Phoneminventarumfänge, nur dass in dem Fall weitaus umfangreichere empirische Daten das Ausmaß des geschlossenen Kompromisses vor Augen führen.

Die Länge von Morphemen ist als eine durch die syntagmatische Ebene gesteuerte Einheit zu verstehen. Ausgehend von der zentralen – sprachökonomisch motivierten – Annahme, wonach häufig gebrauchte Einheiten kurz zu kodieren sind, würde sich ergeben, dass die Morphemlänge in erster Linie durch die Gebrauchsfrequenz determiniert ist. Eine Steuerung der Morphemlänge durch die Anzahl der zur Verfügung stehenden Phoneme erscheint vor dem Hintergrund des bislang Gesagten nur dann plausibel, sofern der syntagmatischen Eigenschaft der Häufigkeit, die für die Kontrolle der Länge von sprachlichen Einheiten verantwortlich ist, eine geringere als die bislang angenommene Rolle zukommt. In diesem Sinne wäre die syntagmatische Ökonomie dann aber eine Eigenschaft, die nur eine äußerst geringe Rückkoppelung auf die paradigmatische aufweist. Damit geht einher, dass die sprachliche Ökonomie allein – trotz ihrer unbestreitbaren theoretischen und konzeptuellen Bedeutung für die Erklärung sprachlicher Strukturen und der Sprachwandelprozesse – mit Ergänzungen keine geeignete Erklärung für die weitgehend hypothetische Relation von Phoneminventarumfang – Morpheminventar – Morphemlänge bietet.

3.5 Synergetische Aspekte: Grundlagen

Die im vorangegangenen Kapitel aufgezeigte (und in gewissen Bereichen eingeschränkte) Bedeutung der sprachlichen Ökonomie und deren konzeptuelle Nähe zur Häufigkeit von linguistischen Einheiten ist als intervenierende Größe zu verstehen, die u.a. einen Einfluss auf die postulierten Wechselbeziehungen von Phoneminventarumfang und Morphemlänge haben kann. Darüber hinaus muss die sprachliche Ökonomie – und dieser Aspekt wird in den einschlägigen Diskussionen gerne übersehen – in erster Linie als ein Bedürfnis der Sprecher und (wenngleich in der Regel nicht explizit erwähnt) weniger der Hörer angesehen werden. Wichtig ist noch einmal hervorzuheben, dass die sprachliche Ökonomie nur eine von vielen unterschiedlichen Bedürfnissen und Anforderungen ist, die an ein funktionierendes sprachliches System gestellt wird.

Der bisher umfangreichste Versuch einer systemtheoretischen Verallgemeinerung von wirkenden Bedürfnissen und Anforderungen geht auf Reinhard Köhler zurück, der als Begründer der sogenannten synergetischen Linguistik gilt (vgl. dazu u.a. Köhler 1986, 2005a, 2005b). Die synergetische Linguistik (zu russischen Ansätzen in dem Bereich vgl. Piotrovskij 2006) lehnt sich in methodologischer Hinsicht eng an die Ideen und Überlegungen der quantitativen Linguistik an, die in konzeptueller, theoretischer und methodologischer Hinsicht insbesondere auf Gabriel Altmann zurückgeht (vgl. dazu u.a. Altmann 1972, 1973, 1978, 1985, 1993, 1997, 2006). Ein grundlegendes Kennzeichen der beiden Disziplinen ist die Verwendung mathematischer und statistischer Methoden, aber das Erkenntnisinteresse ist – im Gegensatz zur Sprachstatistik oder überhaupt zu der in letzter Zeit immer häufiger zu beobachtenden Verwendung statistischer Methoden in vielen Bereichen der Sprachwissenschaft (Korpuslinguistik, kognitive Linguistik, Sprachtypologie usw.) – in erster Linie auf die Untersuchung von messbaren Gesetzmäßigkeiten ausgerichtet.

Für die quantitative Linguistik spielen u.a. folgende Arten von sprachlichen Gesetzmäßigkeiten eine zentrale Rolle (Köhler/Altmann 2005: 34):

1. funktionale Abhängigkeiten zwischen Eigenschaften sprachlicher Systeme wie in etwa das Menzerath'sche Gesetz, welches Aussagen über das Zusammenspiel von Konstrukt- und Komponentengröße beinhaltet (vgl. dazu u. a. Altmann 1980, Altmann/Schwibbe 1989, Cramer 2005);
2. Verteilungsgesetze wie das bekannte Zipf'sche Gesetz, welches Aussagen über den Zusammenhang von Häufigkeit und Rang einer sprachlichen Eigenschaft beinhaltet (vgl. dazu u.a. Popescu/Altmann/Köhler 2010) und
3. Entwicklungsgesetze wie das sogenannte Piotrovskij-Gesetz; dieses beinhaltet Aussagen über die Entwicklung und Dynamik einer sprachlichen Eigenschaft auf der zeitlichen Achse (vgl. dazu die Übersicht in Leopold 2005), die in der Regel einen S-förmigen Verlauf nimmt.

Bewusst wird nicht von deterministischen, sondern von probabilistischen Gesetzmäßigkeiten ausgegangen, die der sprachlichen Realität weitaus mehr entsprechen. Das impliziert sprachliche Systeme nicht als nur durch deterministische Strukturen beeinflusst anzusehen, sondern in erster Linie als Resultat eines stochastischen Prozesses. Insofern ist Sprache ein u. a. durch stochastische Gesetzmäßigkeiten reguliertes System. In der Sprache gibt es die Tendenz immer nur bestimmte Quantitäten und Qualitäten zu realisieren. Es wird darüber hinaus versucht auf der syntagmatischen Ebene eine Gleichverteilung von Einheiten zu verhindern; „mit Absicht" lässt jedes sprachliche System Redundanz zu. Diese Redundanz kann zwar den Kodierungs- und Produktionsaufwand erschweren, erhöht aber die Resistenz gegenüber Störungen und gewährleistet so den ungehinderten Fortbestand eines Kommunikationsaktes. Abstrakt gesprochen ist die Ungleichverteilung von linguistischen Einheiten eine der Eigenschaften, welche die Funktionalität eines sprachlichen Systems überhaupt erst gewährleistet und daher ist sie vor diesem Hintergrund als ein konstitutives Merkmal zu verstehen.

Um damit auf die synergetische Linguistik zurückzukommen: Sie versteht sich als Versuch einer erklärenden Theorie des Verhaltens und des Zusammenspiels von unterschiedlichen Merkmalen und Eigenschaften eines sprachlichen Systems und liefert grundlegende Erkenntnisse über das Funktionieren von Sprache und Text. Ihr Kernstück ist, dass Sprache als ein durch selbstregulierende Mechanismen geleitetes System verstanden wird, wobei der aus psycholinguistischen und kognitiven Faktoren eines Hörer-Sprecher-Modells abzuleitende Regulationsmechanismus im Hintergrund und unbewusst abläuft. Die Selbstregulation lässt sich anhand von neuen Strukturen erkennen, die sich aus den jeweils sich vollziehenden Änderungen sprachlicher Merkmale und Eigenschaften ergeben. Es müssen die herausgebildeten Strukturen nach dieser Denkweise so ausgerichtet sein, dass eine funktionierende Kommunikation erhalten bleibt. Nur so ist das Abgleiten eines sprachlichen Systems in ein chaotisches und dysfunktionales System ausgeschlossen.

Zentral für die synergetische Linguistik ist die konzeptuelle Anlehnung an den amerikanischen Linguisten G. K. Zipf, der mehrfach (vgl. Zipf 1935, 1949b) auf die herausragende Rolle der unterschiedlichen Bedürfnisse hingewiesen hat, die auf die Kommunikation einwirken: Hörer wie Sprecher sind an einer Minimierung des erforderlichen Gedächtnis- und Produktionsaufwands bei der Sprachproduktion bzw. Sprachperzeption interessiert. Wie deutlich zu sehen ist, ist der Ansatz von Köhler (1986, 2005a) konzeptuell in die Nähe von funktional motivierten Kommunikationsmodellen zu rücken, wie sie auch bei Ronneberger-Sibold (1980) zu beobachten gewesen sind. Der Unterschied ist aber darin zu sehen, dass nach Köhler Hörer und Sprecher jeweils unterschiedliche Bedürfnisse an ein Sprachsystem stellen, womit es im Falle einer funktionierenden Kommunikation zu einem Ausgleich zwischen den zum Teil entgegengesetzten Interessen und Bedürfnissen kommt. Unter Berücksichtigung der ständig miteinander in Konflikt stehenden Ausgleichmechanismen wird jeder Sprechakt/Text als ein selbstreguliertes System verstanden.

Besonders wichtig sind die Kräfte der Diversifikation und Unifikation, die auf den sprachlichen Kommunikationsvorgang wirken und die sprachliche Struktur in einer stochastischen Dimension determinieren. So wäre es – um die grundsätzliche Konzeption des Ansatzes anhand eines Beispiels zu illustrieren – aus der Sicht der Sprecher ideal, wenn ein verwendetes Lexem über möglichst viele Bedeutungen verfügen und damit der Aufwand bei der Sprachproduktion auf ein Minimum reduziert würde. Auf der anderen Seite wäre es aus sprachökonomischer Sicht für den Hörer ideal, wenn jedes zu dekodierende Wort nur eine einzige Bedeutung hätte: In dem Falle wäre der Dekodierungsaufwand des

Hörers minimal. In der sprachlichen Realität, die man anhand von Texten studieren kann, wird aber weder das eine noch das andere in einer extremen Form erfüllt; stattdessen kommt es zu einem spontanen Ausgleich zwischen Hörer und Sprecher, eben zwischen den Kräften der Unifikation und denen der Diversifikation. Sprachliche Kommunikation ist mithin ein kontinuierlicher Ausgleich der beiden entgegengesetzten Kräfte, die bei der Kommunikation gleichzeitig wirken und dadurch zu einer selbstregulierten Entstehung von sprachlichen Strukturen führen.

Diese Überlegung, die dem Hörer und dem Sprecher ein sprachökonomisches, aber ausgleichendes Handeln unterstellt, ist eines der Grundprinzipien[85] der Zipf'schen Lehren. Köhler (1986, 1990, 2005a) hat den so benannten zentralen Ansatz nicht nur in mehrfacher Hinsicht modifiziert, sondern er hat ihn ausgebaut und systematisiert, indem er eine Vielzahl der wirkenden Bedürfnisse in ein synergetisches Gesamtschema integriert. Wichtig erscheint die Systematisierung von wirkenden Systembedürfnissen, die einen unterschiedlichen Einfluss auf ein sprachliches System haben und die in drei unterschiedliche Gruppen unterteilt werden (vgl. Köhler 2005a und vgl. Tab. 8 für eine Gesamtübersicht).

Als Voraussetzung eines Sprechakts werden sprachkonstituierende Bedürfnisse angeführt. Es handelt sich unter anderem um ein Kodierungsbedürfnis, ein Spezifikationsbedürfnis, ein Despezifikationsbedürfnis und ein Anwendungsbedürfnis. Alle Bedürfnisse haben einen zentralen Einfluss auf den jeweiligen Inventarumfang sprachlicher Einheiten, auf Eigenschaften des lexikalischen Systems, insbesondere aber auf die Ausprägung der Polysemie, die ein zentrales und notwendiges Kennzeichen sprachlicher Systeme ist. So resultiert aus dem Anwendungsbedürfnis die unterschiedliche Vorkommenshäufigkeit von sprachlichen Einheiten, die in vielen sprachwissenschaftlichen Überlegungen als eine syntagmatische Eigenschaft geringgeschätzt wird, ohne deren Berücksichtigung aber vorhandene Systemeigenschaften im Grunde genommen keine Existenzberechtigung hätten.

---

85 Empirisch nachweisbar sind diese Kräfte beispielsweise anhand der Wechselbeziehung zwischen dem Rang und der Frequenz eines Wortes. Ähnliches gilt für die Rangverteilung von Bedeutungen. Häufige Wörter, d. h. diejenigen Wörter, die einen niedrigen Häufigkeitsrang einnehmen, haben die höchste Polysemie. Zum Vorschein kommen die Kräfte der Unifikation und Diversifikation auch bei dem Phänomen, dass häufig vorkommende Wörter in der Regel kürzer sind als diejenigen, die selten vorkommen. In der Zipf'schen Terminologie wird das als *Law of Abbreviation* in die Diskussion eingeführt.

Im Köhler'schen Ansatz fällt die Gruppe von sprachformenden Bedürfnissen relativ umfangreich aus. Die wichtigsten sind im Folgenden kurz zu diskutieren, da sie von unmittelbarer Bedeutung für die Beantwortung der Frage nach der Relevanz von Inventarumfängen im Allgemeinen und für den Phoneminventarumfang im Besonderen sind. Die eingangs erwähnte und dem Sprecher unterstellte Minimierung des Produktions- und Kodierungsaufwands hat nachhaltig Einfluss auf den Umfang sprachlicher Inventare (Phoneme, Morpheme, Lexeme usw.) und in der Folge auf die Ausprägung der Polysemie und die Komplexität sprachlicher Einheiten. Darüber hinaus resultiert die Länge sprachlicher Einheiten – und das ist ein zentraler Unterschied zu einfachen Konzeptionen der Wirkkraft sprachlicher Ökonomie – nicht nur aus der Minimierung des Produktionsaufwandes; gleichzeitig muss die Sicherheit der Informationsübertragung gewährleistet sein, womit als Voraussetzung für eine funktionierende Kommunikation die Redundanz sprachlicher Systeme und deren Übertragungssicherheit ins Spiel kommt. Dann werden noch Systembedürfnisse der Steuerung genannt, die beispielsweise ein Anpassungsbedürfnis und ein Stabilitätsbedürfnis umfassen. Eine Übersicht über die Vielzahl der von Köhler (2005a: 766) in Betracht gezogenen Bedürfnisse findet sich in Tab. 8.

Die angeführten Bedürfnisse, die die sprachliche Kommunikation steuern, befinden sich in einer ständigen Wechselwirkung und es kommt zu einem gegenseitigen dynamischen Abwägen der einzelnen Bedürfnisse. Insofern ist in einem Sprechakt kein optimaler, allein sprachökonomisch motivierter Ausgleich von Mechanismen, sondern immer nur ein bestimmter Zustand eines selbstregulierten Systemgleichgewichts, welches zwischen diesen Polen schwankt, zu beobachten.

Tab. 8: Unterschiedliche Arten von Bedürfnissen nach Köhler (2005a: 766)

<table>
<tr><th>Bedürfnis</th><th>Symbol</th><th>Einfluss auf</th></tr>
<tr><td>Kodierung</td><td>Cod</td><td>Inventargröße</td></tr>
<tr><td>Spezifizierung</td><td>Spc</td><td rowspan="2">Polysemie</td></tr>
<tr><td>Despezifizierung</td><td>Dsp</td></tr>
<tr><td>Anwendung</td><td>Usg</td><td>Frequenz</td></tr>
<tr><td>Übertragungssicherheit</td><td>Red</td><td>Länge der Einheiten</td></tr>
<tr><td>Ökonomie</td><td>Ec</td><td>Sub-Bedürfnis</td></tr>
<tr><td>Minimierung des Produktionsaufwands</td><td>minP</td><td>Länge, Komplexität</td></tr>
</table>

Bedürfnis	**Symbol**	**Einfluss auf**
Minimierung des Kodierungsaufwands	minC	Inventargröße, Polysemie
Minimierung des Dekodierungsaufwands	minD	
Minimierung von Inventaren	minI	Inventargröße
Minimierung des Gedächtnisaufwands	minM	
Kontext-Ökonomie	CE	Polytextualität
Kontext-Spezifität	SS	
Invarianz der Ausdruck-Inhalt-Relation	Inv	Synonymie
Flexibilität der Ausdruck-Inhalt-Relation	Var	
Kodierungseffizienz	OC	Sub-Bedürfnis
Maximierung der Komplexität	maxC	Syntaktische Komplexität
Präferenz der Rechtsverzweigung	RB	Position
Begrenzung der Einbettungstiefe	LD	Begrenzung der Einbettungstiefe
Minimierung der strukturellen Information	minS	Syntaktische Formen
Anpassung	Adp	Grad an Anpassungsbereitschaft
Stabilität	Stb	

Nunmehr erweist sich, dass der Phoneminventarumfang in ein komplexes Netz von Wechselbeziehungen integriert und einem gegenseitig bedingten Ausgleich von Bedürfnissen ausgesetzt ist. Im nächsten Kapitel ist auf bislang noch nicht in dieser deutlichen Form thematisierte Faktoren einzugehen, die ebenfalls einen Einfluss auf den Phoneminventarumfang bzw. Länge sprachlicher Eigenschaften haben.

3.5.1 Phoneminventar – Länge sprachlicher Einheiten: Synergetische Aspekte (1)

Der bislang umfangreichste Versuch einer Synthese der mit dem Phoneminventarumfang zusammenhängenden Größen und Eigenschaften geht auf Köhler (1986: 18) zurück. Unter anderem werden folgende Größen und Komponenten eingeführt, die zum Phoneminventarumfang in Beziehung gesetzt werden:

1. die Länge beliebiger sprachlicher Ausdrücke wie z. B. die Silben-, die Morphem- und die Wortlänge;
2. die sogenannte Bedeutungspotenz (bezeichnet als Polylexie), die mit der Ausprägung der Polysemie von sprachlichen Einheiten gleichzusetzen ist;

3. die Gebrauchshäufigkeit (Frequenz) beliebiger sprachlicher Einheiten, die als eine zentrale Eigenschaft sprachlicher Systeme verstanden wird;
4. die Kontextgebundenheit (sogenannte Polytextie), das ist die Anzahl von Texten, in denen eine bestimmte lexikalische Einheit vorkommt;
5. der Lexikonumfang, d. h. die absolute Anzahl von Lexemen eines sprachlichen Systems und schließlich
6. der Inventarumfang sprachlicher Einheiten.

Dem Phoneminventar wird in dem Kontext eine besondere Rolle zugesprochen. Als die wichtigsten Wechselbeziehungen, die – zumindest theoretisch – zwischen den angeführten Merkmalen gelten, werden bei Köhler (1986: 53 ff.) genannt:

1. Je kleiner das Phoneminventar einer Sprache, desto größer die Wortlänge.
2. Je mehr Lexeme in einer Sprache erforderlich sind, desto länger müssen diese (bei konstant gehaltenem Phoneminventar) durchschnittlich sein.
3. Je mehr Bedeutungen ein sprachlicher Ausdruck trägt, desto weniger Einheiten wird die Lexik bei konstanter Anzahl der zu kodierenden Bedeutungen umfassen.
4. Für die Polylexie (=Polysemie) einer lexikalischen Einheit gilt, dass sie in einer Wechselbeziehung zur Polytextie (=Kontextgebundenheit) steht. Es geht mithin um ein Wechselverhältnis zwischen der Bedeutungspotenz und ihrer Vorkommenshäufigkeit in Texten. So wird angenommen, dass mit zunehmender Anzahl von Bedeutungen auch die Wahrscheinlichkeit des Vorkommens ansteigt.
5. Je frequenter eine sprachliche Einheit ist, das ist die zentrale Überlegung von Zipf (1949b) und ein grundlegendes Postulat des Frequentismus, desto kürzer wird diese Einheit kodiert. Demnach zieht eine hohe Gebrauchshäufigkeit eine Kürzung von sprachlichen Einheiten nach sich.

Eine schematische Übersicht der postulierten Zusammenhänge findet sich in Abb. 15. Im Gegensatz zu den Arbeiten von Köhler (1986, 2005a) ist sie allerdings stark vereinfacht und beinhaltet nicht die oben diskutierten sprachlichen Bedürfnisse. Vielmehr geht es um eine Illustrierung derjenigen Merkmale, die ausschließlich mit dem Phoneminventarumfang zusammenhängen. Die Pfeilspitzen deuten auf die potenzielle Richtung des jeweiligen Einflusses bzw. auf die hervorgehobenen Wechselbeziehungen hin. Zwischen dem Phoneminventar, der Lexikongröße und der lexikalischen Frequenz wird keine direkte Wechselbeziehung angenommen; als zentrale Einflussgröße gilt die Länge der sprachlichen Einheiten.

Abb. 15: Vereinfachte Darstellung eines synergetischen Regelkreises nach Köhler (1986, 2005a).

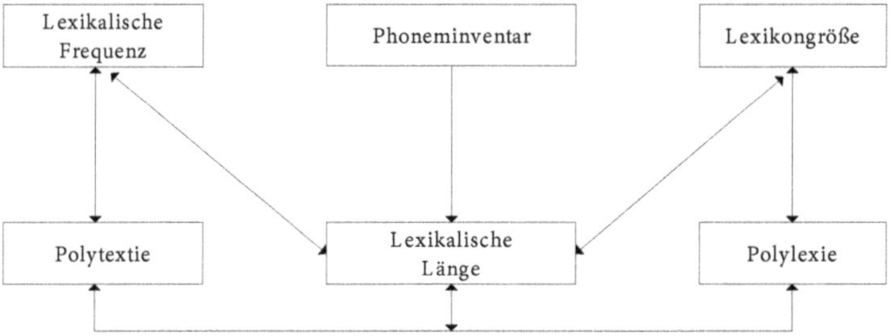

Während die (selbst)regulierende Kraft der Länge sprachlicher Einheiten und die der Frequenz im gegebenen Zusammenhang bereits mehrfach thematisiert wurde, ist die explizite Positionierung der Bedeutung sprachlicher Polysemie, der Kontextgebundenheit und insbesondere der Lexikongröße, eine Innovation. Die Ausprägung der Polysemie ist in einem sprachlichen System ein Faktor, der in die Längenregulation eingreifen kann, aber nicht muss, da z. B. bezogen auf grammatische Bedeutungen ein hoher Fusionsgrad keine Längung nach sich zieht, sondern nur die lokale Komplexität erhöht. Wichtig erscheint auch die ins Spiel gebrachte Lexikongröße, die – sofern konstant gehalten – als direkt abhängig vom Phoneminventar angesehen wird.

Ein Blick auf die Lexikongröße – und dieser Aspekt wurde bislang noch gar nicht in Erwägung gezogen – ist deshalb von hervorragendem Interesse, weil tatsächlich zu berücksichtigen ist, in welchen Fällen und auf welche Art und Weise es zu einer Änderung des Phoneminventars einer Sprache kommt. Sprachen ändern die Anzahl von Phonemen nicht nach Belieben, sondern nur in Abhängigkeit von veränderten kommunikativen Anforderungen: Lexeme fallen aus dem System (Archaismen), im Gegenzug werden neue (Entlehnungen, Fremdwörter) aufgenommen. Das kann sich in direkter Weise auf bestimmte Phoneme bzw. distinktive Merkmale auswirken, etwa dann, wenn sie ihre Funktion verlieren oder wenn – im Gegensatz dazu – neue distinktive Merkmale bzw. Phoneme integriert werden müssen. Vor einem solchen Hintergrund ergibt sich eine durchaus plausible Verkettung von Lexikongröße und Phoneminventarumfang. Ohne hier auf weitere mathematische Details einzugehen (die werden in Kapitel 4 vorgestellt), ist festzuhalten, dass Köhler (1986) anhand des deutschen Limas-Korpus (einer Zusammenstellung von 500 Texten bzw. Textfragmenten) die Gültigkeit einer Vielzahl der oben angeführten Hypothesen zur Polysemie und Polytextie sowie zur Häufigkeit von Wortformen auch empirisch[86] bestätigen konnte. Aufgrund der Beschränkung auf das Deutsche sind aber jene Hypothesen, die im Zusammenhang mit dem Phoneminventarumfang stehen, nicht weiter verfolgt worden.

3.5.2 Ähnlichkeit, Distinktivität, Ambiguität: Synergetische Aspekte (2)

Wechselbeziehungen des Phoneminventarumfangs mit anderen linguistischen Einheiten lassen sich entweder anhand unterschiedlicher historischer Sprachstufen (insbesondere nach signifikanten quantitativen Änderungen des Inventars) oder aber eben sprachübergreifend untersuchen. Keiner der beiden Aspekte ist in den bisher vorliegenden Untersuchungen gebührend berücksichtigt worden. Das muss freilich kein Nachteil sein, sondern ist Anlass und Motivation, sich vor allem mit der theoretischen Rolle auseinanderzusetzen, die der Phoneminventarumfang in der synergetischen Linguistik spielt. Die Ambiguität, die Polysemie, die Polylexie, die Polytextie, die Häufigkeit und die Länge sprachlicher Einheiten sowie Inventarumfänge generell sind allgemeine Systemgrößen. Mittlerweile sollte deutlich geworden sein, dass hinsichtlich einer Wechselbeziehung zwischen dem Inventar sprachlicher Einheiten (=Anzahl von Phonemen, Silben, Morphemen usw.) und der Länge von sprachlichen Ausdrücken eine Vielzahl von Einflussfaktoren zu berücksichtigen ist.

Als weitere zentrale partizipierende Systemgrößen sind der Umfang des Phoneminventars, die Wortlänge und die Ähnlichkeit (aus einer anderen Perspektive: Distinktivität) sprachlicher Zeichen zu nennen. Der Ähnlichkeitsgrad von Graphemen, Phonemen, Morphemen, Lexemen usw. darf, so die zentrale Annahme der Synergetik, in einem sprachlichen System in keinem Fall zu hoch oder zu niedrig ausfallen, da das zu einer Überstrapazierung der Merkmalsredundanz führen würde.

---

86 Weitere Befunde nach Köhler (1986: 113 ff.) lauten: 1. Je höher die lexikalische Frequenz, desto höher die Polylexie. Und: 2. Je länger eine lexikalische Einheit, desto geringer die Polytextie. Hammerl (1991) hat sich ausführlich mit dem Ansatz von Köhler auseinandergesetzt und schlägt in methodologischer Hinsicht Verbesserungen (Verwendung alternativer statistischer Testverfahren) und auch eine konzeptuelle Erweiterung vor. Besonders thematisiert er die offene Frage der statistischen Abhängigkeit/Unabhängigkeit von linguistischen Variablen und plädiert dafür, nicht nur zweidimensionale, sondern auch mehrdimensionale Abhängigkeiten in Betracht zu ziehen.

Insofern hat der Ähnlichkeitsgrad[87] sprachlicher Zeichen einen zentralen Einfluss auf den Inventarumfang, konkret auf die aus Phonemen gebildeten Morpheme (=Morpheminventar) und die aus Morphemen gebildeten Wortformen (=Lexikongröße). Aber auch Phonemsysteme sind – sofern man eben nicht für Zwecke der Modellierung geschlossene Inventare ansetzt – hinsichtlich ihres Phoneminventars als offene Systeme zu verstehen. Je nach Ausprägung der sprachlichen Kommunikationsbedürfnisse können entweder neue Phoneme aufgenommen oder bestimmte Einheiten aus dem Sprachsystem verdrängt werden. Das bedeutet: Jede Änderung im Inventarbestand von Phonemen zieht eine Änderung im Ähnlichkeits- bzw. Unähnlichkeitsgrad von Morphemen,

87 Berg (2004) verweist auf die Rolle der Ähnlichkeit und die der Distinktivität in der Phonologie und Morphologie. So ist z. B. die bekannte Sonoritätshierarchie in der Silbenstruktur als eine die Distinktivität der Silbe steuernde Eigenschaft zu betrachten. In den Anfängen der strukturalistischen Phonologie hat Trubetzkoy auf die notwendige Regulation der Ähnlichkeit/Unähnlichkeit von Morphemen hinsichtlich der phonologischen Kontraste hingewiesen. Das wurde später von Trnka (1936) erneut aufgegriffen. Eine wichtige Rolle im Zusammenhang mit der phonologischen Ähnlichkeit von Konsonantenkombinationen und der Silbenstruktur von Sprachen spielt die sogenannte Saporta-Hypothese. Saporta (1955) hatte – ausgehend von psycholinguistischen Überlegungen – die distributionellen Beschränkungen von Konsonanten einer eingehenden statistischen Analyse unterworfen. Theoretischer Ausgangspunkt ist, dass die Anordnung von Phonemen innerhalb von Konsonantenclustern durch das Prinzip der geringsten Anstrengung gesteuert ist. Die von ihm aufgestellte Hypothese lautet: Es gibt einen Zusammenhang zwischen der Phonemhäufigkeit in Konsonantenclustern und ihrer phonologischen/phonetischen Ähnlichkeit. Im Original: "[...] the average frequency of a consonant cluster is a function of the difference between the phonemes in the clusters: low frequencies are expected for clusters which are either extremely similar or extremely dissimilar; high frequencies are expected for clusters which are at neither extreme" (Saporta 1955: 25). Eine neuere Auseinandersetzung mit der phonologischen Ähnlichkeit und der Phonemkombinatorik im Sinne der Hypothese von Saporta (1955) geht auf Kempgen (1995a) zurück. Dieser kommt anhand der Auswertung von Clustern und Clusterfrequenzen aus russischen Wörterbüchern zu dem Ergebnis, dass eine Abhängigkeit zwischen Phonemdistanz und Phonemkombinatorik im Russischen nicht bestätigt werden kann. Die Phonemähnlichkeit wird nach dem bei Saporta (1955) angeführten Verfahren ermittelt. Kempgen (1995a) weist darauf hin, dass bei der Untersuchung der Saporta-Hypothese zwischen Wortformen-Types und Wortformen-Tokens zu unterscheiden ist. Bei seinen Untersuchungen stellte sich heraus, dass der Zusammenhang zwischen Phonemähnlichkeit und Phonemkombinatorik – wenn überhaupt – ausschließlich in Konsonantenclustern von Wortformen-Types nachzuweisen ist. Das ist ein wichtiger Hinweis auf die „verzerrende" Rolle von Frequenzeffekten, dem in Zukunft detaillierter nachzugehen ist.

Wortformen usw. nach sich und somit muss man von einer selbstregulierten Balance ausgehen, die die zentrale Funktion hat sowohl dem Sprecher als auch dem Hörer den Zugang zu einem sprachlichen Zeichen zu ermöglichen. Gleichzeitig muss eine gewisse Redundanz vorhanden sein, damit die Übertragungssicherheit der Information gewährleistet bleibt.

Verknüpft man nun die drei Merkmale *Phoneminventar*, *Lexikongröße* und *Länge von sprachlichen Ausdrücken*, so ergibt sich nach Köhler (1986: 23), dass

> [...] je weniger Elemente auf der Ebene der zweiten Gliederung [= Inventarumfang in der Anzahl von Phonemen/Graphemen – EK] zur Verfügung stehen, desto länger werden die aus ihnen gebildeten Elemente der ersten Gliederung, die lexikalischen Einheiten, wenn deren Zahl konstant gehalten wird.

Mit anderen Worten: Bei gegebener Lexikongröße – das ist eine wichtige Randbedingung – wird die durchschnittliche Länge lexikalischer Einheiten, die allerdings in Abhängigkeit vom Ähnlichkeitsgrad und der notwendigen Redundanz zu sehen ist, von den jeweils den Inventarumfang konstituierenden Einheiten unter Kontrolle gehalten und gesteuert.

Auf den Zusammenhang zwischen Phoneminventarumfang und Wort- bzw. Lexemlänge wirken ohne Zweifel auch die Betonungsstruktur und alle weiteren prosodischen Eigenschaften, die in Kapitel 3.2 bereits ausführlich besprochen wurden, ein. Konkreter formuliert lässt sich nunmehr vor einem synergetischen Hintergrund sagen, dass z. B. Tonsprachen mit kürzeren Wörtern (sofern der Wortbegriff für klassische Tonsprachen überhaupt eine Rolle spielt) auskommen könnten, da der Tonhöhenverlauf sich als zusätzliches distinktives Merkmal verringernd auf die Wortlänge auswirke. Als weitere wichtige Einflussgrößen seien die Phonem- und Graphemdistribution (vgl. dazu bereits ausführlich Kap. 3.1.5), die Häufigkeit der einzelnen Elemente, ihre Komplexität und die Parameter ihrer Verteilungen genannt. Zusätzlich wären die Flexionsmorphologie, die Morphotaktik (Köhler 1990, Saam 2001, Prün/Steiner 2005), die generellen Mechanismen der Wortbildung (vgl. dazu u. a. Krott 2002) und alle möglichen operational erfassbaren Eigenschaften, die mit der syntagmatischen und paradigmatischen Ökonomie zusammenhängen, anzuführen. Abschließend sind die von Köhler (1986) angeführten Einfluss- und sonstigen mit dem Phoneminventarumfang zusammenhängenden sprachlichen Größen in Abb. 16 dargestellt, wobei wiederum vereinfachend darauf verzichtet wird, die auf das Sprachsystem wirkenden Bedürfnisse (wie etwa Minimierung/Maximierung des Gedächtnis- und (De)kodierungsaufwands usw.) gesondert hervorzuheben.

Abb. 16: Wechselbeziehungen des Phoneminventarumfangs nach Köhler (1986).

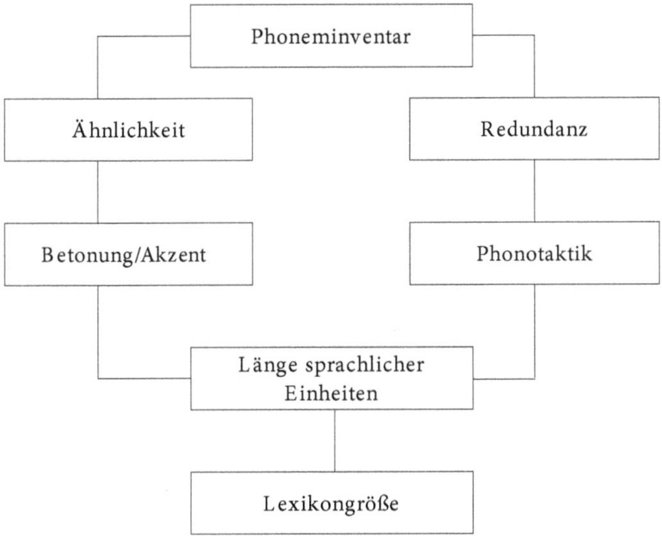

Die Köhler'schen Überlegungen sind somit insgesamt eine holistische Perspektive auf den Phoneminventarumfang und die damit verbundenen Eigenschaften und Merkmale. Der Ansatz zeichnet sich zwar durch einen hohen Verallgemeinerungsgrad aus, aber das Konzept der Selbstregulation liefert eine wichtige theoretische Begründung für beobachtbare Wechselbeziehungen zwischen sprachlichen Eigenschaften. Der Vorteil ist darin zu sehen, dass das angedeutete Schema prinzipiell offen ist und bei Bedarf durch weitere Eigenschaften und Merkmale ergänzt werden kann. Insofern ist die Forderung (vgl. Köhler 1986: 149) nach Aufnahme neuer linguistischer Größen und die Erarbeitung zusätzlicher synergetischer Regelkreise, die phonologische, morphologische, syntaktische und lexikalische Eigenschaften einschließen, zu begrüßen. Im nächsten Kapitel ist nun zu klären, auf welche Art und Weise sich die Komplexität sprachlicher Systeme und die Wirkkraft von Kompensationen mit der Frage nach der unterschiedlichen Ausprägung des Phoneminventarumfangs verknüpfen lässt. Oder anders gesagt, es ist nach Mechanismen zu suchen, die einen entsprechenden Rahmen für eine plausible theoretische Einbettung der bislang gefundenen Wechselbeziehungen liefern.

3.6 Kompensation und linguistische Komplexität

Der Begriff *Kompensation*[88] zieht sich – ebenso wie *sprachliche Ökonomie* und *Komplexität* – wie ein roter Faden durch die linguistische Literatur. Im Folgenden wird einleitend auf einige grundlegende Merkmale der Kompensation eingegangen. Im Anschluss daran wird die linguistische Komplexität näher beleuchtet, um dann abschließend zu klären, auf welche Art und Weise der Phoneminventarumfang in einen Zusammenhang mit der Wirkung von Kompensationsmechanismen und der linguistischen Komplexität gestellt werden kann.

3.6.1 Kompensation: Grundlegendes und Fallbeispiele

Eng mit dem Begriff *Kompensation* im Zusammenhang stehen z. T. synonym verwendete Begriffe: *Ausgleich*, *Balancierung*, *Balanceeffekte*, *Ausgleichsmechanismen*, *Kompensationsprinzip* und *funktionale Äquivalente*. In der englischsprachigen Linguistik wird *Kompensation* vornehmlich unter dem Begriff *trade off* bzw. auch als *negative correlation hypothesis* diskutiert. Es kann an dieser Stelle kein erschöpfender Überblick über die historischen Wurzeln[89] des Kompensationsprinzips in

---

88 Der Begriff *Kompensation* wird außerhalb der Linguistik in unterschiedlichen Disziplinen und Bedeutungen verwendet: In der Psychologie bezeichnet man damit den Ausgleich von als mangelhaft empfundenen körperlichen bzw. psychischen Fähigkeiten durch besondere Leistungen auf einem anderen Gebiet (z. B. auf sozialem oder geistigem Gebiet). Das Konzept der Kompensation spielt auch im Bereich der Wirtschaft, des Strafrechts und der Technik eine besondere Rolle – so zumindest die Begriffsdefinition in der Online-Version der Brockhaus-Enzyklopädie. Vgl. dazu <http://www.brockhaus-enzyklopaedie.de> [aufgerufen am 22.06.2012].

89 Angemerkt sei nur, dass beispielsweise in systemtheoretischen Arbeiten zur Selbstorganisation und Selbstregulation als vermeintlicher Urheber dieses Prinzips J. W. Goethe angeführt wird (vgl. dazu Schweitzer 1992: 189 f.). Der hatte, bezogen auf die morphologische Struktur von Organismen, postuliert, dass die Ausprägung eines organischen Teilelementes nicht zunimmt, ohne dass ein anderes gleichzeitig abnimmt. In der wissenschaftshistorisch ausgerichteten Arbeit von Kelih (2007) wird versucht auf einige Aspekte des sogenannten Kompensationsprinzips in der Phraseologie und Parömiologieforschung einzugehen. Konkret geht es um das Phänomen, wonach beispielsweise in Rätseln ebenfalls eine Kompensation, ein gegenseitiger Ausgleich zwischen der phonetischen und semantischen Ebene, zu wirken scheint. Gemeint ist die Präsenz des Reims (phonetische Organisation) und das Vorhandensein von Antithesen (semantische Organisation) in Rätseln, in denen der Mangel des einen durch eine überdurchschnittliche Häufung des anderen kompensiert wird. Eine erste durchdachte Konzeption von *Kompensation* unter Einschluss einer statistischen Untersuchung geht auf den russischen Literaturwissenschaftler B.I. Jarcho (1889–1942) zurück, der

der Linguistik gegeben werden, es genügt Folgendes festzuhalten: Die Annahme des Wirkens von Kompensationsmechanismen basiert auf der Überlegung, dass es zwischen zwei oder mehreren Konstituenten, Merkmalen, Eigenschaften und Ebenen eines sprachlichen Systems zu einem Ausgleich bzw. zu einer wechselseitigen Regulation kommt. Darüber hinaus findet sich in der Sprachwissenschaft noch eine Spielart und Form von Kompensation, die besagt, dass eine warum auch immer in Gang gesetzte Veränderung auf einer sprachlichen Ebene/einer linguistischen Konstituente usw. eine Veränderung auf einer anderen sprachlichen Ebene/einer anderen linguistischen Konstituente nach sich zieht.

Konkret können der Ausgleich bzw. die Balance auf bestimmte Merkmale bezogen werden, die auf der einen Ebene als mangelhaft bzw. defizitär empfunden werden und daher durch eine überproportionale Auslastung einer anderen sprachlichen Eigenschaft oder Konstituente auf einer anderen Ebene ausgeglichen, d. h. *kompensiert* werden. Abstrakt ausgedrückt wird davon ausgegangen, dass der Ausbau oder die Stärkung eines Merkmals *A* den Abbau bzw. die Schwächung eines Merkmals *B* nach sich zieht. In der linguistischen Literatur lassen sich viele Fallbeispiele finden, die in der einen oder anderen Form auf das Kompensationsprinzip bzw. entsprechende Ausgleichsmechanismen Bezug nehmen.

Zu beginnen ist mit einem bekannten Beispiel aus der slawistischen historisch-vergleichenden Sprachwissenschaft: Der sogenannte Jerwandel bzw. Jerausfall (eigentlich ein Aus- bzw. Zusammenfall der reduzierten Vokale je nach Position innerhalb des Wortes) betrifft alle slawischen Einzelsprachen im Zuge ihrer Herausbildung aus dem Urslawischen in unterschiedlicher Weise. Dadurch entstehen neue, für das Slawische bis dahin unbekannte Konsonantenverbindungen, die eine nachhaltige Änderung in der Silbenstruktur nach sich ziehen, indem das Prinzip der offenen Silbe durchbrochen und gleichzeitig das Silbentypeninventar deutlich erhöht wird. Der Ausfall der Jer-Vokale führte aber dazu, dass vorangehende Vokale gestärkt („gespannt“) werden und somit eine Qualitätsänderung von Vokalen in dieser Position zu beobachten ist. Mit Blick darauf

auf diesem Gebiet sicher Pionierarbeit geleistet hat und der auch über die damalige Konzeptualisierung des Kompensationsprinzips im sprachwissenschaftlichen Bereich sehr gut Bescheid wusste. Vgl. dazu den wichtigen Primärtext in Jarcho (1935) und die kritische Einbettung in den damaligen Wissenschaftskontext in Kelih (2008a, 2013d). Im Übrigen führt Jarcho das Kompensationsprinzip auf den französischen Zoologen Étienne Geoffroy Saint-Hilaire (1772–1844) zurück, der von einer Balance des Umfangs der organischen Masse spricht. Verschiedene Arten von Kompensationsprinzipien spielen somit sowohl in der Sprach- als auch in der Literaturwissenschaft eine bedeutende Rolle, deren historische Wurzeln weit zurückreichen.

spricht Bräuer (1961: 115) von einer Ersatzdehnung, „[…] bei der der Verlust von Sprechenergie auf der einen Seite durch Vergrößerung der Sprechenergie (=Dehnung) auf der anderen Seite kompensiert wird". Es wird von einem kompensatorischen Ausgleich der „Sprechenergie"[90] gesprochen, die dahingehend zu interpretieren ist, dass die Schwächung einer Konstituente die Stärkung einer anderen nach sich zieht. *Schwächung* und *Stärkung* beziehen sich im gegebenen Zusammenhang auf den Grad der Reduzierung von Vokalen.

Ein weiteres durchaus prominentes Beispiel für Kompensationsprinzipien kommt aus der phonologischen Typologie[91] slawischer Sprachen. Es wird angenommen, dass es im Rahmen der diachronen Herausbildung slawischer

90 Eine empirische Bestimmung von „Sprechenergie" erscheint schwierig; allerdings ist die Gültigkeit eines wirkenden Ausgleichs, der durch den Jerwandel bzw. Jerausfall bedingt ist, zumindest für das Russische systematisch untersucht worden. Lehfeldt/Altmann (2002a, 2002b) analysieren die Silbenlänge in unterschiedlichen historischen Stufen des Russischen (Altrussisch, Texte aus dem 17. und 19. Jahrhundert und gegenwärtiges Russisch). Es zeigt sich, dass erst durch den altrussischen Jerwandel (der Ausfall bzw. das Zusammenfallen der Jers in Abhängigkeit von der Position) entscheidende Veränderungen in der Silbenstruktur des Russischen vonstattengehen, die direkte Konsequenzen für die Wortstruktur, d. h. für die Länge von Wörtern mit 1, 2, 3, … *x* Silben, haben. Interessanterweise lässt sich eine Gültigkeit des Menzerath'schen Gesetzes für die Silbenlängen in den untersuchten Taktgruppen nur dann feststellen, wenn sprachliches Material verwendet wird, das den Jerwandel bereits durchlaufen hat. Die Autoren interpretieren diesen Befund indem sie den Sprachzustand des Russischen vor dem Jerwandel als einen Ungleichgewichtszustand mit einer eingeschränkten Silbenstruktur ansehen. Durch die restriktive Positionierung der Jers kommt es zu einer hohen Redundanz auf Silbenebene, die erst nach dem Jerwandel durchbrochen wird. Der Jerwandel wird somit als eine Art Systemzwang (hinsichtlich von Hörer- und Sprecherbedürfnissen bezogen auf die Ausprägung der Wortlänge) interpretiert, der eine „Optimierung" (=größere Auswahl in Bezug auf die Silbenlänge und die Silbenstruktur) zur Folge hat.

91 Im Rahmen der Unterscheidung von akzent- und silbenzählenden Sprachen bzw. in der rhythmusbasierten Typologie wird immer wieder auf Kompensationseffekte zwischen den einzelnen rhythmuskonstituierenden Merkmalen (Silben- und Fußlänge, phonetische Dauer der Silben) verwiesen. Vgl. dazu Auer (2001) und ähnlich Ikoma (1993), die die Dauer von Silben in Relation zur Fußlänge setzt und in dem Zusammenhang auf Kompensationseffekte zu sprechen kommt. Witold Mańczak, ein prominenter Vertreter der frequenzbasierten Linguistik, verweist auf bekannte Kompensationseffekte zwischen der Frequenz von Wortformen und ihrer Länge. Es ist bekannt, dass häufig vorkommende Wortformen in der Regel kürzer sind als selten vorkommende Wortformen. Das ist – hier nicht im Detail zu diskutieren – integraler Bestandteil des Zipf'schen Gesetzes. Demgegenüber ist aber auch, so Mańczak (1980), das Phänomen beobachtbar, dass eine übermäßige Reduzierung von Wortformen in Sprachen von

Einzelsprachen zu einem gegenseitigen Ausgleich des Vokalismus und Konsonantismus gekommen ist. Ein Ausbau des Konsonantensystems (z. B. die Herausbildung einer Palatalitätskorrelation in den ostslawischen Sprachen) bedingt, dass die Vokalsysteme (z. B. Tonhöhenunterschiede, phonologische Relevanz von Vokalquantitäten usw.) nicht weiter differenziert bzw. weiter ausgebaut wurden. Somit wird entweder der Vokalismus (wie im Kroatischen, Serbischen, Slowenischen usw.) oder aber der Konsonantismus (wie im Polnischen, Russischen, Ukrainischen usw.) ausgebaut, aber in keinem Fall beide Strukturmerkmale gleichzeitig. Vgl. u. a. dazu Shevelov (1964: 582 ff.) und Cubberley (1980: 71).

Die Wirkung von Kompensationsmechanismen ist aber nicht allein auf phonologische Merkmale und Eigenschaften zu beziehen, sondern lässt sich auch im Bereich der Morphologie und Syntax feststellen. Um bei den slawischen Sprachen zu bleiben, sei kurz Gvozdanović (2009) referiert, die eine Vielzahl von Beispielen einer syntaktischen Kompensation für den Verlust von morphologischen Kategorien[92] diskutiert. Konkret geht es um einen stetigen, aber in den einzelnen slawischen Sprachen unterschiedlich ausgeprägten Verlust des Kasus, der damit einhergeht, dass gleichsam als Ersatz z. B. Präpositionalkonstruktionen und quasi als Ausgleich analytische Formen eingeführt werden. Kasusverlust und Analytismus führen aber ihrer Ansicht nach zu einer erhöhten syntaktischen Komplexität, die u.a. anhand der Wortfolge bzw. der Objektverdoppelung abzulesen ist. Auch dieses Phänomen kann im Sinne des Abbaus eines Merkmals *A* bei gleichzeitigem Ausbau eines Merkmals *B* interpretiert werden. Der Verlust einer Eigenschaft auf einer Ebene wird durch Ausgleichsmechanismen auf einer anderen Ebene wettgemacht.

Um eine erste Zwischenbilanz zu ziehen: Die sprachliche Kompensation scheint ein zentrales strukturformendes Prinzip[93] sprachlicher Systeme zu sein.

Sprachwandelprozessen vermieden und – falls dies doch eintritt – eine neuerliche Längung in Gang gesetzt wird.

92 Dieser Ansatz lässt sich in die Diskussion von analytischen und synthetischen Verfahren in der Morphologie und Morphosyntax einbetten. Vgl. dazu überblicksartig Geisler (1982), der sich mit Sprachwandelphänomenen in romanischen Sprachen auseinandersetzt. In diesem Fall wird das Kompensationsprinzip in einem morphosyntaktischen Kontext gesehen, indem die Herausbildung der grammatikalischen Funktion von Präpositionen mit dem Aus- und Abbau von Kasusformen in Zusammenhang gebracht wird.

93 Auch in der Diskussion zu den Gründen und Ursachen des Sprachwandels wird immer wieder auf die Bedeutung der Kompensation als „treibende Kraft" hingewiesen. Mit besonderem Nachdruck verweist Lüdtke (1980b: 15) auf ein quantitatives Kompensationsprinzip, welches besagt, dass bestimmte Bedürfnisse wie der Arbeitsaufwand

Darunter können wechselseitig bedingte Änderungen und Ausgleichserscheinungen sprachlicher Eigenschaften und Merkmale verstanden werden. In die Tradition einer solchen „Kompensations-Linguistik" lassen sich auch viele der bisher vorgestellten Ansätze (V. Skalička, Ch. Hockett, J. Krámský, I. Maddieson, G. Fenk-Oczlon, E. Ronneberger-Sibold u.a.m.) stellen, in denen der Phoneminventarumfang als Systemgröße verstanden wird, deren quantitative Ausprägung jeweils Spuren auf der phonologischen, morphologischen und morphosyntaktischen Ebene hinterlassen kann. Die Wechselbeziehungen werden dann als zum Teil durch Kompensationsmechanismen gesteuert angesehen. In Bezug auf den Phoneminventarumfang von Sprachen kann demnach ein kleines Phoneminventar als Mangel verstanden werden, der z. B. durch eine hohe Anzahl von Morphemtypen, eine hohe Silben- und Morphemlänge usw. ausgeglichen wird. Das gilt aber nur, sofern es keine Randbedingungen gibt, die andere Kompensationsstrukturen bevorzugen.

Bevor weitere Details zu kompensatorischen Interrelationen des Phoneminventars diskutiert werden, ist auf die sprachliche Komplexität näher einzugehen, die ebenfalls als eine der Kompensation unterliegende Eigenschaft angesehen wird. Es lassen sich dann mit Hilfe des Konzeptes der phonologischen Komplexität wiederum Anknüpfungspunkte zum Phoneminventar finden.

3.6.2 Linguistische Komplexität: Allgemeines

Probleme der linguistischen Komplexität werden gegenwärtig intensiv diskutiert (vgl. dazu u. a. Dahl 2004, McWhorter 2001, die Sammelbände von Kortmann/Szmrecsanyi 2012a, Miestamo/Sinnemäki/Karlsson 2008, Pellegrino et al. 2009 und Sampson/Gil/Trudgill 2009). In dem Zusammenhang spielt auch die Frage nach dem kompensatorischen Ausgleich der Komplexität eine wichtige Rolle.

(im Sinne von Produktion und Perzeption, Kommunikationsbedürfnis), ein angenommenes Optimierungsbedürfnis (Minimierung des Aufwands) und ein adäquater „semantaktischer" Ausdruck sich in der Waage halten müssen. Gemeint ist kein Gleichgewichtszustand, sondern es wird von einem andauernd labilen Gleichgewicht gesprochen. Notwendig sei der Erhalt eines systeminternen Gleichgewichts. Die heutige an Selbstregulation orientierte Systemtheorie spricht im gegenwärtigen Zusammenhang von einem *Fließgleichgewicht*. In Bezug auf phonetische Prozesse (Neutralisierungen, Verstärkungen usw.) meint Martinet (1981: 168), dass eine Verstärkung der Artikulation (gemeint ist in diesem Fall die Hervorhebung einer Silbe durch Akzent) nicht ohne Kompensation – d. h. eine Ersetzung bzw. Schwächung in einem anderen Bereich – auskommen könne.

Eine grundlegende Vorstellung zum Begriff *sprachliche Komplexität*[94] lässt sich aus systemtheoretischen Arbeiten (vgl. u.a. Bertalanffy 1972, Ebeling/Freund/Schweitzer 1998, Gell-Mann 1995, Haken 2004, 2006, Mitchell 2009, Rescher 1998 und Simon 1994) extrahieren.

Gemeinsamer Ausgangspunkt aller Ansätze ist die Vorstellung eines Systems als einem aus unterschiedlichen Konstituenten zusammengesetzten Ganzen, welches durch eine hierarchische Gliederung unterschiedlicher Ebenen ausgezeichnet ist und dessen Einzelteile über hierarchische oder nichthierarchische Relationen und Wechselbeziehungen miteinander verbunden sind. Auf diese Weise lassen sich Querverbindungen zu sprachlichen Systemen herstellen, die aus unterschiedlichen Konstituenten bestehen, auf hierarchisch unterschiedlichen Ebenen angesiedelt sind und darüber hinaus in einer mutuellen Wechselbeziehung stehen.

Eine treffende und für die Diskussion linguistischer Probleme besonders gut geeignete Zusammenfassung unterschiedlicher systemtheoretischer Ansätze zum Thema *Komplexität* liefern Fenk-Oczlon/Fenk (2008: 44–45), die sich auf Simon (1994) beziehen. Die Komplexität sprachlicher Systeme kann auf folgende Art und Weise spezifiziert werden:

1. als Anzahl von (strukturbildenden) Komponenten eines Systems. Die System-Komponenten müssen in der Lage sein höhere (d. h. hierarchisch auf einer höheren Ebene liegende) Einheiten zu bilden.
2. als Anzahl von Teilelementen (man kann auch sagen: Anzahl von Konstituenten) eines Konstrukts.
3. als Anzahl von Komponenten-Typen. Komponenten können unterschiedliche Formen (Typen) ausbilden und diese sind in der Lage ein System komplexer zu gestalten.
4. als Anzahl von möglichen Interrelationen und Wechselbeziehungen, die eine Komponente bzw. Konstituente eingehen kann.
5. als Anzahl von Regeln mit denen die Wechselbeziehungen bzw. Interrelationen beschrieben werden. In dem Fall geht es um die Beschreibungskomplexität,

---

94 Mehrfach wird auf eine fehlende einheitliche Definition des Begriffs *Komplexität* (vgl. Hawkins 2009: 252, McWhorter 2001: 133, Nichols 2009: 111, Nichols/Barnes/Peterson 2006: 96) im linguistischen Kontext hingewiesen. Wurzel (2001a: 377) verweist ebenfalls auf die fehlende Definition von (grammatikalischer) Komplexität und geht auf mögliche Querbeziehungen zur Markiertheit von sprachlichen Strukturen als einem „Gradmesser" von u.a. phonologischer Komplexität ein.

die mit der kürzest möglichen Länge der Beschreibung eines Objekts (=Kolmogorov-Komplexität) gleichgesetzt wird.

Anhand dieses Merkmalkatalogs lässt sich ohne Zweifel die Komplexität eines sprachlichen Systems zumindest in einem groben Rahmen erfassen. Insbesondere kann auf der Basis eines solchen Ansatzes[95] das Phoneminventar als strukturbildende und strukturkonstituierende Komponente eines sprachlichen Systems interpretiert werden, da es in der Lage ist einerseits höhere Einheiten (Phonemkombinationen, Silben, Morpheme, Wortformen usw.) zu bilden und andererseits eine Vielzahl von Wechselbeziehungen und Interrelationen einzugehen. Insofern ist es möglich, das Phoneminventar bzw. dessen quantitativen Umfang als ein (einfaches) Komplexitätsmaß in Betracht zu ziehen.

Sofern man einer quantitativen Operationalisierung des Begriffs *Komplexität* zustimmt, lässt sich diese auf unterschiedlichen Ebenen erfassen. An Vorschlägen dazu mangelt es nicht. So ist die phonologische Komplexität durch eine Vielzahl von Merkmalen charakterisierbar, u.a. durch die Anzahl von Phonemen (=Phoneminventarumfang), die Anzahl von (un)markierten Phonemen, die Anzahl von Tönen, die Anzahl von suprasegmentalen Eigenschaften, die Anzahl von Phonemkombinationen usw. Dem Problemfeld *phonologische Komplexität* sind des Weiteren alle Versuche einer quantitativen Untersuchung der Silbenstruktur im weitesten Sinne (vgl. dazu Adsett/Marchand 2010, Maddieson 2005c, Maddieson 2009, Pellegrino et al. 2009, Shosted 2006 u.a. m.) zuzurechnen.

Die morphologische Komplexität kann anhand von unterschiedlichen quantitativ erfassbaren Eigenschaften operationalisiert werden, wie etwa mit der Anzahl von Kasus, Genus, Numerus usw. Weitere Möglichkeiten ergeben sich

95 Damit ist nicht gesagt, dass das die einzige Möglichkeit ist, sprachliche Komplexität zu erfassen. So wird u.a. zwischen einer relativen und einer absoluten Komplexität unterschieden (vgl. dazu Kusters 2008, Miestamo 2008). Die *relative Komplexität* gilt in Bezug auf Sprecher, Hörer bzw. Sprachlerner. Eine besondere Bedeutung kommt dem L2-Spracherwerb zu (vgl. dazu Deutscher 2009: 247, Kusters 2003, 2008: 9), weil man *relative Komplexität* als *Schwierigkeiten und Aufwand* eines Sprechers beim Erlernen einer Sprache begreift. Demgegenüber wird eine sogenannte *absolute Komplexität* mit der quantitativen Komplexität (Kortmann/Szmrecsanyi 2012b: 19, Miestamo 2009: 81) gleichgesetzt, die mit Hilfe der Anzahl von Teilen und Komponenten erfasst wird. Als *komplexer* wird somit das System bezeichnet, das über mehr Komponenten verfügt. Bezogen auf die Grammatik bzw. auf sprachliche Systeme würde das bedeuten, dass eine Sprache umso komplexer ist, über je mehr Phoneme, Töne, Kasus, Genus und syntaktische Regeln etc. sie verfügt. In diesem Sinne lässt sich *Komplexität* als ein relationales Konzept begreifen.

hinsichtlich der unterschiedlichen Ausprägungen von Kodierungsstrategien, indem z. B. die Anzahl bzw. die Häufigkeit von bestimmten Merkmalen wie suppletiven Formen, Anzahl von Genusmarkierungen u. Ä. in Betracht gezogen wird (Nichols 2009). Einen interessanten Aspekt bringt Orzechowska (2012) ins Spiel, die die morphologische Komplexität mit der Silbenstruktur in Verbindung bringt und z. B. Morphemgrenzen innerhalb von phonotaktischen Einheiten (z. B. Silben) als Erhöhung der strukturellen Komplexität[96] interpretiert.

Die morphosyntaktische bzw. syntaktische Komplexität wird in vielen Arbeiten immer aufs Neue thematisiert (Givón 2009, Haiman 1985, Hawkins 2004, Köhler 2012) und kann – sofern man sich auf ihre quantitativen Aspekte beschränkt – auf unterschiedliche Art und Weise betrachtet werden. Ein mittlerweile als klassisch zu bezeichnender Ansatz geht auf Miller/Chomsky (1963: 464 ff.) zurück, die die Einbettungstiefe, die Tiefe der Verzweigung, die Anzahl von Strukturknoten syntaktischer Strukturen mit der Komplexität (genauer: mit der derivationellen Komplexität bzw. der Beschreibungskomplexität) gleichsetzen. Die Erfassung der syntaktischen Komplexität kann aber auch anhand anderer Eigenschaften wie der Länge von syntaktischen Strukturen, der Serialisierung von Wortarten, Wortstellungsphänomenen, Kongruenzbeziehungen zwischen syntaktischen Gliedern, der Kopfmarkierung, dem Vorhandensein von Hypo- und Parataxen usw. (vgl. dazu Bisang 2009, Karlsson 2009, Lu 2009, Miestamo 2009, Sinnemäki 2009, Szmrecsanyi 2004, Szmrecsanyi/Kortmann 2009, Vulanović 2007) erfolgen.[97]

In anderen Worten: Für die operationale Erfassung syntaktischer Strukturen und der syntaktischen Komplexität steht ein umfangreiches Set an Merkmalen

96 Weitere Vorschläge für eine Untersuchung der morphologischen Komplexität beziehen sich auf die morphologische Transparenz sprachlicher Zeichenfolgen, die Zuordnung von Form und Inhalt, die unterschiedlichen Ausprägungen des Formensynkretismus, das Ausmaß an analytischen und synthetischen Verfahren in einer Sprache (vgl. dazu Szmrecsanyi/Kortmann 2009) und auf die Ikonizität (Haiman 1985, Steger/Schneider 2012).

97 In allen Fällen wird implizit von quantitativ erfassbaren Merkmalen ausgegangen. In dieser Hinsicht ist auf Lu (2010) zu verweisen, der einen Algorithmus vorgestellt hat, der es erlaubt die syntaktische Komplexität von Texten zu bestimmen. Dabei werden 15 unterschiedliche Maße der syntaktischen Komplexität vorgestellt, wie u. a. die Länge verschiedener syntaktischer Einheiten (Sätze, Teilsätze), die Anzahl von Subordinationen und Koordinationen usw. Hervorhebenswert ist allerdings die hohe Korrelation zwischen den einzelnen vorgestellten Maßen. Köhler (2012: 28 f.) führt die Frequenz von syntaktischen Konstruktionen, die Länge von Abhängigkeitsbeziehungen, die Frequenz von Valenzmustern und die Verteilung der Wortarten an.

zur Verfügung. Zusammengefasst lässt sich festhalten, dass selbst bei einer Reduzierung des Begriffes *linguistische Komplexität* auf eine quantitative Komplexität dieselbe auf unterschiedlichen sprachlichen Ebenen auf der Basis einer Vielzahl von Eigenschaften untersucht werden kann.

3.6.3 Kompensation der linguistischen Komplexität: Fallbeispiel Phoneminventar

Das grundlegende Postulat ist, dass die linguistische Komplexität auf unterschiedlichen sprachlichen Ebenen bestimmt werden kann. Als systemimmanente Eigenschaft erweist sich die Regulation der entsprechenden Komplexitätsgrade zwischen einzelnen sprachlichen Ebenen. Anzunehmen ist, dass eine niedrige Komplexität auf der Ebene *A* durch eine erhöhte Komplexität auf Ebene *B* ausgeglichen wird. Diese zentrale Idee eines kompensatorischen Ausgleichs von Komplexität findet sich in einer Vielzahl von Arbeiten aus unterschiedlichen Kontexten.[98]

Bezogen auf die Wechselbeziehungen von phonologischer, morphologischer, und morphosyntaktischer Komplexität sei stellvertretend auf Fenk-Oczlon/Fenk (2008) verwiesen, die hierzu einen Gesamtentwurf vorlegen und die Kompensationen als zentralen Regulationsmechanismus ansehen. Die Ausgangsidee ist folgende: Eine hohe phonologische Komplexität (=großes Phoneminventar, hohe Silbenkomplexität, hohe Anzahl von phonotaktischen Restriktionen) wirkt sich aufgrund von wirkenden Kompensationen direkt auf die morphologische Komplexität einer Sprache aus: Je komplexer die phonologische Ebene ausfällt, desto einfacher müsse die morphologische Komplexität sein. Letztere lässt sich u.a. anhand der Tendenz zur Einsilbigkeit, zu einer geringen Anzahl von Morphemen pro Wort und einer niedrigen Anzahl von morphologischen Verknüpfungsregeln nachweisen.

Des Weiteren wird postuliert, dass sich z. B. in Abhängigkeit von einer vorhandenen lexikalischen und grammatikalischen Ambiguität eine unterschiedlich hohe Wortstellungs-Komplexität ergeben kann. Das lässt sich wiederum an einer rigiden Satzgliedstellung, die mit einer hohen Anzahl von Regeln bei der Bildung von Kollokationen einhergeht, ablesen. All diese Faktoren können schlussendlich dazu führen, dass sich derartige sprachliche Systeme durch eine

98 Vgl. dazu u.a. Comrie (1992: 194), Coupé/Marsico/Pellegrino (2009), Crystal (1987: 6), Gil (2008), Hawkins (2009: 253), Karlsson/Miestamo/Sinnemäki (2008), Maddieson (1984, 2005a, 2005b, 2005c, 2009), McWhorter (2001: 127), Ronneberger-Sibold (1980), Skalička (1958) und Wurzel (2001b).

gewisse Formelhaftigkeit auszeichnen. So ergibt sich ein durch Kompensation gesteuertes Netz von Wechsel- und Querbeziehungen zwischen den fraglichen sprachlichen Ebenen. Explizit angenommen wird ein Ausgleich zwischen der phonologischen und der morphologischen Komplexität. Eine graphische Darstellung der behaupteten Zusammenhänge ist in Abb. 17 reproduziert.

Abb. 17: Ausgleichsmechanismen nach Fenk-Oczlon/Fenk (2008: 61).

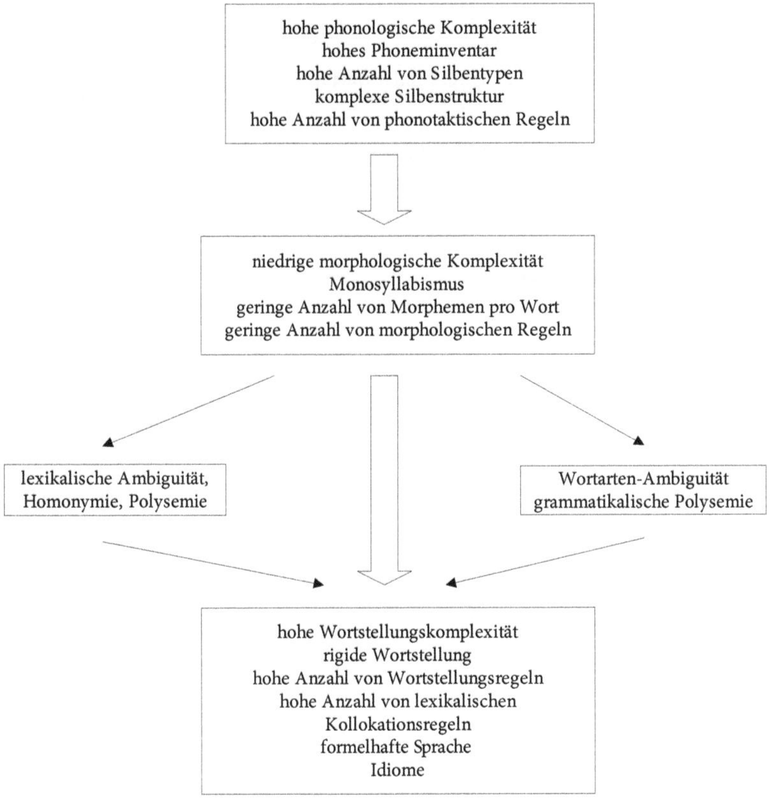

Als ein Beispiel für das Zusammenspiel einiger der genannten Faktoren wird von den Autoren (Fenk-Oczlon/Fenk 2008: 59) u.a. das Englische diskutiert: Es hat ihrer Ansicht nach eine hohe phonologische Komplexität, aber auch eine hohe Anzahl einsilbiger Wörter, die nicht in der Lage sind pro Wortform eine hohe Anzahl grammatischer Bedeutung zu kodieren. Insofern ergibt sich, dass auf der morphologischen Ebene eine niedrige Komplexität anzusetzen ist.

Die hohe Anzahl von einsilbigen Wörtern bedinge nun aber eine hohe Anzahl von Homonymen (sowohl bezogen auf die lexikalische als auch grammatikalische Bedeutung), was als Erhöhung der semantischen Komplexität interpretiert wird. Darüber hinaus hängt mit der hohen Anzahl einsilbiger Wortformen ein hoher Grad an Polysemie zusammen. Die vorhandene Ambiguität auf dieser Ebene wird durch eine rigide Wortstellung reguliert, was wiederum zu einer hohen Anzahl von phraseologischen und idiomatischen (festen) Wendungen bzw. Wortverbindungen führt.

An dem Gesamtschema lässt sich viel kritisieren und es bleibt eine Vielzahl von Spezifizierungen der einzelnen Interrelationen notwendig. Für die verfolgte Fragestellung ist in erster Linie das entwickelte Szenario von Bedeutung, welches unter anderem auch dem Phoneminventarumfang eine relativ hohe Bedeutung beimisst, wenngleich – und das soll nun diskutiert werden – der Ausgleich von Komplexität aus unserer Sicht nur unter bestimmten Bedingungen plausibel erscheint.

3.6.4 Kritische Abschlussbemerkungen zur Kompensation und zur Komplexität

An unterschiedlicher Stelle sind – insbesondere im Kontext der Komplexitätsdebatte selbst – immer wieder auch Zweifel und Kritik an der Wirkkraft von Kompensationsmechanismen geäußert worden. Einerseits wird auf eine mangelnde empirische Evidenz verwiesen (Miestamo 2009: 82 bzw. 95), andererseits spricht man – was weitaus gewichtiger ist – auch von einem „[…] mysterious trade-off […]“ (Kusters 2008: 12), der nicht theoretisch begründet/begründbar ist bzw. dessen Mechanismen nicht im Detail dargelegt sind.

Daher sollten ob der Tatsache, dass aus unserer Sicht jegliche Wechselbeziehung des Phoneminventars sehr wohl durch Kompensationen gesteuert ist, kritische Bemerkungen nicht fehlen. Aus einer funktionalen Perspektive kann das Wirken von Ausgleichsmechanismen auf unterschiedliche Art und Weise begründet werden. Geht man davon aus, dass *Sprache* als ein System mit einer Vielzahl von interagierenden Komponenten zu verstehen ist, so ist dieser Aufbau als eine Art funktionaler Schutzmechanismus zu verstehen. Eine Änderung bzw. der Ausfall einer Komponente führt dazu, dass die jeweils mit ihr verbundenen Komponenten darauf angemessen reagieren und durch eine angepasste Funktionalität ohne Störung der prinzipiellen Kommunikationsfähigkeit deren Aufgaben und Funktionen übernehmen können. In der Hinsicht ist es gerechtfertigt von Selbstregulation zu sprechen.

Sprache passt sich als dynamisches System auftretenden Veränderungen relativ flexibel an, indem je nach Notwendigkeit die spezifischen Aufgaben und zu erfüllenden Funktionen in angemessener Weise zwischen den einzelnen Komponenten hin und her verschoben werden können. Geht man davon aus, dass die Aufrechterhaltung einer „reibungslosen" Kommunikation – das kann als Idealfall angesehen werden – eine zentrale Anforderung des Hörers/Sprechers an ein sprachliches System ist, dann muss das Vorhandensein derartiger funktionaler Äquivalente als systemkonstituierende Eigenschaft angesehen werden.

Die beschriebene Wechselwirkung legt nahe, dass beide betroffenen Ebenen bzw. Komponenten zumindest teilweise eine gleiche bzw. ähnliche Funktion im System haben und daher vorübergehend oder auch dauerhaft die an sie gestellten Aufgaben bzw. zu bedienenden Bedürfnisse erfüllen können. Für die Befriedigung eines bestimmten Bedürfnisses kommen aber mehrere Eigenschaften in Frage, die sogar gleichzeitig vorhanden sein bzw. im Wettbewerb miteinander stehen können (vgl. dazu Altmann 1981, Köhler 1986: 27 f., Köhler 1990).

Mit anderen Worten: Ein Ausgleich, eine Balance oder eine Kompensation zwischen sprachlichen Ebenen, Einheiten, Komponenten usw. kann nur in dem Fall stattfinden, wenn sie jeweils ähnliche oder gleiche Bedürfnisse bzw. Aufgaben erfüllen. Die Annahme eines globalen Ausgleichs der Komplexität zwischen sprachlichen Ebenen erscheint nur dann legitim, wenn es sich um Merkmale handelt, die tatsächlich funktional miteinander verbunden sind. Das ist ein entscheidender Punkt, den es bei der Diskussion um die Wechselbeziehungen des Phoneminventarumfangs zu berücksichtigen gilt. So ist ein globaler bidirektionaler Ausgleich zwischen der phonologischen und der morphologischen Ebene, wie im vorangehenden Kapitel vorgestellt, als wohl zu einfaches und mechanistisches Konzept abzulehnen.

Zusätzlich lässt sich das mit der Tatsache begründen, dass die phonologische Komplexität als solche durch viele Parameter spezifiziert werden kann. Wie die Diskussion um potenzielle Zusammenhänge zwischen der Anzahl von Vokalen und der Anzahl von Konsonanten, dem Phoneminventarumfang und der Häufigkeit von Phonemen, der Anzahl von Phonemkombinationen und unterschiedlichen (quantifizierbaren) Aspekten der Silbenstruktur gezeigt hat, wäre in dem Fall in erster Linie von einer sogenannten *Eigenkompensation* zu sprechen. In Anlehnung an Altmann (1981: 28) ist darunter die Veränderung und Regulation von Eigenschaften innerhalb derselben sprachlichen Ebene zu verstehen. Das heißt die Abhängigkeit der Anzahl von Phonemkombinationen vom zugrunde gelegten Phoneminventarumfang ist als prototypischer Fall einer derartigen Eigenkompensation anzusehen. Im Gegenteil gilt die ebenfalls im Schema von Fenk-Oczlon/Fenk (2008) angeführte Kompensation zwischen der phonologischen und der morphologischen Ebene – terminologisch etwas unglücklich – als *Fremdkompensation*, da sie über zumindest zwei hierarchisch unterschiedliche Ebenen hinweg wirkt, aber im Grunde genommen nur sehr eingeschränkt mit Hilfe einer funktionalen Äquivalenz erklärbar ist. Für den Phoneminventarumfang bedeutet das keinen Ausschluss des Wirkens von Kompensationen, aber diese sind in erster Linie auf die phonologische Ebene selbst zu beziehen. In ähnlich vorsichtiger Weise muss die linguistische Komplexität eingeschätzt werden. Sofern darunter ein quantitativ erfassbares Konzept verstanden wird, dann gelten auch dafür die mit der Unterscheidung von Eigen- und Fremdkompensation einhergehenden Konsequenzen. Mit zunehmender Distanz zwischen den einzelnen Ebenen und somit der Anzahl von dazwischen liegenden Ebenen ist von der jeweiligen Verringerung des Ausmaßes der Verzahnung auszugehen. Insofern ist es durchaus plausibel anzunehmen, dass das auch für den Phoneminventarumfang gilt. Die empirische Dimension der Problemstellung wird in Kapitel 5 zu thematisieren sein.

3.7 Semantische Eigenschaften – Ein integrativer Ansatz

Die bisher benannten Wechselbeziehungen des Phoneminventars wurden entlang einer hierarchischen Gliederung von sprachlichen Systemen, nämlich der Phonologie, der Morphologie und der Morphosyntax aufgezeigt. Alle Problemstellungen lassen sich überzeugend, wenngleich im Detail mit Problemen behaftet, mit der sprachlichen Ökonomie, der Selbstregulation bzw. mit der Kompensation und der Komplexität in Zusammenhang bringen. In einem abschließenden Kapitel sollen nun ausgewählte Eigenschaften der semantischen Ebene in den Vordergrund rücken. Es geht um die bislang offen gebliebene Frage, ob und in welcher Weise das Phoneminventar mit semantischen Eigenschaften eines sprachlichen Systems in Verbindung gebracht werden kann. Vorab ist festzuhalten, dass nach dem bisher Gesagten von keiner einfachen Wechselbeziehung auszugehen ist, sondern dass man von indirekt verbundenen interagierenden Faktoren ausgehen muss.

Bei der Kodierung sprachlicher Formen selbst ist eine Vielzahl von Faktoren zu berücksichtigen, die ihrerseits einen unterschiedlich großen Einfluss auf die Kombinatorik von Phonemen, auf die Bildung von Silben, Morphemen, Wortformen usw. haben. Immer wieder wurde in dieser Arbeit auf die Länge sprachlicher Einheiten verwiesen, die – so eine übliche Annahme – in einem unmittelbaren Zusammenhang mit dem Phoneminventarumfang steht. Und es ist genau die im Folgenden in groben Zügen zu skizzierende Länge sprachlicher Einheiten, die es erlaubt eine Wechselbeziehung zu semantischen Eigenschaften herzuleiten.

Ohne Zweifel ist die Mehrdeutigkeit sprachlicher Zeichen (Ambiguität, Polysemie, Homonymie, Homophonie) ein zentrales Kennzeichen natürlicher sprachlicher Systeme. Während in älteren linguistischen Ansätzen die Ambiguität als ein Defizit bzw. Nachteil der natürlichsprachlichen Kodierung angesehen wurde, gilt sie mittlerweile als ein besonders effizientes Mittel. Die lexikalische Polysemie ist eine zentrale Eigenschaft, die als Resultat der selbstregulierten Abstimmung einer Reihe von Sprecher- und Hörer-Bedürfnissen anzusehen ist. Die grundsätzliche Überlegung ist folgende: Ein leitendes Bedürfnis des Sprechers bei der Kodierung sprachlicher Einheiten ist die Minimierung des Aufwands, während der Hörer bei der Dekodierung ebenfalls einen möglichst kleinen Aufwand betreiben möchte. Daher wäre es für einen Sprecher erstrebenswert jede einzelne Wortform mit möglichst vielen Bedeutungen auszustatten. Das würde aber gleichzeitig zu einer kognitiven und kommunikativen Überbelastung des Hörers führen, der seinerseits wiederum daran interessiert ist mit einer sprachlichen Form nur eine bestimmte Bedeutung verknüpfen zu müssen, was letztlich zu einer Dekodierungsvereinfachung führt. In dem Sinne kann der Grad an Polysemie innerhalb eines sprachlichen Systems als ein Kompromiss zwischen beiden Kräften bzw. Bedürfnissen verstanden werden.[99]

Die Polysemie lässt sich mit der Länge sprachlicher Einheiten auf zwei unterschiedliche Arten in Verbindung bringen. Die erste Überlegung ist, dass in der Regel längere sprachliche Einheiten über mehr Morpheme verfügen bzw. mit zunehmender Anzahl von Morphemen die Länge einer Wortform ansteigt (durch Fusion muss allerdings nicht in jedem Fall eine Längung erfolgen). Jedes zusätzliche Morphem bringt aber gleichzeitig eine Spezifizierung der Bedeutung mit sich, weshalb davon auszugehen ist, dass längere Einheiten über weniger Bedeutungen verfügen als kürzere. Zu denken ist u.a. an die lexikalische Bedeutung von Stammmorphemen, die – wie das nachfolgende einfache Beispiel zeigt – z. B. im Rahmen von Komposita viel spezifischer ist als in kürzeren Lexemen. Das Lexem *Schublade* weist einen weitaus höheren Grad an Spezifität (auch im Sinne von Eindeutigkeit) auf, als z. B. *Flügel*, was bekanntermaßen u.a. einen Körperteil von Vögeln, aber auch einen Konzertflügel bzw. Teile eines Flugzeugs bezeichnen kann. Der Zusammenhang von Polysemie und Wortlänge ist zumindest in

99 Die Untersuchung der Anzahl von Bedeutungen pro Lexem in Wörterbüchern zeigt nach ihrer Rangierung ein mathematisch exakt modellierbares Verhalten. Hier wird vom sogenannten „Krylov-Gesetz" gesprochen – in Anlehnung an die Pionierarbeiten des russischen Mathematikers Ju.K. Krylov (vgl. dazu u.a. Krylov 2002). Eine Übersicht über das Krylov'sche Gesetz und weitere Gesetzmäßigkeiten der quantitativen Ausprägung der Polysemie findet sich in Levickij (2005) und Hammerl (1991: 138–141).

der quantitativen Linguistik gut bekannt; er wurde an unterschiedlichen Stellen bereits mehrfach untersucht und (vgl. dazu Altmann/Beőthy/Best 1982, Sambor 1984) folgt einem systematischen modellierbaren Verlauf. Damit erlangt der Zusammenhang von „Polysemie“ und „Länge von sprachlichen Einheiten“ einen gesetzesartigen stochastischen Charakter[100].

Die zweite Überlegung läuft auf einen Zusammenhang zwischen der Häufigkeit und der Anzahl von Wortformen hinaus. Die Mehrdeutigkeit ist in natürlichen sprachlichen Systemen systematisch verteilt. So wurde z. B. für russische einsprachige Wörterbücher festgestellt, dass die Anzahl von Wortformen mit einer, zwei, drei usw. Bedeutungen gesetzmäßig verteilt ist. Der größte Teil des Wortschatzes besteht dabei aus Lexemen mit einer einzigen Bedeutung, während Wörter mit 2, 3, 4, 5 … *x* Bedeutungen mit einer jeweils proportional zur Anzahl der Bedeutungen der vorangehenden Klasse verringerten Häufigkeit vorkommen. Man spricht daher auch von einer natürlichen Ranghäufigkeitsverteilung. Diese paradigmatische Eigenschaft lässt sich mit syntagmatischen Eigenschaften verknüpfen, indem folgender Zusammenhang postuliert wird: Je mehr Bedeutungen ein Wort hat, desto öfter wird es in einem Text verwendet. Gleichzeitig gilt aber auch der Umkehrschluss, dass nämlich eine syntagmatisch häufig verwendete Wortform auf paradigmatischer Ebene über mehrere Bedeutungen verfügt. Insofern bedingen einander die Häufigkeit von Wortformen und die Anzahl von Bedeutungen. Mithin lassen sich Wechselbeziehungen zwischen der Häufigkeit, der Länge und der Anzahl von Bedeutungen annehmen.

Nun ist die Frage zu klären, ob und auf welche Weise eine Querverbindung zum Phoneminventar ableitbar ist? Eine Herleitung einer solchen Interaktion kann über die Länge sprachlicher Einheiten erfolgen. Man erinnere sich an die mehrfach geäußerte Annahme, wonach Sprachen mit einem großen Phoneminventar mit relativ kurzen sprachlichen Einheiten auskommen, während Sprachen mit einem kleinen Inventar zu einer Längung von sprachlichen Einheiten greifen müssen. Eine Wechselbeziehung zu semantischen Eigenschaften lässt sich vor diesem Hintergrund nur indirekt herleiten, wenngleich berechtigterweise noch eine Vielzahl weiterer Eigenschaften, die auf die Ausprägung der Polysemie Einfluss haben, zu berücksichtigen ist.

Eine andere Möglichkeit, Verbindungen zwischen dem Phoneminventarumfang und der Polysemie herzustellen, besteht darin, einen ausgewählten Typus

100 Fickermann/Markner/Rothe (1984) haben den Zusammenhang konzeptuell in das Menzerath'sche Gesetz eingebettet (zu weiteren Arbeiten dazu Levickij 2005: 460, Hammerl 1991: 121 ff. und 175 ff.).

lexikalischer Mehrdeutigkeit, nämlich die Homophonie, näher zu betrachten. Die linguistischen Gründe für das Auftreten von Homophonen sind einerseits systeminterner (aufgrund von Lautwandel) und anderseits systemexterner (aufgrund von Entlehnungen) Natur. Bezogen auf systeminterne Faktoren ist es plausibel anzunehmen, dass sowohl die Anzahl von Phonemen, die zur Verfügung steht, als auch die Silbenstruktur einen Einfluss auf die Häufigkeit von Homophonen innerhalb einer Sprache haben sollten. Ke (2006) ist einer der wenigen systematischen Untersuchungen zu dieser Fragestellung. Auf der Basis des Chinesischen und ausgewählter germanischer Sprachen werden wichtige quantitative Befunde gemacht. So ergibt sich nach Ke (2006: 135) eine statistische Korrelation zwischen der Anzahl von Silbentypen pro Sprache und dem Anteil an Homophonie: Je mehr Silbentypen vorhanden sind, desto geringer ist der Anteil an Homophonie. Das ist insofern einleuchtend, als ein geringer Formenreichtum auf Silbenebene den Anteil von Homophonen in einem Sprachsystem natürlicherweise erhöht. Der Befund steht damit in perfektem Einklang mit dem einleitend besprochenen Zusammenhang zwischen der Länge von sprachlichen Einheiten und der Anzahl von Bedeutungen: Mit zunehmender Länge ist auch mit einer Abnahme von Homophonen zu rechnen, da sich ja die Wahrscheinlichkeit des Auftretens von unterschiedlichen Phonemen mit zunehmender Länge erhöht.

Ein weiterer Befund von Ke ist, dass es einen Zusammenhang zwischen der Wortfrequenz und dem Anteil an Homophonie gibt. Sowohl im Chinesischen als auch in den untersuchten germanischen Sprachen finden sich Homophone gerade im hochfrequenten Bereich und darüber hinaus (häufige Formen neigen zur Kürze) gilt, dass sie in der Regel monosyllabisch sind. Insofern ergibt sich auch ein Zusammenspiel zwischen der Homophonie, der Frequenz, der Silbenstruktur und dem Monosyllabismus in einer Sprache.

Obwohl ein Zusammenhang zwischen Silbenstruktur und Monosyllabismus mit dem jeweils zur Verfügung stehenden Phoneminventar nahe liegt, liefern die von Ke (2006: 140 ff.) präsentierten empirischen Befunde dafür dennoch keine Grundlage: Für die germanischen Sprachen (Deutsch, Englisch, Dänisch) bestätigt sich nicht, dass der Phoneminventarumfang in irgendeiner Weise mit der Anzahl von realisierten Silbentypen zusammenhängt. Freilich ist die Untersuchung von drei ausgewählten Sprachen weder repräsentativ noch zufriedenstellend, aber zumindest muss die theoretische Perspektive als gültig angesehen werden. Ein Zusammenspiel zwischen der Anzahl von Konstituenten und der semantischen Kodierungsmenge ist durchaus plausibel. In diesem Sinne ist trotz fehlender empirischer Evidenz nicht ausgeschlossen, dass die Anzahl von

Homophonen in einem sprachlichen System sowohl von der Anzahl der zur Verfügung stehenden Phoneme als auch von der Länge der sprachlichen Einheiten abhängen könnte. Vgl. dazu Mathesius (1931) und Décsy (1970), die beide auf Zusammenhänge zwischen dem Phoneminventarumfang, der Homophonie und dem Monosyllabismus hingewiesen haben. Trotz und gerade wegen der fehlenden empirischen Evidenz ist aber davon auszugehen, dass die Mehrdeutigkeit sprachlicher Ausdrücke nur in einer multidirektionalen Abhängigkeit von phonologischen Faktoren gesehen werden kann und hierbei der Phoneminventarumfang, wenn überhaupt, nur indirekt über die Silbenstruktur bzw. genauer über die Länge von sprachlichen Einheiten ins Spiel kommen kann.

4. Wechselbeziehungen: Vom Modell zur Beobachtung

Aus der bisherigen Übersicht zur Bedeutung des Phoneminventarumfangs ergibt sich eine Vielzahl von linguistischen Eigenschaften und Merkmalen, die in einer bestimmten Wechselbeziehung zueinander stehen. Als problematisch erweist sich aber die terminologische Breite, die mit den Begriffen *Zusammenhang*, *Wechselbeziehung*, *Abhängigkeit*, *Interrelation* usw. einhergeht. Es ist eine zum Teil unscharfe, aber auch inflationäre Verwendung der Begriffe zu vermerken, so dass es notwendig erscheint ihren konzeptuellen Rahmen einzuengen und zu spezifizieren.

Anders gefragt: Was bedeutet es eigentlich, wenn man in einem linguistischen Zusammenhang davon spricht, dass zwei Eigenschaften in einer Wechselbeziehung zueinander stehen? Was versteht man unter einer Abhängigkeit zweier Eigenschaften? Der bisher geleistete Überblick ist nun Ausgangspunkt, um zu zeigen, inwiefern die Behauptung von Wechselbeziehungen gleichzeitig mit einer terminologischen Spezifizierung einhergehen muss. Im Anschluss daran werden entsprechende methodologische Vorschläge für eine linguistisch interpretierbare statistische Modellierung von Wechselbeziehungen gemacht.

4.1 Terminologisches: Linguistische Wechselbeziehungen

Unter einer *Wechselbeziehung* bzw. einem *Zusammenhang*[101] ist im Sinne einer ersten Generalisierung der im Kapitel 3 angesprochenen Überlegungen zur linguistischen Relevanz des Phoneminventarumfangs *eine Aussage zu zumindest zwei unterschiedlichen linguistischen Merkmalen bzw. Eigenschaften* zu verstehen. Eine Wechselbeziehung kann auf folgende Weise charakterisiert werden:

101 Einen Spezialfall stellt eine Implikation dar, in der das Vorhandensein eines Merkmals die Existenz eines weiteren Merkmals impliziert. Die linguistische Universalienforschung und Teile der Sprachtypologie haben sich in der Vergangenheit intensiv damit beschäftigt (vgl. dazu Greenberg/Osgood/Jenkins 1966). Eine kritische Auseinandersetzung mit methodologischen Problemen der Untersuchung von Implikationen liefert Cysouw (2003), der dafür plädiert Implikationen nicht nur als empirische Generalisierungen zu verstehen, sondern diese auch zu interpretieren bzw. in einen theoretischen Kontext zu stellen.

1. Zwei Merkmale sind einander bedingend miteinander verbunden.
2. *Gegenseitige Bedingtheit* meint, dass *die Veränderung des einen Merkmals die Veränderung des zweiten Merkmals nach sich zieht.* Das ist eine der Grundlagen der Selbstregulation. Es gibt immer auch Rückkopplung, aber diese braucht nicht direkt zu sein. Wenn *A* auf *B* direkt einwirkt, so kann *B* auf *A* auf Umwegen oder auch direkt wirken.

Eine Veränderung von Merkmalen kann erstens innerhalb einer Sprache untersucht werden, indem der dynamische Charakter berücksichtigt und *Sprache* als ein sich auf der zeitlichen Achse änderndes System (=selbstorganisiertes Ganzes) verstanden wird; zweitens ist sie interlingual zwischen unterschiedlichen Sprachen zu analysieren. Daraus lässt sich ableiten, dass Wechselbeziehungen im Sinne von gegenseitig bedingten Änderungen sowohl in statischen Systemen (Vergleich von mehreren Sprachen) als auch in dynamischen Systemen (Änderungen auf der zeitlichen Achse) herausgearbeitet werden können. Dabei spielt – wie im Folgenden gezeigt – jegliche Form von Kausalität keine Rolle.

Dieses Verständnis von *Wechselbeziehung* lässt sich aus der Vielzahl der vorgestellten Arbeiten erkennen, wenngleich in vielen Fällen der Begriff selbst nicht bewusst reflektiert und verwendet wird. Als ein prototypisches Beispiel für das Aufzeigen von „in bestimmter Weise zusammenhängenden" Eigenschaften kann die Sprachtypologie von Skalička angesehen werden. Zur Erinnerung sei u.a. auf den von ihm postulierten flektierenden Sprachtypus (verstanden als Konstruktionstyp) verwiesen. Der sei (vgl. dazu auch Plank 1998: 204) u.a. durch folgende Merkmale gekennzeichnet: Eine geringe Anzahl von Konsonantenclustern, ein reiches Vokalsystem (hohe Anzahl von Vokalen im Inventar), eine starke Ausprägung von Suppletion, eine Vielzahl von morphonologischen Alternationen und eine relativ freie Wortstellung. Alle diese Merkmale werden als ein zusammenhängendes Netz von Wechselbeziehungen angesehen. Worin besteht aber nun die eigentliche Wechselbeziehung in diesem Fall? Ist es eine Implikation der Art, dass wenn eine Eigenschaft vorhanden ist, gleichzeitig eine andere vorliegt bzw. vorliegen muss? Oder heißt es, dass der Grad der Ausprägung einer Eigenschaft mit dem Grad der Ausprägung einer anderen Eigenschaft zusammenhängt?

Aus guten Gründen ist eine solche Interpretation im vorliegenden Fall nicht passend, da Skalička Sprachen vorwiegend als dynamische Systeme auffasst, die sich im Laufe ihrer geschichtlichen Entwicklung ändern und wandeln. Insofern ergibt sich aus seinem Denken die Annahme, eine Wechselbeziehung sei nicht auf direkte, sondern nur auf indirekte Weise beobachtbar: Die Änderung einer sprachlichen Eigenschaft *X* auf der zeitlichen Achse bringe demnach die gleichzeitige Änderung einer mit *X* verbundenen sprachlichen Eigenschaft *Y* mit sich. Dergleichen hat Skalička, dessen Überlegungen – wie schon erwähnt – mehr an Skizzen als an systematische Abhandlungen erinnern, in seiner Arbeit zur Typologie der slawischen Sprachen angedeutet. Darin skizzierte er den Weg des „vokalischen" Urslawisch zu den späteren „konsonantischen" Einzelsprachen und wies gleichzeitig auf die in Gang gesetzten Veränderungen in der morphologischen Struktur der slawischen Sprachen hin.

Festzuhalten ist des Weiteren, dass in diesem Kontext deterministische Zusammenhänge keine Bedeutung haben. Interessant sind nur jene Wechselbeziehungen, die erst bei einer gleichzeitigen Änderung von Eigenschaften zum Ausdruck kommen und die – das ist der wesentliche Aspekt – auf der zeitlichen Achse zu beobachten und grundsätzlich probabilistischer Natur sind. Aber bei der eigentlichen Modellierung spielen sie im Grunde genommen keine Rolle.

Eine etwas andere Perspektive auf die Problematik von Wechselbeziehungen beinhalten die Arbeiten von Ronneberger-Sibold, Fenk-Oczlon und Köhler: Zwar steht auch hier die Frage der gegenseitigen Abhängigkeit von ausgewählten linguistischen Merkmalen und Eigenschaften im Vordergrund des Interesses, aber die Regulation der Wechselbeziehungen ergibt sich aus den angenommenen spezifischen Bedürfnissen auf Seiten der Hörer und Sprecher. Dass Sprachen über ein großes, mittleres oder kleines Phoneminventar verfügen, wird nicht als axiomatisch gegeben angenommen, sondern gilt als Resultat des gleichzeitigen Wirkens von Hörer- und Sprecherbedürfnissen auf jeweils mit dem Phoneminventarumfang verbundene Eigenschaften. Insofern wird von einem abstrakten Steuerungsprozess ausgegangen, der mehrere Komponenten sprachlicher Systeme erfasst. Einige der genannten Bedürfnisse sind von hervorragender Bedeutung, da sie zweifellos auf allen sprachlichen Ebenen wirken: Zu beginnen ist mit der sprachlichen Redundanz, dem Bedürfnis nach Erhalt eines bestimmten Grades an Distinktivität eines sprachlichen Zeichens (dies impliziert die Steuerung der Allophonie und der Allomorphie) und einer transparenten morphologischen Kodierung. Außerdem gehören dazu das Bedürfnis nach Ikonizität, nach der Stabilität des sprachlichen Zeichens und nach einer entsprechenden Regulierung der Polysemie/Ambiguität. Letztlich sind auch die sprachliche Ökonomie und die Komplexität sprachlicher Systeme solche sprachformenden Prinzipien und Bedürfnisse.

Vor einem solchen Hintergrund muss der Ansatz von Köhler in besonderer Weise hervorgehoben werden, da im Rahmen der synergetischen Linguistik explizit keine unidirektionalen Wechselbeziehungen angenommen werden. Das Kernstück seiner Theorie läuft vielmehr auf das Postulat eines permanenten Ausgleichs zwischen den unterschiedlichen Bedürfnissen hinaus. So ist das Überwiegen von Hörerinteressen zu einem Zeitpunkt nicht ausgeschlossen, wobei zu einem anderen die Sprecherbedürfnisse dominieren können. In jedem Fall sind Sprachen in dieser Vorstellung adaptive und selbstorganisierte Systeme. Das Gleiche gilt demnach auch für den Phoneminventarumfang, der sich ebenfalls flexibel an sich ändernde Kommunikationsbedürfnisse anpassen kann.

Um damit zur eigentlichen Frage zurückzukommen: Die gegenseitige Verbindung der einzelnen sprachlichen Merkmale ist nicht nur durch funktionale oder kausale Verbindungen gewährleistet, sondern durch die Vielzahl von vorhandenen Hörer- und Sprecherbedürfnissen, die als determinierende Kraft ins Spiel kommen. Sie sind keinesfalls nur auf ein bestimmtes Merkmal fokussiert, sondern wirken auf mehrere linguistische Ebenen und Merkmale gleichzeitig, so dass es durch die simultane Bedienung derartiger Bedürfnisse zu einer zwangsweise inhärenten Verbindung der einzelnen Eigenschaften und Merkmale kommt. Sichtbar wird somit, wie die Änderung einer linguistischen Eigenschaft automatisch die Veränderung weiterer Merkmale nach sich zieht. Auf diese Weise erlangt die Untersuchung von Wechselbeziehungen im Rahmen einer Auffassung von Sprache als ein von Sprechern und Hörern determiniertes und in einem dynamischen Fließgleichgewicht befindliches System (vgl. dazu Altmann 1981, Köhler 1986: 29 f., Köhler/Altmann 1986, Tuldava 1998: 70 u. a. m.) für unsere Fragestellung besondere Bedeutung.

Erst in solcher Weise ist nach unserer Auffassung eine adäquate theoretische und methodologische Einbettung der bislang vorgestellten „Zusammenhänge" und „Wechselbeziehungen", die der Phoneminventarumfang eingehen kann, möglich. Vor dem Hintergrund der zitierten Annahmen ist es durchaus plausibel, dass aufgrund der Vielzahl von Wechselbeziehungen in einem sprachlichen System jeder bewusste/unbewusste Eingriff eine ganze Reihe von Änderungen nach sich zieht. Das Ausmaß der Veränderungen ist dabei variabel, zumal ein sprachliches System keinen Optimalzustand hinsichtlich des Ausgleichs unterschiedlicher Sprecher- und Hörerbedürfnisse kennt, sondern sich in der Regel in einem unvollständigen Gleichgewichtszustand[102] befindet.

102 Ein Beispiel für die Dynamik sprachlicher Systeme mit Blick auf morphologische Kodierungsstrategien ist die sogenannte Strömungs- bzw. Drifttheorie. Es geht um die Annahme, dass in Sprachen auf der zeitlichen Achse ein zyklisch wiederkehrendes Aufkommen von analytischen und synthetischen Verfahren zu beobachten sei. Die Behauptung einer systematischen Zyklizität ist zwar umstritten, allerdings ist die

Die Vorstellung von *Sprache* als einem selbstregulierten Netz gegenseitiger Wechselbeziehungen ist eine notwendige Voraussetzung, um dieses theoretische Konstrukt in einem nächsten Schritt auf einer Modellebene betrachten zu können, auf der methodologische und heuristische Verfahren zum Einsatz kommen, die im Bereich der quantitativen und synergetischen Linguistik erarbeitet wurden. Es geht darum eine vermutete oder beobachtete Wechselbeziehung zwischen sprachlichen Eigenschaften (wie z. B. die unterschiedliche Ausprägung des Phoneminventarumfangs in verschiedenen Sprachen und deren Einfluss auf andere Merkmale) in entsprechender Weise zu operationalisieren. Darüber hinaus sind dann Modelle zu diskutieren, die linguistische Wechselbeziehungen in adäquater Weise erfassen. Das ermöglicht wenigstens in Grundzügen die Vorstellung unterschiedlicher Verfahren für deren Untersuchung an der Schnittstelle von Epistemologie und Methodologie.

4.2 Beschreibung und Modellierung linguistischer Wechselbeziehungen

Ohne Zweifel können Zusammenhänge und Wechselbeziehungen auf natürlichsprachlicher Ebene beschrieben werden. Diese Möglichkeit wird in einer Vielzahl von Arbeiten, die sich damit auseinandersetzen, auch intensiv genutzt: So gibt es Feststellungen, wonach akzentzählende Sprachen durch eine besonders einfache Silbenstruktur ausgezeichnet sind; flektierende Sprachen bedingen hingegen nach Ronneberger-Sibold (1980) einen hohen Grad an Allomorphie (vgl. dazu auch die Mehrzahl der Arbeiten zu den sogenannten Wechselbeziehungen des Akzentes usw.).

Versteht man allerdings unter einer Wechselbeziehung die gegenseitige Abhängigkeit von zwei Eigenschaften, die durch eine gegenseitige Veränderung miteinander verbunden sind, dann öffnen sich mehrere Möglichkeiten statistische Methoden einzusetzen. Die zentrale Voraussetzung dafür ist eine entsprechende Operationalisierung der linguistischen Eigenschaften. Der Phoneminventarumfang – dessen eigentliche linguistische Bestimmung jeweils im Detail zu diskutieren ist – liegt bereits als quantitativ bestimmte Größe vor, während zum Beispiel der Allophonie-Grad einzelner Phoneme oder der eines sprachliches Systems erst nach einer linguistisch angemessenen, fundierten Operationalisierung (ihrer Übersetzung in Quantitäten) für eine statistische Modellierung eingesetzt werden kann.

---

gegenseitige Ablösung dieser Verfahren in Sprachen durchaus empirisch beobachtbar (vgl. dazu Geisler 1982, Polikarpov 1979, Roelcke 2000, 2002b, Vennemann 1975).

Relativ einfach und daher bei der Untersuchung von Wechselbeziehungen zwischen linguistischen Merkmalen (mit Blick auf das Phoneminventar vgl. u. a. Maddieson 2005a, 2009, Fenk-Oczlon/Fenk 2008) vielfach angewandt sind statistische Korrelationsverfahren. Im Folgenden wird auch noch auf weitere Verfahren, wie zum Beispiel auf Regressionsmodelle, einzugehen sein, da sie ebenfalls von großer Bedeutung für die Beschreibung linguistischer Wechselbeziehungen sind.

4.2.1 Statistische Korrelationen und Regressionsmodelle

Ein gutes Beispiel, um den Charakter der statistischen Korrelation zu demonstrieren, ist die im Einleitungsteil diskutierte Vermutung, wonach die Sprecherzahl einer Sprache mit der Anzahl von Phonemen, über die eine Sprache verfügt, zusammenhängt. Es wird – auf die theoretischen Probleme ist bereits in Kapitel 2.1 hingewiesen worden – angenommen, dass Sprachen mit einer großen Sprecheranzahl auch über ein großes Phoneminventar verfügen. Die Hypothese lautet: Je größer die Sprecherzahl, desto größer das Phoneminventar.

Eine solche Formulierung der angenommen Wechselbeziehung ist als *statistische Korrelation* zu bezeichnen. Es darf bzw. muss keine kausale Beziehung herangezogen werden, sondern es geht darum, dass die quantitative Änderung einer Eigenschaft eine quantitative Änderung einer anderen nach sich zieht. Da in einer Vielzahl von Arbeiten zu potenziellen Wechselbeziehungen des Phoneminventarumfangs immer wieder auf statistische Korrelationsanalysen zurückgegriffen wird, ist es notwendig sich mit dem Verfahren etwas genauer auseinanderzusetzen. Unter einer *statistischen Korrelation* wird der *Zusammenhang zweier Merkmale* (in der statistischen Terminologie als Zufallsvariablen bezeichnet) verstanden. Zentrales Kennzeichen ist, dass die Stärke eines Zusammenhangs zwischen zwei Merkmalen mit Hilfe des sogenannten Korrelationskoeffizienten r ausgedrückt wird. Ein zu berechnender Korrelationskoeffizient liegt immer zwischen -1 und +1 und je näher er bei 1 liegt, desto stärker ist der vermutete Zusammenhang. Eine positive Korrelation deutet auf einen Anstieg des Merkmals x gleichzeitig mit dem Merkmal y („je mehr x, desto mehr y") hin, während eine negative Korrelation ein Absinken von y mit zunehmendem x bedeutet (je mehr x, desto weniger y).[103]

103 Das ist ein Standardverfahren der mathematischen Statistik – die Korrelationsverfahren sind in entsprechenden Lehrbüchern (vgl. u.a. Baayen 2008, Gries 2008, Sachs 1992, Zöfel 2002) ausführlich beschrieben. Es ist darauf zu verweisen, dass die

Zentrale Voraussetzung für die Anwendung derartiger Verfahren und insbesondere für die Berechnung von Korrelationskoeffizienten ist, dass die beteiligten Variablen mindestens ordinalskaliert bzw. zumindest dichotom sein müssen (Zöfel 2002: 118). In den empirischen Wissenschaften hat sich eingebürgert, die errechneten Korrelationskoeffizienten auch qualitativ einzustufen, wobei in der Regel zwischen einer sehr geringen, einer geringen, einer mittleren, einer hohen und einer sehr hohen Korrelation unterschieden wird. Die Signifikanz eines Korrelationskoeffizienten lässt sich wiederum mit Hilfe eines statistischen Tests feststellen.

Nach der Bestimmung der Stärke eines Zusammenhangs kann man eine Stufe weitergehen und mit Hilfe sogenannter Regressionsmodelle genauere Aussagen über den theoretischen Verlauf eines Zusammenhangs treffen. Damit kann auch deren Abweichung von empirisch bestimmten Größen genauer erfasst werden. Insofern hat ein derartiges auf empirischen Werten fußendes Regressionsmodell eine bestimmte Vorhersagekraft, was die heuristische Bedeutung dieser Modellbildung nachhaltig unterstreicht.

Regressionsmodelle bieten die Möglichkeit aus der Kenntnis einer unabhängigen Variablen x den (theoretisch) zu erwartenden Wert einer anderen abhängigen Variablen y[104] zu bestimmen. Es muss zwischen linearen und nichtlinearen

---

Untersuchung von statistischen Korrelationen nicht unbedingt mit der Untersuchung kausaler Zusammenhänge einhergeht, allerdings ist eine statistische Untersuchung von „Ursache-Wirkung"-Beziehungen nicht ausgeschlossen. Daher rührt das Problem der „Scheinkorrelation" (vgl. dazu Simon 1976), wie etwa im Fall eines empirisch beobachtbaren statistischen Zusammenhangs zwischen einem hohen Bierkonsum und der Anzahl von Sonnenbränden. Die beiden Faktoren sind nicht kausal miteinander verbunden, weshalb sich das Ergebnis vermutlich dadurch erklärt, dass bei erhöhten Außentemperaturen ein erhöhter Flüssigkeitsbedarf besteht, der offenbar in bestimmten Kulturen mit einem erhöhten Konsum von alkoholischen Getränken einhergeht. In Grzybek (1999) findet sich ein Überblick über divergente Typen von korrelativen Beziehungen, die durch unterschiedliche Bedingungen ausgezeichnet sind. So kann u.a. eine Korrelation durch erstens rein formale Faktoren, zweitens durch die Heterogenität des Materials ("Inhomogenitätskorrelation"), drittens durch eine gemeinsame Abhängigkeit von dritten Größen und schließlich viertens durch kausale Faktoren bedingt sein. Die empirische Bestätigung einer Korrelation kann aber nicht das ausschließliche Ziel einer wissenschaftlichen Untersuchung sein, sondern dient nur der Bestätigung bzw. dem Verwerfen von entsprechenden Hypothesen, die in einen theoretischen Kontext einzubetten sind.

104 Die entsprechende statistische Terminologie, die zwischen einer abhängigen und einer unabhängigen Variable unterscheidet, kann in Bezug auf linguistische Gegebenheiten auf nachhaltige Probleme stoßen. Hammerl (1991: 30 ff.) verweist auf

Zusammenhängen unterschieden werden. Um die prinzipiellen Differenzen zwischen den beiden Arten der Regressionsmodelle zu demonstrieren, sind entsprechende Beispiele hilfreich. Krámský (1946/1948) vermutete einen Zusammenhang zwischen der Häufigkeit von Konsonanten in einem Text und der Anzahl von Konsonantenphonemen im Inventar. In Kapitel 3.1.2 wurde für die Beschreibung dieses Zusammenhangs ein einfaches lineares Modell in der Form $y = a^*x + b$ zugrunde gelegt (y = Häufigkeit von Konsonanten in einem Text und x = Anzahl von Phonemen im Inventar).

In dem Fall wird die Anzahl von Konsonantenphonemen als unabhängige Variable interpretiert, die für die Häufigkeit von Konsonanten auf Textebene verantwortlich ist bzw. diese bedingt. Schätzt man die entsprechenden Parameter aus den untersuchten Daten, so ergibt sich das Modell C-Text = -0,1805*C-Inventar + 69,98. Für derartige lineare Regressionsmodelle kann der sogenannte Determinationskoeffizient R^2 berechnet werden, der sich als Funktion der Summe von quadratischen Abweichungen ergibt und üblicherweise als *Bestimmtheitsmaß* bezeichnet wird. Das sich im obigen Fall ergebende $R^2 = 0,58$ gibt den Anteil der gemeinsamen Varianz der beteiligten Variablen wieder. In Abb. 18 ist die theoretische Linie des postulierten Zusammenhangs dargestellt, während die einzelnen Punkte die empirischen Werte darstellen.

---

die mannigfachen Probleme der Festlegung der Abhängigkeitsrichtung zwischen untersuchten sprachlichen Größen (eine Veränderung der unabhängigen Variable verursacht die Veränderung der abhängigen Variable und nicht umgekehrt). Es ist explizit zu sagen, dass in der Linguistik nicht mit „Ursache-Wirkung"-Prinzipien gearbeitet werden kann, sondern dass von stochastischen Abhängigkeiten auszugehen ist. Um ein Beispiel anzuführen: Bei dem vielzitierten Zusammenhang von Wortfrequenz und Wortlänge ist zu fragen, ob die erstere als unabhängige Variable auftritt (und somit die Wortlänge beeinflusst), oder doch die Kürze einer Wortform eine höhere Verwendungshäufigkeit nach sich zieht. Das einfach erscheinende Beispiel zeigt aber auch, dass die Untersuchung von zwei Variablen (=zweidimensionalen Abhängigkeiten) aus linguistischer Sicht gegebenenfalls durch die Untersuchung multidimensionaler Abhängigkeiten zu ersetzen ist. So wäre z. B. mit Blick auf die Wortfrequenz ohne Zweifel die jeweilige Zugehörigkeit zu einer bestimmten Wortart als gesonderter Faktor zu berücksichtigen.

Abb. 18: C-Inventar (in %) vs. C-Text (in %): Reanalyse von Krámský (1946/1948).

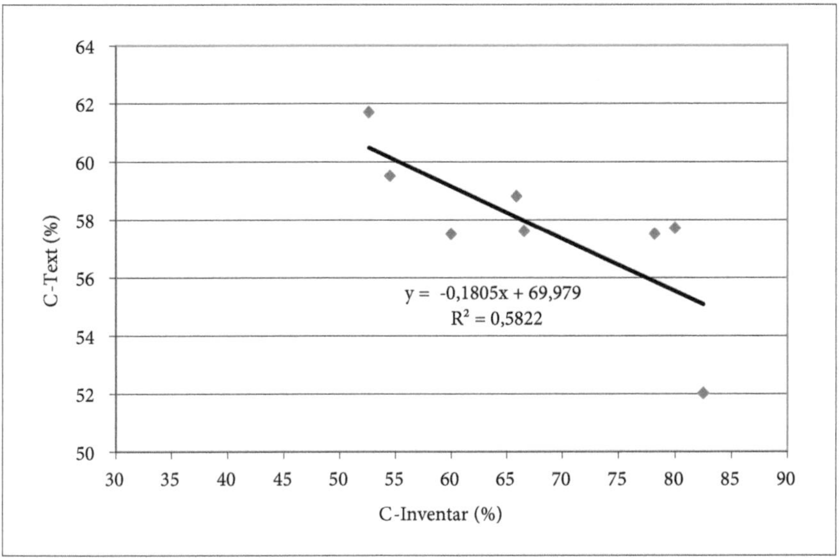

Die Entscheidung, ob es sich um einen starken Zusammenhang handelt, ist dann in Abhängigkeit von der untersuchten Fragestellung und den möglichen Interpretationen zu treffen.[105]

Ähnlich – wenngleich aus statistischer Sicht etwas komplexer – sind nichtlineare Modelle. Im Zusammenhang mit der Bedeutung des Phoneminventarumfangs (vgl. dazu Kapitel 3.1.3) wurde schon die Potenzkurve $y = a^*x^b$ zur Modellierung verwendet, wobei gezeigt werden konnte, dass die Wiederholungsrate (RR) von Phonemhäufigkeiten in einer nichtlinearen Beziehung zum Phoneminventarumfang (K) steht: $K = a^*RR^b$. In diesem Fall ist K der Phoneminventarumfang und RR die relative Wiederholungsrate. Der berechnete Determinationskoeffizient beträgt $R^2 = 0{,}71$. Die entsprechenden Verläufe der theoretischen Kurven sind der Abb. 19 zu entnehmen.

105 In Erinnerung sei gerufen, dass in weiten Bereichen der quantitativen Linguistik davon ausgegangen wird, dass ab einem $R^2 > 0{,}85$ ein starker Zusammenhang vorliegt (Altmann 1997, Eom/Lehfeldt/Meyer 2004: 272, Janda 2013: 21). Zu weiteren Details siehe Fußnote 36.

Abb. 19: Phoneminventarumfang vs. Wiederholungsrate in 63 Sprachen.

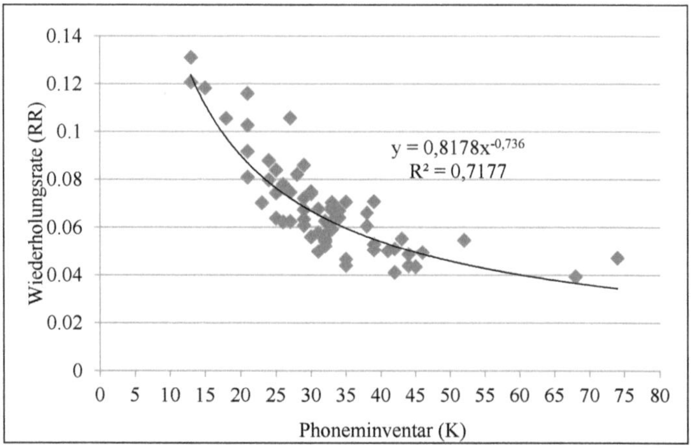

Beide Arten der Beschreibung von Zusammenhängen (linear und nichtlinear) sind bislang in der Linguistik in vielfältiger Weise angewandt worden, wenngleich ein nichtlinearer Ansatz für die linguistische Modellbildung mit einigen theoretischen wie heuristischen Vorteilen verbunden ist. In Summe steht ein elaborierter Methodenapparat zur Verfügung, der geeignet erscheint, Wechselbeziehungen zwischen linguistischen Eigenschaften und Merkmalen zu beschreiben.

Das Vorliegen einer Korrelation im statistischen Sinne impliziert nicht automatisch kausale oder funktionale Beziehungen zwischen den untersuchten Variablen, sondern verweist lediglich auf eventuell vorhandene und relevante Zusammenhänge. Diese sind im Detail näher zu begründen und im Vorfeld einer Untersuchung zu klären. Dabei ist interessant, welche der beiden angeführten Modellierungen aus welchem Grund für die linguistische Theoriebildung bzw. für linguistische Fragestellungen geeigneter ist.

Es ist anzunehmen, dass für die Modellierung von Eigenschaften sprachlicher Systeme lineare Zusammenhänge nur eine periphere Rolle spielen. Die Begründung ist folgende: Bei einem linearen Zusammenhang kann eine Variable (y) unendliche (oder negativ unendliche) Werte annehmen, was für sprachliche Systeme unmöglich erscheint, da keine sprachliche Eigenschaft einen unendlichen Wert annehmen kann. Eine solche Feststellung schließt *Linearität* in sprachlichen Systemen als Modellierungsstrategie aus; sie kann allenfalls in einem begrenzten Intervall als Hilfskonzept in Betracht gezogen werden bzw. ist hilfreich, wenn es um das Aufdecken von generellen Tendenzen geht. Insofern liegt im nächsten Kapitel das Hauptaugenmerk auf einer nichtlinearen Modellierung, die für sprachliche Eigenschaften und Daten von hervorragender Bedeutung ist.

4.2.2 Theoretische Modellierung: Ein nichtlinearer Ansatz

In den vorangegangenen Kapiteln wurde gezeigt, inwiefern zunächst mehr oder weniger intuitiv bestimmte Phänomene entdeckt bzw. mögliche Zusammenhänge zwischen (quantifizierten) Merkmalen und Eigenschaften postuliert werden müssen, ehe es in einem zweiten Schritt möglich ist die entsprechenden empirischen Untersuchungen unter Zuhilfenahme von statistischen Methoden (Korrelationsanalysen) durchzuführen. Dabei stellte sich das Problem einer linguistisch und theoretisch fundierten Modellierung linguistischer Wechselbeziehungen, das jetzt im Mittelpunkt stehen soll.

Einer der wenigen ausführlich und systematisch ausgearbeiteten Beiträge dazu geht auf Gejza Wimmer und Gabriel Altmann zurück, die immer wieder auf die Notwendigkeit einer mathematischen Modellierung[106] von linguistischen Hypothesen hingewiesen haben. Ihr Ansatz eignet sich unmittelbar für die hier diskutierten Probleme, da es 1. in der Regel um die Wechselbeziehung zwischen Variablen (Merkmalen, Eigenschaften) geht und darin 2. die gegenseitige Veränderung einer linguistischen Eigenschaft berücksichtigt wird. Daher sollen die Überlegungen im Folgenden im Detail vorgestellt werden.

Zu beginnen ist mit dem Ausgangspunkt (vgl. Altmann 1978, 1999), dass ein sprachliches System als ein Ensemble in Erscheinung tritt, in dem jede Eigenschaft bzw. Variable mit mindestens einer anderen Variablen in einer Wechselbeziehung steht. Graphisch dargestellt, kann man sich einen Zusammenhang zwischen der Variable *X* und der Variable *Y* vorstellen als:

X --------------------------→ Y

Der Pfeil zwischen *X* und *Y* kann in unterschiedlicher Weise interpretiert bzw. gelesen werden: „*X* wirkt auf *Y*", „*X* führt zu *Y*", „X beeinflusst *Y*", „*Y* hängt von *X* ab" bzw. „*X* hängt mit Y zusammen" usw. usf.

106 Es geht nicht um die bloße Mathematisierung einer philologisch orientierten Sprachwissenschaft bzw. Linguistik, sondern um einen ernstzunehmenden Versuch modellierbare sprachliche Eigenschaften durch linguistisch motivierte mathematische Modelle zu erfassen. Man muss sich von der weitverbreiteten Illusion trennen, wonach Sätze in mathematisierter Form einen höheren Grad an Gewissheit haben als andere Aussagesätze. Eine mathematische Formel ist noch kein Grund für Sicherheit; sie ist ausschließlich dann von einer gewissen Relevanz, wenn ihr auch ein entsprechender linguistischer Gehalt und eine linguistische Einbettung zugrunde liegen.

Stellt man sich nun *X* als eine stetige (Zufalls-)Variable im Intervall (a, b) vor, so kann *X* eine (beliebige) linguistische Eigenschaft wie z. B. die artikulatorische Anstrengung, die Lautdauer, die semantische Ähnlichkeit, die Grammatikalität etc. sein. *Y* ist dann eine weitere Variable, die von *X* abhängt. Sofern man es mit Variablen zu tun hat, die messbar sind, kann man *Y* als eine Funktion von *X*, d. h. als

$$(1)\quad y = f(x)$$

darstellen.

Damit kann jede Art von Determination, Beeinflussung, Kausalität, Verbundenheit und Abhängigkeit zwischen linguistischen Variablen symbolisiert werden. Ein weiterer Ausgangspunkt[107] (vgl. Wimmer/Altmann 2005: 792, Köhler/Altmann 1996) ist die Tatsache, dass eine linguistische Variable *Y* durch eine bestimmte Änderungsrate[108] *dy* ausgezeichnet ist. Angesetzt wird eine relative

107 Unterschiedliche Arten der mathematischen bzw. statistischen Modellierung (z. B. Korrelationsanalysen, Funktionalgleichungen, probabilistische Häufigkeitsverteilungen usw.) werden in der Linguistik seit Langem angewandt. Der Ansatz von Altmann ist aber deshalb von besonderer Bedeutung, weil es sich nicht um eine induktive Suche nach geeigneten statistischen Modellen (im Sinne von „trial and error"), sondern um den Versuch einer theoretisch geleiteten Ableitung entsprechender Formeln handelt. Vgl. dazu Fenk-Oczlon/Fenk (2008: 49 ff.), die das Problem adäquater statistischer Modelle für linguistische Fragestellungen thematisieren und ihrerseits (allerdings nicht näher) begründete Exponentialmodelle anbieten. In diesem Fall geht es um das induktive Austesten von passenden Modellen. Die zentrale Frage ist aber, ob und in welcher Weise Modelle deduktiv abgeleitet werden können, also so, wie das in dem oben beschriebenen Proportionalitätsansatz der Fall ist. Zur Genese dieses Ansatzes vgl. Altmann (1978), Altmann (1985) und Grotjahn/Altmann (1993). Eine andere Art der Ableitung, die in der Linguistik ebenfalls Anwendung gefunden hat, ist das sogenannte allometrische Gesetz bzw. das Konzept des sogenannten allometrischen Wachstums. Es wird in den Arbeiten von Tuldava (Tuldava 1998: 53, Tuldava 1974) und Hřebíček (1996) favorisiert und lehnt sich an die Biologie an, in der angenommen wird, dass Organe proportional zur Größe des Organismus wachsen. Vgl. dazu insbesondere Altmann (1980), dem es gelingt das sogenannte Menzerath'sche Gesetz ebenfalls in einem allometrischen Sinne zu interpretieren. Aus systemlinguistischer Sicht sind für die linguistische Modellierung unterschiedliche Formen von Potenzgesetzen („power laws") von Bedeutung (vgl. dazu Köhler 2002), bei denen eine nichtlineare Entwicklung von Entitäten und Merkmalen eine Rolle spielt.

108 Von besonderem Interesse für die qualitative Linguistik ist die Frage nach den Gründen für die Änderung eines sprachlichen Systems bzw. nach den Gründen für den Sprachwandel. Diese Frage muss in Abhängigkeit von der Auffassung von *Sprache*

Änderungsrate von *dy/y*, denn nach Altmann (1990), Köhler (1986) u. v. a. ändert sich eine Variable auch in Bezug darauf, wie groß sie bereits ist. Die linguistische Variable *Y* steht zumindest mit einer unabhängigen Variable *X* in einer Wechselbeziehung bzw. ist in der Lage sie zu beeinflussen. Die unabhängige beeinflusst die abhängige Variable *Y* durch ihre eigene relative Veränderungsrate *dx/x*.

Man kann annehmen, dass zwischen den beiden relativen Zuwachs- bzw. Änderungsraten eine Proportionalität besteht, die man im einfachsten Fall durch eine Konstante *b* erfassen kann. Das ergäbe:

$$(2) \quad \frac{dy}{y} = b\frac{dx}{x}.$$

Löst man die Differentialgleichung, so ergibt sich

$$(3) \quad y = a{*}x^{b}.$$

In diesem Falle stellt *a* die Integrationskonstante dar.

Nimmt man aber an, dass *dy/y* direkt proportional zu *dx* ist, dann erhält man die Differentialgleichung[109]

$$(4) \quad \frac{dy}{y} = bdx,$$

deren Lösung $y = ae^{bx}$ ist.

---

beantwortet werden. In erster Linie kann eine bewusste Änderung einer Sprache nur in Form von Konventionen auf der sprachlichen Oberfläche vonstattengehen. In jedem Fall ziehen aber alle Veränderungen in einer Sprache – das wird deutlich sofern man sich Sprache als ein Netz von miteinander verbundenen Eigenschaften vorstellt – eine Kette von weiteren Änderungen nach sich. Daher ist die Kenntnis der eigentlichen Wechselbeziehungen das epistemologisch wertvolle an diesem Ansatz. Allerdings ruft jeder bewusste (konventionelle), aber auch jeder unbewusste Eingriff in die Sprache eine Kette von Änderungen hervor, welche sie veranlasst, den (stets unvollständigen) Gleichgewichtszustand zurückgewinnen zu wollen. Die Instanz, die dafür sorgt (und im Menschen unterbewusst vorhanden ist), ist der Selbstregulierungsmechanismus der Sprache. Er sorgt für Fremdkompensation bei Störungen und das mit Hilfe derjenigen Gesetze, die die Erscheinungen der Sprache verbinden.

109 Hier lässt sich der linguistische Ansatz der mathematischen Modellierung von sich gegenseitig bedingenden Änderungen in systemtheoretische Ansätze integrieren. Treffend hat das Simon (1994: 171) formuliert, der in dem Zusammenhang Folgendes sagt: „Dynamische Gesetze, ausgedrückt als Systeme von Differentialgleichungen, haben in vielen Fällen den Weg zu einer einfachen Beschreibung des Komplexen bereitet.“

Damit lässt sich für den vorliegenden Fall ein inhaltlich fundiertes nichtlineares Modell für die Beschreibung unterschiedlicher linguistischer Wechselbeziehungen ableiten. Die obigen Formeln sind die einfachsten Formen. Das Vorzeichen des Parameters b sagt etwas über den Verlauf einer nichtlinearen Kurve aus: Im Fall von $-b$ in (4) ergibt sich eine Abnahme von Y mit zunehmendem X, während ein $+b$ eine Zunahme von Y mit zunehmendem X impliziert. Damit ist ein Ansatz[110] gefunden, der es erlaubt eine Vielzahl von mit dem Phoneminventar verbundenen Überlegungen in eine statistisch testbare Hypothese zu überführen.

In einem etwas komplizierteren Fall geht man davon aus, dass Sprecher und Hörer direkt auf die relative Veränderungsrate von y und auf dy/y einwirken. Es ergeben sich zahlreiche Möglichkeiten diese Kräfte zu kombinieren. Man kann z. B. annehmen, die Wirkung des Sprechers werde umso größer, je mehr sich x dem Maximum (M) nähert, während die Wirkung des Hörers umso kleiner wird, je mehr sich x vom Minimum (m) entfernt. Beide Faktoren wirken additiv, so dass sich ein

$$(5) \quad \frac{dy}{y} = \left(\frac{S}{M-x} - \frac{H}{x-m} \right) dx$$

ergibt, wobei S die „Kraft“ (das Bedürfnis) des Sprechers, H die „Kraft“ (das Bedürfnis) des Hörers ist. Löst man diese Differentialgleichung, so erhält man

$$\ln y = -S \ln(M-x) - H \ln(x-m) + c,$$

woraus durch Entlogarithmierung

$$y = C(M-x)^{-S}(x-m)^{-H},$$

110 Wimmer/Altmann (2005) haben den obigen Ansatz einer Verallgemeinerung unterzogen, indem es ihnen gelang, ausgehend vom Proportionalitätsansatz sowohl für stetige als auch diskrete Variablen entsprechende diskrete Verteilungsmodelle und stetige Funktionen abzuleiten. Damit steht ein ganzes Ensemble von Verteilungsmodellen und Funktionen zur Verfügung, die in der Lage sind linguistische Daten (bezogen auf Häufigkeiten, aber auch auf Zusammenhänge) in Form von Modellen zu erfassen. Die besondere Herausforderung für die Linguistik besteht nun darin, ein passendes Modell zu finden bzw. dessen Adäquatheit einschlägig zu begründen. Eine weitere zu großen Teilen ungelöste Problematik ist bislang die Interpretation der in die Modelle einfließenden Parameter, allerdings sind in einigen Bereichen der quantitativen Linguistik (Analyse der Wortlängenhäufigkeiten, Modelle für Phonem- und Graphemhäufigkeiten und die Interpretation der Parameter aus dem Menzerath-Altmann'schen Gesetz) nachhaltige Fortschritte zu beobachten.

die sogenannte Betafunktion entsteht. Daraus ergibt sich ein ganzes System von Funktionen und Verteilungen (vgl. dazu insbesondere Wimmer/Altmann 2005), welches sich bei der Erforschung linguistischer Zusammenhänge bisher sehr gut bewährt hat.

4.2.3 Axiome und Voraussetzungen einer Modellierung

Die mathematische Modellierung, die im vorangehenden Kapitel vorgestellt wurde, beruht auf der Annahme, dass *Sprache* ein selbstreguliertes bzw. selbstorganisiertes System ist. Von grundlegender Bedeutung für die mathematische Modellierung ist die Vorstellung, dass sich Sprachen in einem stetigen Fließgleichgewicht befinden, welches sich, wie bereits erwähnt, durch die konfligierenden Bedürfnisse der Hörer und Sprecher erklären lässt. Sofern sich nun in einem sprachlichen System eine linguistische Eigenschaft – aus welchen Gründen auch immer – verändert, zieht das Veränderungen einer damit verbundenen Eigenschaft nach sich. Die gleichzeitige Änderung lässt sich u.a. mit der funktionalen Verbindung der Eigenschaften begründen, die als funktionale Äquivalente auftreten und so in der Lage sind sich gegenseitig zu stützen und im Bedarfsfall den jeweiligen Ausfall bzw. die Veränderung zu kompensieren. Die Prozesse führen dazu, dass sich Eigenschaften bzw. Einheiten an die neuen Anforderungen anpassen müssen und somit ihrerseits Veränderungen unterliegen.

Der soeben vorgestellte Ansatz erweist sich als äußerst passend für eine Modellierung von Wechselbeziehungen, die vom Phoneminventar einer Sprache ausgehen. Eine statistische Modellierung ist aber an eine Reihe von Axiomen gebunden, die es bei der linguistischen Modellbildung zu berücksichtigen gilt. In Anlehnung an Altmann (1978, 1981, 1993, 1997, 2006) sind folgende Axiome bzw. Randbedingungen von besonderer Wichtigkeit:

1. Die zu modellierende linguistische Eigenschaft bzw. Einheit muss sich quantitativ erfassen lassen, d. h. sie muss messbar sein. Die prinzipielle Messbarkeit und der Versuch einer operationalen Erfassung einer Einheit ist die unumgängliche Voraussetzung für jede weitere quantitative Studie. Die Probleme der linguistischen Metrisierung können hier allerdings nicht im Allgemeinen, sondern nur anhand der Festlegung des Phoneminventars bei sprachübergreifenden Untersuchungen diskutiert werden.
2. Obwohl sprachliche Einheiten keine infiniten Werte annehmen können, lassen sich auch finite Werte wegen des grundsätzlichen dynamischen Charakters der Sprache nur aus theoretischen, empirischen und aus heuristischen Gründen (z. B. ein abgeschlossenes Lexikon, eine bestimmte Satzlänge, ein

Morpheminventar u. Ä.) ansetzen. So können sie bei einer mathematischen Modellierung entsprechend berücksichtigt werden.

3. Jede sprachliche Eigenschaft ändert sich im Laufe der historischen Entwicklung. Es ist aber nicht ausgeschlossen, dass es innerhalb eines sprachlichen Systems Merkmale gibt, die durch unterschiedliche Formen der Stabilität ausgezeichnet sind. Insofern sind Bereiche mit einer relativ hohen von solchen mit einer relativ geringen Stabilität zu unterscheiden. Es ergeben sich unter Umständen unterschiedliche Änderungsgrade, die im Einzelfall empirisch erhoben werden müssen.
4. Variation und Diversifikation sind integrale Kennzeichen sprachlicher Systeme. Das gilt auch für den Phoneminventarumfang, der – je nach Tiefe der (allo-)phonischen Analyse – unterschiedlich groß ausfallen kann.
5. Keine sprachliche Eigenschaft ist isoliert, sondern jede Eigenschaft ist mit einer ganzen Reihe von anderen Eigenschaften verbunden. Die Wechselbeziehungen sind der Grund, dass Änderungen in einem sprachlichen System nicht nur einen Teilbereich treffen, sondern immer auch andere Eigenschaften und Teilbereiche. Verbundenheit und gegenseitige Verzahnung sind zentrale Kennzeichen eines sprachlichen Systems. Das Ausmaß der Verzahnung wurde für das Phoneminventar bereits gezeigt.
6. Für den vorgestellten Ansatz der mathematischen Modellierung ist von besonderer Bedeutung, dass die Änderung einer sprachlichen Eigenschaft in einem proportionalen Verhältnis zur Änderungsrate einer mit ihr verbundenen sprachlichen Eigenschaft steht. Die Proportionalität hat nichtlinearen Charakter und die jeweiligen Änderungsraten lassen sich daher durch Potenzgesetze erfassen. Ein solcher Ansatz wird der Struktur von natürlichen sprachlichen Systemen nach derzeitigem Erkenntnisstand am besten gerecht.
7. Für linguistische Eigenschaften und Einheiten, die nicht durch eine direkte, sondern durch eine indirekte Beziehung miteinander verbunden sind, ist von entsprechend komplexeren Modellen auszugehen, als das im Falle von einfachen bidirektionalen Abhängigkeiten notwendig ist. Dieser Punkt scheint von besonderem Interesse für die Wechselbeziehungen, die vom Phoneminventar ausgehen. Es ist zu erwarten, dass Wechselbeziehungen zwischen hierarchisch enger beieinander liegenden Ebenen auf bessere Modellierungsergebnisse verweisen können als weiter auseinander liegende.

Unter Berücksichtigung dieser Punkte und der angeführten Axiome sollte es mit Hilfe eines solchen Modellierungsapparats gelingen, die postulierten Wechselbeziehungen auf eine Modellebene zu überführen und darüber hinaus – zumindest in Teilaspekten – einer empirischen Überprüfung zu unterziehen.

5. Interagierende Eigenschaften: Phoneminventar – Wortlänge

5.1 Einleitung

Das Phoneminventar konstituiert sich durch die Anzahl an Phonemen, die einem sprachlichen System zur Verfügung stehen. So tritt diese linguistische Eigenschaft bereits als ordinalskalierte Variable in Erscheinung und lässt sich als solche in ein quantitatives Modell integrieren. Hinsichtlich einer Vielzahl anderer mit dem Phoneminventar in Zusammenhang gebrachter Eigenschaften ist allerdings festzuhalten, dass die Stufe einer quantitativen Begriffsbildung noch nicht erreicht ist. Daher geht es in vielen Fällen erst einmal um das Sondieren von Faktoren und Eigenschaften.

In der Regel erfolgt zunächst ein Rückgriff auf qualitative bzw. kategoriale Begriffe, da die Möglichkeiten und Probleme der Metrisierung aller bisher aufgelisteter Einflussfaktoren nicht geleistet werden kann. Insbesondere zeigte sich das Problem im Zusammenhang mit suprasegmentalen Eigenschaften, die beispielhaft anhand des ausgewählten Merkmals *Akzent* bzw. *Akzentstruktur* besprochen wurden. Es stellte sich heraus, dass oftmals selbst die qualitativen Merkmale und deren mögliche Interrelationen mit dem Phoneminventarumfang weitgehend ungeklärt sind, so dass sich zum gegenwärtigen Zeitpunkt die Frage einer Quantifizierung bzw. Modellierung aller möglichen Wechselbeziehungen gar nicht stellt. Ähnliches gilt mit Ergänzungen auch für die Silben-, Morphem- und Wortstruktur bzw. für viele syntaktische bzw. semantische Eigenschaften sprachlicher Systeme.

Aus der bisherigen Übersicht kristallisiert sich aber eine immer wiederkehrende Interrelation heraus, die besagt, dass es einen modellierbaren Zusammenhang zwischen der Anzahl an Phonemen und der Länge linguistischer Einheiten zu geben scheint. Um eine möglichst breite Erfassung dieser Interrelation zu erreichen, wird im Folgenden aber weder die Silben- noch die Morphemlänge im Vordergrund stehen, sondern die Länge von darüber liegenden Einheiten, die fortan aus Gründen der Vereinfachung als *Wortlänge* bezeichnet wird. Vor einer empirischen Überprüfung bzw. der Präsentation von Ergebnissen der Untersuchung slawischer Sprachen sind die wichtigsten Faktoren, die darauf einwirken können, zusammenfassend darzustellen und zu systematisieren. In erster Linie ist der Phoneminventarumfang selbst im Detail zu spezifizieren, wobei sich eine Differenzierung von segmentalen und suprasegmentalen Eigenschaften anbietet.

Eine globale Anforderung ist die notwendige Regulation der Ähnlichkeit bzw. Unähnlichkeit der einzelnen Phoneme, die nicht zu hoch, aber auch nicht zu niedrig sein darf, um insbesondere auf der Hörerseite keine perzeptuellen Missverständnisse nach sich zu ziehen. Als direkter Faktor, der damit in einem unmittelbaren Zusammenhang steht, ist die Anzahl der zur Verfügung stehenden distinktiven Merkmale zu sehen. Eine weitere Anforderung ist das Zulassen eines gewissen Grades an Redundanz, damit bei evtl. auftretenden Übertragungsstörungen dennoch eine möglichst sichere und erfolgversprechende Übermittlung gewährleistet bleibt. Der empirische Nachweis dafür findet sich in dem in Kapitel 3.1.3 dargelegten Zusammenhang von Phoneminventarumfang und Wiederholungsrate.

Die Möglichkeit einer differenzierten metrischen Erfassung dieser Eigenschaften ergibt sich, indem man innerhalb eines phonologischen Systems die Anzahl an Vokalen und Konsonanten unterscheidet, wenngleich diese – wie in Kapitel 3.1.1 und Kapitel 3.1.2 gezeigt – hinsichtlich einer Wechselbeziehung nicht intrinsisch verbunden sind. In Abhängigkeit davon ergeben sich nicht nur unterschiedliche Grade der Ähnlichkeit bzw. Steuerung der Redundanz, sondern in erster Linie auch die unterschiedlichen Ausmaße der allophonischen Gestaltung eines Phonemsystems. Die Anzahl an Vokalen bietet die Möglichkeit der Erfassung einiger suprasegmentaler Eigenschaften, die – wie ausführlich gezeigt werden konnte – die Kodierungsleistung eines sprachlichen Systems in entscheidender Weise erweitern können.

Eine einfache Form der Operationalisierung ausgewählter suprasegmentaler Eigenschaften liegt vor, wenn man z. B. die Anzahl an Vokalen mit unterschiedlichen Tonhöhen bzw. Vokalquantitäten, sowie die Anzahl an betonten und unbetonten Vokalen in einem sprachlichen System ermittelt. Die Problematik lässt sich anhand eines ausgewählten Parameters, nämlich der Anzahl an Vokalen, im Detail demonstrieren. So kann sich eine bestimmte Anzahl an Vokalen, die ein Systeminventar konstituieren, als relativ unbedeutend herausstellen, sofern sie beispielsweise aufgrund eines vorhandenen freien dynamischen Akzents in unbetonter Stellung reduziert werden. In einem solchen Fall erbringen die Vokale zumindest in den ausgewählten Positionen keinen wichtigen Beitrag zur Kodierungsleistung. Durch die Reduktion einzelner Vokale ist ihre funktionale Wertigkeit nachdrücklich eingeschränkt. Die Systemgröße *Anzahl von Vokalen* relativiert sich auch durch die auf syntagmatischer Ebene wirkenden Prozesse. Ähnliches gilt für das Konsonanteninventar. Zum Beispiel ist in den slawischen Sprachen die Anzahl von Konsonanten immer höher als die Anzahl von segmentalen Vokalphonemen, aber ihre Kodierungsleistung wird durch

Assimilationserscheinungen auf der syntagmatischen Ebene gedämpft. Mithin relativieren die quantitative Ausprägung bzw. syntagmatische Notwendigkeiten die Systemrelevanz dieses sprachlichen Merkmals.

Der Akzenttypus einer Sprache erweist sich als relevante Systemeigenschaft auf phonologischer Ebene. In Abhängigkeit von der funktionalen Leistung und der positionellen Flexibilität des Akzents ergeben sich jeweils zusätzliche Kodierungsmöglichkeiten. Der Akzent (bzw. der Akzenttypus) ist aber nur zum Teil inhärent mit dem segmentalen Phoneminventar als solchem verbunden und insofern als eine eigenständig agierende Systemgröße zu verstehen. Einerseits ist der Akzent in der Lage die formale Diversifikation eines phonologischen Systems zu erhöhen (z. B. durch Reduktion von unbetonten Silben), andererseits kann er aber als wichtige suprasegmentale Eigenschaft auch morphologische, syntaktische und pragmatische Informationen ausdrücken. Darüber hinaus kann der Akzent eine eigenständige bedeutungsunterscheidende Funktion einnehmen, so dass er hinsichtlich der angenommenen Wechselbeziehungen von Phoneminventarumfang und Wortlänge ohne Zweifel als multidimensionale Einflussgröße anzusehen ist.

Es ist auch zu beachten, dass Vokale und Konsonanten in einem unterschiedlichen Ausmaß phonetischen und phonologischen Prozessen unterliegen, die wiederum einen zusätzlichen und (vermutlich für die Kodierung) notwendigen Grad an formaler Diversifikation nach sich ziehen können. Eine allophonische Diversifikation wird u. a. durch unterschiedliche Koartikulations- bzw. phonetische Phänomene (Assimilationen, Dissimilationen, unterschiedliche Formen der Vokalharmonie, phonetisch bedingte Tilgungen, Metathesen, Nasalisierungen, durch suprasegmentale Eigenschaften ausgelöste Reduktionen usw. usf.) erreicht. Jedes der Phänomene ermöglicht die notwendige Diversifikation eines Phonemsystems und das erfolgt im Grunde genommen so, dass der eigentliche Inventarbestand an segmentalen bzw. suprasegmentalen Phonemen nicht erweitert wird. Darüber hinaus macht diese Form der Diversifikation eines phonologischen Systems eine nachhaltige Diversifikation der morphologischen Ebene, insbesondere in Hinblick auf den notwendigen Formenreichtum (Allomorphie) erst möglich. Das heißt: Die wirkenden phonologischen bzw. phonetischen Prozesse haben Einfluss auf die allophonische Ausgestaltung eines Systems. Gleichzeitig können sie aber je nach Ausprägung und Intensität die Kodierungsleistung und den Formenreichtum eines Phoneminventars entweder verstärken oder vermindern. In diesem Sinne ist in der Allophonie ebenfalls ein zusätzlicher Freiheitsgrad zu sehen, der aber keine Auswirkungen auf den quantitativen Umfang eines Phoneminventars hat und in sprachlichen Systemen relativ flexibel eingesetzt werden kann.

Als ein weiterer gewichtiger Einflussfaktor ist das „taktische“, d. h. das kombinatorische Verhalten von linguistischen Einheiten von weitreichender Bedeutung. Das kann sowohl auf die phonologische als auch auf die morphologische Ebene (Bildung von Morphemen) bezogen werden.

Mit Blick auf die Phonotaktik bzw. Phonemdistribution spielen die in einem sprachlichen System wirkenden phonetischen bzw. phonologischen Prozesse eine entscheidende Rolle hinsichtlich der Anzahl von Phonemkombinationen. Die Zahl theoretisch möglicher Kombinationen ist eindeutig abhängig vom Phoneminventarumfang, wobei das für die empirisch beobachtbare Anzahl von eruierten Phonemkombinationen ebenfalls zu beobachten ist. Bezogen darauf, scheint die quantitative Ausprägung des zur Verfügung stehenden Inventars eine größere Rolle zu spielen als vorhandene qualitative Restriktionen. Hierzu gibt es bislang allerdings nur Ergebnisse zu slawischen Sprachen (vgl. dazu Kapitel 3.1.5), die – um den gewünschten Grad an Verallgemeinerung zu erreichen – an anderen Sprachen überprüft werden müssten.

In jedem Fall spielt die syntagmatische Kompatibilität eine entscheidende Rolle für die in einer Sprache vorhandene Silbenstruktur. Hinsichtlich dieses Aspektes gibt es bereits empirische Befunde, wobei in der Regel als quantitativ erfassbare Merkmale die Anzahl der möglichen Silbentypen (bzw. bei Bedarf die der syntagmatisch zu eruierenden Silbentypen) bzw. die jeweiligen Silbenlängen (gemessen in der Anzahl von Phonemen) in Betracht kommen. Es gibt sowohl hinsichtlich der Anzahl von Silbentypen als auch der Silbenlänge zumindest einige empirische Hinweise, dass beide Größen mit dem Phoneminventarumfang in einer statistischen positiven Wechselbeziehung stehen könnten. Deshalb kann er zumindest hypothetisch als eine die Silbenstruktur determinierende Systemgröße angesehen werden. Jedenfalls darf das auf keinen Fall ausgeschlossen werden.

Während bisher insbesondere phonologische Faktoren diskutiert wurden, ist jetzt dezidiert auf die morphologische Ebene einzugehen. Mit Blick auf deren Interrelation zum Phoneminventarumfang ist – wie bereits mehrfach betont – die Regulation der jeweiligen bedeutungstragenden sprachlichen Einheiten ein wichtiger Ausgangspunkt. Immer wieder wird postuliert, dass u.a. Morphem- wie Wortlänge in einer engen Wechselbeziehung zum zugrunde gelegten Phoneminventar zu sehen sind. Um aber bei dem Problem der Morphemlänge zu bleiben: Weder aus der relevanten theoretischen Literatur noch aus uns bekannten empirischen Studien kann eine plausible Begründung dafür abgeleitet werden, inwiefern die Präferenz einer Sprache für eine bestimmte morphologische

Kodierungsform (um die grundsätzliche Problematik an dieser Stelle deutlich zu machen reicht die Unterscheidung von flektierenden, agglutinierenden, isolierenden usw. Sprachen aus) mit einem bestimmten Phoneminventarumfang einhergehen sollte. In dem Fall geht es aber nicht nur um die Beziehung zweier Eigenschaften, sondern um den Zusammenhang von mehreren gleichzeitig.

Während das an dieser Stelle auszublenden ist, kann und muss auf die bislang in der Diskussion genannten Faktoren, die einen Einfluss auf die jeweilige Länge von Morphemen haben können, eingegangen werden. Zu nennen sind das Morpheminventar, die Anzahl von (kanonischen) Morphemtypen und die Morphemlänge selbst, die als abhängig vom jeweiligen Phoneminventarumfang gelten. Trotz der Komplexität und des weitgehenden Fehlens empirischer Studien konnte zumindest auf die mathematische bzw. theoretische Dimension der Problematik verwiesen werden. Es erweist sich, dass – um ein ausreichendes Morpheminventar zu generieren – sowohl die Anzahl von unterschiedlichen Morphemtypen als auch die jeweilige Morphemlänge relativ flexibel gestaltet werden können, ohne dass eine nachhaltige Erhöhung oder Verminderung des Phoneminventarumfangs nötig wäre. Bereits mit der Bildung unterschiedlicher Morphemtypen und ihrer flexiblen Gestaltung lässt sich mit Hilfe einer überschaubaren Anzahl von Phonemen ein ausreichendes Inventar generieren. Hypothetisch ließe sich aus dieser Perspektive generell eine Relativierung der Bedeutung des Phoneminventarumfangs ableiten.

Zusätzliches Gewicht bekommt die Aussage, wenn man weitere Eigenschaften eines morphologischen Systems, wie etwa die jeweilige Anzahl von Suffixen bzw. die Anzahl von zur Verfügung stehenden Stammmorphemen und Ähnliches, beachtet. Neben diesen Parametern gilt es weitere Faktoren zu berücksichtigen, die ebenfalls eine (im Übrigen notwendige) formale Diversifikation der morphologischen Ebene bewirken. Als wichtigster Faktor ist die Möglichkeit der Mehrfachkodierung (der Fusionsgrad wäre ein Spezialfall einer vorhandenen Homonymie bzw. Polysemie) zu nennen, die ein morphologisches System zu einem äußerst effizienten Kodierungssystem werden lässt, ohne dass die Notwendigkeit besteht, das Morpheminventar mit Hilfe einer Längung von Morphemen „auszubauen". Das gilt auch für den in morphologischen Systemen beobachtbaren Formensynkretismus, der ebenfalls im Sinne einer Mehrfachkodierung interpretiert werden kann. Darüber hinaus ergeben sich aufgrund wirkender phonologischer Prozesse wiederum unterschiedliche Möglichkeiten zur Erhöhung des morphologischen Formenreichtums, dessen Ausmaß alle anstehenden Kodierungsaufgaben bewerkstelligen kann. Auch gilt es das „taktische" Verhalten der morphologischen Einheiten zu berücksichtigen, zumal die Bildung von

Morphemen von den jeweiligen phonotaktischen und silbenstrukturellen Bedingungen abhängt. Im Falle von über dem Morphem anzusiedelnden Einheiten gilt es die Abhängigkeit von der Morphotaktik – einer im Übrigen wenig untersuchten sprachlichen Eigenschaft – zu beachten.

Insofern ergibt sich – um damit abschließend auf die Wortlänge eingehen zu können – ein ganzes Ensemble von Einflussfaktoren, das die Relation von Phoneminventarumfang und Wortlänge beeinflussen kann. Die Vielzahl interagierender Eigenschaften ist in Abb. 20 graphisch dargestellt. Auch wenn modellhaft nur die wichtigsten Eigenschaften angeführt werden, ist die multifaktorielle Dimension der Abhängigkeitsbeziehung klar zu erkennen. Aus der Gesamtschau lässt sich bereits an dieser Stelle deduktiv ableiten, dass ein einzelner Faktor, wie es der Phoneminventarumfang wäre, für die Ausprägung der Wortlänge vermutlich kaum allein entscheidend sein kann. Vor einem abschließenden Resümee ist aber auch noch auf die empirische Dimension der Fragestellung näher einzugehen.

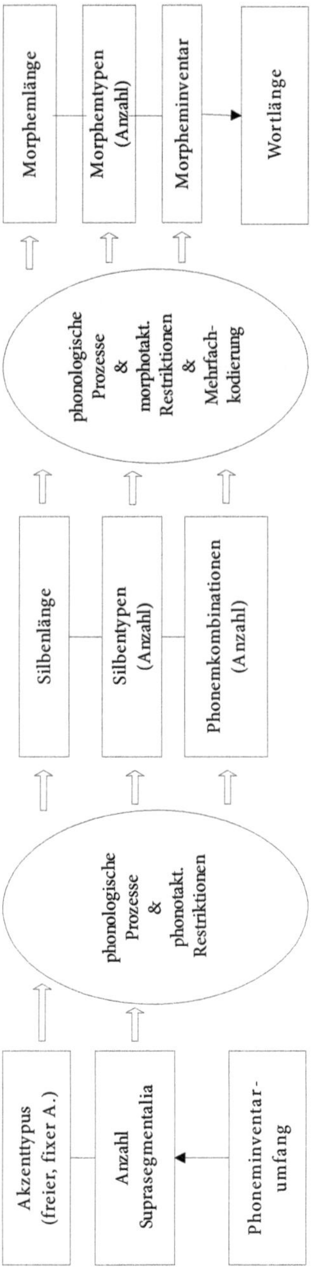

Abb. 20: Einflussfaktoren der Relation Phoneminventarumfang – Wortlänge.

5.2 Empirische Evidenz aus den Sprachen der Welt

Die theoretischen und methodologischen Eckpunkte der Untersuchung von Wechselbeziehungen, die vom Phoneminventarumfang ausgehen, sind in den vorangehenden Kapiteln ausführlich thematisiert worden. Ein immer wieder in die Diskussion gebrachter Zusammenhang bezieht sich auf den Phoneminventarumfang und die Wortlänge. Nun gilt es die empirische Dimension der Fragestellung und damit verbundene Probleme aufzuzeigen. In einem ersten Schritt geht es um eine Reanalyse und Zusammenführung von in der Literatur bereits veröffentlichten Ergebnissen (Nettle 1995, 1998). Auf deren Basis lassen sich weiterführende Probleme erkennen, die insbesondere auf die Notwendigkeit einer systematischen Klärung von Randbedingungen der Untersuchung hinauslaufen. In einem zweiten Schritt werden daher slawische Sprachen in Hinblick auf ihre Phoneminventarumfänge und die entsprechenden Wortlängen untersucht. Um dem Kriterium der Vergleichbarkeit von jeweils homogenem Material gerecht zu werden, werden zum einen eine modifizierte Swadesh-Liste (=Basiswortschatz) und zum anderen ein vom Autor erstelltes Paralleltextkorpus herangezogen. Damit werden sowohl neue empirische Kenntnisse gewonnen, als auch methodologisch-konzeptuelles Neuland betreten.

Nach derzeitigem Kenntnisstand ist ein Zusammenhang zwischen dem Phoneminventarumfang und der Wortlänge systematisch vor allem in Nettle (1995, 1999) empirisch aufgegriffen und untersucht worden. Vorweg muss betont werden, dass die Studien zwar in einem linguistischen Kontext verfasst wurden, das Arbeitsfeld des Autors aber im Bereich der Biopsychologie anzusiedeln ist und für ihn Fragen der linguistischen Diversifikation und der Sprachevolution im Vordergrund stehen. Nettles (1995: 359) Ausgangspunkt ist folgender:

> Functional theories of language structure predict that as the number of contrastive segments [S] in a language increases, the average length of a word [L] will decrease.

Damit greift der Autor im Großen und Ganzen die in der vorliegenden Arbeit bereits mehrfach genannten Überlegungen (ohne sie allerdings im Detail zu benennen) auf und untersucht sie anhand von zehn unterschiedlichen Sprachen (Thai, Italienisch, Hindi, Hawaiisch, !Xũ, Türkisch, Nahuatl, Deutsch, Georgisch, Mandarin). In Nettle (1998) werden weitere 12 afrikanische Sprachen (Fula, Hausa, Tamasheq, Songhai, Bambara, Ngizim, Edo, Igbo, Mende, Ewe, Vata, Vute) untersucht.

Die Randbedingungen der beiden Untersuchungen sind:

1. Der Phoneminventarumfang und die durchschnittliche Wortlänge werden jeweils in der Anzahl von kontrastiven Segmenten bestimmt.
2. Die Anzahl von vokalischen Segmenten wird – allerdings ohne weitere Begründung – mit der Anzahl vorhandener Töne multipliziert; Vokalquantitäten werden ebenfalls berücksichtigt.
3. Die Wortlänge wird unter Anwendung eines zufallsbasierten Stichprobenverfahrens jeweils auf der Basis von 50 Wortformen aus unterschiedlichen (in der Regel zweisprachigen) Wörterbüchern ermittelt. Somit werden jeweils unterschiedliche Bedeutungen untersucht – ein Manko, auf welches in Kapitel 5.3 detailliert eingegangen wird.

Die Rohdaten der beiden Untersuchungen sind in Tab. 9 reproduziert.

Tab. 9: Phoneminventar und durchschnittl. Wortlänge nach Nettle (1995, 1998)

Nettle (1995)			Nettle (1998)		
Sprache	**Segmente S (Anzahl)**	**durchschnittl. Wortlänge**	**Sprache**	**Segmente S (Anzahl)**	**durchschnittl. Wortlänge**
Thai	76	3,65	Fula	33	6,42
Italienisch	30	7,00	Hausa	35	5,68
Hindi	41	5,57	Tamasheq	36	5,26
Hawaiisch	18	7,08	Songhai	42	4,96
!Xũ	119	4,02	Bambara	49	4,86
Türkisch	28	6,44	Ngizim	52	5,32
Nahuatl	23	8,69	Edo	53	4,42
Deutsch	41	6,44	Igbo	58	4,62
Georgisch	34	7,74	Mende	71	4,7
Mandarin	53	5,40	Ewe	81	4,16
			Vata	164	4,56
			Vute	195	3,94

An dieser Stelle muss die von Nettle (1995, 1998) einzeln durchgeführte Modellierung des Zusammenhangs zwischen Segmentinventar (S) und durchschnittlicher Wortlänge (L) nicht in allen Einzelschritten reproduziert werden. Fakt ist, dass $L = a*S^{-b}$ als ein geeignetes Modell angesetzt wird, d. h. die durchschnittliche Wortlänge (L) wird als eine Funktion der Anzahl von Segmenten, die durch zwei weitere empirisch zu bestimmende Parameter (a, b) gesteuert wird, angesehen. Dabei ist ein Sinken der durchschnittlichen Wortlänge mit zunehmendem Phoneminventar angesetzt. Ein solches Modell lässt sich unter Bezugnahme auf die in Kapitel 4 vorgestellten Möglichkeiten der statistischen Modellierung durchaus linguistisch begründen, was aber weder in Nettle (1995) noch in Nettle (1998) gemacht wird. Eine Reanalyse der in Tab. 9 angeführten Daten ergibt ausgehend von der Funktion $L = 18{,}62*S^{-0.32}$ ein R^2 von 0,6722. Eine graphische Darstellung des modellierten Zusammenhangs findet sich in Abb. 21.

Abb. 21: Segmentanzahl und durchschnittl. Wortlänge (nach Nettle 1995, 1998).

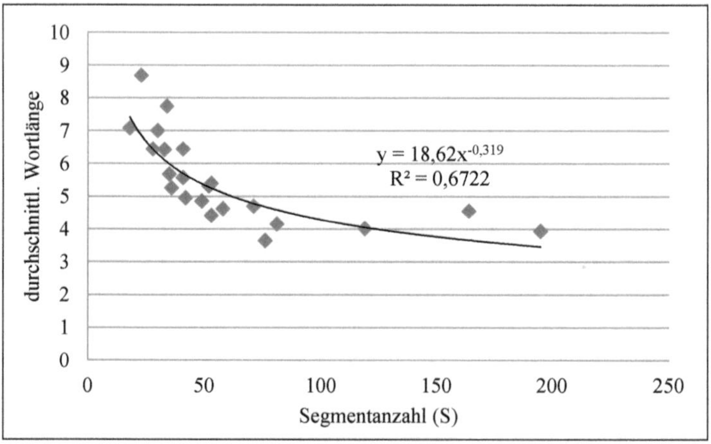

Aus statistischer Sicht bestätigt sich zumindest tendenziell der vermutete Zusammenhang. Vorstellbar ist natürlich auch die Einführung weiterer Variablen bzw. eine Erhöhung der Parameter im Modell. Außerdem scheint es angebracht, kurz auf die Bestimmung der Segmentinventare einzugehen, die Nettle (1995) unter Bezug auf Campbell (1991a und 1991b) durchgeführt hat. So wird zum Beispiel das Italienische mit einem Segmentinventar von 30 geführt, womit – vom Autor werden dazu keine weiteren Angaben gemacht – offenbar geminierte Konsonanten bzw. lange Konsonanten nicht berücksichtigt werden; im Falle ihrer Berücksichtigung würde sich ein Inventar von über 40 ergeben.

Besonders problematisch ist an der Untersuchung aber, dass als Bezugsgröße in Tonsprachen automatisch die Anzahl von Tönen mit der Anzahl von segmentalen Vokalen multipliziert wird, so dass im Grunde von einer theoretisch möglichen Anzahl kontrastiver Segmente ausgegangen wird. Das muss aber nicht der linguistischen Realität entsprechen. Somit ergibt sich eine doch ungewöhnlich hohe

Anzahl von Inventaren (Vata mit 164 und Vute mit 195 „Phonemen“), die z. B. in der Universalienforschung (vgl. dazu Kapitel 2.3) in dieser Form nicht bekannt ist.

Es ist auch anzumerken, dass der Wortbegriff nicht näher exemplifiziert wird und das Problem z. B. im Mandarin (Nettle 1995: 360) dadurch gelöst wird, indem die angebotenen Äquivalente aus Englisch-Chinesischen Wörterbüchern analysiert werden. Ein weiterer äußerst problematischer Punkt ist ohne Zweifel die sehr geringe Stichprobengröße in der Höhe von jeweils 50 ausgezählten Wortformen. Es ist somit von einem bestimmten Grad an Willkürlichkeit auszugehen, da z. B. je nach ausgesuchter Wortart jeweils recht unterschiedliche Wortlängen ermittelt werden können. Auch besteht durch den geringen Stichprobenumfang die Gefahr einer hohen Streuung.

5.3 Klärung von Randbedingungen der Untersuchung von slawischen Sprachen

Der Befund von Nettle (1995, 1998) muss ohne Zweifel auf eine breitere empirische Basis gestellt werden. Im Folgenden werden weitere Sprachen mit Blick auf den Zusammenhang von Phoneminventarumfang und durchschnittlicher Wortlänge analysiert. Die Untersuchungen von Nettle (1995, 1998) sind dennoch als wichtige Motivation zu verstehen, um nunmehr einige bislang vernachlässigte Aspekte in den Vordergrund zu rücken und insbesondere die Frage nach den Randbedingungen stärker als bisher zu thematisieren. Im Detail handelt es sich dabei um folgende Aspekte:

1. Die Bestimmung des Phoneminventarumfangs und damit einhergehend die Möglichkeiten der Verwendung einer unterschiedlichen phonologischen „Tiefe“ bei den notwendigen Transkriptionen.
2. Die Klärung in welchem Material die Wechselbeziehung zwischen Phoneminventarumfang und Wortlänge bestimmt wird. Die von Nettle gewählte Vorgehensweise ist aus unserer Sicht ob der äußerst geringen Stichprobengröße von nur jeweils 50 Wortformen nicht überzeugend. Auch ist die Idee einer „repräsentativen“ durchschnittlichen Wortlänge pro Sprache zu hinterfragen, da diese innerhalb einer Sprache je nach analysiertem Register bzw. je nach Textsorte stark variiert. Insofern ist die Wahl des Untersuchungsmaterials eine zentrale zu prüfende Randbedingung. Vgl. dazu den nächsten Punkt.
3. Bei sprachübergreifenden Untersuchungen stellt sich immer die Frage, welches Material verglichen werden soll. Bei der stichprobenbasierten Untersuchung von Nettle (1995, 1998) impliziert das Untersuchungsdesign – es basiert auf der Verwendung einer zufallsgesteuerten Auswahl von Wortformen

aus Wörterbüchern –, dass jeweils unterschiedliches Material miteinander verglichen wird. Salopp formuliert kommt dies dem Vergleich von „Äpfel und Birnen“ durchaus nahe. Somit ist als Randbedingung das jeweils untersuchte Material zu thematisieren. Im vorliegenden Fall wird der Grad an Heterogenität bewusst möglichst niedrig gehalten, indem die jeweils sprachspezifischen Äquivalente untersucht werden. Erreicht wird das durch die Untersuchung eines Segments aus dem Basiswortschatz der slawischen Sprachen und von Texten aus einem slawischen Paralleltextkorpus.

4. In engem Zusammenhang damit steht die Frage, auf welcher Ebene die Wortlänge bestimmt wird; zur Verfügung stehen u.a. Lemmata-Analysen und Wortformen-Analysen auf Types- und Tokens-Ebene. Damit geht ein jeweils unterschiedlicher phonologischer bzw. morphologischer Informationsinput einher.
5. Die Wechselbeziehung zwischen Phoneminventarumfang und Wortlänge wird - soweit das aus der von uns überblickten Literatur hervorgeht - als eine sprachenübergreifende Regulation interpretiert. Bislang gibt es aber im Zusammenhang mit dieser Frage keine ausführliche Diskussion, auf welche Art und Weise bei der Untersuchung von sprachübergreifenden Phänomenen eine „repräsentative“ Sprachenauswahl[111] erfolgen kann. Im vorliegenden Fall werden ausschließlich slawische Standardsprachen untersucht, um die grundsätzliche Problematik zumindest anhand einer genetisch definierten Sprachgruppe zu demonstrieren.

Alle Randbedingungen haben den Vorteil, dass die jeweiligen damit verbundenen Konsequenzen auf induktive Weise aufgezeigt werden können.

5.3.1 Bestimmung des Phoneminventars

Da im gegebenen Zusammenhang die Frage nach der Relevanz des Phoneminventarumfangs im Vordergrund steht, ist die Messung der Wortlänge in der Anzahl von Phonemen näher zu besprechen. Es geht uns um die Erfassung eines ausgewählten Aspekts phonologischer und morphologischer Komplexität. Die Messung in der Anzahl von Silben bzw. Morphemen wäre eine Alternative, die

---

111 Diese Aussage bezieht sich auf den engen Bereich der Diskussion um die Rolle des Phoneminventarumfanges für die Wortlänge. In der typologischen Literatur wird diese Frage sehr wohl diskutiert (vgl. u.a. Croft 2003: 13 ff.), u.a. auf der Ebene der Einsatzmöglichkeit von statistischen Modellen (siehe dazu Maslova 2008).

aber hier nicht weiter verfolgt werden soll. Außerdem soll die Vergleichbarkeit mit der Studie von Nettle (1995, 1998) zumindest unter diesem Aspekt gewahrt bleiben. Wichtiger erscheint mit Blick auf die oben angesprochene Problemstellung die Beantwortung der Frage nach einer stringenten Bestimmung des Phoneminventars in den einzelnen slawischen Sprachen. Unter Berücksichtigung der vorhandenen Nachschlage- und Referenzwerke (Comrie/Corbett 1993, Cubberley 1980: 90–100, Kolomiec et al. 1986: 28–40, Moldovan 2005, Rehder 2006a, Sawicka 2007, Sussex/Cubberley 2006, Stadnik 1998 u. a.) wird versucht folgende Minimalanforderungen an das Phoneminventar slawischer Sprachen zu stellen bzw. es gelten die folgenden Bedingungen der Bestimmung:

1. Die verwendeten Phoneminventare beziehen sich ausschließlich auf die jeweilige Standard- bzw. Literatursprache. Es wird auf keine dialektalen bzw. regionalen Besonderheiten Rücksicht genommen (die z. B. im Bulgarischen aufgrund der unterschiedlichen Ausprägung der Palatalisierungskorrelation von besonderem Interesse wären, da sich daraus direkte Konsequenzen für den Phoneminventarumfang ergäben).
2. Die Palatalisierung in den slawischen Sprachen wird einheitlich gehandhabt, d. h. ein palatalisierter Konsonant wird als ein Phonem aufgefasst und nicht als eine biphonematische Kombination von Konsonant und /j/, wie das in Hill (2006: 311) für das Bulgarische oder von Bluhme (1965) für das Polnische angenommen wird.
3. Auftretende Affrikaten und Diphthonge werden monophonematisch, d. h. als ein Phonem gewertet.
4. Silbenbildende Sonanten werden je nach vorliegender Beschreibung für das Tschechische, Slowakische, Kroatische, Serbische und Mazedonische als ein separates Phonem, d. h. als eine gesonderte Einheit des Inventars aufgefasst. Für das Slowenische wird in Anlehnung an Toporišič (2000: 56–57) das silbenbildende /r/ als stellungsbedingte Variante und somit nicht als gesondertes Phonem interpretiert; in interkonsonantischer Stellung fassen wir es als Halbvokal auf.
5. Die suprasegmentalen Eigenschaften werden hinsichtlich der Vokalquantität und der Tonhöhenunterschiede einheitlich erfasst. Der Akzent spielt u.a. in dem Fall eine Rolle, sofern er mit der Vokalquantität inhärent verbunden ist. Prinzipiell stehen zwei Wege offen, die bereits Kempgen (1991: 251) aufgezeigt hat: 1. Jede suprasegmentale Eigenschaft wird als ein separates suprasegmentales Phonem gezählt. Oder: 2. Es wird jeder in einem System vorkommende lange Vokal bzw. jede Tonhöhe als ein eigenständiges Phonem interpretiert. Für die vorliegende Untersuchung wird die zweite Möglichkeit

in Betracht gezogen, da so auch die distinktive Funktion der suprasegmentalen Ebene zumindest hinsichtlich der Vokalquantität, der Tonhöhe und – sofern inhärent damit verbunden – des Akzents berücksichtigt wird. Damit ergibt sich z. B. für das Tschechische ein Vokalsystem von 10 Einheiten (/i/, /u/, /e/, /o/, /a/, /i:/, /u:/, /e:/, /o:/, /a:/), für das Slowenische ein Inventar von 19 Vokalphonemen (unter Berücksichtigung der Vokallängen und des Akzents – vgl. Toporišič 2000: 71) und für das Serbische bzw. Kroatische ergeben sich 24 Vokalphoneme (vgl. Rehder 2006b: 282, Sussex/Cubberley 2006: 154).

In Tab. 10 findet sich eine Zusammenstellung der jeweils verwendeten Phoneminventare[112] (V = Vokale, C = Konsonanten, K = Gesamtinventar) unter Anführung der berücksichtigten Sekundärliteratur.

Tab. 10: Phoneminventarumfänge in den slawischen Sprachen

Nr.	Sprache	V	C	K	Kommentar	Referenz
1	Russisch	5	37	42	ohne [dz] und [dž'] als allophonische Varianten von /c/ und /č/	Berger (2006)
2	Ukrainisch	6	32	38	–	Schweier (2006), Shevelov (1993)
3	Weißrussisch	5	39	44	keine Berücksichtigung des bilabialen Allophons [ŭ]	Bieder (2006), Mayo (1993)

112 Die Übersicht unterscheidet sich in einigen Aspekten deutlich von Sadnik (1998), die eine synchrone phonologische Beschreibung von slawischen Standardsprachen und eine quantitative Auswertung dazu vorlegt. Ein Unterschied besteht bereits darin, dass der in einigen slawischen Sprachen zu beobachtende Abbau der Palatalisierungskorrelation berücksichtigt wird. Das führt dazu, dass für das Niedersorbische bzw. Polnische zwei unterschiedliche Konsonantensysteme (mit und ohne Berücksichtigung einer Palatalisierungskorrelation) angegeben werden. So ergeben sich z. B. für das Polnische entweder 36 Konsonantenphoneme (mit palatalisierten Konsonanten) oder nur 28 ohne deren Berücksichtigung. Gravierend sind auch die Unterschiede zur Interpretation der Vokallänge im Serbokroatischen, Slowakischen, Slowenischen und Tschechischen. Da die Vokallänge als jeweils ein suprasegmentales Phonem aufgefasst wird, ergibt sich z. B. für das Tschechische ein Inventar von 32 Phonemen (davon 7 Vokale), während für das Serbokroatische von einem Inventar von 33 Phonemen (davon 8 Vokale) ausgegangen wird. Man sieht, dass die genaue Bestimmung einer bestimmten Anzahl von Phonemen für die slawischen Sprachen nicht unproblematisch ist, da sich in Abhängigkeit von der gewählten Zählweise selbst innerhalb einer Sprache beträchtliche Unterschiede ergeben. Die Reihenfolge in der Tabelle 10 entspricht in groben Zügen arealen Kriterien (=ost-, west- und südslawische Sprachen).

Nr.	Sprache	V	C	K	Kommentar	Referenz
4	Polnisch	7	35	42	Nasalität als phonologisch relevantes Merkmal, /i/ und /y/ als allophonische Varianten	Birnbaum/Molas (2006)
5	Obersorbisch	7	30	37	/i/ und /y/ als allophonische Varianten	Stone (2006)
6	Slowakisch	15	27	42	/r/ und /l/ je nach Position als Vokal oder als Konsonant gezählt, ohne Berücksichtigung von /æ/	Short (1993), Vintr (2006b)
7	Tschechisch	12	25	37	/r/ und /l/ je nach Position als Vokal oder als Konsonant interpretiert	Vintr (2006a)
8	Bulgarisch	6	39	45	unter Berücksichtigung der Palatalisierungskorrelation	Hill (2006), Scatton (1993)
9	Mazedonisch	6	26	32	/r/ als silbischer Vokal	Friedman (1993a), Rehder (2006c)
10	Kroatisch	25	25	50	/ije/ als eigenständiges Vokalphonem, /r/ als silbenbildender Vokal	Turk (1992)
11	Serbisch	24	25	49	/r/ als silbenbildender Vokal	Rehder (2006b)
12	Slowenisch	19	21	40	/ɛ/ und /ɔ/ als eigenständige Phoneme, [lj] und [nj] als Allophone von /l/ und /n/	Priestly (1993)

Betrachtet man nun die Phoneminventarumfänge der slawischen Sprachen auf solche Weise, dann fällt auf, dass nach der vorgeschlagenen Zählweise einige Sprachen über dasselbe Phoneminventar verfügen (z. B. Polnisch, Russisch, Slowakisch bzw. Tschechisch und Obersorbisch). Anhand der oben angeführten Inventarumfänge lässt sich auch keine sprachtypologische Gliederung erkennen, da z. B. die südslawischen Sprachen mit einem relativ großen Inventar aufwarten, aber z. B. das Mazedonische ob der fehlenden Vokalquantität bzw. der fehlenden Tonhöhenunterschiede als „Ausreißer" zu interpretieren wäre. Ruft man sich die Erkenntnisse der Universalienforschung bezüglich eines durchschnittlichen Phoneminventars in den Sprachen der Welt (=ca. 30 bzw. 31 Phoneme) in Erinnerung, so ergibt sich relativ eindeutig, dass die slawischen Sprachen eher im oberen Inventarbereich des Spektrums anzusiedeln sind. Anzumerken ist aber, dass die vorgenommene Bestimmung von Inventaren nur eine von vielen vorstellbaren Möglichkeiten ist. Es können je nach Forschungsperspektive und zugrunde gelegtem Erkenntnisinteresse andere Inventare angesetzt werden.

5.3.2 Prinzipien der Transkription

Für die vorliegende Untersuchung werden die schriftlich vorliegenden Texte (das Paralleltextkorpus bzw. die Wortschatzliste) nach einem einheitlichen Prinzip in eine phonologisch-phonetische Umschrift transformiert. Ein notorisches Problem jeder phonologischen Transkription ist die jeweils anzuwendende phonologische „Tiefe". Ausgehend von den orthographischen Vorlagen der zu untersuchenden Texte wird versucht eine möglichst allophonisch orientierte Transkription zu verwenden. Das bedeutet, morphologische bzw. morphophonologische Informationen bleiben bei der Transkription unberücksichtigt. Als methodologisches Vorbild dient der phonetisch bzw. allophonisch orientierte Ansatz[113] der Leningrader bzw. Petersburger Schule (vgl. dazu u.a. Bondarko 2009). Dieser Ansatz impliziert die Berücksichtigung von Assimilationen, insbesondere der regressiven Assimilation, die Berücksichtigung des Verlusts des Stimmtons im Auslaut und im Russischen die Berücksichtigung von Vokalreduktionen, die in Abhängigkeit von der Position des Akzentes zu sehen sind.

Da aber die slawischen Schriftsysteme relativ konsistent und transparent die jeweilige Lautung wiedergeben, wurden für die automatisch durchgeführte allophonische Transkription der einzelnen Sprachen die entsprechenden in der Sekundärliteratur angeführten Graphem-Phonem-Allophon-Korrespondenzen für die semiautomatische Transkription herangezogen.

In den ostslawischen Sprachen wurde besonderer Wert auf eine korrekte Transkription der palatalisierten Konsonanten gelegt. Eine grobe Übersicht über das russische Phonemsystem in Relation zum Graphemsystem findet sich in Gabka (1987: 156–165), Ivanova (1976), Knjazev/Požarickaja (2005), Kučera/Monroe (1968) und insbesondere in Bogdanova (2001). Die russischen Texte wurden in einem ersten Schritt manuell mit den entsprechenden Betonungen versehen, womit die Reduktionen positionsabhängig in vereinfachter Form berücksichtigt werden konnten. Jedes unbetonte /o/ wird – ohne Rücksicht auf die Position innerhalb des Wortes – als Phonem /a/ interpretiert (weitere stellungsbedingte allophonische Varianten bleiben unberücksichtigt); jedes unbetonte /e/ wird als Phonem /i/ transkribiert. Für das Russische werden ferner regressive Assimilationen und der Stimmtonverlust im absoluten Wortauslaut berücksichtigt. Die im Abbau begriffenen Assimilationserscheinungen, die zwischen palatalisierten Konsonanten wirken, spielten bei der Transkription keine Rolle.

---

113 Ähnlich auch Kempgen (2003), der in seiner Arbeit zur russischen (phonologischen) Silbentrennung ebenfalls von einer „lautnahen" Umschrift ausgeht.

Für das Ukrainische liegt eine mustergültige Übersichtsdarstellung zur Phonem-Graphem-Relation in Buk/Mačutek/Rovenchak (2008) vor, die auch die Ausgangsbasis für die durchgeführte allophonische Transkription darstellt. Als Besonderheit ist hervorzuheben, dass die Stimmhaftigkeit im Ukrainischen im absoluten Wortauslaut erhalten bleibt (vgl. dazu Schweier 2006: 97 und Shevelov 1993). Für die Transkription des Weißrussischen, welches innerhalb der slawischen Sprachen als Sprache mit einem äußerst phonetisch orientierten Alphabet bezeichnet wird, wurden die entsprechenden Angaben zur Relation von Schrift- und Phonemsystem in Bieder (2006), Mayo (1993), Podlužnyj (1966) und Padlužny et al. (1989) herangezogen.

Die westslawischen Sprachen unterscheiden sich in Bezug auf die jeweils verwendeten orthographischen Prinzipien zum Teil erheblich von den ost-, aber auch den südslawischen. Es kann ein „tschechischer" (vgl. dazu Schröpfer 1968) und ein „polnischer" Typus in den Schriftsystemen unterschieden werden: Das Slowakische und das Tschechische verwenden in ihrem Schriftsystem u.a. diakritische Zeichen und versuchen Kombinationen von Graphemen (Di-, Trigraphen usw.) zu vermeiden. Die polnische Orthographie, die im Vergleich zum Tschechischen oder Slowakischen als konservativ zu bezeichnen ist, gibt demgegenüber ein Paradebeispiel für die intensive Verwendung von Digraphen für die Kennzeichnung von Konsonanten ab, wenngleich auch dort diakritische Zeichen eingesetzt werden.

Das Obersorbische lehnt sich im Grunde genommen an das Tschechische an, wenngleich im Schriftbild auch „polnische" Züge zum Vorschein kommen. Die Transkription des Tschechischen erfolgte in enger Anlehnung an die Arbeiten von Kučera (1963), Kučera/Monroe (1968) und Vintr (2006a). Für das Slowakische liegt – konzeptuell ähnlich ausgerichtet wie die Studie zum Ukrainischen – eine Übersicht mit der Graphem-Phonem-Relation in Nemcová/Altmann (2008) vor, die als Ausgangspunkt für die phonologische Kodierung verwendet wird. Die Kodierung des Polnischen erfolgt nach den Angaben in Birnbaum/Molas (2006) und Rothstein (1993) unter Zuhilfenahme der entsprechenden phonologischen Darstellungen des Polnischen in Miękisz/Denenfeld (1975) und Segal (1972). Besonders hilfreich für die phonologische Kodierung sind allerdings die sachdienlichen Hinweise und Anweisungen in Jassem/Łobacz (1976) bzw. Rocławski (1981: 31). Für das Obersorbische wurden die in Stone (1993: 600–604) angeführten Korrespondenzen von Graphemen und Phonemen in die Transkriptionsalgorithmen eingearbeitet. Da sie recht ausführlich sind, konnten sie als alleinige Quelle für eine adäquate allophonische Transkription herangezogen werden.

Mit Blick auf die südslawischen Sprachen wurde ebenfalls versucht auf bereits bestehende Listen mit den entsprechenden Korrespondenzen von Graphemen und Phonemen zurückzugreifen. Eine derartige Liste mit einer weiterführenden quantitativen Analyse des Schriftsystems liegt für das Slowenische in Kelih (2008b) vor; sie beruft sich größtenteils auf die Angaben im *Slovenski Pravopis* (1990) und Toporišič (2000). Die beiden langen und offenen Phoneme /ɛ/ und /ɔ/ wurden manuell markiert. Eine besonders ausführliche Anleitung für eine phonetische Kodierung slowenischer Texte findet sich in Gros (2000) und wurde daher ebenfalls zur Transkription herangezogen.

Für das Kroatische finden sich Graphem-Phonem-Korrespondenzen in Babić/Finka/Moguš (1996: 1–40) und Badurina (1996). Besonders hilfreich ist die in Škarić (1991: 351 ff.) veröffentlichte Liste mit dem Phonem- und Graphembestand des Kroatischen. Weder für das Kroatische noch für das Serbische wird, wie es auch in den entsprechenden Referenzwerken vorgesehen ist, von einem Stimmtonverlust im Auslaut (vgl. u.a. Stanojčić/Popović 2005: 58–60) ausgegangen. Eine vollständige Beschreibung eines Laut-Graphem-Konverters für das Kroatische findet sich in Duran (2005) und wurde ebenfalls für die allophonische Transkription verwendet. Darüber hinaus bereiten das Serbische bzw. auch das Kroatische aufgrund einer konsequenten phonetisch-phonologischen Schreibweise (vgl. Subotić 2005: 30) keine weiteren Schwierigkeiten. Im Serbischen (d. h. in kyrillischer Schreibweise) wird die Transkriptionsprozedur insbesondere durch die eindeutige Schreibweise von <љ>, <њ> und <џ> erleichtert. Im Falle des Kroatischen wurden diese Grapheme manuell auf ihren phonologischen Charakter hin untersucht. Für das Mazedonische, der jüngsten slawischen Standardsprache, kann ebenfalls eine phonetisch-phonologische Schreibweise konstatiert werden, die sich zu einem großen Teil an den Prinzipien der serbischen Orthographie orientiert (vgl. dazu Friedman 1993a). Die Graphem-Phonem-Korrespondenzen sind den Arbeiten Friedman (1993b), Koneski (1952: 75–119) und Rehder (2006c) entnommen. Bei der phonologischen Kodierung des Bulgarischen waren die Arbeiten von Scatton (1984, 1993) hilfreich, des Weiteren auch vielzählige Arbeiten zur Phonotaktik und im speziellen auch diejenigen zu realisierten Phonemverbindungen (vgl. dazu Tilkov 1982), insbesondere die zwar etwas ältere, aber methodologisch vorbildliche Analyse zur Phonemdistribution des Bulgarischen in Lekov (1941).

Nach derartigen Prinzipien wurden alle verwendeten Texte (sowohl der Basiswortschatz als auch die Paralleltexte) semiautomatisch analysiert. Die entsprechenden Transkriptionen sind dann in einem weiteren Schritt manuell überprüft worden. Mit einer solchen Vorgangsweise werden zumindest einige auftretende

Inkonsistenzen der jeweiligen Orthographien nivelliert und es wird eine mehr oder weniger einheitliche Transkription in allen slawischen Sprachen gewährleistet.

5.3.3 Wortlänge im slawischen Basiswortschatz (Swadesh-Liste)

Da eine stichproben- bzw. zufallsbasierte Untersuchung von Material aus Wörterbüchern als problematisch anzusehen ist (es werden ja unterschiedliche Bedeutungen miteinander verglichen) wird im Folgenden die Wortlänge in zwölf slawischen Sprachen (Bulgarisch, Kroatisch, Mazedonisch, Obersorbisch, Polnisch, Russisch, Serbisch, Slowakisch, Slowenisch, Tschechisch, Ukrainisch und Weißrussisch) anhand einer Wortliste mit einem sogenannten Basiswortschatz ermittelt.

Ausgegangen wird von einer Basiswortschatzliste (adaptierte Form einer Swadesh-Liste), die sich in der Monografie zur historischen Phonologie von Carlton (1991) findet.[114] Die Liste enthält Lemmata aus unterschiedlichen thematischen Gebieten wie etwa der Tier- und Pflanzenwelt, der Körperteile und Körperaktivitäten, der Verwandtschaftsbezeichnungen, Personalpronomina usw. Für die vergleichende und kontrastive Linguistik ist die Analyse derartiger Wortlisten keine methodologische Neuerung; sie geht u. a. auf Morris Swadesh zurück,[115] der unterschiedlich lange Listen hierfür vorgelegt hat (vgl. Swadesh 1952, Swadesh 1955, den Nachdruck der Liste in Sherzer 1972 und Swadesh 1972:

114 Die Liste basiert im Wesentlichen auf Mel'nyčuk (1966), einem älteren Lehrbuch zu slawischen Sprachen aus historisch-vergleichender Perspektive. Aufgrund der leichteren Zugänglichkeit von Carlton (1991) wird im gegebenen Zusammenhang seine Wortliste verwendet. Die in Carlton (1991) enthaltenen und aus Mel'nyčuk (1966) stammenden orthographischen Fehler wurden für die vorliegenden Analysen korrigiert.

115 Besondere Bekanntheit hat die Analyse des Basiswortschatzes in der Glottochronologie bzw. Lexikostatistik, als deren Begründer Morris Swadesh gilt, in den fünfziger Jahren des 20. Jahrhunderts erlangt. Swadesh hat für seine Untersuchungen zur Datierung des absoluten Alters einer Sprache, des Übereinstimmungsgrades der Lexik und der Bestimmung des genetischen Verwandtschaftsgrades von Sprachen (vgl. dazu Dyen 1964 und die detaillierte methodologische Beschreibung des glottochronologischen Ansatzes in Gudschinsky 1956) eine Wortliste erstellt, die den Basiswortschatz einer Sprache enthält. Der Basiswortschatz (der nicht mehr als 200 Wortformen umfasst) stammt aus unterschiedlichen thematischen Gebieten wie der Tier- und Pflanzenwelt und wichtigen den Menschen betreffenden Bereichen (Körper, körperliche Zustände, soziale Beziehungen, Personalpronomina, als wichtig empfundene Verben usw.).

283–284)[116]. Im vorliegenden Fall wird eine Liste mit über 200 Wortformen herangezogen. Die Verwendung derartiger Wortschatzlisten für vergleichende Zwecke ist – wie Hymes (1971: 254) hervorhebt – vermutlich so alt wie die vergleichende Sprachwissenschaft selbst. Man nimmt an, dass der Basiswortschatz eine besonders alte und kaum der Veränderung unterliegende Schicht in einer Sprache darstellt. Darüber hinaus beinhaltet dieser Wortschatz in der Regel nur wenige Entlehnungen aus anderen Sprachen. Insofern eignet sich – so die Annahme der Glottochronologie und Lexikostatistik – der angenommene Basiswortschatz hervorragend für vergleichend-historische Untersuchungen und die Datierung von einzelsprachlichen Entwicklungen. Besonderes Interesse wird auf den Übereinstimmungsgrad bzw. auf das mögliche Alter eines in Gang gesetzten Diversifikationsprozesses innerhalb von Sprachen gelegt (vgl. dazu Lees 1953).

Ausgangspunkt der Wortschatzliste sind das Englische und die entsprechenden Äquivalente bzw. Übersetzungen[117] in den jeweils untersuchten Sprachen. Um

---

116 Ein Beispiel für eine derartige Liste für das Russische und Litauische findet sich in Dyen (1964: 244–246). Der Basiswortschatz für das Französische, Katalanische, Lateinische, Portugiesische (je 100 Wortformen) und viele weitere Sprachen findet sich in Guiter (1983). Einen Überblick über neueste Entwicklungen auf diesem Gebiet geben Bakker et al. (2009), die u. a. auf Projekte verweisen, in denen derartige Wortlisten für bis zu 3500 Sprachen erstellt werden. Das ist Bestandteil des *Automated Similarity Judgment Program* (ASJP). Details unter <http://asjp.clld.org/> [aufgerufen am 03.09.2015]. Eine 100 Wortformen umfassende Liste für slawische Sprachen (Altkirchenslawisch, Bulgarisch, Kaschubisch, Mazedonisch, Ober- und Niedersorbisch, Polabisch, Polnisch, Russisch, Serbokroatisch, Slowakisch, Slowenisch, Tschechisch, Ukrainisch, Weißrussisch) findet sich in Fodor (1961), der das Wortmaterial für die zeitliche Bestimmung der einzelsprachlichen Entwicklung der slawischen Sprachen verwendet. Darüber hinaus bietet Fodor (1961) eine ausführliche Diskussion der Problematik der Erstellung einer derartigen Wortliste, die etwa in fehlenden semantischen Entsprechungen besteht und Fragen des Umgangs mit Synonymen, der stilistischen Markierung von Wortformen usw. einschließt. So verweist er z. B. auf eine Vielzahl von möglichen Ausdrücken für das Lexem „Arbeit“ innerhalb der ostslawischen Sprachen.

117 Die Verwendung von Swadesh-Listen in der Linguistik ist nicht frei von Kritik geblieben. Als eines der Hauptgegenargumente wird angeführt, dass die Liste den Wortschatz (west)europäischer Sprachen und Kulturen wiedergibt und eine Übersetzung in bestimmte (vor allem nicht-indoeuropäische) Sprachen nur schwer bzw. gar nicht möglich erscheint (vgl. dazu Hoijer 1956: 53 und Lunt im Kommentar zu Dyen 1964: 247–252). Es sei somit eine Illusion, eine universell gültige und vergleichbare Liste von Basislexemen anzunehmen. Tatsächlich tritt, wie noch zu zeigen sein wird, das Problem der fehlenden Äquivalente selbstverständlich nicht nur in

damit auf die verwendete Liste von Mel'nyčuk (1966) bzw. Carlton (1991: 334–349) zurückzukommen: Pro slawischer Sprache werden ca. 200 Wortformen angeführt, deren Ausgangspunkt die rekonstruierte urslawische Wortform ist und deren entsprechende Äquivalente in den heutigen slawischen Standardsprachen (Bulgarisch, Kroatisch, Mazedonisch, Obersorbisch, Polnisch, Russisch, Serbisch, Slowakisch, Slowenisch, Tschechisch, Ukrainisch, Weißrussisch) aufgesucht werden.

Alle in der Liste vorkommenden Wortformen wurden von der orthographischen Kodierung in die allophonische Umschrift (wie in Kapitel 5.3.1 beschrieben) überführt, um gegebene Unterschiede in den Orthographien auszugleichen. Ein Kennzeichen der verwendeten slawischen Wortlisten ist, dass durch die spezifische Auswahl eine maximale Homogenisierung des untersuchten Materials erreicht wird: Es werden für die slawischen Einzelsprachen jeweils diejenigen Äquivalente angeführt, die sowohl aus etymologischer und morphologischer wie auch aus phonologischer Sicht den Formen des Urslawischen entsprechen. So wird eine hohe Vergleichbarkeit des Materials bei gleichzeitiger Berücksichtigung der einzelsprachlichen Entwicklungen gewährleistet.

Im Detail umfasst der Basiswortschatz folgende Bereiche:

1. allgemein gebrauchte Adjektive,
2. bekannte Tiere und Vögel,
3. bekannte Pflanzen,
4. allgemein bekannte Verben,
5. Verwandtschaftsbezeichnungen,
6. Substantive aus dem Bereich Natur, Werkzeuge/häusliches Wirtschaften und
7. Wörter aus dem Bereich Ernährung/Nahrung und Körperteile (sowohl auf den Menschen als auch auf die Tierwelt bezogen).

---

nicht-indoeuropäischen Sprachen, sondern auch innerhalb der relativ eng verwandten slawischen Sprachen zu Tage. Trotz der nicht unproblematischen Ausgangslage sollte man aber nicht auf einen linguistischen Vergleich des Basiswortschatzes verzichten. Es ist je nach der zu untersuchenden Fragestellung zu entscheiden, welche Themenfelder in eine derartige Wortliste aufgenommen werden und wie mit dem Problem der fehlenden Äquivalente umgegangen wird. Die in Mel'nyčuk (1966) und Carlton (1991) vorgelegte Wortliste zu slawischen Sprachen ist eine Adaption der ursprünglichen Swadesh-Liste, so werden keine Personalpronomen, Fragepartikel und Zahlwörter angeführt. Zu weiteren Details vgl. Kelih (2015), der die Verwendung der Swadesh-Listen für die Untersuchung des Lehnwortschatzes im Slowenischen thematisiert und auf damit verbundene Probleme eingeht.

Die Liste von Carlton (1991: 334–349) wurde für den vorliegenden Zweck in einigen Punkten verändert.[118] Da dort de facto nur das Serbische (ekavisch) Berücksichtigung fand, wurden zwei neue Listen für das Serbische und das Kroatische (ijekavische) erstellt. Alle anderen Listen wurden mit Hilfe von L1-Sprechern, die über eine linguistische Ausbildung verfügen, einer eingehenden Prüfung und Korrektur[119] unterzogen.

Als problematisch erweist sich u.a. das Fehlen von etymologisch verwandten und phonologisch bzw. morphologisch ähnlichen Äquivalenten in einigen slawischen Sprachen. Zum Beispiel ist mit Blick auf die Bezeichnung für die Farbe *rot* für das Altkirchenslawische *čьrvenъ(jь)* belegt und auch heute noch in dieser Bedeutung in einigen slawischen Sprachen im aktiven Gebrauch (Ukrainisch: *червоний*, Serbisch: *црвен*, Polnisch: *czerwony*), während die Wortform z. B. im heutigen Russisch oder Slowenisch als nicht mehr gebräuchlich bewertet werden muss. Es werden stattdessen *krasnyj* bzw. *rdeč* verwendet. Falls sich die in Frage kommenden Formen weder aus phonologischer noch aus morphologischer Sicht ähneln, d. h. nicht auf die gleiche Form im Urslawischen zurückführbar sind, werden sie von der Untersuchung ausgeschlossen. Daher ergibt sich im Vergleich der einzelnen Sprachen eine jeweils geringfügig unterschiedliche Anzahl von Wortformen.

In vielen Fällen ist zu beobachten, dass die angeführten Wortformen aus heutiger Sicht eindeutig als Archaismen anzusehen sind bzw. als stilistisch markiert gelten. Als Beispiele dafür seien u.a. angeführt: *žolt* 'gelb', *jablan* 'Apfelbaum', *dever* 'Schwager' im Sinne von 'Ehemann der Schwester' usw. sind für das heutige Slowenisch eindeutig als Archaismen zu qualifizieren. Ähnliches gilt auch für das serbische *дажд* 'Regen', das im heutigen Serbisch bereits als veraltet und stilistisch markiert gilt. Aktuell wird im neutralen Gebrauch ausschließlich *kiša* 'Regen' verwendet.

Der Fokus auf die phonologische und morphologische Ähnlichkeit der untersuchten Wortformen in den jeweiligen Einzelsprachen bringt es mit sich, dass in einigen Fällen auch eine fehlende semantische Übereinstimmung der

---

118 Die bei Carlton (1991) angeführten Wortformen für das rekonstruierte Urslawisch, das Altkirchenslawisch, das Niedersorbische und für das z. T. rekonstruierte Polabisch werden im gegebenen Zusammenhang nicht untersucht.

119 An dieser Stelle ist folgenden Personen zu danken: S. Buk und A. Rovenchak (Ukrainisch), J. Mačutek (Slowakisch, Tschechisch), O. Brandes und N. Krauchanka (Weißrussisch), M. Lazinski (Polnisch). Die serbischen und kroatischen Listen wurden mit Hilfe von L. Fuks, St. Stepanov und I. Kovačević erstellt. Alle anderen Sprachen (Bulgarisch, Mazedonisch, Russisch, Slowenisch) wurden vom Autor überprüft.

verwendeten Wortformen zu beobachten ist. In einigen Fällen hat sich die heutige Bedeutung im Vergleich zum Urslawischen gewandelt. Dafür lassen sich in den verwendeten Wortlisten eine Reihe von Beispielen finden: Während im Russischen die heutige Hauptbedeutung von *krasnyj* 'rot' ist, hat sich in anderen slawischen Sprachen die ursprüngliche Bedeutung von 'schön' 'hervorhebenswert' (Slowenisch *krasen*, *krasan* im Kroatischen usw.) bewahrt. Ähnliches gilt für die ukrainische Wortform *otec*, die im heutigen Standardukrainisch nicht mehr die ursprüngliche Bedeutung von 'Vater' hat, sondern nur noch im Sinne eines 'geistigen Vaters' bzw. 'Geistlichen' verwendet wird.

Neben solchen grundlegenden Problemen[120] der Analyse einer Basiswortschatzliste, die von ihrer Grundkonzeption auf eine konservative, sprachgeschichtlich ältere Sprachschicht abzielt, stellt sich die berechtigte Frage, welche grammatischen bzw. morphologischen Informationen derartige Listen enthalten. Ausgangspunkt ist eine Lemma-Analyse, d. h. Wortformen werden in einer bestimmten kanonischen Form (Infinitiv bei Verben, Nominativ, Singular bei Nomina usw.) angeführt, womit davon auszugehen wäre, dass in den slawischen Sprachen auftretende morphologische Unterschiede nur in einem geringen Ausmaß (mit)erfasst werden.

Ein detaillierter Blick zeigt aber doch einige auffällige Unterschiede, die hinsichtlich der qualitativen Interpretation der zur messenden Wortlänge von Bedeutung sind; es lassen sich Phänomene identifizieren, die einen direkten Einfluss auf die Länge der Wortformen haben: So werden in der Gruppe der allgemein gebrauchten Adjektive entweder die Lang-, oder aber die Kurzformen angeführt. Je nach den entsprechenden Verhältnissen in den slawischen Sprachen gilt für Russisch *belyj* 'weiß', während für das Slowenische ausschließlich die Kurzform *bel* angeführt wird; ähnlich auch bei Mazedonisch *bel*. In jedem Fall

120 Eine weitere Kritik an der Verwendung von Basiswortschatzlisten betrifft die Anzahl der aufgenommenen Wortformen, die, wie bereits erwähnt, entweder 100 oder 200 Einträge umfasst. Mehr oder weniger unreflektiert wird in diesem Zusammenhang angeführt, dass das eine zu geringe Datenbasis sei, die keinerlei repräsentative Aussagen über die betreffenden Sprachen zulasse. Auf den Einwand, insbesondere hinsichtlich der Repräsentativität linguistischer Analysen, lässt sich im gegebenen Zusammenhang entgegnen, dass gar kein Anspruch auf Allgemeingültigkeit erhoben und das Material in erster Linie für die Überprüfung von Hypothesen herangezogen wird, die eben unter Anführung der Randbedingungen ihre Gültigkeit haben. In jedem Fall ist das vorgeschlagene Verfahren als methodologisch und theoretisch vorteilhafter einzuschätzen als z. B. das Stichprobenverfahren von Nettle (1995, 1998).

hat die Wahl der Kurz- oder Langformen Auswirkungen auf die Bestimmung der Länge des Ausdrucks.

Für eine partielle Längung von Wortformen können unterschiedliche phonologische Prozesse verantwortlich gemacht werden. Neben Formen von Metathesen (vgl. Russisch *pčela* 'Biene' vs. Slowenisch *čebela*) hat die in ostslawischen Sprachen durchgeführte Volllautung (Polnoglasie) einen entscheidenden Einfluss auf die entsprechende Länge der Einheiten. Man vergleiche die Lemmata für *Kuh* in den ostslawischen Sprachen mit den entsprechenden Vollformen (*korova* im Russ. und Ukr., *karava* im Weißruss.) und der in den südslawischen Sprachen erhalten gebliebenen Form *krava* (Bulgarisch, Kroatisch, Mazedonisch, Serbisch, Slowenisch usw.) Damit hat das Polnoglasie einen nachhaltigen Einfluss auf die phonologische Wortstruktur hinterlassen.

Als Beispiel für die unterschiedliche morphologische und phonologische Entwicklung der slawischen Einzelsprachen lässt sich die morphologische Form für die Bezeichnung der Ameise anführen: Ausgehend von der rekonstruierten urslawischen Form *morvi** ergibt sich im Ukrainischen eine aus zwei Morphemen bestehende Wortform mit dem Stammmorphem {*murax*} und der Genusendung {*a*}. Ähnliches lässt sich für das Russische mit dem Stammmorphem {*murav*} und der Genusendung {*ej*} beobachten. Demgegenüber bildet beispielsweise im Serbischen das Stammmorphem {*mrav*} bereits die eigenständige autonome Wortform; im Slowenischen lässt sich die feminine Form *mravlja* finden. Auch in dem Fall haben flexionsmorphologische Entwicklungen zu jeweils unterschiedlichen Längenverhältnissen in den slawischen Sprachen geführt.

Bei den Verben kann ebenfalls von systematischen Unterschieden in Bezug auf die morphologische Form gesprochen werden. Die betreffen u.a. die Kodierung des Infinitivs. Während im Urslawischen die Infinitive auf *–ti** enden, erfolgte im Laufe der sprachgeschichtlichen Entwicklung folgende Veränderung: Das Russische, Weißrussische, Polnische, Tschechische[121], Slowakische und Sorbische haben allesamt einen Kürzungsprozess (Apokope) durchgemacht und die Infinitivendung *–i* wurde ersatzlos getilgt. Demgegenüber hat sich im Kroatischen, Serbischen, Slowenischen und Ukrainischen (Beispiele Ukr. *bigaty* 'fliehen' und Serb. *bežati*) die ursprüngliche Form mit *–i* erhalten. Besonders interessant sind in dieser Hinsicht die Entwicklung des Mazedonischen und des Bulgarischen, die beide den Infinitiv als eigenständige Kategorie der Verbmorphologie abgebaut

---

121 In der ursprünglichen Wortliste von Mel'nyčuk (1966) enden die Infinitivformen des Tschechischen auf *-i*; eine derartige Form gilt im heutigen Tschechisch als stilistisch markiert bzw. veraltet.

haben. In der Basiswortschatzliste (und das ist auch die Praxis in einsprachigen Wörterbüchern, Lexika usw.) wird daher die 1. bzw. 3. Person Singular als Grundform herangezogen (Beispiel: Bulg. *bjagam*, Maz. *bega*).

Ein weiterer prägender Unterschied in der Verbmorphologie der slawischen Sprachen liegt in den unterschiedlichen Möglichkeiten des Ausdruckes der Reflexivität. In den ostslawischen Sprachen kommt es zu einer Verschmelzung von Verbform und Reflexivmarker –{*sja*} (wie im Ukrainischen *molitisja* 'beten' und im Russischen *molit'sja*), während in anderen slawischen Sprachen der Reflexivmarker als separate, vom Verb abgetrennte Wortform auftritt (Slowakisch: *modliť sa*, *modlit se* im Tschechischen bzw. *modlić się* im Polnischen). Diese Unterschiede in der Markierung der Reflexivität sind bereits im Lichte zweier gänzlich unterschiedlicher morphosyntaktischer Kodierungsformen (analytisch vs. synthetisch) zu interpretieren und geben zentrale Hinweise auf mögliche unterschiedliche Längenverhältnisse in den slawischen Sprachen.

Trotz der Vielzahl von mit der sprachübergreifenden Untersuchung von Wortschatzlisten verbundenen Problemen lässt sich deren Bedeutung daran ablesen, dass folgende relevante Informationen erfasst werden:

1. Die Diversifikation der slawischen Einzelsprachen auf phonologischer und morphologischer Ebene.
2. Das Ausmaß des Wandels und Ausfalls der Jervokale.
3. In speziellen Fällen (insbesondere Kroatisch) kommt der Jatwandel ins Spiel, der ebenfalls Spuren in den Längenverhältnissen von Wortformen hinterlassen hat.
4. Das jeweilige Ausmaß an Metathesen.
5. Eine Vielzahl von potenziellen morphologischen Unterschieden bezüglich der Adjektivformen, dem Infinitiv, dem unterschiedlichen Genus und der analytischen bzw. synthetischen Kodierung der Reflexivität.

Nach der eingehenden Besprechung von Faktoren, die auf die Längenverhältnisse in den slawischen Sprachen Einfluss nehmen können, kann auf die empirischen Ergebnisse der Studie eingegangen werden. Die eruierten Eckdaten (Anzahl von Lemmata, von Phonemen und die durchschnittliche Wortlänge) für die Untersuchung finden sich in Tab. 11.

Tab. 11: Durchschnittl. Wortlänge in den slawischen Sprachen[122] *– Basiswortschatz*

Sprache	K	Lemma	Phoneme	Wol./Phon.
Slo.	40	212	954	4,50
Serb.	49	211	924	4,38
Kro.	50	211	969	4,59
Bulg.	45	205	884	4,31
Mz.	32	198	842	4,25
Rus.	42	209	965	4,62
Ukr.	38	211	1025	4,86
Belorus.	44	206	948	4,60
Cz.	37	211	940	4,45
Sk.	42	210	922	4,39
Pl.	42	200	878	4,39
Sorb.	37	203	900	4,43

Betrachtet man die durchschnittliche Wortlänge in der Anzahl von Phonemen, so kristallisiert sich folgendes Gesamtbild heraus: Alles in allem nimmt die Wortlänge nur eine sehr geringe Spannweite ein und ist im Mazedonischen und Bulgarischen am geringsten (4,25 bzw. 4,31 Phoneme pro Lemma). Hingegen weisen das Ukrainische und das Russische (4,62 und 4,86 Phoneme im Durchschnitt) die längsten Lemmata auf. Auch wenn die ostslawischen Sprachen hinsichtlich der Wortlänge führend sind und das im vorliegenden Material insbesondere durch das Polnoglasie zu erklären ist, zeigt sich in den untersuchten Daten ein hoher Grad an Homogenität. Ob der Tatsache, dass es für slawische Sprachen vermutlich keine vergleichbare Untersuchung gibt, ist der extreme Grad an Homogenität doch überraschend. Der intuitive Eindruck lässt sich darüber hinaus auch statistisch bestätigen, da keine signifikanten Unterschiede[123] der Wortlänge ausgemacht werden können. Die Wortlänge schwankt in dem

---

122 Die verwendeten Abkürzungen sind: Slo. = Slowenisch, Serb. = Serbisch, Kro. = Kroatisch, Bulg. = Bulgarisch, Mz. = Mazedonisch, Rus. = Russisch, Ukr. = Ukrainisch, Belorus. = Weißrussisch, Cz. = Tschechisch, Sk. = Slowakisch, Pl. = Polnisch, Sorb. = Obersorbisch. Die Reihenfolge entspricht in groben Zügen arealen Kriterien (= süd-, ost- und westslawische Sprachen).

123 Verwendet wird ein nichtparametrischer Signifikanztest (Kruskal-Walis-Test).

untersuchten Material zwischen vier und fünf Phonemen. Darüber hinaus lässt sich auch kein eindeutiger Trend hinsichtlich einer systematischen Wechselbeziehung zwischen Wortlänge und zugrunde gelegtem Inventarumfang feststellen. Diese Problematik ist allerdings eingehend erst nach der Untersuchung eines weiteren Korpus, nämlich eines Paralleltextkorpus, im nächsten Kapitel zu diskutieren.

5.3.4 Wortlänge in slawischen Paralleltexten

Neben der Untersuchung von Wortlisten soll nun in einem nächsten Schritt der lexikalische und morphologische Input einer Untersuchung der Wortlänge in den slawischen Sprachen schrittweise erweitert werden. Für den vorliegenden Zweck ist die Analyse von Paralleltexten besonders geeignet. Unter einem *Paralleltext* wird ein Text bzw. Textausschnitt verstanden, der in mehreren übersetzten Varianten vorliegt (vgl. Lemnitzer/Zinsmeister 2010: 121 ff., McEnery/Xiao/Tono 2006: 47 ff. und Teubert/Čermáková 2007: 73, die in diesem Zusammenhang von *translation corpora* sprechen). Cysouw/Wälchli (2007: 95) führen den Begriff von *massively parallel texts* ein, worunter sie das Vorhandensein von vielen und möglichst sprachtypologisch unterschiedlichen Übersetzungen ein und desselben Textes[124] verstehen. Ohne Zweifel sind parallele Texte eine wertvolle Datenbasis für vielfältige sprachwissenschaftliche Analysen, insbesondere für sprachtypologische und vergleichende Untersuchungen (vgl. dazu Cysouw/Wälchli 2007, Johansson 1998, Véronis 2000, Wälchli 2007), für die Behandlung translationswissenschaftlicher Fragen (vgl. dazu u.a. Gellerstam 1996, Teubert 2002), für vergleichende quantitative textlinguistische Untersuchungen und für die Untersuchung der Interkomprehension.

---

124 Als Beispiele für derartige Textsammlungen werden u.a. die Berichte des Europäischen Parlaments (mit Übersetzungen in über 20 europäische Sprachen), die *Universal Declaration of Human Rights* (online in 329 Sprachen verfügbar), entsprechende Passagen aus der Bibel (ca. in 1300 Sprachen online verfügbar) und der *Index Translationum* der Unesco (Verzeichnis übersetzter Werke mit Angabe der technischen Verfügbarkeit) genannt. Des Weiteren sind unterschiedliche Übersetzungen von *Le petit prince* und von *Harry Potter* digital verfügbar. Einigkeit scheint im Grunde darüber zu bestehen, dass biblische Texte aufgrund der zum Teil ungeklärten Originalsprache, Autorenschaft usw. mehr oder weniger ungeeignet sind (vgl. dazu de Vries 2007).

Derart breite Anwendungsmöglichkeiten können nicht darüber hinwegtäuschen, dass es auch einige gewichtige Argumente[125] gegen die Verwendung von Paralleltexten gibt. Bemängelt wird zum Teil, dass es den übersetzten Texten an Authentizität (vgl. Stolz 2007: 102) mangelt. Intensiv diskutiert wird das unter dem Stichwort *translationese* (vgl. Mauranen 2002, McEnery/Xiao/Tono 2006: 49); verwiesen wird auch auf die teilweise fehlende sprachliche Qualität der Übersetzungen (Wälchli 2007: 128).

Abgesehen von derartigen Problemen liegt aber der besondere Reiz der Untersuchung von Paralleltexten darin, dass dadurch eine direkte Vergleichbarkeit identischer Textpassagen aus unterschiedlichen Sprachen gegeben ist (vgl. Wälchli 2007: 130). In der Regel hat man es mit Texten und Textpassagen zu tun, die ein jeweils ähnliches semantisches bzw. thematisches Feld erfassen. Meistens sind die Übersetzungen – abgesehen von stilistischen Vorlieben und Interpretationen des Übersetzers – zumindest grammatikalisch bzw. morphologisch korrekt, wenngleich auch Interferenzen nicht ausgeschlossen sind. Inwiefern das zutrifft, kann für jeden Text im Detail mit Hilfe von Paralleltexten abgesichert werden. Darüber hinaus ist die Adäquatheit der Untersuchung in erster Linie in Abhängigkeit von der verfolgten Forschungsfrage zu verstehen und von daher zu motivieren.

Auch im slawistischen Kontext erfreuen sich Paralleltexte einer gewissen Popularität. Erwähnt seien u.a. folgende Projekte mit Bezug auf slawische Sprachen: Das älteste Parallel-Korpus dürfte *Multext East* sein, das Übersetzungen von George Orwells *1984* ins Bulgarische, Estnische, Rumänische, Slowenische, Tschechische und Ungarische beinhaltet (vgl. Erjavec et al. 1995). Ambitiös ausgerichtet ist das *ParaSol: A Parallel Corpus of Slavic and other languages*[126] (vgl. dazu Waldenfels 2006), das eine Reihe von unterschiedlichen Übersetzungen in und aus dem Kroatischen, Polnischen, Russischen, Serbischen, Slowakischen, Tschechischen, Ukrainischen und Weißrussischen (Verfassung der Europäischen Union, literarische Prosa von M. Bulgakov und S. Lem u. v. m.) enthält. Des Weiteren bietet ein im Rahmen des Tschechischen Nationalkorpus entwickeltes und stetig ausgebautes Parallelkorpus unter dem Namen *Intercorp*[127]

125 Es wird angeführt, dass der Originaltext und die Übersetzungen immer nur eine Form der geschriebenen Sprache wiedergeben. Thematisiert wird auch der hohe zeitliche und technische Aufwand für den Aufbau von umfangreichen Paralleltext-Sammlungen. Das gilt allerdings für beliebige Sprach- und Textkorpora.

126 Vormals unter dem Namen *Regensburg Parallel Corpus of Slavic Languages* und nunmehr unter <http://www.slavist.de/> [aufgerufen am 28.07.2015] erreichbar.

127 Vgl. dazu <https://ucnk.ff.cuni.cz/intercorp/> [aufgerufen am 18.09.2015].

eine Vielzahl von Untersuchungsmöglichkeiten slawischer und nicht-slawischer Texte (vgl. dazu Čermák/Rosen 2012).

Auffällig an den zuletzt genannten großen Paralleltext-Projekten ist, dass zwar für einen Text zwei oder mehrere Übersetzungen in die jeweiligen slawischen Sprachen existieren, aber bislang offensichtlich keine Textsammlung[128] vorliegt, die die Übersetzung eines Textes in eine möglichst hohe Anzahl von slawischen Standardsprachen umfassen würde. Ein zweites Problem von Korpusprojekten ist die konkrete Verfügbarkeit der einzelnen Texte. Sie sind in der Regel nur für bestimmte vordefinierte Suchanfragen zugänglich (zum Teil ist das durch urheberrechtliche Vorgaben motiviert) und in der Regel ist kein Zugriff auf den gesamten Text möglich. Für die verfolgte Frage nach der Wortlänge in slawischen Texten ist allerdings die Verfügbarkeit als *plain text* notwendig.

Weil das so ist, wurde eigenhändig[129] eine Sammlung von parallelen Texten aus zwölf slawischen Standardsprachen erstellt. Es handelt sich um den russischen Roman *Kak zakaljalas' stal'* (im Folgenden kurz *KZS*) von N.A. Ostrovskij aus den Jahren 1932–1934, der anhand der in den genannten slawischen Sprachen vorhandenen Übersetzungen für eine automatisierte Analyse vorbereitet wurde. Dem Stil nach ist das Werk dem sozialistischen Realismus[130] zuzuordnen und

---

128 Zu weiteren Paralleltext-Sammlungen slawischer Sprachen, die neben dem Original die Übersetzung nur in eine slawische Sprache beinhalten vgl. Waldenfels (2006: 123). Des Weiteren auch Garabík (2007), der eine Sammlung (Wortlisten) aus westslawischen Sprachen vorstellt. Das Projekt beinhaltet weniger Übersetzungen als vielmehr Textmaterial aus unterschiedlichen Lehrbüchern der gleichen Schulstufe.

129 Bis auf den russischen Originaltext stand kein einziger Text elektronisch zur Verfügung. Auch wenn heute moderne Scanner und OCR-Programme (Abby-Finereader, PDFtoTXT usw.) vorhanden sind, darf der Aufwand für die Erstellung der Textsammlung nicht unterschätzt werden (ca. 15 Monate). Problematisch war bereits die Beschaffung der einzelnen Übersetzungen, die in west- und mitteleuropäischen Bibliotheken nicht zur Verfügung stehen. Die Originale mussten daher aus den jeweiligen slawischen Ländern (Antiquariate, Fernleihe usw.) beschafft, gescannt und manuell bearbeitet werden. Die manuelle Bearbeitung erwies sich auf Grund der mangelhaften Papierqualität der Übersetzungen, die aus den 50er und 60er Jahren (einzelne auch früher) des 20. Jahrhunderts stammen und zum Teil vergilbt bzw. unscharf gedruckt sind, als mühselig. Erschwerend kommt hinzu, dass für das Weißrussische und Obersorbische keine Rechtschreibprüfprogramme zur Verfügung stehen. Alle gescannten Texte wurden mehrfach vom Verfasser Korrektur gelesen.

130 Ohne tiefere literaturwissenschaftliche Analyse sei auf Folgendes verwiesen: Der autobiographisch geprägte Roman behandelt anhand des Schicksals von Pavel Korčagin die Geschichte der russischen Arbeiterbewegung vom Ende des 19. Jahrhunderts bis in die 20er Jahre des 20. Jahrhunderts. Heute wird der Roman als zentrales

ist, insbesondere im slawistischen Kontext, als markiert zu bezeichnen. Es handelt sich um einen hochgradig ideologisch aufgeladenen Text, der insbesondere als kulturpolitisches Instrument eine große Rolle spielte.

Die Motivation für die Auswahl des Textes lag primär in der einzigartigen Möglichkeit, für möglichst viele slawische Standardsprachen eine Übersetzung zu erhalten. Darüber hinaus sollte garantiert sein, dass die Übersetzungen tatsächlich möglichst nah am Original sind, was für einen derartig kanonisierten Text anzunehmen ist und sich auch im Laufe der Korpuserstellung bestätigte. Ein weiterer Vorteil ist darin zu sehen, dass zumindest größtenteils nur eine Übersetzung pro Sprache vorliegt, womit sich die Frage nach Varianten erübrigt.

Im Resultat[131] liegen nun Paralleltexte für das Bulgarische, Kroatische (ijekavisch), Mazedonische, Obersorbische, Polnische, Russische, Serbische (ekavisch), Slowakische, Slowenische, Tschechische, Ukrainische und das Weißrussische vor. Besonderes Augenmerk wurde darauf gerichtet, dass auch für eine der sorbischen[132] Sprachen eine Übersetzung vorliegt.

An dieser Stelle sind mit Blick auf die Texte einige problematische Punkte der Untersuchung zu nennen: Erstens die nicht eindeutig geklärte Autorschaft des Romans, zweitens die Rolle editorischer Eingriffe und drittens die z. T. unklare Ausgangslage hinsichtlich der für die Übersetzungen verwendeten russischen

Werk des sozialistischen Realismus angesehen; bereits in den 60er Jahren wurde die 10-Millionen-Grenze gedruckter Exemplare überschritten (in über 200 Auflagen). Der Roman ist in über 200 Sprachen übersetzt. Bei der Vorstellung dieses Paralleltextkorpus im Rahmen linguistischer Konferenzen wurden immer wieder Bedenken hinsichtlich der literarischen Qualität geäußert. Solche Bedenken sind von Wissenschaftlern aus dem slawischen Raum geäußert worden, in denen der Text zum Pflichtkanon gehörte und vor allem bei der älteren Generation eher negativ besetzt ist. Die Einwände mögen berechtigt sein, allerdings wird im gegebenen Zusammenhang der Roman ausschließlich für die Untersuchung phonologischer und morphologischer Eigenschaften und nicht für die Untersuchung stilistischer Fragestellungen o. ä. herangezogen.

131 Alle Texte sind mittlerweile in *ParaSol: A Parallel Corpus of Slavic and other languages* vgl. dazu <http://slavist.de/> [aufgerufen am 28.07.2015] integriert und stehen nach entsprechender Anmeldung für die Analyse zur Verfügung.

132 In van der Auwera/Schallea/Nuyts (2005) wird hervorgehoben, dass der von ihnen untersuchte Kinderroman *Harry Potter* für das Sorbische nicht vorliege. Von einer Untersuchung von *Master i Margarita* von Bulgakov wurde aufgrund der unklaren Lage hinsichtlich der Varianten des Originals und einer gleichzeitigen Vielzahl von Übersetzungsvarianten abgesehen. Die vergleichende Untersuchung von Bibelstellen würde hinsichtlich der slawischen Sprachen (man denke an die unterschiedlichen Formen des Altkirchenslawischen) eine Vielzahl von Problemen nach sich ziehen.

Quell- und Originaltexte. Die Autorschaft kann relativ eindeutig Ostrovskij zugeschrieben werden. Allerdings wird davon berichtet, dass an der endgültigen Fassung des Romans bis zu elf Redakteure beteiligt waren (vgl. Guski 1981: 121), die den Text einer stilistischen bzw. politischen „Politur" unterzogen haben. Ähnliches lässt sich auch für die jeweils angefertigten Übersetzungen vermuten, wenngleich dazu in der Regel keinerlei weiterführende Informationen geliefert werden (vgl. die Übersicht der verwendeten Übersetzungen in Kelih 2009c: 124).

Darüber hinaus – und das hat bereits Guski (1981: 121 f.) detailliert aufgezeigt – ist die kanonische monografische Ausgabe aus dem Jahr 1934 gegenüber der von 1932 bis 1934 in Teilen in der sowjetischen Literaturzeitschrift *Molodaja Gvardija* veröffentlichten Fassung des Roman nachträglich verändert worden. So wurden politisch verfängliche Textpassagen (der Hauptheld als Mitglied der ukrainischen Arbeiteropposition und Ähnliches) ersatzlos gestrichen. Der Eingriff betrifft – die Makrostruktur des gesamten Romans teilt sich in zwei Teile zu je neun Kapitel – das neunte Kapitel des ersten Teils und das erste Kapitel des zweiten Teils. Das ist, um damit auf Probleme bei der Erstellung des Parallel-Text-Korpus zurückzukommen, insofern von Bedeutung, als in der Regel die kanonisierte Textversion (also die monografische Ausgabe von 1934) Grundlage für die Übersetzung in die von uns untersuchten slawischen Sprachen darstellt. Angemerkt sei aber, dass dennoch bis heute nicht in allen Fällen klar ist, welche Originalvorlage für die Übersetzungen verwendet wurde, da meist weder die Übersetzungsgrundlage (d. h. die konkrete Ausgabe/Edition) noch der Übersetzer genannt werden.[133]

Trotz der problematischen Entstehungs-, Editions- und Übersetzungsgeschichte des *KZS* ist der Roman aus sprachlicher Sicht – der literarische Wert hält sich der allgemeinen Einschätzung nach in Grenzen – durchaus von linguistischem Interesse. Nach Guski (1981: 140) ist *KZS* durch einen einfachen linearen Satzaufbau, durch die hohe Frequenz umgangssprachlicher Lexeme (in der Hinsicht spiegelt sich darin die russische Umgangssprache der 20er und 30er Jahre) und zum Teil durch einen pathetischen Sprachstil (bezeichnet als *obščestvennaja reč'*) gekennzeichnet. Dem ist hinzuzufügen, dass zumindest im ersten Teil des Romans ein hoher Anteil an mündlicher Rede auffällt. Es gibt wenig narrative Sequenzen, dafür werden viele typisch sowjetische Kurz- und

133 Auch wenn an den Texten bislang kein Alignment durchgeführt wurde, kann mit sehr hoher Wahrscheinlichkeit angenommen werden, dass keine der Übersetzungen der früheren Version entspricht, sondern standardisierte Ausgaben verwendet wurden. Das wurde anhand der Schlusspassagen des neunten Kapitels des ersten Teils überprüft. Geringfügige Abweichungen sind aber nicht gänzlich ausgeschlossen.

Abkürzungswörter (vor allem aus der politischen Lexik) verwendet. Des Weiteren – und das ist im Hinblick auf die sprachliche Heterogenität wichtig – sind in den Fließtext vereinzelt Gedichte, Tagebuchaufzeichnungen, Briefe und offizielle Ankündigungen eingeflochten, die dazu dienen, die Authentizität des Romans zu unterstreichen. Sie werden in der später vorzustellenden Untersuchung der Wortlänge nicht analysiert.

Der Text bietet – und davon zeugt auch der (vermutlich eher politisch propagierte) Erfolg als Kinder- und Jugendbuch – eine relativ „einfache" Sprache.[134] In Anbetracht der Mischung von Stilen (bzw. unterschiedlichen Textarten) ist man mit einem bestimmten Grad an sprachlicher Heterogenität konfrontiert, gleichzeitig ist *KZS* ein abgeschlossenes Werk. Damit ist der bekannten Forderung Genüge getan, wonach für quantitative Untersuchungen (vgl. Orlov 1982a, 1982b) jeweils semantisch abgeschlossene Texte und keine Stichproben zu untersuchen sind. Gleichzeitig ist die Frage nach der Stichprobengröße beantwortet, die zwar üblicherweise als ein entscheidendes Problem korpuslinguistischer Untersuchungen genannt wird, aber im gegebenen Kontext insofern irrelevant ist, als nicht der Anspruch erhoben wird, etwa *die* Sprache des sozialistischen Realismus zu erfassen. Vielmehr geht es ja um reliables Material für einen crosslinguistischen Vergleich der Wortlänge in slawischen Sprachen. Darüber hinaus waren bei der Erstellung des Paralleltextkorpus die vorhandenen arbeitstechnischen Möglichkeiten und Kapazitäten ausschlaggebend.

Nach den Erläuterungen zu den verwendeten Texten kann zur eigentlichen Studie der Wortlänge übergangen werden. Alle vorhandenen Texte wurden nach der gleichen Vorgehensweise – wie im Falle der Basiswortschatzliste (vgl. dazu Kapitel 5.3.3) – in eine allophonische Umschrift überführt. Da es sich um eine textbasierte Untersuchung handelt, ist vorab zu entscheiden, welche sprachliche Ebene analysiert werden soll. Während in der Basiswortschatzliste im Grunde genommen Wörterbucheinträge (d. h. Lemmata) analysiert wurden, soll im gegebenen Kontext die Wortlänge auf Textebene bestimmt werden.

Auf die Weise gelingt es – im Gegensatz zur Untersuchung des Basiswortschatzes – eine etwas andere quantitative Information über die Kodierungsstrategie der slawischen Sprachen zu erhalten. Es werden ausschließlich Wortformen-Types analysiert, d. h. es wird weder die Frequenz der einzelnen Wortformen untersucht noch eine Lemmatisierung durchgeführt. So lässt sich nach unserer

134 Eine vorläufige Analyse der durchschnittlichen Satzlänge in dem Roman und den Übersetzungen hat gezeigt, dass sie sich etwa zwischen 8–10 Wörtern pro Satz bewegt.

Ansicht die unterschiedliche Flexionsaktivität und somit morphologische Diversität der slawischen Einzelsprachen erfassen. Die Nichtbeachtung der Häufigkeit ist daher insofern von Bedeutung, als auf diese Weise die überproportionale Häufigkeit synsemantischer Wortformen unberücksichtigt bleiben kann, die mehr als Gradmesser für die morphosyntaktische Organisation denn als ein Parameter der entsprechenden Kodierungsstrategie in Form der Länge von Wortformen anzusehen ist.

Aufgrund der Vielzahl notwendiger manueller Schritte bei der allophonischen Transkription wurde sie in allen slawischen Sprachen nur jeweils im ersten Kapitel durchgeführt. Je nach Sprache ergibt sich eine unterschiedliche Anzahl von Wortformen, die nach orthographischen Kriterien bestimmt werden, und eine unterschiedliche Anzahl von Phonemen. Auf der Basis lässt sich die durchschnittliche Wortlänge in der Anzahl von Phonemen in den einzelnen Sprachen berechnen. Die entsprechenden Details dazu sind Tab. 12 zu entnehmen.

Tab. 12: Durchschnittl. Wortlänge in slawischen Paralleltexten

Sprache	K	Types	Phoneme	Wol./Phon.
Slo.	40	1955	12424	6,35
Serb.	49	1899	11529	6,07
Kro.	50	1900	11792	6,21
Bulg.	45	1709	11219	6,56
Mz.	32	1636	10698	6,54
Rus.	42	1907	13027	6,83
Ukr.	38	1895	13225	6,98
Belorus.	44	1916	12950	6,76
Cz.	37	1773	11069	6,24
Sk.	42	1895	12072	6,37
Pl.	42	1970	12318	6,25
Sorb.	37	1976	12610	6,38

Damit kommen wir zur Auswertung der erhaltenen Ergebnisse. Ein entscheidender Befund, der sich aus den Daten in Tab. 12 ableiten lässt, ist, dass die nunmehr auf Textbasis festgestellte Wortlänge innerhalb der slawischen Sprachen wiederum relativ wenig variiert. Das konnte schon für die Wortlänge im untersuchten Basiswortschatz der slawischen Sprachen festgestellt werden. Als Sprachen mit der höchsten Wortlänge treten die ostslawischen Sprachen (Ukrainisch, gefolgt von Russisch und Weißrussisch) auf, während sich das Serbische, Kroatische (aufgrund von /ije/ ergibt sich im Kroatischen wiederum ein etwas geringfügig höherer Wert als im Serbischen) und das Tschechische durch eine relativ geringe Wortlänge auszeichnen. Auffällig ist in dem Zusammenhang der signifikante Unterschied hinsichtlich der Anzahl von Wortformen-Types zwischen dem Slowakischen und dem Tschechischen (122 Types weniger als der slowakische Text), der aber durch geringfügige Abweichungen im tschechischen Text (eine bestimmte Episode wird nicht übersetzt) und eine zum Teil für das Slowakische beobachtbare Tendenz zur Ausschmückung erklärt werden kann. In jedem Fall hat das Auswirkungen auf die errechnete Wortlänge. Dass Bulgarisch und Mazedonisch die geringste Textlänge aufweisen – die Anzahl von Wortformen-Types ist 1709 bzw. 1636 – kann als indirekter Beweis dafür verstanden werden, dass mit dieser Art der Messung tatsächlich die Flexionsaktivität einer Sprache erfasst wird. Sowohl das Bulgarische als auch das Mazedonische sind innerhalb der slawischen Sprachen für den Abbau ihrer Flexion bekannt und das Phänomen spiegelt sich auch in der relativ geringen Anzahl von Wortformen-Types wider. Der Befund steht im Einklang mit der in Kelih (2009d) erfolgten Analyse der Type-Token-Ratio aller untersuchten slawischen Paralleltexte, in der das Bulgarische und das Mazedonische zwar die höchste Anzahl von Tokens, aber die niedrigste Anzahl von Types aufweisen.

Abgesehen davon, dass sich derartige Befunde eventuell durch den unterschiedlichen Verwendungsgrad von analytischen bzw. synthetischen Verfahren[135] erklären, ist im gegebenen Kontext Folgendes von Relevanz:

---

135 Die Type-Token-Ratio und die Anzahl von Types und Tokens kann im Sinne einer unterschiedlichen Ausprägung von analytischen und synthetischen Kodierungsstrategien interpretiert werden. In Kelih (2011) werden die bulgarischen, mazedonischen, russischen, slowakischen und slowenischen Texte aus dem *KZS-Korpus* hinsichtlich der Wortlänge (gemessen in der Anzahl von Morphen) auf Tokensebene untersucht. In dem Fall kommt man zu dem überraschenden Befund, dass Bulgarisch, Mazedonisch und Russisch die höchste Wortlänge aufweisen, während Slowakisch und Slowenisch eine eigene Gruppe mit relativ niedriger Wortlänge bilden. Aufgrund der hohen Wortlänge, die ja in der Anzahl von Morphen bestimmt wurde, wären – wie das auch in der Sprachtypologie vorgeschlagen wird – das Bulgarische, das Mazedonische und das Russische als „synthetische" Sprachen zu interpretieren, während das Slowakische und das Slowenische als „analytische" Sprachen gelten müssten. Der Befund zum Bulgarischen und Mazedonischen, der aus traditioneller slawistischer Sicht überraschen mag, lässt sich aber plausiblerweise durch den auf Tokensebene oft vorkommenden postponierten Artikel erklären.

1. Die Spannweite der Wortlänge in den untersuchten slawischen Sprachen liegt in einem sehr engen Bereich. Die geringste Wortlänge wurde für das Serbische mit durchschnittlich 6,04 Phonemen und die höchste Wortlänge für das Ukrainische mit durchschnittlich 6,98 Phonemen festgestellt. Damit bewegt sich die durchschnittliche Wortlänge in den *KZS*-Texten zwischen sechs und sieben Phonemen.
2. Vergleicht man die Wortlänge in der Basiswortschatzliste (Lemmata) und in den Paralleltexten, dann zeigt sich jetzt deutlich, dass sie auf jeweils unterschiedlichen Niveaus liegt. Vgl. dazu Abb. 22, die deutlich eine Verschiebung der Wortlänge auf Lemma-Ebene (zwischen 4 und 5 Phonemen) und der Typesebene (zwischen 6 und 7 Phonemen) zeigt, d. h. es bestätigt sich die Annahme, dass mit der Tokens-Analyse der Grad an morphologischer Information erhöht wird.
3. Die in 1. und 2. beschriebenen Befunde zeigen, dass ob der jeweils ähnlichen, im Grunde genommen verschobenen Werte, für die untersuchten slawischen Einzelsprachen davon auszugehen ist, dass der Phoneminventarumfang offenbar keinen Einfluss auf die Wortlänge hat.

Abb. 22: Vergleich der Wortlänge: Basiswortschatz (Lemma) vs. Paralleltexte.

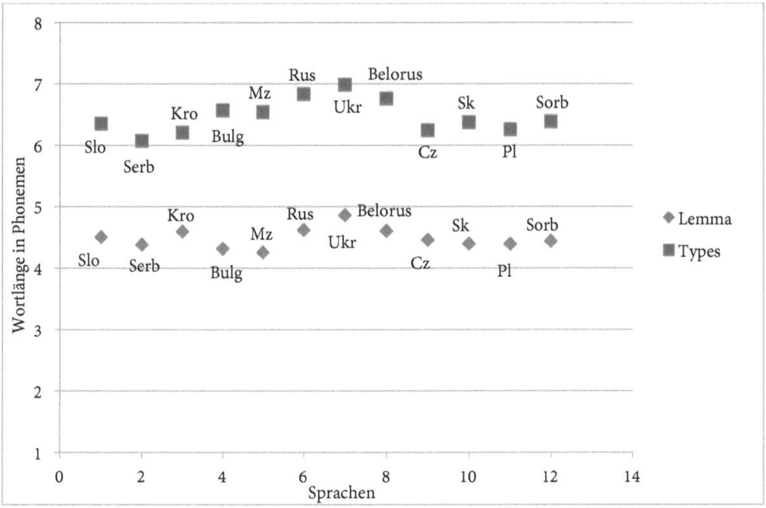

Die Befunde zur Wortlänge im slawischen Basiswortschatz und in den Paralleltexten können zusätzlich noch auf folgende Weise interpretiert werden: Es ist insgesamt eine Illusion von einer „durchschnittlichen Wortlänge“ in einer Sprache zu sprechen. Je nach untersuchter Analyseebene (Types, Tokens, Lemmata) bzw. je nach untersuchter Textsorte bzw. je nach Register gibt es z. T. beträchtliche Unterschiede der Wortlänge. Der Befund ist unmittelbar relevant für die Beantwortung der Frage nach dem postulierten Wechselverhältnis von Phoneminventar und Wortlänge. Wenn man abschließend die einzelnen Wortlängen in den slawischen Sprachen in Relation zum Phoneminventarumfang setzt, so wird das Resultat letztlich nicht mehr überraschen: Weder auf der Ebene der Lemmata noch auf der Ebene der Wortformen-Types kann im vorliegenden Material ein Einfluss des Phoneminventarumfangs auf die Wortlänge festgestellt werden. Die entsprechenden graphischen Darstellungen finden sich in Abb. 23 und Abb. 24. Die jeweiligen R^2-Werte bestätigen den aus dem graphischen Verlauf zu entnehmenden Trend (in beiden Fällen wird ein lineares Modell[136] in Form von $y= a*x+b$ angesetzt) einer relativ hohen Konstanz der Wortlänge in den slawischen Einzelsprachen.

Abb. 23: Phoneminventarumfang vs. Wortlänge: Slawische Basiswortschatzliste (Lemma).

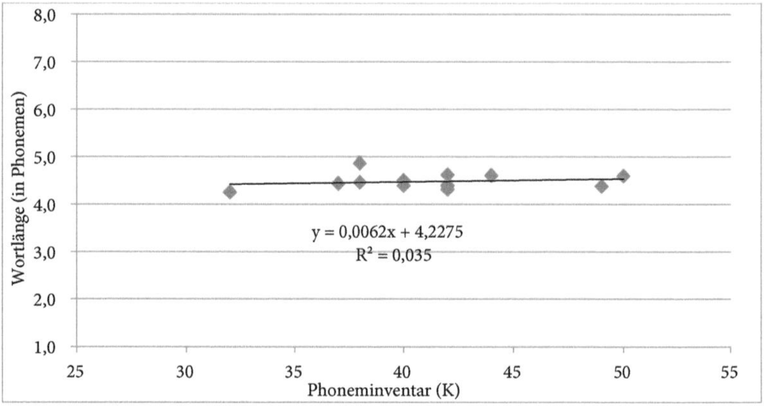

136 Die Verwendung von nichtlinearen Modellen ist in diesem Fall nicht zielführend, da bereits die Rohdaten eindeutig den nicht vorhandenen Trend zeigen.

Abb. 24: Phoneminventarumfang vs. Wortlänge: Slawische Paralleltexte (Wortformen-Types).

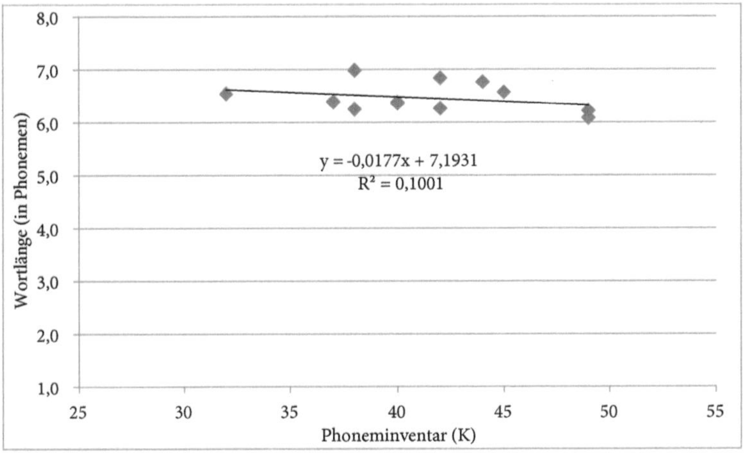

Das vordergründig als negativ zu bezeichnende Resultat bedarf natürlich einer ausführlichen Begründung. Aus unserer Sicht sind folgende Faktoren und Problembereiche zu berücksichtigen: Die Untersuchung von Sprachen aus einer genetisch verwandten Sprachgruppe kann – wie sich nun herausstellt – als durchaus problematisch angesehen werden. Allerdings darf das kein Grund sein, die Untersuchung für die zugrunde gelegte Fragestellung als per se ungeeignet anzusehen. Vielmehr lässt sich das Ergebnis dahingehend interpretieren, dass nunmehr ein gewichtiger und exakter empirischer Nachweis für das Ausmaß der Ähnlichkeit der Sprachen auf der phonologischen bzw. morphologischen Ebene vorliegt. Zumindest lässt sich dieser Schluss auf der Grundlage von zwei Kenngrößen, nämlich dem Phoneminventarumfang und der Wortlänge, ziehen. Es ist trotz der zweifellos bestehenden quantitativen und qualitativen Unterschiede, die auf phonologischer und morphologischer Ebene zu beobachten sind, offenbar im Laufe der historischen Entwicklung doch zu wenig Diversifikation herausgebildet worden, die dazu geführt hätte, dass eine Regulation der Länge von sprachlichen Einheiten in Abhängigkeit vom vorhandenen Phoneminventar – wie von der Theorie vorhergesehen – eingesetzt hätte. Das lässt sich auch an dem quantitativen Ausmaß der Phoneminventare der slawischen Sprachen ablesen, die sich – sofern man als Referenz ein durchschnittliches Phoneminventar von ca. 30 Phonemen ansetzt – in einem engen Bereich von Sprachen mit relativ großen Phoneminventaren ansiedeln lassen. Dieser Bereich zeichnet sich somit, vereinfacht gesagt, durch eine zu geringe Varianz aus, als dass sich die prognostizierten Tendenzen und Wechselbeziehungen im vollen Ausmaß erkennen ließen.

Die Auswahl der Textbasis orientierte sich an der Vorgabe einer möglichst hohen Vergleichbarkeit des jeweils in Betracht gezogenen sprachlichen Materials. Im Fall der Verwendung der Basiswortschatzliste wird durch die Untersuchung der jeweiligen Äquivalente tatsächlich ein maximaler Grad an Vergleichbarkeit erreicht. Im Fall der Paralleltexte ist die Form der Entsprechung zwar nicht in einem solch hohen Ausmaß gegeben, dennoch bleibt aber der Grad an Heterogenität, der nötig wäre, um die theoretisch angenommene Wechselbeziehung von Wortlänge und Phoneminventarumfang auch empirisch nachweisbar zu machen, offenbar zu gering. Somit erweist sich als eine unabdingbare Randbedingung die Berücksichtigung einer bislang nicht genügend reflektierten Notwendigkeit nach gleichzeitiger Homo- und Heterogenität, die offenbar für den Nachweis von quantitativen Wechselbeziehungen konstitutiv ist.

Gleichzeitig zeigte aber die Untersuchung der Basiswortschatzliste wie die der Paralleltexte die mögliche Variation der Wortlänge. Allerdings erweist sich die Problematik bei genauerer Betrachtung unter Umständen als durchaus komplexer denn ursprünglich angenommen: Es stellt sich als unmöglich heraus für eine Sprache eine bestimmte repräsentative Wortlänge festzulegen, da die Länge einer sprachlichen Einheit immer nur in Abhängigkeit vom jeweils verwendeten sprachlichem Material und der untersuchten Sprachebene (Lemmata, Types, Tokens) zu sehen ist. Während der Phoneminventarumfang eine fixierbare Systemgröße darstellt, ist die Wortlänge nicht als Konstante bestimmbar. Je nach Textbasis bzw. untersuchter Sprachebene ist eine unterschiedliche Wortlänge zu beobachten, die weniger durch das zur Verfügung stehende Phoneminventar als vielmehr, wie nun deutlich zu sehen ist, durch andere Kommunikations- und Kodierungsbedürfnisse gesteuert ist.

Mit Blick auf die fehlende empirische Bestätigung einer Wechselbeziehung zwischen der Wortlänge und dem Phoneminventarumfang in den untersuchten slawischen Sprachen ist aber in erster Linie die Vielzahl von interagierenden Größen zu berücksichtigen, die in der vorliegenden Monografie bereits ausführlich thematisiert wurde. Der Phoneminventarumfang tritt vor allem im Sinne einer Eigenkompensation in Erscheinung. Er zeichnet z. B. für die Anzahl von Phonemverbindungen, für den phonotaktischen Ausnutzungsgrad und – mit Einschränkungen – für die Bildung einer geforderten Silbenkomplexität verantwortlich. Daher ist eine vermutete und theoretisch durchaus begründbare Regulation der Länge von über der Phonemebene liegenden Einheiten als Überstrapazierung der Funktion des Phoneminventarumfangs anzusehen. Somit kann abschließend festgehalten werden, dass für die hier untersuchten slawischen Sprachen und unter Berücksichtigung des angewandten Untersuchungsdesigns zwar zwischen der phonologischen und der morphologischen Ebene keine statistisch modellierbare Wechselbeziehung nachzuweisen ist, aber dennoch von einer Ko-Varianz ausgegangen werden kann, die darauf hinausläuft, dass eine jeweils ähnliche phonologische Komplexität (=Phoneminventarumfang) mit einer jeweils ähnlich hohen Komplexität auf morphologischer Ebene (=Wortlänge) einhergeht.

5.4 Abschließender empirischer Befund

Die im vorangehenden Kapitel vorgestellten empirischen Befunde sind, sofern man sich wissenschaftstheoretisch dem Paradigma des kritischen Rationalismus verpflichtet fühlt, kein ausreichender Grund, um die Hypothesen hinsichtlich einer Wechselbeziehung zwischen dem Phoneminventarumfang und der Länge von sprachlichen Einheiten gänzlich zu verwerfen. Bevor die Suche nach Ursachen einsetzen kann, werden die Daten aus den slawischen Sprachen in den schon vorliegenden Datenbestand nach Nettle (1995, 1998) integriert.

Das ist in erster Linie als ein abschließender Versuch zu sehen, zumindest eine grobe Vorstellung über einen eventuell doch vorhandenen Trend hinsichtlich der Regulation der Wortlänge in Abhängigkeit vom Phoneminventarumfang zu bekommen. Die Integration der Daten aus den slawischen Sprachen lässt sich zwar nur bedingt vertreten, da sowohl die Auszählprinzipien der Phoneminventare als auch die verwendete Textbasis divergieren. Dennoch scheinen sich die Daten aus der slawischen Basiswortschatzliste am ehesten als Vergleichsbasis zu eignen, da wohl auch Nettle (1995, 1998), der diesen Aspekt allerdings nicht näher thematisiert, von Lemmata ausgeht.

Die Integration der von uns vorgelegten Daten erfolgt in erster Linie aus heuristischen Gründen. Wie der Abb. 25 zu entnehmen ist, zieht eine Hinzunahme der 12 slawischen Sprachen zu dem Datensatz von Nettle (1995, 1998) mit 22 Sprachen tendenziell folgende Veränderung nach sich: Es zeigt sich der Trend einer Abnahme der Wortlänge mit zunehmendem Inventarumfang. Hierzu wird – wie auch theoretisch begründet – ein einfaches Potenzmodell in der Form von $WOL = 13{,}81 * K^{-0{,}26}$ verwendet (WOL = durchschnittliche Wortlänge und K = Phoneminventarumfang). Allerdings lässt sich nun eine auffällige Verschlechterung (ursprünglicher R^2-Wert lag noch bei 0,67, nunmehr liegt er bei 0,39) der Anpassungsergebnisse feststellen, die aber aus unserer Sicht eindeutig zu begründen ist. Die slawischen Sprachen bewegen sich in einem (engen) Intervall von 32 bis 50 Phonemen, so dass genau hier eine Erhöhung der Heterogenität zu beobachten ist, die sich aus der in etwa konstanten Wortlänge für alle slawischen Sprachen im Basiswortschatz ergibt. Der Befund ist auch deshalb von Bedeutung, weil plausiblerweise davon auszugehen ist, dass eine zukünftige Hinzunahme weiterer Sprachen aus diesem Intervall zu einer Erhöhung der Heterogenität bzw. der Varianz führen wird. Konsequenterweise muss aber auch der Gedanke zu Ende geführt werden: Wie bekannt kommt ein Großteil der Sprachen der Welt mit einem Phoneminventarumfang von 30 Phonemen aus. Ein überzeugender Nachweis der Regulation der Wortlänge durch den Phoneminventarumfang wird aber nur dann gelingen, wenn man in der Lage ist, aus dem Sprachen-Set eine repräsentative Stichprobe zu generieren, in der die Sprachen je nach vorhandenem Phoneminventarumfang und je nach Wortlänge in gewichteter Proportion vertreten sind. Eine Aufgabe, die hier nicht zu leisten ist.

Abb. 25: Phoneminventarumfang vs. durchschnittl. Wortlänge in 34 Sprachen.

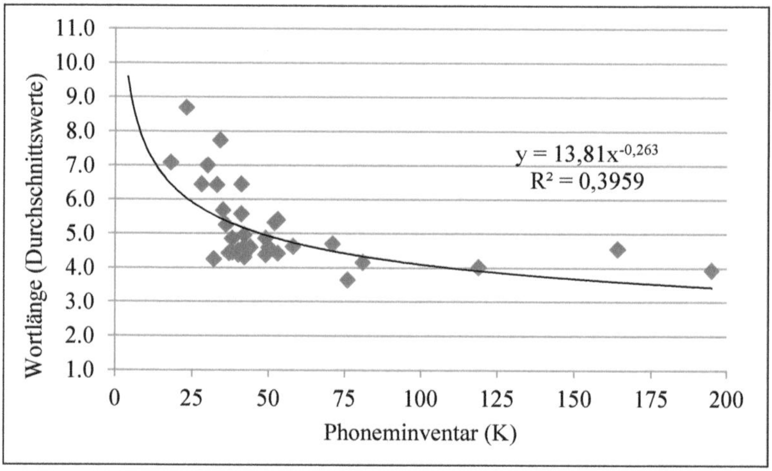

Um damit noch einmal zum hier erzielten Ergebnis zurückzukommen: Offensichtlich erweist sich das angenommene Modell mit zwei Parametern als zu einfach bzw. es ist nicht in der Lage, die untersuchten Daten in zufriedenstellender Weise zu modellieren. In Anbetracht der Tatsache, dass – wie nun bereits mehrfach betont wurde – eine ganze Reihe von Faktoren auf die Wechselbeziehung von Phoneminventarumfang und Wortlänge einwirkt, scheint es angebracht zu sein, in Zukunft von komplexeren Modellen mit einer größeren Anzahl von Parametern auszugehen. Damit wird aber auch die mögliche Interpretation der verwendeten Parameter komplexer, was aber vermutlich der sprachlichen Realität eher gerecht wird. Eine andere Möglichkeit besteht darin, bei der Modellierung jeweils von Durchschnittswerten bzw. von Gruppen (durch

Zusammenfassen von bestimmten Phoneminventaren) auszugehen[137]. Das würde aber de facto einen nicht unbedingt gewünschten Informationsverlust bzw. eine nicht adäquate Nivellierung der sprachlichen Realität bedeuten.

Dennoch gilt – um zu dem Ergebnis der Modellierung in Abb. 25 zurückzukommen –, dass in den nunmehr 34 untersuchten Sprachen immerhin mehr als ein Drittel der Varianz mit einer beobachtbaren Regulation der Längenverhältnisse durch den zugrunde gelegten Inventarumfang erklärbar ist. Ob, oder in welcher Weise, dieses Ausmaß an erklärter Varianz auch bei Hinzunahme von weiteren Sprachen gilt, bleibt zwar künftigen Untersuchungen vorbehalten, aber letztlich ist das Ergebnis aufgrund der Vielzahl im Modell nicht berücksichtigten Faktoren (Phonotaktik, Silben- und Morphemkomplexität usw. usf.) durchaus als plausibel und bemerkenswert zu bezeichnen.

137 Dieses Vorgehen wählen Wichmann/Holman (2013: 259), die durchschnittliche Phoneminventarumfänge für unterschiedliche Sprachfamilien berechnet haben. Allerdings werden dort die Daten nicht für eine Modellierung des Zusammenhangs zwischen Phoneminventarumfang und durchschnittlicher Wortlänge verwendet. Eine Reanalyse der Daten zeigt im Übrigen einen relativen geringen R^2-Wert von 0,20 und das ergibt sich trotz der Homogenisierung mit Hilfe einer interlingualen Mittelwertbildung.

6. Zusammenfassung und Perspektiven

Die eingehende Beschäftigung mit der phonologischen Diversität und ihren unterschiedlichen Ausprägungen in den Sprachen der Welt zeigte eine Vielzahl von Wechselbeziehungen mit phonologischen Merkmalen, aber darüber hinaus auch mit morphologischen, syntaktischen und semantischen Eigenschaften auf. Schon Plank (1998: 223) stellte in seinem umfassenden Aufsatz *The co-variation of phonology with morphology and syntax: A hopeful history* zu einigen grundsätzlichen Problemen der holistischen Sprachtypologie im abschließenden Kapitel *Chimera or vision* in Bezug auf die Untersuchung der Ko-Varianz bzw. von Wechselbeziehungen treffend fest:

> Over the last 250 or so years it has not been established that phonology co-varies with morphology and syntax. But then, it has not been established either that it does not.

Darin spiegelt sich die schwammige Ausgangsposition der oft auf Sand gebauten Ansätze einer Untersuchung von Phänomenen der Ko-Varianz bzw. der Wechselbeziehungen wider. Letztlich erweist sich in einem sprachlichen System ein jedes Merkmal mit einem anderen Merkmal in irgendeiner Weise verbunden. Das führt zu der Notwendigkeit einer Präzisierung und Schärfung der Begriffe *Wechselbeziehung, Zusammenhang, Interrelation* bzw. *Ko-Varianz.* Im gegebenen Zusammenhang wird dafür plädiert unter *Wechselbeziehung* eine *bestimmte Art linearer bzw. nichtlinearer Abhängigkeit* (im Sinne einer mathematisch modellierbaren Beziehung) zu verstehen. Zwei Merkmale unterliegen durch eine gegenseitig bedingte proportionale Veränderungsrate der gegenseitigen Regulation. Diese Interpretation impliziert die Transformation qualitativer linguistischer Begriffe in quantitativ erfassbare Merkmale. Die Untersuchung der phonologischen Diversität wird so einerseits auf eine Modellebene gebracht, indem sie in Form eines auf den ersten Blick relativ einfach erscheinenden Merkmals (der Anzahl von Phonemen, über die eine Sprache verfügt) erfasst wird, andererseits ist damit die Tür für eine systematische crosslinguistische Untersuchung der einzelnen Wechselbeziehungen geöffnet. Gleichzeitig kommt mit Hilfe von statistischen Methoden ein entsprechender Evaluationsapparat zum Tragen, der als Entscheidungshilfe für die Einschätzung der Bedeutung der einzelnen – im Idealfall deduktiv gewonnenen Hypothesen – herangezogen werden kann.

Sofern man bereit ist das attraktive Angebot der auf quantitativen Begriffen fußenden Ansätze an- und die ohne Zweifel vorhandenen Nachteile in Kauf zu nehmen, sieht man sich in die Lage versetzt, sukzessive ein Netz der mit dem

Phoneminventarumfang in Wechselbeziehung stehenden Eigenschaften und Merkmale zu erstellen. Zwar leistet jede Modellbildung lediglich eine grobe und reduzierte Erfassung der vorhandenen Diversität (qualitative Variation wird immer nur in vereinfachter Form aufgenommen und multidimensionale Phänomene werden u.a. auf ein- bzw. zweidimensionale Eigenschaften zurückgeführt etc.), dennoch ist die Untersuchung von Wechselbeziehungen vor einem solchen Hintergrund weder eine bloße Vision noch eine Chimäre, sondern sowohl in theoretischer als auch in methodologischer und empirischer Hinsicht durchführbar.

Die vorliegende Arbeit versteht sich als zentraler Versuch diese Aspekte auf der Basis einer ausgewählten sprachlichen Eigenschaft, nämlich des Phoneminventarumfangs, zu demonstrieren. Der Phoneminventarumfang kann als ein prototypisches Beispiel für die Tragweite und Bedeutung abgrenzbarer sprachlicher Inventare angesehen werden. Die Abgrenzbarkeit und Abgeschlossenheit eines Inventars ist ohne Zweifel ein wissenschaftliches Konstrukt, aber gleichzeitig auch ein sinnvolles heuristisches Hilfsmittel bei der Aufdeckung und Offenlegung von Konstruktionsmechanismen natürlicher sprachlicher Systeme. Es geht um die Frage nach den jeweiligen Konstruktionsmechanismen sprachlicher Systeme und die nach der Dimension ihres Funktionierens in der empirischen Diversität und Varianz. Sprachliche Systeme sind – egal ob sie über eine sehr kleine oder über eine sehr große Anzahl von Phonemen verfügen – jeweils funktionierende Systeme. Allerdings – und das ist der rote Faden, der sich durch die vorliegende Monografie zieht – lässt sich zeigen, inwieweit die Beschaffenheit des Phoneminventarumfangs jeweils Konsequenzen bzw. Einfluss auf Eigenschaften sowohl innerhalb der phonologischen Ebene als auch darüber hinaus (Morphologie, Syntax, Semantik) hat. Gleichzeitig ist man aber auch mit der Beschränktheit und Endlichkeit sprachlicher Systeme konfrontiert, die als durch unterschiedliche Bedürfnisse gesteuert begriffen werden müssen. Darunter lassen sich sowohl das Bedürfnis nach sprachlicher Ökonomie wie auch die Steuerung der Komplexität subsumieren. Beide Eigenschaften erweisen sich als Manifestationen wirkender Bedürfnisse, die durch Kompensations- und Ausgleichsmechanismen gesteuert sind. Für beide Fälle stellt sich jedoch die Annahme von Minimierungs- oder Maximierungsprinzipien als unzureichend heraus, da nur Fließgleichgewichtszustände angenommen werden können, wie sich das aus dem für die vorliegende Arbeit zentralen Aspekt der synergetischen Linguistik ableiten lässt. Des Weiteren lässt sich festhalten, dass innerhalb einer sprachlichen Ebene von einer höheren Präferenz und Ausprägung von Kompensationsmechanismen gesprochen werden kann, während ein die Ebenen übergreifender Ausgleich mit zunehmender Entfernung schwächer wird. Das gilt eben auch im Falle der Wechselbeziehung zwischen dem Inventarumfang und der Wortlänge. Hierzu liegen nun auch entsprechende empirische Nachweise vor. Die generelle Problematik kann theoretisch begründet werden: Der Phoneminventarumfang ist im Rahmen einer Modellierung als unabhängige Variable aufzufassen, während *Redundanz*, *Anzahl von Silbentypen*, *Silben-* und *Morphemlänge* usw. als abhängige Variablen zu betrachten sind. Bei der in dieser Arbeit präferierten Form der Modellierung ist allerdings von vorrangiger Bedeutung, dass sich die einzelnen Variablen in einem hierarchischen, aber jeweils hinsichtlich ihrer Distanz zueinander in einem unterschiedlichen Nah- bzw. Fernverhältnis befinden. In einem selbstregulierten System geht man zwar davon aus, dass alle Teile miteinander verbunden sind, allerdings muss das nicht immer auf direkte Weise erfolgen. Die Wechselbeziehungen zwischen den Eigenschaften A → B → C → D sind hierarchischer Natur, wobei aber z. B. Interrelationen zwischen A und D nicht ausgeschlossen sind. Allerdings wird mit zunehmender Distanz zwischen den Eigenschaften – wie oben schon angeführt – die Stärke der Wechselbeziehung immer schwächer. Wenn man nun die entsprechenden Wechselbeziehungen mathematisch formalisiert, kann die jeweilige Stärke des Zusammenhangs exakt angegeben werden. Geht man davon aus, dass alle Wechselbeziehungen zwischen zwei Variablen stochastischer Natur sind, dann führt eben jede Vergrößerung der Distanz zwischen den Variablen zu einer Erhöhung der Dispersion und Varianz.

In einem Großteil der linguistischen Literatur zur Komplexitätsdebatte herrscht mehr oder weniger Konsens darüber, dass *Komplexität* nicht nur als qualitatives, sondern auch als quantifizierbares Konzept verstanden werden sollte. Letzterer Aspekt der Metrisierung ist insofern von Bedeutung, als dann auch die Frage der Regulation von Komplexität auf der Ebene der mathematischen Modellbildung – wie im vorliegenden Buch vorgeschlagen – untersucht werden kann. Unterschiedliche Formen der Komplexität wie z. B. Konstituenten-Komplexität, die mit der Anzahl von Konstituenten in einem System gleichgesetzt wird bzw. in Form der Varianz und Varietät einzelner Konstituenten zu erfassen ist, können also mit Fragen der organisationalen Komplexität (Arten und Mittel des Zusammensetzens von einzelnen Komponenten zu Konstituenten und die Wechselbeziehungen zwischen den Komponenten und Konstituenten) in Verbindung gebracht werden.

Ohne Zweifel ist das Phonem bzw. in weiterer Folge der Phoneminventarumfang eine strukturbildende und strukturkonstituierende Komponente, die in der Lage ist einerseits höhere Einheiten (Phonemkombinationen, Silben,

Morpheme, Wortformen usw.) zu bilden und andererseits eine Vielzahl von Wechselbeziehungen und Interrelationen einzugehen. So gesehen ist das Phoneminventar bzw. sein Umfang ein einfaches, wenngleich grobes Komplexitätsmaß. Die Idee eines Ausgleichs von unterschiedlichen Graden an Komplexität in einem sprachlichen System erweist sich allerdings aus theoretischer Sicht als zu einfach und mechanistisch. Die oft anzutreffende Vermutung, wonach z. B. eine hohe Komplexität auf der phonologischen Ebene eine niedrige auf der morphologischen nach sich zieht, lässt sich aus theoretischen Gründen zurückweisen. Die gegenseitig bedingte Änderung von sprachlichen Eigenschaften und Merkmalen im Sinne eines Ausgleiches gilt nur für den Fall, dass die Einheiten in der Form funktionaler Äquivalente miteinander verbunden sind. Das heißt, es muss zumindest die Möglichkeit gegeben sein, dass eine gegenseitige Ergänzung bzw. Übernahme der an die jeweilige sprachliche Eigenschaft gestellten Bedürfnisse bzw. Anforderungen erfolgen kann. Damit bleibt die Kommunikationseffektivität eines sprachlichen Systems auch im Falle von Störungen erhalten. Aus dieser Perspektive ergibt sich ein Beziehungsgeflecht aus einer Vielzahl von auf den Phoneminventarumfang wirkenden Bedürfnissen: Das Kodierungsbedürfnis als Grundlage, dazu die Minimierung des Produktions- und Kodierungsaufwands durch den Sprecher und das Bedürfnis nach einer gleichzeitigen Minimierung des Phoneminventars und des Gedächtnisaufwands des Hörers. Die konfligierenden Bedürfnisse und Anforderungen konstituieren in Summe den für ein sprachliches System notwendigen Phoneminventarumfang. Bei der Vielzahl der vorhandenen Bedürfnisse und Anforderungen ist aber die große Zahl funktionaler Äquivalente bzw. alternativer Ausgestaltungsmöglichkeiten nicht außer Acht zu lassen:

1. Die Anordnung und Kombination der Phoneme, ihr Ausnutzungsgrad und die Häufigkeit der einzelnen Kombinationen, die Bildung von artikulatorisch-phonetischen Struktureinheiten (Silben), die Länge der Silben, der Reichtum in Hinblick auf kanonische Silbentypen und die allophonische Varianz.
2. Die Vielzahl der Gestaltungsmöglichkeiten, die sich durch suprasegmentale Eigenschaften ergeben (bezogen auf die Segmente durch Längung von Vokalen, durch die Positionierung des Akzents und überhaupt durch den Akzent in bedeutungsunterscheidender Funktion, durch die prosodische Gestaltung der Silbe oder ihren Einsatz im Sinne einer intonatorischen Phrase).
3. Die umfassende Palette an morphologischen Ausgestaltungsmöglichkeiten (Positionierung der Morpheme innerhalb von Wortformen, morphotaktisches

Verhalten, Bildung unterschiedlicher Morphemtypen, Länge von Morphemen und Morphemketten, Fusionsgrad und Mehrfachkodierung).

4. Die syntaktische Ausgestaltung (insbesondere in Bezug auf die Abfolge und Positionierung von Einheiten, analytische und synthetische Verfahren mit unterschiedlichen Freiheitsgraden der Ausgestaltung).
5. Die unterschiedlichen Kodierungstechniken auf semantischer Ebene (insbesondere in Form einer Mehrfachkodierung unter Einschluss von Sonderfällen der Ausprägung von Homophonie) u.a.m.

Wie der in der vorliegenden Arbeit geleistete Überblick zeigt, kristallisiert sich in Hinblick auf den Phoneminventarumfang vor allem die Länge sprachlicher Einheiten als vielversprechender (empirischer) Kandidat für den Nachweis funktional bedingter Wechselbeziehung heraus. Sprachliche Systeme können demnach für die Bedienung von Kodierungsbedürfnissen ihr Inventar an Phonemen erweitern bzw. verkleinern oder aber die Länge von sprachlichen Einheiten steuern. Aus theoretischer Sicht ist ein Zusammenhang zwischen dem Phoneminventarumfang und der Länge von sprachlichen Einheiten plausibel, wenngleich dieser durch die oben genannten Faktoren „relativiert" werden kann. Auffällig ist aber in jedem Fall die doch große Anzahl von Eigenschaften und Merkmalen, die in einem unmittelbaren Abhängigkeitsverhältnis zum Phoneminventarumfang stehen. Konzentriert man sich ausschließlich auf Eigenschaften, die im gegebenen Kontext zumindest in Ansätzen bereits in ihrer empirischen Dimension untersucht wurden (Anzahl von Phonemkombinationen, phonotaktischer Ausnutzungsgrad, Silbenlänge, Anzahl von Silbentypen), so kann zusammenfassend eine durchaus hohe Belastung, wenn nicht sogar eine Überbelastung des Phoneminventarumfangs festgestellt werden.

Eine derartige Überbelastung der Funktion des Phoneminventarumfangs würde aber im Widerspruch zur vielfach beobachteten Streuung von Bedürfnissen und Anforderungen auf unterschiedliche sprachliche Eigenschaften und Merkmale stehen. Ob der zu beobachtenden hohen Interaktionspotenz des Phoneminventarumfangs und des auf ihn ausgeübten funktionalen Drucks müsste er auf der zeitlichen Achse einem erhöhten Veränderungsdruck ausgesetzt sein. Das lässt sich allerdings damit widerlegen, dass es im Zuge von Sprachwandelprozessen nur sehr langsam zu einer Änderung der phonologischen Struktur einer Sprache kommt, geschweige denn zu einer Verringerung oder Änderung der Anzahl von Phonemen, über die eine Sprache verfügt. In einer Sprache akzeptierte Phoneme – die Frage der unterschiedlichen theoretischen Motive bei der Aufstellung eines Phoneminventars sind ebenfalls zu berücksichtigen – verschwinden nicht ohne Grund aus einem System. Zuerst verlieren einzelne Merkmale ihre distinktive Kraft, d. h. ihre Funktionalität. In dem Fall wird die Anzahl der damit gebildeten Minimalpaare immer kleiner bzw. sie kommen nur noch in einer spezifischen lexikalischen Schicht vor. Erst in einem nächsten Schritt kann es zum kompletten Herausfallen eines bestimmten Phonems aus einem Sprachsystem kommen. Auf einer Metaebene kommt oftmals auch eine konservierende Rolle der Phonologie selbst ins Spiel – als Fallbeispiel dafür ist die bekannte Unterscheidung von zentralen und peripheren Phonemen zu nennen.

In jedem Fall kann aber das Phoneminventar bzw. dessen Umfang als ein konservatives System umschrieben werden, in welchem Änderungen (sei es nun der Verlust oder die Aufnahme eines Phonems) nur sehr langsam vonstattengehen. Als Beispiel sei auf die Entwicklung der heutigen slawischen Einzelsprachen verwiesen, die im Grunde genommen hinsichtlich der jeweiligen Phoneminventarumfänge seit Jahrhunderten keinerlei signifikante Veränderungen mehr durchgemacht haben. Damit ist eine geringe Änderungswahrscheinlichkeit der quantitativen Gegebenheiten zu postulieren. Das aufgezeigte Netz von Wechselbeziehungen ist dennoch als eine mögliche Begründung für ko-variante Änderungen auf der phonologischen, morphologischen, syntaktischen und lexikalischen Ebene zu sehen. Allerdings gehen diese Änderungen vermutlich nicht vom Phoneminventar selbst aus, sondern es sind vielmehr Prozesse auf der lexikalischen Ebene, die somit eine Rückkoppelung auf die phonologische Ebene zeigen.

Jegliche theoretische Perspektive bzw. eine Integration des Phoneminventarumfangs in eine Hypothese impliziert eine ausführliche Reflexion der stringenten Bestimmung des eigentlichen Inventars. Diese Randbedingung ist anhand der slawischen Sprachen in Form der notwendigen Unterscheidung von segmentalen bzw. suprasegmentalen Eigenschaften eingehend thematisiert worden. Es können aber keine verbindlichen Anleitungen für die eine oder andere Form der Bestimmung angeführt werden, sondern es gilt lediglich das Prinzip der Einheitlichkeit, welches eine Vergleichbarkeit der jeweiligen Ergebnisse gewährleistet. Die zentrale Frage, die sich eine phonologische Theorie zu stellen hat, ist deren qualitative Relevanz und die gleichzeitige Möglichkeit einer entsprechenden Operationalisierung.

Ein weiteres bei Weitem nicht triviales Problem bzw. wichtige Randbedingung betrifft die eigentliche Auswahl der zu untersuchenden Sprachen. Die in Kapitel 2.3 präsentierte Verteilung von Phoneminventarumfängen in den Sprachen der Welt erinnert – zumindest auf der Ebene einer visuellen Interpretation – in frappierender Weise an die aus der Statistik bekannte Normalverteilung. Auch wenn die Frage einer theoretischen Modellierung der Häufigkeitsverteilung bislang ungeklärt ist, ist im gegebenen Zusammenhang die aus der spezifischen Verteilung ableitbare linguistische Konsequenz von weitaus größerer Bedeutung: Sprachen meiden extreme Ausprägungen, sei es in Richtung eines kleinen oder aber großen Umfangs und konzentrieren sich stattdessen tendenziell in einem bestimmten „mittleren Bereich". Dieser *mittlere Bereich*, der sich mit ca. 30–31 Phonemen als „durchschnittliches" Phoneminventar spezifizieren lässt, legt im hier verfolgten Zusammenhang die weiterführende Frage nahe, auf welche Art und Weise eine Auswahl von Sprachen für eine durchzuführende Untersuchung gewichtet werden soll? Problematisch ist, wie der mittlere Inventarbereich berücksichtigt werden soll, der ja hinsichtlich der Häufigkeit überdurchschnittlich oft vorkommt, gleichzeitig aber für eine höhere Heterogenität des Untersuchungsmaterials verantwortlich ist. Berücksichtigt man das nicht, werden sich künftige Untersuchungen dem Vorwurf der Beliebigkeit ausgesetzt sehen. Insofern ist es eine Alternative u.a. auf der Basis einer arealtypologisch (bzw. genetisch) gewichteten Auswahl von Sprachen zu beginnen, wobei auch dieser Ansatz, wie gezeigt werden konnte, gewisse Probleme mit sich bringt bzw. die Grenzen von sprachübergreifend verstandenen Regulationsmechanismen vor Augen führt. Trotz der zweifellos – qualitativ als relativ groß einzuschätzenden Unterschiede – lässt sich hinsichtlich der quantitativen Unterschiede bei den Phoneminventarumfängen und den Wortlängen in den slawischen Sprachen eine nur geringe Varianz und Streuung feststellen. In jedem Fall ist die Auswahl von Sprachen eine zentrale Randbedingung; ohne Zweifel muss man auch außersprachliche Faktoren wie z. B. die in der Einleitung erwähnte Sprecherzahl, die areale Zugehörigkeit von Sprachen, die klimatischen Bedingungen usw. im Auge behalten.

Um somit noch einmal auf das Wechselverhältnis von Phoneminventarumfang und Länge sprachlicher Einheiten zurückzukommen: Die Unterscheidung von paradigmatischen und syntagmatischen Eigenschaften ist auch für quantitative Untersuchungen von Wechselbeziehungen durchaus produktiv und notwendig. Allerdings ist die Unterscheidung doch mit Vorbehalten verbunden. Zwar ist der Phoneminventarumfang in erster Linie als paradigmatische Eigenschaft anzusehen, aber bei der Untersuchung der Wortlänge mutiert auch dieser zu einer syntagmatischen Eigenschaft: Es ist durchaus möglich – und in der Praxis sehr oft beobachtbar –, dass auf Textebene nicht alle Phoneme realisiert sind und somit nicht vorkommen. Auf die Weise relativiert sich die paradigmatische Relevanz bzw. systemtheoretische Bedeutung des Phoneminventarumfangs. Darüber hinaus ist aus Untersuchungen zur Phonemhäufigkeit sehr gut bekannt, dass es zu einer ungleichen Ausnutzung der Phoneme kommt. Insbesondere Sprachen mit großen Inventaren können sich den Luxus leisten ihre Phoneme gleichmäßiger auszunutzen als Sprachen mit einem kleinen Inventar, die zu einer überproportionalen Auslastung einzelner Einheiten tendieren. Damit ist in letzter Konsequenz – je nach zugrunde gelegter Fragestellung – der Phoneminventarumfang als solcher nach seiner syntagmatischen Kodierungsleistung zu gewichten. Nur in dem Fall ist ein starker Einfluss auf die Länge der sprachlichen Einheiten gewährleistet.

Eine große Rolle spielt auch die Frage, auf welcher Ebene die Länge sprachlicher Einheiten bestimmt wird. Diese Randbedingung erweist sich möglicherweise – neben der eigentlichen Materialauswahl – als die wichtigste, die es zu beachten gilt. Die durchgeführten empirischen Untersuchungen konnten eindrucksvoll die Spannweite der Wortlänge zeigen. In den slawischen Sprachen unterscheidet sich die Wortlänge auf der Lemma-Ebene grundlegend von derjenigen der Wortformen-Types und es ist – obwohl im vorliegenden Buch nicht näher untersucht – durchaus plausibel anzunehmen, auch von derjenigen auf der Tokensebene. Der Phoneminventarumfang hat darauf aber zumindest in den von uns untersuchten slawischen Sprachen keinen Einfluss, sondern mit der unterschiedlichen Wortlänge dürfte innersprachlich eine jeweils spezifische Ausnutzung der Phoneme vonstattengehen.

Neben diesem zentralen Einflussfaktor spielt aber auch die zugrunde gelegte Textauswahl eine große Rolle. In der vorliegenden Arbeit wurde bewusst der Weg einer crosslinguistischen Untersuchung gewählt, um die synchrone Diversität hinsichtlich der Phoneminventarumfänge und der damit einhergehenden Wortlänge aufzuzeigen. Ein anderer Weg wäre die jeweilige Analyse der Veränderung von Phoneminventarumfängen auf der zeitlichen Achse gewesen, wobei allerdings die Anzahl der Datenpunkte pro Sprache viel zu gering ausfiele, um überhaupt eine sinnvolle Modellierung zu ermöglichen. Die durchgeführte Material- und Textauswahl in Form von Wortformen aus dem slawischen Basiswortschatz und Paralleltexten ist insofern eine wichtige zu berücksichtigende Randbedingung, da nur auf die Weise die für sprachübergreifende Untersuchungen notwendigen homogenen Ausgangsbedingungen geschaffen werden können. Der hohe Grad an Homogenität ist aber auch der offenbar hohen quantitativen phonologischen und morphologischen Ähnlichkeit der slawischen Sprachen geschuldet. Ein Großteil der festgestellten Ähnlichkeit geht aber vor allem auf den Umstand zurück, dass die Textbasis in Form des Basiswortschatzes bzw. der Paralleltexte bewusst in einer Weise gewählt ist, die eine maximale Vergleichbarkeit des Materials gewährleistet.

Die Nicht-Übereinstimmung der Daten aus den slawischen Sprachen mit der postulierten Hypothese eines Zusammenhangs von Phoneminventarumfang und Wortlänge ist aber nur als ein erstes Indiz, aber noch nicht als hinreichender

Beweis für deren Falschheit zu verstehen. Aus unserer Sicht ist zum gegenwärtigen Zeitpunkt (noch) keine Modifikation der theoretischen Ausgangspositionen angesagt. In erster Linie sind die präsentierten Ergebnisse erstens als Aufforderung zu verstehen, nach der aufgezeigten Art und Weise weitere Sprachen zu untersuchen, um zu einer breiteren empirischen Basis zu kommen. Zweitens wäre es notwendig alle weiteren auf die Wortlänge wirkenden, und in dieser Arbeit zumindest in groben Ansätzen auch benannten, Einflussfaktoren schrittweise einer empirischen Untersuchung zu unterziehen. Drittens sind aber die vorliegenden Ergebnisse und die Vielzahl von möglichen Interaktionsfaktoren als Plädoyer zu verstehen, um in Zukunft mathematische Modelle ins Spiel zu bringen, die in der Lage sind multidimensionale Abhängigkeiten zu erfassen. Möglicherweise werden derartige Modelle dem Komplexitätsgrad von selbstregulierten Wechselbeziehungen gerechter, wenngleich – wie aus der vorliegenden Monografie deutlich geworden sein sollte – zuerst eine entsprechende systematische empirische Überprüfung der zweidimensionalen Abhängigkeiten durchzuführen ist; in vielen Fällen sind auch erst grundlegende Fragen der Operationalisierung (z. B. hinsichtlich der Vielschichtigkeit des Akzents – in der vorliegenden Arbeit – zumindest in Ansätzen thematisiert) zu klären. In jedem Fall ist aber die Anwendung multidimensionaler Modelle ein wichtiges Desiderat der zukünftigen Forschung. Zudem ist mit der untersuchten Wechselbeziehung von Phoneminventarumfang und Wortlänge nur ein kleiner, allerdings keineswegs wenig gewichtiger Ausschnitt aus der Vielzahl offener Möglichkeiten untersucht worden. Der von uns gewählte Ansatz bleibt somit eine Herausforderung.

7. Literaturverzeichnis

A

Adsett, Connie R.; Marchand, Yannick (2010): Syllabic complexity: A Computational evaluation of nine European languages, in: *Journal of Quantitative Linguistics* 17, 4, 269–290.

Aitchison, Jean (2001): The birth of rules. In: Jürgen Trabant and Sean Ward (eds.): *New essays on the origin of language.* Berlin: Mouton de Gruyter, 133–147.

Aitchison, Jean (1996): *The seeds of speech: Language origin and evolution.* Cambridge: Cambridge University Press.

Alpatov, Vladimir M. (2005): *Istorija lingvističeskich učenij.* Moskva: Jazyki slavjanskoj kul'tury.

Altmann, Gabriel (2006): Fundamentals of quantitative linguistics. In: J. Genzor and M. Bucková (eds.): *Favete linguis.* Bratislava: Slovak Academic Press, 25–27.

Altmann, Gabriel (1999): Von der Fachsprache zum Modell. In: Herbert Ernst Wiegand (ed.): *Sprache und Sprachen in den Wissenschaften, Geschichte und Gegenwart.* Berlin: de Gruyter, 294–312.

Altmann, Gabriel (1997): The art of quantitative linguistics, in: *Journal of Quantitative Linguistics* 4, 1–3, 13–22.

Altmann, Gabriel (1993): Science and linguistics. In: Reinhard Köhler and Burghard Rieger (eds.): *Contributions to quantitative linguistics. Proceedings of the first international conference of quantitative linguistics, QUALICO, Trier, 1991.* Dordrecht, Boston, London: Kluwer, 3–10.

Altmann, Gabriel (1990): Bühler or Zipf? A re-interpretation. In: Walter A. Koch (ed.): *Aspekte einer Kultursemiotik.* Bochum: Brockmeyer, 1–6.

Altmann, Gabriel (1985): Sprachtheorie und mathematische Modelle, in: *SAIS Arbeitsberichte aus dem Seminar für Allgemeine und Indogermanische Sprachwissenschaft* 8, 1–13.

Altmann, Gabriel (1981): Zur Funktionalanalyse in der Linguistik. In: Jürgen Esser and Alex Hübler (eds.): *Forms and functions: Papers in general, English, and applied linguistics. Presented to Vilém Fried on the occasion of his 65. birthday.* Tübingen: Narr (=Tübinger Beiträge zur Linguistik 149), 25–32.

Altmann, Gabriel (1980): Prolegomena to Menzerath's law. In: Rüdiger Grotjahn (ed.): *Glottometrika 2*. Bochum: Brockmeyer (=Quantitative Linguistics 3), 1–10.

Altmann, Gabriel (1978): Towards a theory of language. In: Gabriel Altmann (ed.): *Glottometrika 1*. Bochum: Brockmeyer (=Quantitative Linguistics 1), 1–25.

Altmann, Gabriel (1973): Mathematische Linguistik. In: Walter A. Koch (ed.): *Perspektiven der Linguistik*. Stuttgart: Kröner, 208–232.

Altmann, Gabriel (1972): Status und Ziele der quantitativen Sprachwissenschaft. In: Siegfried Jäger (ed.): *Linguistik und Statistik*. Braunschweig: Vieweg (=Schriften zur Linguistik 6), 1–9.

Altmann, Gabriel; Beőthy, Erzsébet; Best, Karl-Heinz (1982): Die Bedeutungskomplexität der Wörter und das Menzerathsche Gesetz, in: *Zeitschrift für Phonetik, Sprachwissenschaft und Kommunikationsforschung* 35, 537–543.

Altmann, Gabriel; Lehfeldt, Werner (1980): *Einführung in die quantitative Phonologie*. Bochum: Brockmeyer (=Quantitative Linguistics 7).

Altmann, Gabriel; Schwibbe, Michael (eds.) (1989): *Das Menzerathsche Gesetz in informationsverarbeitenden Systemen*. Zürich, New York: Hildesheim.

Ateşman, Ender (1987): Der phonologische Bau des türkischen Morphems. In: Hermann Bluhme and Göran Hammarström (ed.): *Descriptio Linguistica. Proceedings of the first conference on descriptive and structural linguistics, Antwerp 9–10 september, 1985*. Tübingen: Narr (=Tübinger Beiträge zur Linguistik 293), 194–215.

Atkinson, Quentin D. (2011): Phonemic diversity supports a serial founder effect model of language expansion from Africa, in: *Science* 332, 6072, 346–349.

Auer, Peter (2001): Silben- und akzentzählende Sprachen. In: Martin Haspelmath et al. (eds.): *Language Typology and Language Universals/Sprachtypologie und sprachliche Universalien*. Berlin u. a.: de Gruyter (=Handbücher zur Sprach- und Kommunikationswissenschaft 20, 2), 1391–1399.

Auer, Peter (1993): *Is a rhythm-based typology possible? A study of the role of prosody in phonological typology*. Konstanz (=KontRI Working Paper 21).

Auer, Peter; Couper-Kuhlen, Elizabeth; Müller, Frank (1999): *Language in time. The rhythm and tempo of spoken interaction*. New York, Oxford: Oxford University Press.

Auwera van der, Johan; Schallea, Ewa; Nuyts, Jan (2005): Epistemic possibility in a Slavonic parallel corpus – a pilot study. In: Björn Hansen and Petr Karlík (eds.): *Modality in Slavonic languages: new perspectives*. München: Sagner (=Slavolinguistica 6), 201–217.

B

Baayen, Harald (2008): *Analyzing linguistic data. A practical introduction to statistics using R.* Cambridge: Cambridge University Press.

Babić, Stjepan; Finka, Božidar; Moguš, Milan (1996): *Hrvatski pravopis.* Zagreb: Školska knjiga.

Badurina, Lada (1996): *Kratka osnova hrvatskoga pravopisanja. Metodologija rada na pravopisu.* Rijeka: Izdavački Centar Rijeka.

Bakker, Dik et al. (2009): Adding typology to lexicostatistics: A combined approach to language classification, in: *Linguistic Typology* 13, 1, 169–181.

Bauer, Harold R. (1988): The ethologic model of phonetic development: I. Phonetic contrast estimators, in: *Clinical Linguistics and Phonetics* 2, 4, 347–380.

Berg, Thomas (2004): Similarity and contrast in segmental phonology, in: *Linguistics* 42, 6, 1049–1103.

Berger, Tilman (2006): Das Russische. In: Peter Rehder (ed.): *Einführung in die slavischen Sprachen (mit einer Einführung in die Balkanphilologie).* 5. Auflage. Darmstadt: Wissenschaftliche Buchgesellschaft, 49–93.

Bertalanffy von, Ludwig (1972): Vorläufer und Begründer der Systemtheorie. In: Ludwig von Bertalanffy (ed.): *Systemtheorie.* Berlin: Colloquium-Verlag, 17–28.

Best, Karl-Heinz (2005): Morphlänge. In: Reinhard Köhler, Gabriel Altmann und Rajmund G. Piotrowski (eds.): *Quantitative Linguistik. Quantitative Linguistics. Ein internationales Handbuch. An International Handbook.* Berlin, New York: de Gruyter (=Handbücher zur Sprach- und Kommunikationswissenschaft 27), 255–260.

Best, Karl-Heinz (2000): Morphlängen in Fabeln von Pestalozzi, in: *Göttinger Beiträge zur Sprachwissenschaft* 3, 19–30.

Bieder, Hermann (2006): Das Weißrussische. In: Peter Rehder (ed.): *Einführung in die slavischen Sprachen (mit einer Einführung in die Balkanphilologie).* 5. Auflage. Darmstadt: Wissenschaftliche Buchgesellschaft, 110–125.

Birnbaum, Henrik; Molas, Jerzy (2006): Das Polnische. In: Peter Rehder (ed.): *Einführung in die slavischen Sprachen (mit einer Einführung in die Balkanphilologie).* 5. Auflage. Darmstadt: Wissenschaftliche Buchgesellschaft, 145–164.

Bisang, Walter (2009): On the evolution of complexity: sometimes less is more in East and mainland Southeast Asia. In: Geoffrey Sampson, David Gil and Peter Trudgill (eds.): *Language complexity as an evolving variable.* Oxford u. a.: Oxford University Press (=Studies in the evolution of language 13), 34–49.

Blackmore, John (1972): *Ernst Mach. His work, life and influence.* Berkeley, California: University of California Press.

Blevins, Juliette (2005): *Evolutionary phonology: the emergence of sound patterns.* Cambridge, MA: Cambridge University Press.

Bluhme, Hermann (1965): Phonometrischer Beitrag zu Palatalisation, Aspiration und Stimmton, in: *Zeitschrift für Phonetik, Sprachwissenschaft und Kommunikationsforschung* 18, 367–380.

Boer, Bart de (2001): *The origins of vowel systems.* New York, NY u. a.: Oxford University Press (=Studies in the evolution of language 1).

Boer, Bart de; Sandler, Wendy; Kirby, Simon (2012): New perspectives on duality of patterning: Introduction to the special issue, in: *Language Cognition* 4, 4, 251–259.

Boersma, Paul (1998): *Functional phonology: formalizing the interactions between articulatory and perceptual drives.* The Hague: Holland Academic Graphics (=LOT international series 11).

Bogdanova, N.V. (2001): *Proiznošenie i transkripcija. Učebno-metodičeskoe posobie po sovremennomu russkomu literaturnomu jazyku.* Sankt-Peterburg: Filologičeskij fakul'tet Sankt-Peterburgskogo gosudarstvennogo universiteta.

Bondarko, L.V. (2009): Moscow and St. Petersburg schools in phonology. In: Sebastian Kempgen et al. (eds.): *Die slavischen Sprachen. Teilband 1. Ein internationales Handbuch zu ihrer Struktur, ihrer Geschichte und ihrer Erforschung.* Berlin: de Gruyter (=Handbücher zur Sprach- und Kommunikationswissenschaft 32), 67–70.

Botha, Rudolf; Knight, Chris (eds.) (2009): *The cradle of language.* Oxford: Oxford University Press (=Studies in the evolution of language 12).

Bowern, Claire (2011): Out of Africa? The logic of phoneme inventories and founder effects, in: *Linguistic Typology* 15, 2, 207–216.

Bräuer, Herbert (1961): *Slavische Sprachwissenschaft. I: Einleitung. Lautlehre.* Berlin: de Gruyter.

Buk, Solomija; Mačutek, Ján; Rovenchak, Andrij (2008): Some properties of the Ukrainian writing system, in: *Glottometrics* 16, 63–79.

Bussmann, Hadumod (ed.) (2008): *Lexikon der Sprachwissenschaft.* Vierte, durchgesehene und bibliographisch ergänzte Auflage. Stuttgart: Kröner.

Bybee, Joan (2011a): How plausible is the hypothesis that population size and dispersal are related to phoneme inventory size? Introducing and commenting on a debate, in: *Linguistic Typology* 15, 2, 147–153.

BYBEE, JOAN (2011b): Markedness: Iconicity, economy, and frequency. In: Jae Jung Song (ed.): *The Oxford handbook of linguistic typology.* Oxford: University Press, 131–147.

BYBEE, JOAN (2010): *Language, usage and cognition.* Cambridge: Cambridge University Press.

BYBEE, JOAN (2007): *Frequency of use and the organization of language.* Oxford u. a.: Oxford University Press.

BYBEE, JOAN (2003): *Phonology and language use.* Cambridge: Cambridge University Press (=Cambridge Studies in Linguistics 94).

BYBEE, JOAN; HOPPER, PAUL (2001): Introduction to frequency and the emergence of linguistic structure. In: Joan Bybee and Paul Hopper (eds.): *Frequency and the emergence of linguistic structure.* Amsterdam, Philadelphia: Benjamins (=Typological studies in language 45), 1–24.

C

CALABRESE, ANDREA (2005): *Markedness and economy in a derivational model of phonology.* Berlin u. a.: Mouton De Gruyter (=Studies in generative grammar 80).

CAMPBELL, GEORGE L. (1991a): *Compendium of the world's languages. Volume I. Abaza to Lusatian.* London: Routledge.

CAMPBELL, GEORGE L. (1991b): *Compendium of the world's languages. Volume II. Maasai to Zuni.* London: Routledge.

CARLTON, TERENCE R. (1991): *Introduction to the phonological history of the Slavic languages.* Columbus, Ohio: Slavica.

CARSTAIRS, ANDREW (1983): Paradigm economy, in: *Linguistics* 19, 115–125.

CARSTAIRS-MCCARTHY, ANDREW (1999): *The origins of complex language: an inquiry into the evolutionary beginnings of sentences, syllables, and truth.* Oxford: Oxford University Press.

ČERMÁK, FRANTIŠEK; ROSEN, ALEXANDR (2012): The case of InterCorp, a multilingual parallel corpus, in: *International Journal of Corpus Linguistics* 17, 3, 411–427.

CHOMSKY, NOAM; HALLE, MORRIS (1968): *The sound pattern of English.* New York u. a.: Harper & Row.

ČISTJAKOV, V.F. (1972): Častotnosti glasnych i soglasnych v 50 jazykach raznogo grammatičeskogo stroja, in: *Lingua Posnaniensis* 16, 45–48.

ČISTJAKOV, V.F.; KRAMARENKO, B.K. (1929): *Opyt priloženija statističeskogo metoda k jazykoznaniju.* Krasnodar.

Clark, John; Yallop, Colin (1995): *An introduction to phonetics and phonology.* Oxford u. a.: Blackwell.

Clements, George N. (2009): The role of features in phonological inventories. In: Eric Raimy and Charles Cairns (eds.): *Contemporary views on architecture and representations in phonology.* Cambridge, MA: M.I.T. Press (=Current studies in linguistics 48), 19–68.

Clements, George N. (2003): Feature economy in sound systems, in: *Phonology* 20, 287–333.

Clements, George N.; Keyser, Samuel J. (1983): *CV phonology. A generative theory of the syllable.* Cambridge, MA: M.I.T. Press.

Comrie, Bernard (1992): Before complexity. In: John A. Hawkins and Murray Gell-Mann (eds.): *The evolution of human languages.* New York: Addison-Wesley, 193–211.

Comrie, Bernard; Corbett, Greville G. (eds.) (1993): *The Slavonic languages.* London, New York: Routledge.

Coulmas, Florian (1992): *Language and economy.* Oxford u. a.: Blackwell.

Coupé, Christophe; Marsico, Egidio; Pellegrino, François (2009): Structural complexity of phonological systems. In: François Pellegrino et al. (eds.): *Approaches to phonological complexity.* Berlin u.a.: Mouton De Gruyter, 141–169.

Cramer, Irene M. (2005): Das Menzerathsche Gesetz. In: Reinhard Köhler, Gabriel Altmann und Rajmund G. Piotrowski (eds.): *Quantitative Linguistik. Quantitative Linguistics. Ein internationales Handbuch. An International Handbook.* Berlin, New York: de Gruyter (=Handbücher zur Sprach- und Kommunikationswissenschaft 27), 659–688.

Croft, William (2003): *Typology and universals.* Cambridge: Cambridge University Press.

Crystal, David (1987): *The Cambridge encyclopedia of language.* Cambridge: Cambridge University Press.

Cubberley, Paul (1980): *The suprasegmental features in Slavonic phonetic typology.* Amsterdam: Hakkert (=Bibliotheca Slavonica 20).

Cysouw, Michael (2003): Against implicational universals, in: *Linguistic Typology* 7, 1, 89–101.

Cysouw, Michael; Dediu, Dan; Moran, Steven (2012): Comment on "Phonemic Diversity Supports a Serial Founder Effect Model of Language Expansion from Africa", in: *Science* 335, 657.

Cysouw, Michael; Wälchli, Bernhard (2007): Parallel texts: using translational equivalents in linguistic typology, in: *Sprachtypologie und Universalienforschung/Language Typology and Universals* 60, 2, 95–99.

D

Dahl, Östen (2004): *The growth and maintenance of linguistic complexity.* Amsterdam: Benjamins (=Studies in Language Companion Series, 71).

Dauer, Rebecca (1987): Phonetic and phonological components of language rhythm. In: *Proceedings of the XIth international congress of phonetic sciences*, 447–450.

Dauer, Rebecca (1983): Stress-timing and syllable-timing reanalyzed, in: *Journal of Phonetics* 11, 51–62.

Dauses, August (2000): *Ökonomie und Kybernetik natürlicher Sprachen. Universelle Sprachgesetze des Sprachwandels.* Stuttgart: Franz Steiner Verlag.

Décsy, Gyula (1970): A search for universals in the Finno-Ugric languages, in: *Ural-altaische Jahrbücher* 42, 9–17.

Deutscher, Guy (2009): "Overall complexity": a wild goose chase? In: Geoffrey Sampson, David Gil and Peter Trudgill (eds.): *Language complexity as an evolving variable.* Oxford u. a.: Oxford University Press (=Studies in the evolution of language 13), 243–251.

Dinnsen, Daniel A. (1992): Variation in developing and fully developed phonetic inventories. In: Charles A. Ferguson, Lise Menn and Carol Stoel-Gammon (eds.): *Phonological development: models, research, implications.* Timonium, Md.: York Press, 191–210.

Donegan, Patricia Jane (1978): *On the natural phonology of vowels.* Ohio.

Donegan, Patricia Jane; Stampe, David (1983): Rhythm and the holistic organization of linguistic structure. In: John F. Richardson, Mitchell Marks and Amy Chukerman (eds.): *Papers from the parasession on the interplay of phonology, morphology, and syntax.* Chicago: Chicago Linguistic Society, 337–353.

Donohue, Mark; Nichols, Johanna (2011): Does phoneme inventory size correlate with population size?, in: *Linguistic Typology* 15, 2, 161–170.

Dressler, Wolfgang U. (1979): Reflections on phonological typology, in: *Acta Linguistica Academiae Scientiarum Hungaricae* 29, 259–273.

Dufter, Andreas (2003): *Typen sprachrhythmischer Konturbildung.* Tübingen: Niemeyer (=Linguistische Arbeiten 475).

Dunbar, Robin (2009): Why only humans have language. In: Rolf Botha and Chris Knight (eds.): *The prehistory of language.* Oxford u. a.: Oxford University Press (=Studies in the evolution of language 11), 12–35.

Duran, Daniel (2005): *Ausspracheregeln in der Text-to-Speech Synthese für das Kroatische.* Stuttgart: Diplomarbeit.

Dyen, Isidore (1964): On the validity of comparative lexicostatistics. In: Horace G. Lunt (ed.): *Proceedings of the ninth international congress of linguistics.* Cambridge, Mass., August 27–31, 1962. London, The Hague, Paris: Mouton, 238–252.

E

Ebeling, Werner; Freund, Jan; Schweitzer, Frank (1998): *Komplexe Strukturen: Entropie und Information.* Stuttgart, Leipzig: Teubner.

Eom, Jeehyeon (2006): *Rhythmus im Akzent. Zur Modellierung der Akzentverteilung als einer Grundlage des Sprachrhythmus im Russischen.* München: Sagner (=Slavistische Beiträge 451).

Eom, Jeehyeon; Lehfeldt, Werner; Meyer, Peter (2004): Der Jerausfall und seine Folgen für die Wortstruktur der slavischen Sprachen, in: *Zeitschrift für slavische Philologie* 63, 2, 249–309.

Erjavec, Tomaž et al. (1995): Multext-East: Multilingual text tools and corpora for Central and Eastern European languages. In: Heike Rettig (ed.): *TELRI: Trans-European language resources infrastructure. Proceedings of the first European seminar "Language resources for language technology". Tihany, Hungary, September 15 and 16, 1995.* Mannheim: The TELRI Association, 88–97.

Everett, Daniel L. (1985): Syllable weight, sloppy phonemes, and channels in Pirahã discourse. In: *Proceedings of the eleventh annual meeting of the Berkeley Linguistics Society.* Berkeley: Berkeley Linguistics Society, 408–416.

F

Fenk-Oczlon, Gertraud (2001): Familiarity, information flow, and linguistic form. In: Joan Bybee and Paul Hopper (eds.): *Frequency and the emergence of linguistic structure.* Amsterdam, Philadelphia: Benjamins (=Typological studies in language 45), 431–448.

Fenk-Oczlon, Gertraud (1990): Ökonomieprinzipien in Kognition und Kommunikation. In: Norbert Boretzky, Werner Enninger und Thomas Stolz (eds.): *Spielarten der Natürlichkeit – Spielarten der Ökonomie.* 1. Halbband. Bochum: Brockmeyer (=Bochum-Essener Beiträge zur Sprachwandelforschung 8), 37–51.

Fenk-Oczlon, Gertraud; Fenk, August (2008): Complexity trade-offs between the subsystems of language. In: Matti Miestamo, Kaius Sinnemäki and Fred Karlsson (eds.): *Language complexity. Typology, contact, change.* Amsterdam, Philadelphia: Benjamins (=Studies in Language Companion Series 94), 43–65.

Fenk-Oczlon, Gertraud; Fenk, August (2005): Crosslinguistic correlations between size of syllables, number of cases, and adposition order. In: Gertraud Fenk-Oczlon und Christian Winkler (eds.): *Sprache und Natürlichkeit. Gedenkband für Willi Mayerthaler.* Tübingen: Narr (=Tübinger Beiträge zur Linguistik 483), 75–86.

Fenk-Oczlon, Gertraud; Fenk, August (1999): Cognition, quantitative linguistics and systemic typology, in: *Linguistic Typology* 3, 2, 151–177.

Fenk-Oczlon, Gertraud; Fenk, August (1985): The mean length of propositions is 7 plus minus 2 syllables – but the position of languages within this range is not accidental. In: Géry d'Ydevalle (ed.): *Cognition, information processing, and motivation.* North Holland: Elsevier, 355–359.

Fickermann, I.; Markner, B.; Rothe, U. (1984): Wortlänge und Bedeutungskomplexität. In: Joachim Boy und Reinhard Köhler (eds.): *Glottometrika 6.* Bochum: Brockmeyer (=Quantitative Linguistics 25), 115–126.

Fodor, I. (1961): The validity of glottochronology on the basis of the Slavonic languages, in: *Studia Slavica* 7, 295–346.

Friedman, Victor A. (1993a): Macedonian. In: Bernard Comrie and Greville G. Corbett (eds.): *The Slavonic languages.* London, New York: Routledge, 249–305.

Friedman, Victor A. (1993b): The first philological conference for the establishment of the Macedonian alphabet and the Macedonian literary language: Its precedents and consequences. In: Joshua A. Fishman (ed.): *The earliest stage of language planning: The 'First Congress' phenomenon.* Berlin: Mouton De Gruyter, 159–180.

G

Gabelentz, Georg von der (1901): *Die Sprachwissenschaft. Ihre Aufgaben, Methoden und bisherigen Ergebnisse.* Zweite, vermehrte und verbesserte Auflage. Leipzig: Chr. Herm. Tauchnitz. [zitiert nach Nachdruck 1972, Tübingen: Narr]

Gabka, Kurt (1987): *Einführung in das Studium des russischen Sprache. Phonetik und Phonologie.* Leipzig: Verlag Enzyklopädie.

Garabík, Radovan (2007): A cross-linguistic database of children's printed words in three Slavic languages. In: Jana Levická and Radovan Garabík (eds.): *Slovko 2007. Bratislava, Slovakia, 25–27 October 2007.* Bratislava: Tribun, 51–64.

Garde, Paul (1993): *Naglasak.* Zagreb: Školska knjiga.

Geckeler, Horst (1988): Die Sprachtypologie von Eugenio Coseriu und Vladimír Skalička: Darstellung und Vergleich. In: Jens Lüdtke (ed.): *Energeia und Ergon. Sprachliche Variation – Sprachgeschichte – Sprachtypologie. Band III. Das sprachtheoretische Denken Eugenio Coserius in der Diskussion (2).* Tübingen: Gunter Narr (=Tübinger Beiträge zur Linguistik 300), 55–70.

Geisler, Hans (1982): *Studien zur typologischen Entwicklung: Lateinisch – Altfranzösisch – Neufranzösisch.* München: Fink (=Romanica Monacensia 17).

Gell-Mann, Murray (1995): What is complexity?, in: *Complexity* 1, 1, 16–19.

Gellerstam, Martin (1996): Translations as a source for cross-linguistic studies. In: Karin Aijmer, Bengt Altenberg and Mats Johansson (eds.): *Languages in contrast. Papers from a symposium on text-based cross-linguistic studies Lund 4 – 5 March 1994.* Lund: Lund University Press (=Lund studies in English 88), 53–62.

Gil, David (2008): How complex are isolating languages? In: Matti Miestamo, Kaius Sinnemäki and Fred Karlsson (eds.): *Language complexity. Typology, contact, change.* Amsterdam, Philadelphia: Benjamins (=Studies in Language Companion Series 94), 109–131.

Gil, David (1986): A prosodic typology of language, in: *Folia Linguistica* 20, 1–2, 165–231.

Givón, Talmy (2009): *The genesis of syntactic complexity: diachrony, ontogeny, neuro-cognition, evolution.* Amsterdam u. a.: Benjamins.

Goldsmith, John (1990): *Autosegmental and metrical phonology.* Oxford: Blackwell.

Gorbatjuk, N.S.; Perebyjnis, V.S. (1966): Pro metody statystyčno-typologičnoho doslidžennja. In: V. S. Perebyjnis und L. O. Kadomceva (eds.): *Metody strukturnoho doslidžennja movy.* Kyïv, 120–144.

Grassegger, Hans (1977): *Merkmalsredundanz und Sprachverständlichkeit.* Hamburg: Buske (=Forum Phoneticum 7).

Greenberg, Joseph H.; Osgood, Charles E.; Jenkins, James J. (1966): Memorandum concerning language universals. In: Joseph H. Greenberg (ed.): *Universals of language.* 2nd edition. Cambridge, MA: M.I.T. Press, xv–xxvii.

Gries, Stefan Th. (2008): *Statistik für Sprachwissenschaftler.* Göttingen: Vandenhoeck & Ruprecht (=Studienbuch zur Linguistik 13).

Groot, Albert W. de (1931): Phonologie und Phonetik als Funktionswissenschaften, in: *Travaux du Cercle Linguistique de Prague,* 4, 116–147.

GROS, JERNEJA (2000): *Samodejno tvorjenje govora iz besedil. Postopek za izdelavo sintetizatorja slovenskega govora.* Ljubljana: ZRC, SAZU.

GROTJAHN, RÜDIGER (1992): Evaluating the adequacy of regression models: some potential pitfalls. In: Burghard Rieger (ed.): *Glottometrika 13.* Bochum: Brockmeyer, 121–172.

GROTJAHN, RÜDIGER; ALTMANN, GABRIEL (1993): Modelling the distribution of word length: Some methodological problems. In: Reinhard Köhler and Burghard Rieger (eds.): *Contributions to quantitative linguistics. Proceedings of the first international conference of quantitative linguistics, QUALICO, Trier, 1991.* Dordrecht, Boston, London: Kluwer, 141–153.

GRZYBEK, PETER (1999): Randbemerkungen zur Korrelation von Wort- und Silbenlänge im Kroatischen. In: Branko Tošović (ed.): *Die grammatischen Korrelationen. GraLiS – 1999.* Graz: Institut für Slawistik, 57–67.

GRZYBEK, PETER; KELIH, EMMERICH (2005): Häufigkeiten von Buchstaben/Graphemen/Phonemen: Konvergenzen des Rangierungsverhaltens, in: *Glottometrics* 9, 62–74.

GRZYBEK, PETER; KELIH, EMMERICH; ALTMANN, GABRIEL (2005): Graphemhäufigkeiten (am Beispiel des Russischen). Teil III: Die Bedeutung des Inventarumfangs – eine Nebenbemerkung zur Diskussion um das 'ë', in: *Anzeiger für Slavische Philologie* 33, 117–140.

GUDSCHINSKY, SARAH C. (1956): The ABC's of lexicostatistics (glottochronology), in: *Word* 12, 175–210.

GUITER, HENRI (1983): Origines européennes et glottochronologie. In: Barron Brainerd (ed.): *Historical linguistics.* Bochum: Brockmeyer (=Quantitative Linguistics 18), 136–221.

GUSKI, ANDREAS (1981): N. Ostrovskij „Kak zakaljalas' stal': biographisches Dokument oder sozial-realistisches Romanepos? in: *Zeitschrift für slavische Philologie* 42, 116–145.

GVOZDANOVIĆ, JADRANKA (2009): Synthetismus und Analytismus im Slavischen. In: Sebastian Kempgen et al. (eds.): *Die slavischen Sprachen. Teilband 1. Ein internationales Handbuch zu ihrer Struktur, ihrer Geschichte und ihrer Erforschung.* Berlin: de Gruyter (=Handbücher zur Sprach- und Kommunikationswissenschaft 32), 129–142.

H

HACQUARD, VALENTINE; WALTER, MARY ANN; MARANTZ, ALEC (2007): The effects of inventory on vowel perception in French and Spanish: An MEG study, in: *Brain and Language* 100, 3, 295–300.

HAIMAN, JOHN (1985): *Natural syntax. Iconicity and erosion.* Cambridge: Cambridge University Press.

HAIMAN, JOHN (1983): Iconic and economic motivation, in: *Language* 59, 4, 781–819.

HAJEK, JOHN (2004): Consonant inventories as an areal feature of the New Guinea-Pacific region: Testing Trudgill's hypothesis, in: *Linguistic Typology* 8, 3, 343–350.

HAKEN, HERMANN (2006): *Information and self-organization. A macroscopic approach to complex systems.* Berlin, Heidelberg, New York: Springer (=Springer Series in Synergetics 40).

HAKEN, HERMANN (2004): *Die Selbstorganisation komplexer Systeme: Ergebnisse aus der Werkstatt der Chaostheorie.* Wien: Picus.

HALL, ALAN T. (2011): *Phonologie. Eine Einführung.* 2., überarbeitete Auflage. Berlin u. a.: de Gruyter.

HALLER, RUDOLF; STADLER, FRIEDRICH (1988): *Ernst Mach – Werk und Wirkung.* Wien: Hölder-Pichler-Tempsky.

HAMMERL, ROLF (1991): *Untersuchungen zur Struktur der Lexik: Aufbau eines lexikalischen Basismodells.* Trier: WVT.

HASPELMATH, MARTIN; SIMS, ANDREA D. (2010): *Understanding morphology.* London: Hodder.

HASPELMATH, MARTIN ET AL. (eds.) (2005): *The World Atlas of Language Structures.* Oxford u. a.: Oxford University Press.

HAWKINS, JOHN A. (2009): An efficiency theory of complexity and related phenomena. In: Geoffrey Sampson, David Gil and Peter Trudgill (eds.): *Language complexity as an evolving variable.* Oxford u. a.: Oxford University Press (=Studies in the evolution of language 13), 252–268.

HAWKINS, JOHN A. (2004): *Efficiency and complexity in grammars.* Oxford u. a.: Oxford University Press.

HAWKINS, JOHN A. (1992): Syntactic weight versus information structure in word order variation. In: Joachim Jacobs (ed.): *Informationsstruktur und Grammatik.* Opladen: Westdeutscher Verlag (=Linguistische Berichte Sonderheft 4), 196–219.

HAY, JENNIFER; BAUER, LAURIE (2007): Phoneme inventory size and population size, in: *Language* 83, 2, 388–400.

HAYES, BRUCE (1995): *Metrical stress theory: principles and case studies.* Chicago, London: The University of Chicago Press.

HEESCHEN, VOLKER (2001): The narration "instinct": signalling behaviour, communication, and the selective value of storytelling. In: Jürgen Trabant and Sean Ward (eds.): *New essays on the origin of language.* Berlin u. a.: Mouton De Gruyter, 179–196.

HENTSCHEL, ELKE (1989): Die Sprachursprungstheorie N.J. Marrs. In: Joachim Gessinger und Wolfert von Rahden (eds.): *Theorien vom Ursprung der Sprache. Band 1.* Berlin, New York: de Gruyter, 627–647.

HERDAN, GUSTAV (1962): *The calculus of linguistics observations.* S'Gravenhage: Mouton.

HERDAN, GUSTAV (1956): *Language as choice and chance.* Groningen: Noordhoff.

HILL, PETER (2006): Das Bulgarische. In: Peter Rehder (ed.): *Einführung in die slavischen Sprachen (mit einer Einführung in die Balkanphilologie).* 5. Auflage. Darmstadt: Wissenschaftliche Buchgesellschaft, 310–325.

HOCKETT, CHARLES F. (1958): *A course in modern linguistics.* New York: Macmillan.

HOCKETT, CHARLES F. (1955): *A manual of phonology.* Baltimore: Waverly Press (=Indiana University publications in anthropology and linguistics 11).

HOIJER, HARRY (1956): Lexicostatistics: A critique, in: *Language* 32, 49–60.

HŘEBÍČEK, LUDĚK (1996): Word associations and text. In: Peter Schmidt (ed.): *Glottometrika 15. Issues in general linguistic theory and the theory of word length.* Trier: WVT (=Quantitative Linguistics 57), 96–101.

HUNLEY, KEITH; BOWERN, CLAIRE; HEALY, MEGHAN (2012): Rejection of a serial founder effects model of genetic and linguistic coevolution, in: *Proceedings. Biological sciences/The Royal Society* 279, 1736, 2281–2288.

HYMAN, LARRY M. (1977): On the nature of linguistic stress. In: Larry M. Hyman (ed.): *Studies in stress and accent.* Los Angeles: Univ. of Southern California (=Southern California occasional papers in linguistics 4), 37–82.

HYMES, DELL (1972): Morris Swadesh: From the first Yale school to world prehistory. In: Joel Sherzer (ed.): Swadesh, Morris: *The origin and diversification of language.* Chicago u. a.: Aldine Atherton, 228–270.

I

IKOMA, MIKI (1993): Stress-timed rhythm in German speech: A study in acoustic phonetics, in: *Sophia Linguistica* 33, 197–216.

ISAČENKO, A.V. (1939/1940): Versuch einer Typologie der slavischen Sprachen, in: *Linguistica Slovaca* 1–2, 64–76.

Ivanova, Vera F. (1976): *Sovremennyj russkij jazyk. Grafika i orfografija.* Moskva: Prosveščenie.

J

Jaeger, Florian T.; Pontillo, Daniel; Graff, Peter (2012): Comment on "Phonemic Diversity Supports a Serial Founder Effect Model of Language Expansion from Africa", in: *Science* 335, 1042.

Jakobson, Roman (1969): *Kindersprache, Aphasie und allgemeine Lautgesetze.* Frankfurt am Main: Suhrkamp.

Jakobson, Roman (1949): The phonemic and grammatical aspects of language in their interrelations. In: *Proceedings of the 6th international congress of linguists 1948.* Paris, 5–18.

Jakobson, Roman; Halle, Morris (1957): *Fundamentals of language.* 's-Gravenhage: Mouton.

Jakopin, Primož (1995): Nekaj številk iz Slovarja slovenskega knjižnega jezika, in: *Slavistična revija* 43, 3, 341–375.

Janda, Laura A. (2013): Quantitative methods in cognitive linguistics: An introduction. In: Laura A. Janda (ed.): *Cognitive linguistics. The quantitative turn. The essential reader.* Berlin: De Gruyter Mouton, 1–32.

Jarcho, B.J. (1935): Organische Struktur des russischen Schnaderhüpfels (Častuška), in: *Germanoslavica* 1–2, 31–64.

Jassem, Wiktor; Łobacz, Piotra (1976): Frequency of phonemes and their sequences in Polish texts, in: *Speech Analysis and Synthesis* 4, 241–249.

Jespersen, Otto (1922): *Language. Its nature, development and origin.* London: Allen and Unwin.

Johansson, Stig (1998): On the role of corpora in cross-linguistic research. In: Stig Johansson and Signe Oksefjell (eds.): *Corpora and cross-linguistic research.* Amsterdam: Rodopi (=Language and computers 24), 3–24.

Johansson, Sverker (2005): *Origins of language: Constraints on hypotheses.* Amsterdam u. a.: Benjamins.

Jusczyk, Peter W. (1992): Developing phonological categories from the speech signal. In: Charles A. Ferguson, Lise Menn and Carol Stoel-Gammon (eds.): *Phonological development: models, research, implications.* Timonium, Md.: York Press, 17–64.

Justeson, J.; Stephens, L. D. (1984): On the relationship between numbers of vowels and consonants in phonological systems, in: *Linguistics* 22, 531–545.

K

KABAK, BARIŞ (2004): Acquiring phonology is not acquiring inventories but contrasts: The loss of Turkic and Korean primary *long vowels*, in: *Linguistic Typology* 8, 3, 351–368.

KARLSSON, FRED (2009): Origin and maintenance of clausal embedding complexity. In: Geoffrey Sampson, David Gil and Peter Trudgill (ed.): *Language complexity as an evolving variable.* Oxford u. a.: Oxford University Press (=Studies in the evolution of language 13), 192–202.

KARLSSON, FRED (1986): Frequency considerations in morphology, in: *Zeitschrift für Phonetik, Sprachwissenschaft und Kommunikationswissenschaft* 39, 19–28.

KARLSSON, FRED; MIESTAMO, MATTI; SINNEMÄKI, KAIUS (2008): Introduction. The problem of language complexity. In: Matti Miestamo, Kaius Sinnemäki and Fred Karlsson (ed.): *Language complexity. Typology, contact, change.* Amsterdam, Philadelphia: Benjamins (=Studies in Language Companion Series 94), vii–xiv.

KARPILOVS'KA, JE A. (2002): *Korenevyj gnizdovyj slovnyk ukraïns'koï movy. Gnizda sliv z veršynamy omografičnymy korenjamy.* Kyïv: Ukraïns'ka encyklopedija imeni M.P. Bažana.

KE, JINYUN (2006): A cross-linguistic study of homophony, in: *Journal of Quantitative Linguistics* 13, 1, 129–159.

KELIH, EMMERICH (2015): Probleme der empirischen Lehnwortforschung: Lehnwörter im Basiswortschatz (Slowenisch) und ein frequenzbasierter Ansatz (Kroatisch). In: Emmerich Kelih, Jürgen Fuchsbauer und Stefan Michael Newerkla (eds.): *Lehnwörter im Slawischen: Empirische und crosslinguistische Perspektiven.* Wien u. a.: Peter Lang (=Sprach- und Kulturkontakte in Europas Mitte, Studien zur Slawistik und Germanistik 6), 15–46.

KELIH, EMMERICH (2013a): Phonemhäufigkeiten in slawischen Sprachen: Empirisches Verhalten und Modellierung, in: *Anzeiger für slavische Philologie*, 41, 75–108.

KELIH, EMMERICH (2013b): Grapheme inventory size and repeat rate in Slavic languages, in: *Glottotheory* 4, 1, 56–71.

KELIH, EMMERICH (2013c): Silben- und akzentzählende Sprachen: Das Slowenische in typologischer Sichtweise, in: *Wiener Slavistisches Jahrbuch* 58, 26–50.

KELIH, EMMERICH (2013d): B.I. Jarchos „exakte“ Literaturwissenschaft: Kontext und Umfang. In: Aage A. Hansen-Löve, Brigitte Obermayr und Georg Witte (eds.): *Form und Wirkung. Phänomenologische und empirische Kunstwissenschaft in der Sowjetunion der 1920er Jahre.* München: Fink, 411–426.

KELIH, EMMERICH (2011): Zum Analytismus und Synthetismus in slawischen Sprachen: Morphologische Wortstruktur in slawischen Sprachen. In: Katrin

Karl, Gertje Krumbholz und Marija Lazar (eds.): *Beiträge der europäischen slavistischen Linguistik. Polyslav 14.* München/Berlin: Sagner (=Die Welt der Slaven, Sammelbände/Sborniki 43), 99–107.

Kelih, Emmerich (2010a): Vokal- und Konsonantenanteil als sprachtypologisches Merkmal slawischer Literatursprachen? In: Katrin Fischer, Gertje Krumbholz, Marija Lazar und Joanna Rabiega-Wiśniewska (eds.): *Beiträge der europäischen slavistischen Linguistik (Polyslav).* München: Sagner (=Die Welt der Slaven, Sammelbände/Sborniki 40), 70–77.

Kelih, Emmerich (2010b): Zur Phonemdistribution in den slawischen Sprachen: Theoretische Modelle und Reanalysen, in: *Anzeiger für Slavische Philologie* 38, 33–53.

Kelih, Emmerich (2009a): Phonemverbindungen und Inventarumfang: Empirische Evidenz und Modellentwicklung, in: *Glottotheory* 2, 1, 60–74.

Kelih, Emmerich (2009b): Quantitative Hypothesen bei Mikołaj Kruszewski, in: *Glottometrics* 18, 77–81.

Kelih, Emmerich (2009c): Slawisches Parallel-Textkorpus: Projektvorstellung von „Kak zakaljalas‘ stal‘ (KZS)“. In: Emmerich Kelih, Viktor V. Levickij und Gabriel Altmann (eds.): *Methods of text analysis. Metody analizu tekstu.* Černivci: ČNU, 106–124.

Kelih, Emmerich (2009d): Preliminary analysis of a Slavic parallel corpus. In: Jana Levická and Radovan Garabík (eds.): *NLP, corpus linguistics, corpus based grammar research. Fifth international conference Smolenice, Slovakia, 25–27 November 2009. Proceedings.* Bratislava: Tribun, 175–183.

Kelih, Emmerich (2008a): *Geschichte der Anwendung quantitativer Verfahren in der russischen Sprach- und Literaturwissenschaft.* Hamburg: Kovač (=Studien zur Slavistik 19).

Kelih, Emmerich (2008b): The phoneme-grapheme relationship in Slovene. In: Gabriel Altmann and Fan Fengxiang (eds.): *Analyses of script. Properties of characters and writing systems.* Berlin, New York: Mouton De Gruyter (=Quantitative Linguistics 63), 61–74.

Kelih, Emmerich (2007): Überlegungen zum sogenannten Kompensationsprinzip. In: Peter Deutschmann (ed.): *Kritik und Phrase. Festschrift für Wolfgang Eismann zum 65. Geburtstag.* Unter Mitarbeit von Peter Grzybek, Ludwig Karničar und Heinrich Pfandl. Wien: Praesens, 129–138.

Kelih, Emmerich; Zörnig, Peter (2012): Models of morph lengths: Discrete and continuous approaches, in: *Glottometrics* 24, 70–78.

Keller, Rudi (1994): *Sprachwandel: Von der unsichtbaren Hand in der Sprache.* 2. überarbeitete und erweiterte Auflage. Tübingen u. a.: Francke.

KEMPGEN, SEBASTIAN (2008): Das Makedonische - auf dem Weg zur Anfangsbetonung? In: Gabriel Altmann, I. Zadorozhna und J. Matskulyak (eds.): *Problems of General, Germanic and Slavic Linguistics. Papers for the 70th anniversary of Professor V.V. Levickij.* Chernivtsi: Knichi XXI, 311–318.

KEMPGEN, SEBASTIAN (2003): Phonologische Silbentrennung im Russischen. In: Sebastian Kempgen, Ulrich Schweier und Tilman Berger (eds.): *Rusistika - Slavistika - Lingvistika. Festschrift für Werner Lehfeldt zum 60. Geburtstag.* München: Sagner (=Die Welt der Slaven, Sammelbände/Sborniki 19), 195–211.

KEMPGEN, SEBASTIAN (2001): Assoziativität der Phoneme im Russischen. In: Ludmila Uhlířová, Gejza Wimmer, Gabriel Altmann and Reinhard Köhler (eds.): *Text as a linguistic paradigm: Levels, constituents, constructs. Festschrift für Luděk Hřebíček.* Trier: WVT (=Quantitative Linguistics 60), 124–135.

KEMPGEN, SEBASTIAN (1999): Modellbedingte Distributionsbeschränkungen in der Phonologie. In: Karsten Grünberg und Wilfried Potthoff (eds.): *Ars philologica. Festschrift für Baldur Panzer zum 65. Geburtstag.* Frankfurt am Main, Wien u. a.: Lang, 179–184.

KEMPGEN, SEBASTIAN (1995a): Phonemcluster und Phonemdistanzen (im Russischen). In: Daniel Weiss (ed.): *Slavistische Linguistik 1994. Referate des XX. Konstanzer Slavistischen Arbeitstreffens Zürich 20. - 22.9.1994.* München: Sagner (=Slavistische Beiträge 332), 197–221.

KEMPGEN, SEBASTIAN (1995b): *Russische Sprachstatistik. Systematischer Überblick und Bibliographie.* München: Sagner (=Vorträge und Abhandlungen zur Slavistik 25).

KEMPGEN, SEBASTIAN (1991): Isačenkos Typologie der slavischen Sprachen aus heutiger Sicht. In: Klaus Hartenstein und Helmut Jachnow (eds.): *Slavistische Linguistik 1990. Referate des XVI. Konstanzer Slavistischen Arbeitstreffens Bochum / Löllinghausen 19. - 21.9.1990.* München: Sagner (=Slavistische Beiträge 274), 146–163.

KEMPGEN, SEBASTIAN (1990): Akzent und Wortlänge: Überlegungen zu einem typologischen Zusammenhang, in: *Linguistische Berichte* 126, 115–134.

KENSTOWICZ, MICHAEL (1994): *Phonology in generative grammar.* Cambridge, MA u. a.: Blackwell.

KENT, RAY D.; MIOLO, GIULIANA (1995): Phonetic abilities in the first year of life. In: Paul Fletcher and Brian MacWhinney (eds.): *The handbook of child language.* Oxford u. a.: Blackwell, 303–334.

KIHM, ALAIN (2006): The phonological origin of language: Creole languages as a testing ground. In: Parth Bhatt and Ingo Plag (eds.): *The structure of Creole words: Segmental, syllabic and morphological aspects.* Tübingen: Niemeyer (=Linguistische Arbeiten 505), 107–129.

King, Robert D. (1967a): A measure for functional load, in: *Studia linguistica* 21, 1–14.

King, Robert D. (1967b): Functional load and sound change, in: *Language* 43, 4, 831–852.

Klein, Thomas B. (2006a): Segmental typology of African Creole languages: Examining uniformity, simplification and simplicity. In: Olaoba F. Arasanyin and Michael A. Pemberton (eds.): *Selected proceedings of the 36th annual conference on African linguistics: Shifting the center of Africanism in language politics and economic globalization.* Somerville, MA: Cascadilla Proceedings Project, 42–50.

Klein, Thomas B. (2006b): Creole phonology typology: Phoneme inventory size, vowel quality distinctions and stop consonant series. In: Parth Bhatt and Ingo Plag (eds.): *The structure of Creole words: Segmental, syllabic and morphological aspects.* Tübingen: Niemeyer (=Linguistische Arbeiten 505), 3–21.

Kleinlogel, Alexander; Lehfeldt, Werner (1972): Zur Problematik einer syntagmatisch-phonologischen Sprachklassifikation. In: Siegfried Jäger (ed.): *Linguistik und Statistik.* Braunschweig: Vieweg (=Schriften zur Linguistik 6), 51–64.

Knjazev, S.V.; Požarickaja, S.K. (2005): *Sovremennyj russkij literaturnyj jazyk: fonetika, grafika, orfografija, orfoėpija.* Moskva: Akademičeskij Proėkt.

Kohler, Klaus J. (2009): Rhythm in speech and language. A new research paradigm, in: *Phonetica* 66, 1–2, 29–45.

Köhler, Reinhard (2012): *Quantitative syntax analysis.* Berlin, New York: de Gruyter (=Quantitative Linguistics 65).

Köhler, Reinhard (2005a): Synergetic linguistics. In: Reinhard Köhler, Gabriel Altmann and Rajmund G. Piotrowski (eds.): *Quantitative Linguistik. Quantitative Linguistics. Ein internationales Handbuch. An International Handbook.* Berlin, New York: de Gruyter (=Handbücher zur Sprach- und Kommunikationswissenschaft 27), 760–774.

Köhler, Reinhard (2005b): Gegenstand und Arbeitsweise der Quantitativen Linguistik. In: Reinhard Köhler, Gabriel Altmann und Rajmund G. Piotrowski (eds.): *Quantitative Linguistik. Quantitative Linguistics. Ein internationales Handbuch. An International Handbook.* Berlin, New York: de Gruyter (=Handbücher zur Sprach- und Kommunikationswissenschaft 27), 1–16.

Köhler, Reinhard (2002): Power law models in linguistics: Hungarian, in: *Glottometrics* 5, 51–61.

KÖHLER, REINHARD (1990): Synergetik und sprachliche Dynamik. In: Walter A. Koch (ed.): *Natürlichkeit der Sprache und der Kultur. Acta colloquii.* Bochum: Brockmeyer (=Bochumer Beiträge zur Semiotik 18), 96–112.

KÖHLER, REINHARD (1986): *Zur linguistischen Synergetik: Struktur und Dynamik der Lexik.* Bochum: Brockmeyer (=Quantitative Linguistics 31).

KÖHLER, REINHARD; ALTMANN, GABRIEL (2005): Aims and methods of quanitative linguistics. In: Gabriel Altmann, Viktor Levickij and Valentina Perebyjnis (eds.): *Problemy kvantytatyvnoï lingvistyky. Problems of quantitative linguistics.* Černivci: Ruta, 12–41.

KÖHLER, REINHARD; ALTMANN, GABRIEL (1996): "Language forces" and synergetic modelling of language phenomena. In: Peter Schmidt (ed.): *Glottometrika 15. Issues in general linguistic theory and the theory of word length.* Trier: WVT (=Quantitative Linguistics 57), 62–76.

KÖHLER, REINHARD; ALTMANN, GABRIEL (1986): Synergetische Aspekte der Linguistik, in: *Zeitschrift für Sprachwissenschaft* 5, 253–265.

KOLOMIEC, V.T ET AL. (1986): *Istoričeskaja tipologija slavjanskich jazykov. Fonetika, slovoobrazovanie, leksika i frazeologija.* Kiev.

KONESKI, BLAŽE (1952): *Gramatika na makedonskiot literaturen jazik. Del 1. Uvod. Za glasovite. Za akcentot.* Skopje.

KOPPELMANN, HEINRICH L. (1939): *Ursachen des Lautwandels.* Leiden: Sijthoff.

KOPPELMANN, HEINRICH L. (1934): *Klima und Sprache.* St. Gabriel-Mödling b. Wien: Anthropos.

KORTMANN, BERND; SZMRECSANYI, BENEDIKT (eds.) (2012a): *Linguistic complexity. Second language acquisition, indigenization, contact.* Berlin: de Gruyter (=Linguae & litterae 13).

KORTMANN, BERND; SZMRECSANYI, BENEDIKT (2012b): Introduction: Linguistic complexity. Second language acquisition, indigenization, contact. In: Bernd Kortmann and Benedikt Szmrecsanyi (eds.): *Linguistic complexity. Second language acquisition, indigenization, contact.* Berlin: de Gruyter (=Linguae & litterae 13), 6–34.

KRÁMSKÝ, JIŘÍ (1978): Quantitative analysis of near-identical phonological systems, in: *Prague Studies in Mathematical Linguistics* 6, 9–38.

KRÁMSKÝ, JIŘÍ (1966): The frequency of occurence of vowel phonemes in languages possessing vowel systems of identical structure, in: *Prague Studies in Mathematical Linguistics* 1, 17–31.

KRÁMSKÝ, JIŘÍ (1959): A quantitative typology of languages, in: *Language and Speech* 2, 72–85.

Krámský, Jiří (1946/1948): Fonologické využití samohláskových fonémat, in: *Linguistica Slovaca* 4–6, 39–43.

Krámský, Jiří (1941): Je angličtina jazykem germánským?, in: *Časopis pro moderní filologii* 27, 260–268.

Krott, Andrea (2002): Ein funktionalanalytisches Modell der Wortbildung. In: Reinhard Köhler (ed.): *Korpuslinguistische Untersuchungen zur quantitativen und systemtheoretischen Linguistik.* Trier: Universität Trier, 75–126.

Krylov, Ju.K. (2002): Synergetic models and methods in quantitative linguistics, in: *Journal of Quantitative Linguistics* 9, 2, 125–185.

Kučera, Henry (1963): Entropy, redundancy and functional load in Russian and Czech. In: *American contributions to the fifth international congress of slavists. Sofia, september 1963. Volume 1: Linguistic contributions.* The Hague: Mouton (=Slavistic printings and reprintings 50), 191–219.

Kučera, Henry; Monroe, George K. (1968): *A comparative quantitative phonology of Russian, Czech and German.* New York: Elsevier.

Kusters, Wouter (2008): Complexity in linguistic theory, language learning and language change. In: Matti Miestamo, Kaius Sinnemäki and Fred Karlsson (eds.): *Language complexity. Typology, contact, change.* Amsterdam, Philadelphia: Benjamins (=Studies in Language Companion Series 94), 3–22.

Kusters, Wouter (2003): *Linguistic complexity. The influence of social change on verbal inflection.* Utrecht: LOT.

Kuznecova, A.I.; Efremova, T.F. (1986): *Slovar' morfem russkogo jazyka.* Moskva: Russkij jazyk.

L

Lambrecht, Knud (1994): *Information structure and sentence form. Topic, focus, and the mental representations of discourse referents.* Cambridge u. a.: Cambridge University Press (=Cambridge Studies in Linguistics 71).

Lavoie, Lisa M. (2002): Subphonemic and suballophonic consonant variation: The role of the phoneme inventory, in: *ZAS Papers in Linguistics* 28, 39–54.

Lees, Robert B. (1953): The basis of glottochronology, in: *Language* 29, 113–127.

Lehfeldt, Werner (2003): *Akzent und Betonung im Russischen.* München: Sagner (=Vorträge und Abhandlungen zur Slavistik 45).

Lehfeldt, Werner (1975): Die Verteilung der Phonemanzahl in den natürlichen Sprachen, in: *Phonetica* 31, 274–287.

Lehfeldt, Werner; Altmann, Gabriel (2002a): Der altrussische Jerwandel, in: *Glottometrics* 2, 33–44.

Lehfeldt, Werner; Altmann, Gabriel (2002b): Padenie reducirovannych v svete zakona P. Mencerata, in: *Russian linguistics* 26, 327–344.

Lehmann, Winfred P. (1978): The great underlying ground-plans. In: Winfred P. Lehmann (ed.): *Syntactic typology: Studies in the phenomenology of language.* Austin, Texas: University of Texas Press, 3–55.

Lehmann, Winfred P. (1973): A structural principle of language and its implications, in: *Language* 49, 1, 47–66.

Lekov, Ivan (1941): *Opit za fonologična charakteristika na bălgarskija ezik. Versuch einer phonologischen Beschreibung der bulgarischen Sprache.* Sofija: Universitetska pečatnica (=Godišnik na universiteta sv. Kliment Ochridski – Sofija istoriko-filologičeski fakultet XXXVII 9).

Lemnitzer, Lothar; Zinsmeister, Heike (2010): *Korpuslinguistik: eine Einführung.* 2. durchgesehene und aktualisierte Auflage. Tübingen: Narr.

Leopold, Edda (2005): Das Piotrowski-Gesetz. In: Reinhard Köhler, Gabriel Altmann und Rajmund G. Piotrowski (eds.): *Quantitative Linguistik. Quantitative Linguistics. Ein internationales Handbuch. An International Handbook.* Berlin, New York: de Gruyter (=Handbücher zur Sprach- und Kommunikationswissenschaft 27), 627–633.

Levickij, Viktor V. (2005): Polysemie. In: Reinhard Köhler, Gabriel Altmann und Rajmund G. Piotrowski (eds.): *Quantitative Linguistik. Quantitative Linguistics. Ein internationales Handbuch. An International Handbook.* Berlin, New York: de Gruyter (=Handbücher zur Sprach- und Kommunikationswissenschaft 27), 458–464.

Lieberman, Philip (2001): On the subcortical bases of the evolution of language. In: Jürgen Trabant and Sean Ward (eds.): *New essays on the origin of language.* Berlin u. a.: Mouton De Gruyter, 21–40.

Liberman, A. M. et al. (1972): Perception of the speech code. In: Edward E. David and Peter B. Denes (eds.): *Human communication: a unified view.* New York, NY u. a.: McGraw-Hill, 13–50.

Liljencrants, Johan; Lindblom, Björn (1972): Numerical simulation of vowel quality systems: the role of perceptual contrast, in: *Language* 48, 839–862.

Lindblom, Björn (1983): Economy of speech gestures. In: Peter F. MacNeilage (ed.): *The production of speech.* New York, NY u. a.: Springer, 217–245.

Lindblom, Björn (1986): Phonetic universals in vowel systems. In: John J. Ohala and Jeri Jaeger (eds.): *Experimental phonology.* Orlando: Academic Press, 13–44.

LINDBLOM, BJÖRN (1992): Phonological units as adaptive emergents of lexical development. In: Charles A. Ferguson, Lise Menn and Carol Stoel-Gammon (eds.): *Phonological development: models, research, implications.* Timonium: York Press, 131–163.

LINDBLOM, BJÖRN; MADDIESON, IAN (1988): Phonetic universals in consonant systems. In: Larry M. Hyman and Charles N. Li (eds.): *Language, speech and mind. Studies in honour of Victoria A. Fromkin.* London: Routledge, 62–78.

LOMBARDI, LINDA (ed.) (2004): *Segmental phonology in Optimality Theory: constraints and representations.* Cambridge: Cambridge University Press.

LOMTEV, T.P. (1965): Ob odnoj vozmožnosti istolkovanija fonologičeskogo razvitija, in: *Voprosy jazykoznanija* 3, 89–101.

LU, XIAOFEI (2010): Automatic analysis of syntactic complexity in second language writing. In: *International Journal of Corpus Linguistics* 15, 4, 474–496.

LU, XIAOFEI (2009): Automatic measurement of syntactic complexity in child language acquisition, in: *International Journal of Corpus Linguistics* 14, 1, 3–26.

LÜDTKE, HELMUT (1980a): Auf dem Wege zu einer Theorie des Sprachwandels. In: Helmut Lüdtke (ed.): *Kommunikationstheoretische Grundlagen des Sprachwandels.* Berlin: de Gruyter, 182–252.

LÜDTKE, HELMUT (1980b): Sprachwandel als universales Phänomen. In: Helmut Lüdtke (ed.): *Kommunikationstheoretische Grundlagen des Sprachwandels.* Berlin: de Gruyter, 1–19.

M

MACNEILAGE, PETER F. (2008): *The origin of speech.* Oxford University Press. (=Studies in the evolution of language 10).

MADDIESON, IAN (2009): Calculating phonological complexity. In: François Pellegrino, Egidio Marsico, Ioana Chitoran and Christophe Coupé (eds.): *Approaches to phonological complexity.* Berlin u. a.: Mouton De Gruyter (=Phonology and phonetics 16), 85–109.

MADDIESON, IAN (2005a): Correlating phonological complexity: data and validation. In: *UC Berkeley Phonology Lab Annual Report*, 216–229.

MADDIESON, IAN (2005b): Issues of phonological complexity: Statistical analysis of the relationship between syllable structures, segment inventories and tone contrasts. In: *UC Berkeley Phonology Lab Annual Report*, 259–268.

MADDIESON, IAN (2005c): Vowel quality inventories. In: Martin Haspelmath et al. (eds.): *The World Atlas of Language Structures.* Oxford u. a.: Oxford University Press, 14–17.

MADDIESON, IAN (1984): *Patterns of sounds.* Cambridge: Cambridge University Press.

MADDIESON, IAN ET AL. (2011): *Geographical distribution of phonological complexity, in: Linguistic Typology* 15, 2, 267–279.

MAŃCZAK, WITOLD (1980): Frequenz und Sprachwandel. In: Helmut Lüdtke (ed.): *Kommunikationstheoretische Grundlagen des Sprachwandels.* Berlin: de Gruyter, 37–79.

MARTINET, ANDRÉ (1981): *Sprachökonomie und Lautwandel. Eine Abhandlung über die diachronische Phonologie.* Stuttgart: Klett-Cota.

MARTINET, ANDRÉ (1963): *Grundzüge der allgemeinen Sprachwissenschaft.* 5. unveränderte Auflage. Stuttgart u. a.: Kohlhammer.

MASLOVA, ELENA (2008): Meta-typological distributions, in: *Sprachtypologie und Universalienforschung* 61, 3, 199–207.

MATHESIUS, VILÉM (1931): Zum Problem der Belastungs- und Kombinationsfähigkeit der Phoneme, in: *Travaux Linguistiques de Prague* 4, 148–152.

MAURANEN, ANNA (2002): Will 'translationese' ruin a contrastive study?, in: *Languages in contrast* 2, 2, 161–185.

MAYO, PETER (1993): Belorusian. In: Bernard Comrie and Greville G. Corbett (eds.): *The Slavonic languages.* London, New York: Routledge, 887–946.

MCENERY, TONY; XIAO, RICHARD; TONO, YUJIO (2006): *Corpus-based language studies: an advanced resource book.* London: Routledge.

MCWHORTER, JOHN (2001): The world's simplest grammars are creole grammars, in: *Linguistic Typology* 5, 2–3, 125–166.

MEL'NYČUK, O.S. (ed.) (1966): *Vstup do porivnjal'no-istoryčnoho vyvčennja slov'jans'kych mov.* Kyïv.

MENN, LISE; STOEL-GAMMON, CAROL (1995): Phonological development. In: Paul Fletcher and Brian MacWhinney (eds.): *The handbook of child language.* Oxford u. a.: Blackwell, 335–359.

MENZERATH, PAUL (1954): *Die Architektonik des deutschen Wortschatzes.* Bonn: Dümmler (=Phonetische Studien 3).

MIĘKISZ, MARIA; DENENFELD, JANINA (1975): *Phonology and distribution of phonemes in present-day English and Polish.* Wrocław: Ossolineum (=Prace Wrocławskiego towarzystwa naukowego: Seria A 166).

MIESTAMO, MATTI (2008): Grammatical complexity in a cross-linguistic perspective. In: Matti Miestamo, Kaius Sinnemäki and Fred Karlsson (eds.): *Language complexity. Typology, contact, change.* Amsterdam, Philadelphia: Benjamins (=Studies in Language Companion Series 94), 23–41.

MIESTAMO, MATTI (2009): Implicational hierarchies and grammatical complexity. In: Geoffrey Sampson, David Gil and Peter Trudgill (eds.): *Language complexity as an evolving variable.* Oxford u. a.: Oxford University Press (=Studies in the evolution of language 13), 80–97.

MIESTAMO, MATTI; SINNEMÄKI, KAIUS; KARLSSON, FRED (eds.) (2008): *Language complexity. Typology, contact, change.* Amsterdam, Philadelphia: Benjamins (=Studies in Language Companion Series 94).

MILEWSKI, TADEUSZ (1965): *Językoznawstwo.* Warszawa: Państwowe Wydawnictwo Naukowe.

MILLER, GEORGE A.; CHOMSKY, NOAM (1963): Finitary models of language users. In: Duncan R. Luce, Robert R. Bush and Eugene Galanter (eds.): *Handbook of mathematical psychology. Volume 2.* New York: Wiley, 419–491.

MITCHELL, MELANIE (2009): *Complexity. A guided tour.* Oxford: Oxford University Press.

MOLDOVAN, A.M. ET AL. (ed.) (2005): *Jazyki mira. Slavjanskie jazyki.* Moskva: Academia.

MORAN, STEVEN; MCCLOY, DANIEL; WRIGHT, RICHARD (2012): Revisiting population size vs. phoneme inventory size, in: *Language* 88, 4, 877–893.

MOSER, HANS (1971): Typen sprachlicher Ökonomie im heutigen Deutsch, in: *Sprache und Gesellschaft Jahrbuch* 1970, 89–117.

MUKHERJEE, ANIMESH ET AL. (2007): Redundancy ratio: An invariant property of the consonant inventories of the world's languages. In: *Proceedings of the 45th annual meeting of the Association for Computational Linguistics*, 104–111.

MUNROE, ROBERT L.; SILANDER, MEGAN (1999): Climate and the consonant-vowel (CV) syllable: A replication within language families, in: *Cross-cultural research* 33, 1, 43–62.

N

NEMCOVÁ, EMÍLIA; ALTMANN, GABRIEL (2008): The phoneme-grapheme relation in Slovak. In: Gabriel Altmann and Fan Fengxiang (eds.): *Analyses of script. Properties of characters and writing systems* Berlin, New York: Mouton De Gruyter (=Quantitative Linguistics 63), 79–87.

NETTLE, DANIEL (1999): *Linguistic diversity.* Oxford: Oxford University Press.

NETTLE, DANIEL (1998): Coevolution of phonology and the lexicon in twelve languages of West Africa, in: *Journal of Quantitative Linguistics* 5, 3, 240–245.

NETTLE, DANIEL (1995): Segmental inventory size, word length, and communicative efficiency, in: *Linguistics* 33, 2, 359–367.

Neustupný, Jiří V. (1959): Accent in Japanese and Russian, in: *Archiv orientální* 27, 122–142.

Nichols, Johanna (2009): Linguistic complexity: a comprehensive definition and survey. In: Geoffrey Sampson, David Gil and Peter Trudgill (eds.): *Language* complexity *as an evolving variable*. Oxford u. a.: Oxford University Press (=Studies in the evolution of language 13), 110–125.

Nichols, Johanna; Barnes, Jonathan; Peterson, David A. (2006): The robust bell curve of morphological complexity, in: *Linguistic Typology* 10, 1, 96–106.

Nikonov, V.A. (1959): Konsonantnyj koėfficient, in: *Lingua Posnaniensis* 7, 228–235.

O

Ohala, John J. (1983): The origin of sound patterns in vocal tract constraints. In: Peter F. MacNeilage (ed.): *The production of speech.* New York, NY u. a.: Springer, 189–216.

Orlov, Jurij K. (1982a): Dynamik der Häufigkeitsstrukturen. In: H. Guiter and M. V. Arapov (ed.): *Studies on Zipf's law.* (=Quantitative Linguistics 16), 116–154.

Orlov, Jurij K. (1982b): Linguostatistik: Aufstellung von Sprachnormen oder Analyse des Redeprozesses? (Die Antinomie „Sprache-Rede" in der statistischen Linguistik). In: Ju.K. Orlov, M. G. Boroda und I. Š. Nadarejšvili (eds.): *Sprache, Text, Kunst. Quantitative Analysen.* Bochum: Brockmeyer (=Quantitative Linguistics 15), 1–55.

Orzechowska, Paula (2012): Effects of morphology on the syllable structure. In: Thomas Stolz, Nicole Nau and Cornelia Stroh (ed.): *Monosyllables. From phonology to typology.* Berlin: Akademie Verlag (=Studia typologica 12), 91–113.

Oudeyer, Pierre-Yves (2006): *Self-organization in the evolution of speech.* Oxford u. a.: Oxford University Press (=Studies in the evolution of language 6).

P

Padlužny, A. et al. (1989): *Fanetyka belaruskaj literaturnaj movy.* Minsk: Navuka i technika.

Paul, Hermann (1909): *Prinzipien der Sprachgeschichte.* 4. Auflage. Halle/Saale: Niemeyer.

Pellegrino, François et al. (eds.) (2009): *Approaches to phonological complexity.* Berlin u. a.: Mouton De Gruyter (=Phonology and Phonetics 16).

Pericliev, Vladimir (2004): There is no correlation between the size of a community speaking a language and the size of the phonological inventory of that language, in: *Linguistic Typology* 8, 3, 376–383.

Piotrovskij, Rajmund G. (2006): *Lingvističeskaja sinergetika: Ischodnye položenija, pervye rezul'taty, perspektivy.* Sankt Peterburg: Filologičeskij fakul'tet SPGU.

Plank, Frans (1998): The co-variation of phonology with morphology and syntax: A hopeful history, in: *Linguistic Typology* 2, 195–230.

Ploquin, Marie (2012): Typology of rhythm reconsidered: an SLA perspective, in: *Language Typology and Universals* 62, 2, 169–191.

Podlužnyj, A. I. (1966): *Fonologičeskaja sistema sovremennogo belorusskogo literaturnogo jazyka. Avtoreferat dissertacii na soiskanie učenoj stepeni kandidata filologičeskich nauk.* Minsk: Akademija nauk belorusskoj SSR. Institut jazykoznanija imeni Jakuba Kolasa.

Polikarpov, Anatolij A. (1993): On the model of word life cycle. In: Reinhard Köhler and Burghard Rieger (eds.): *Contributions to quantitative linguistics. Proceedings of the first international conference of quantitative linguistics, QUALICO, Trier, 1991.* Dordrecht, Boston, London: Kluwer, 53–66.

Polikarpov, Anatolij A. (1990): Leksičeskaja polisemija v ėvoljucionnom aspekte, in: *Učenye zapiski Tartuskogo gosudarstvennogo universiteta* 911, 76–86.

Polikarpov, Anatolij A. (1987): Polisemija: sistemno-kvantitativnye aspekty, in: *Kvantitativnaja lingvistika i avtomatičeskij analiz tekstov* 3, 135–154.

Polikarpov, Anatolij A. (1979): *Ėlementy teoretičeskoj sociolingvistiki: nekotorye predposylki, rezul'taty i perspektivy pričinnogo podchoda v obščej semiotike i jazykoznanii.* Moskva: Izdatel'stvo MGU.

Polikarpov, Anatolij A.; Krjukova, O.S. (1989): O sistemnom sootnešenii kratkogo i srednogo tolkovych slovarej russkogo jazyka, in: *Kvantitativnaja lingvistika i avtomatičeskij analiz tekstov* 5, 111–125.

Popescu, Ioan-Iovitz; Altmann, Gabriel; Köhler, Reinhard (2010): Zipf's law – another view. in: *Quality and Quantity* 44, 4, 713–731.

Popescu, Ioan-Iovitz; Mačutek, Ján; Altmann, Gabriel (2009): *Aspects of word frequencies.* Lüdenscheid: Ram-Verlag (=Studies in Quantitative Linguistics 3).

Potapov, Vsevolod V. (2001): *Dynamik und Statik des sprachlichen Rhythmus: eine vergleichende Studie zum slavischen und germanischen Sprachraum.* Wien u. a.: Böhlau (=Bausteine zur slavischen Philologie und Kulturgeschichte: Reihe A, Slavistische Forschungen N.F. 34).

PRIESTLY, TOM (1993): Slovene. In: Bernard Comrie and Greville G. Corbett (eds.): *The Slavonic languages.* London, New York: Routledge, 388–451.

PRÜN, CLAUDIA; STEINER, PETRA (2005): *Quantitative Morphologie: Eigenschaften der morphologischen Einheiten und Systeme.* In: Reinhard Köhler, Gabriel Altmann und Rajmund G. Piotrowski (eds.): *Quantitative Linguistik. Quantitative Linguistics. Ein internationales Handbuch. An International Handbook.* Berlin, New York: de Gruyter (=Handbücher zur Sprach- und Kommunikationswissenschaft 27), 227–242.

PUSTET, REGINA; ALTMANN, GABRIEL (2005): Morpheme length distribution in Lakota, in: *Journal of Quantitative Linguistics* 12, 1, 53–63.

R

RAIBLE, WOLFGANG (2001): Language universals and language typology. In: Martin Haspelmath et al. (eds.): *Language Typology and Language Universals/ Sprachtypologie und sprachliche Universalien.* Berlin u. a.: de Gruyter (=Handbücher zur Sprach- und Kommunikationswissenschaft 20, 1), 1–25.

RAMAT, PAOLO (1986): Is a holistic typology possible? In: *Folia Linguistica* 1–2, 3–14.

RAMUS, FRANCK; NESPOR, MARINA; MEHLER, JACQUES (1999): Correlates of linguistic rhythm in the speech signal, in: *Cognition* 73, 1, 265–292.

REHDER, PETER (ed.) (2006a): *Einführung in die slavischen Sprachen (mit einer Einführung in die Balkanphilologie).* 5. Auflage. Darmstadt: Wissenschaftliche Buchgesellschaft.

REHDER, PETER (2006b): Das Serbische. In: Peter Rehder (ed.): *Einführung in die slavischen Sprachen (mit einer Einführung in die Balkanphilologie).* 5. Auflage. Darmstadt: Wissenschaftliche Buchgesellschaft, 279–295.

REHDER, PETER (2006c): Das Makedonische. In: Peter Rehder (ed.): *Einführung in die slavischen Sprachen (mit einer Einführung in die Balkanphilologie).* 5. Auflage. Darmstadt: Wissenschaftliche Buchgesellschaft, 331–346.

RESCHER, NICHOLAS (1998): *Complexity. A philosophical overview.* New Brunswick, London: Transaction Publishers.

RICE, KEREN (2004): Language contact, phonemic inventories, and the Athapaskan language family, in: *Linguistic Typology* 8, 3, 321–343.

ROBB, MICHAEL P.; BAUER, HAROLD R. (1991): The ethologic model of phonetic development: II. The closant curve, in: *Clinical Linguistics and Phonetics* 5, 4, 339–353.

ROCŁAWSKI, BRONISŁAW (1981): *System fonostatystyczny współczesnego języka polskiego.* Wrocław: Wydawnictwo polskiej akademii nauk.

ROELCKE, THORSTEN (2005): Sprachliche Ökonomie / Kommunikative Effizienz. In: Reinhard Köhler, Gabriel Altmann und Rajmund G. Piotrowski (eds.): *Quantitative Linguistik. Quantitative Linguistics. Ein internationales Handbuch. An International Handbook.* Berlin, New York: de Gruyter (=Handbücher zur Sprach- und Kommunikationswissenschaft 27), 775–791.

ROELCKE, THORSTEN (2002a): *Kommunikative Effizienz: eine Modellskizze.* Heidelberg: Winter.

ROELCKE, THORSTEN (2002b): Synthetischer und analytischer Sprachbau in den deutschen Fachsprachen der Gegenwart, in: *Das Wort*, 179–195.

ROELCKE, THORSTEN (2000): Drift? Die Strömungstheorie im Lichte der deutschen Sprachgeschichte, in: *Zeitschrift für germanistische Linguistik* 28, 2, 167–184.

RONNEBERGER-SIBOLD, ELKE (1997): Sprachökonomie und Wortschöpfung. In: Thomas Birkmann et al. (eds.): *Vergleichende germanische Philologie und Skandinavistik.* Tübingen: Niemeyer, 249–261.

RONNEBERGER-SIBOLD, ELKE (1980): *Sprachverwendung, Sprachsystem. Ökonomie und Wandel.* Tübingen: Niemeyer (=Linguistische Arbeiten 87).

ROSS, BILL; DONOHUE, MARK (2011): The many origins of diversity and complexity in phonology, in: *Linguistic Typology* 15, 2, 251–265.

ROTHSTEIN, ROBERT A. (1993): Polish. In: Bernard Comrie and Greville G. Corbett (eds.): *The Slavonic languages.* London, New York: Routledge, 686–758.

S

SAAM, CHRISTIAN (2001): *Untersuchungen zur Flexionsmorphologie im Rahmen der synergetischen Linguistik.* Trier: Diplomarbeit.

SACHS, LOTHAR (1992): *Angewandte Statistik.* 7. Aufl. Berlin: Springer.

SAMBOR, JADWIGA (1984): Menzerath's law and the polysemy of words. In: Joachim Boy and Reinhard Köhler (eds.): *Glottometrika 6.* Bochum: Brockmeyer (=Quantitative Linguistics 25), 94–114.

SAMPSON, GEOFFREY; GIL, DAVID; TRUDGILL, PETER (eds.) (2009): *Language complexity as an evolving variable.* Oxford u. a.: Oxford University Press (=Studies in the evolution of language 13).

SAPORTA, SOL (1966): Phoneme distribution and language universals. In: Joseph H. Greenberg (ed.): *Universals of language.* 2nd edition. Cambridge, MA: M.I.T. Press, 61–72.

SAPORTA, SOL (1955): Frequency of consonant clusters, in: *Language* 31, 25–30.

Šaradzenidze, T. S. (1980): *Lingvističeskaja teorija I.A. Boduėna de Kurtenė i ee mesto v jazykoznanii XIX–XX vekov.* Moskva: Nauka.

Sawicka, Irena (ed.) (2007): *Fonetyka, fonologia.* Opole: Wydawnictwo Uniwersytetu Opolskiego, Instytut filologii Polskiej (=Komparacja systemów i funkcjonowania współczesnych języków słowiańskich 2).

Scatton, Ernest (1993): Bulgarian. In: Bernard Comrie and Greville G. Corbett (eds.): *The Slavonic languages.* London, New York: Routledge, 188–248.

Scatton, Ernest (1984): *A reference grammar of modern Bulgarian.* Columbus, Ohio: Slavica.

Schröpfer, Johann (1968): *Hussens Traktat 'Orthographia Bohemica': die Herkunft des diakritischen Systems in der Schreibung slavischer Sprachen und die älteste zusammenhängende Beschreibung slavischer Laute.* Wiesbaden: Harrassowitz (=Slavistische Studienbücher 4).

Schulz, Klaus-Peter; Altmann, Gabriel (1988): Lautliche Strukturierung von Spracheinheiten. In: Klaus-Peter Schulz (ed.): *Glottometrika 9.* Bochum: Brockmeyer (=Quantitative Linguistics 35), 1–48.

Schweier, Ulrich (2006): Das Ukrainische. In: Peter Rehder (ed.): *Einführung in die slavischen Sprachen (mit einer Einführung in die Balkanphilologie).* 5. Auflage. Darmstadt: Wissenschaftliche Buchgesellschaft, 94–109.

Schweiger, Fritz (1990): How to persuade with statistics: The weak ground of prosodic typology, in: *Folia Linguistica* 24, 1–2, 123–125.

Schweitzer, Frank (1992): Goethes Morphologie-Konzept und die heutige Selbstorganisations-Theorie. In: W. Krohn, H. J. Krug und G. Küppers (eds.): *Konzepte von Chaos und Selbstorganisation in der Geschichte der Wissenschaften.* Berlin: Duncker & Humblot, 167–193.

Segal, Dmitrij M. (1972): *Osnovy fonologičeskoj statistiki (na materiale pol'skogo jazyka).* Moskva: Nauka.

Serry, Tanya A.; Blamey, Peter J. (1999): A 4-year investigation into phonetic inventory development in young cochlear implant users, in: *Journal of Speech, Language, and Hearing Research* 42, 141–154.

Sherzer, Joel (ed.) (1972): Swadesh, Morris (1972): *The origin and diversification of language.* Chicago u. a.: Aldine Atherton.

Shevelov, George Y. (1993): Ukrainian. In: Bernard Comrie and Greville G. Corbett (eds.): *The Slavonic languages.* London, New York: Routledge, 947–998.

Shevelov, George Y. (1964): *A prehistory of Slavic. The historical phonology of Common Slavic.* Heidelberg: Winter.

SHORT, DAVID (1993): Slovak. In: Bernard Comrie and Greville G. Corbett (eds.): *The Slavonic languages.* London, New York: Routledge, 533–592.

SHOSTED, RYAN K. (2006): Correlating complexity: A typological approach, in: *Linguistic Typology* 10, 1, 1–40.

SIGURD, BENGT (1963): A note on the number of phonemes, in: *Statistical Methods in Linguistics* 2, 94–99.

SIMON, HERBERT ALEXANDER (1994): *Die Wissenschaften vom Künstlichen.* 2. Aufl. Wien: Springer.

SIMON, HERBERT ALEXANDER (1976): Scheinkorrelation: ihre kausale Interpretation. In: Hans Joachim Hummell und Rolf Ziegler (eds.): *Korrelation und Kausalität.* Band 1. Stuttgart: Enke, 55–67.

SINNEMÄKI, KAIUS (2009): Complexity in core argument marking and population size. In: Geoffrey Sampson, David Gil and Peter Trudgill (eds.): *Language complexity as an evolving variable.* Oxford u. a.: Oxford University Press (=Studies in the evolution of language 13), 126–140.

SKALIČKA, VLADIMÍR (1967): Die phonologische Typologie, in: *Phonetica Pragensia* 2, 73–78.

SKALIČKA, VLADIMÍR (1966): Konsonatenkombinationen und linguistische Typologie, in: *Travaux Linguistiques de Prague* 1, 111–114.

SKALIČKA, VLADIMÍR (1962): Typologie a konfrontační lingvistika, in: *Československá rusistika* 7, 210–212.

SKALIČKA, VLADIMÍR (1958): Typologie slovanských jazyků, zvláště ruštiny, in: *Československá rusistika* 3, 73–84.

ŠKARIĆ, IVO (1991): Fonetika hrvatskoga književnog jezika. In: Stjepan Babić et al. (eds.): *Povijesni pregled, glasovi i oblici hrvatskoga književnog jezika. Nacrti za gramatiku.* Zagreb: HAZU, 63–377.

SLIPČENKO, L.D. (1977): Častota fonem i dlina slova, in: *Strukturnaja i matematičeskaja lingvistika,* 5, 104–109.

SLOVENSKI PRAVOPIS [...]: Toporišič, Jože et al. (eds.) (2001): *Slovenski Pravopis.* Ljubljana: SAZU.

SPROAT, RICHARD (2011): Phonemic diversity and the out-of-Africa theory, in: *Linguistic Typology* 15, 2, 199–206.

STADNIK-HOLZER, ELENA (2009): Artikulatorische Phonetik. In: Sebastian Kempgen et al. (eds.): *Die slavischen Sprachen. Teilband 1. Ein internationales Handbuch zu ihrer Struktur, ihrer Geschichte und ihrer Erforschung.* Berlin: de Gruyter (=Handbücher zur Sprach- und Kommunikationswissenschaft 32), 14–48.

STADNIK, ELENA (1998): Phonemtypologie der slawischen Sprachen und ihre Bedeutung für die Erforschung der diachronen Phonologie, in: *Zeitschrift für Slawistik* 43, 4, 377–400.

STANOJČIĆ, ŽIVOJIN; POPOVIĆ, LJUBOMIR (2005): *Gramatika srpskog jezika. Udžbenik za I, II, III i IV razred srednje škole.* Beograd: Zavod za udžbenike i nastavna sredstva.

STEGER, MARIA; SCHNEIDER, EDGAR W. (2012): Complexity as a function of iconicity. In: Bernd Kortmann and Benedikt Szmrecsanyi (eds.): *Linguistic complexity. Second language acquisition, indigenization, contact.* Berlin: de Gruyter (=Linguae & litterae 13), 156–191.

STEINER, PETRA (2012): Relations with monosyllables: A view from quantitative linguistics. In: Thomas Stolz, Nicole Nau and Cornelia Stroh (eds.): *Monosyllables. From phonology to typology.* Berlin: Akademie Verlag (=Studia typologica 12), 173–195.

STEVENS, KENNETH NOBLE (1983): Design features of speech sound systems. In: Peter F. MacNeilage (ed.): *The production of speech.* New York, NY u. a.: Springer, 247–261.

STEVENS, KENNETH NOBLE (1972): The quantal nature of speech: Evidence from articulatory-acoustic data. In: Edward E. David and Peter B. Denes (eds.): *Human communication: a unified view.* New York, NY u. a.: McGraw-Hill, 51–66.

STEVENS, KENNETH NOBLE; KEYSER, SAMUEL JAY (2010): Quantal theory, enhancement and overlap, in: *Journal of Phonetics* 38, 1, 10–19.

STOEL-GAMMON, CAROL (1992): Prelinguistic vocal development. In: Charles A. Ferguson, Lise Menn and Carol Stoel-Gammon (eds.): *Phonological development: models, research, implications.* Timonium, Md.: York Press, 439–456.

STOLZ, THOMAS (2007): Harry Potter meets Le petit prince – On the usefulness of parallel corpora in crosslinguistic investigations, in: *Sprachtypologie und Universalienforschung/Language Typology and Universals* 60, 2, 100–117.

STOLZ, THOMAS; NAU, NICOLE; STROH, CORNELIA (eds.) (2012): *Monosyllables. From phonology to typology.* Berlin: Akademie Verlag (=Studia typologica, 12).

STONE, GERALD (2006): Das Obersorbische. In: Peter Rehder (ed.): *Einführung in die slavischen Sprachen (mit einer Einführung in die Balkanphilologie).* 5. Auflage. Darmstadt: Wissenschaftliche Buchgesellschaft, 178–187.

STONE, GERALD (1993): Sorbian (Upper and Lower). In: Bernard Comrie and Greville G. Corbett (eds.): *The Slavonic languages.* London, New York: Routledge, 593–685.

Stopa, Roman (1989): Hominization through the rise of symbolic function in language. In: Joachim Gessinger und Wolfert von Rahden (eds.): *Theorien vom Ursprung der Sprache. Band 2.* Berlin: de Gruyter, 177–195.

Studdert-Kennedy, Michael (2005a): Introduction to part I: How did links between perception and production emerge for spoken language? In: Maggie Tallerman (ed.): *Language origins. Perspectives on evolution.* New York, NY u. a.: Oxford University Press (=Studies in the evolution of language, 4), 12–19.

Studdert-Kennedy, Michael (2005b): How did language go discrete? In: Maggie Tallerman (ed.): *Language origins. Perspectives on evolution.* New York, NY u. a.: Oxford University Press (=Studies in the evolution of language 4), 48–67.

Subotić, Ljiljana (2005): *Ortoepska i ortografska norma standardnog srpskog jezika.* Novi Sad: Filozofski Fakultet.

Suprun, Adam E. (1983): *Leksičeskaja tipologija slavjanskich jazykov.* Minsk: Izdatel'stvo belarusskogo universiteta.

Sussex, Roland; Cubberley, Paul V. (2006): *The Slavic languages.* Cambridge u. a.: Cambridge University Press.

Swadesh, Morris (1972): What is glottochronology? In: Joel Sherzer (ed.): Swadesh, Morris: *The origin and diversification of language.* Chicago u. a.: Aldine Atherton, 271–284.

Swadesh, Morris (1955): Towards greater accuracy in lexicostatistic dating, in: *International Journal of American Linguistics* 21, 121–137.

Swadesh, Morris (1952): Lexico-statistic dating of prehistoric ethnic contacts. With special reference to North American Indians and Eskimos, in: *Proceedings of the American Philosophical Society* 96, 4, 452–463.

Szmrecsanyi, Benedikt (2004): On operationalizing syntactic complexity. In: Gérard Purnelle, Cédrick Fairon and Anne Dister (eds.): *Le poids des mots. Proceedings of the 7th international conference on textual data statistical analysis. Louvain-la-Neuve, March 10–12, 2004, Vol. 2.* Louvain-la-Neuve: Presses universitaires de Louvain, 1032–1039.

Szmrecsanyi, Benedikt; Kortmann, Bernd (2009): Between simplification and complexification: Non-standard varieties of English around the world. In: Geoffrey Sampson, David Gil and Peter Trudgill (eds.): *Language complexity as an evolving variable.* Oxford u. a.: Oxford University Press (=Studies in the evolution of language 13), 64–79.

T

Tallerman, Maggie (ed.) (2005a): *Language origins. Perspectives on evolution.* New York, NY u. a.: Oxford University Press (=Studies in the evolution of language 4).

Tallerman, Maggie (2005b): Introduction to part II: Protolanguage and the development of complexity. In: Maggie Tallerman (ed.): *Language origins. Perspectives on evolution.* New York, NY u. a.: Oxford University Press (=Studies in the evolution of language 4), 124–131.

Teubert, Wolfgang (2002): The role of parallel corpora in translation and multilingual lexicography. In: Bengt Altenberg and Sylviane Granger (eds.): *Lexis in contrast. Corpus-based approaches.* Amsterdam: Benjamins (=Studies in corpus linguistics 7), 189–214.

Teubert, Wolfgang; Čermáková, Anna (2007): *Corpus linguistics: A short introduction.* London: Continuum.

Tilkov, Dimităr S. et al. (1982): *Gramatika na săvremennija bălgarski knižoven ezik. Tom 1. Fonetika.* Sofija: Izdat. na Bălgarskata Akademija na Naukite.

Tobin, Yishai (1997): *Phonology as human behavior: theoretical implications and clinical applications.* Durham, NC u. a.: Duke University Press.

Toporišič, Jože (2000): *Slovenska slovnica.* Maribor: Obzorja.

Trnka, Bohumil (1936): General laws of phonemic combinations, in: *Travaux du Cercle Linguistique de Prague* 6, 57–62.

Trubetzkoy, N.S. (1939/1989[7]): *Grundzüge der Phonologie.* Göttingen: Vandenhoeck & Ruprecht (=Travaux du Cercle Linguistique de Prague 7).

Trudgill, Peter (2011): Social structure and phoneme inventories, in: *Linguistic Typology* 15, 2, 155–160.

Trudgill, Peter (2009): Sociolinguistic typology and complexification. In: Geoffrey Sampson, David Gil and Peter Trudgill (eds.): *Language complexity as an evolving variable.* Oxford u. a.: Oxford University Press (=Studies in the evolution of language 13), 98–109.

Trudgill, Peter (2004): Linguistic and social typology. The Austronesian migrations and phoneme inventories, in: *Linguistic Typology* 8, 305–383.

Tuldava, Juhan (1998): *Probleme und Methoden der quantitativ-systemischen Analyse.* Trier: WVT (=Quantitative Linguistics 59).

Tuldava, Juhan (1974): O statističeskoj strukture teksta, in: *Sovetskaja pedagogika i škola* 9, 5–33.

Turk, Marija (1992): *Fonologija hrvatskoga jezika. Raspodjela fonema.* Rijeka, Varaždin: Izdavački Centar Rijeka, Tiskara Varaždin (=Biblioteka Dometi, Velika edicija 104).

V

Vallée, Nathalie et al. (2002): The weight of phonetic substance in the structure of sound inventories, in: *ZAS Papers in Linguistics* 28, 145–168.

Vaux, Bert (2009): The role of features in a symbolic theory of phonology. In: Eric Raimy and Charles Cairns (eds.): *Contemporary views on architecture and representations in phonology.* Cambridge, MA: M.I.T. Press (=Current studies in linguistics 48), 75–97.

Vennemann, Theo (1975): An explanation of drift. In: Charles N. Li (ed.): *Word order and word order change.* Austin, London: University of Texas Press, 269–305.

Véronis, Jean (ed.) (2000): *Parallel text processing. Alignment and use of translation corpora.* Dordrecht: Kluwer Academic Publishers.

Vintr, Josef (2006a): Das Tschechische. In: Peter Rehder (ed.): *Einführung in die slavischen Sprachen (mit einer Einführung in die Balkanphilologie).* 5. Auflage. Darmstadt: Wissenschaftliche Buchgesellschaft, 194–213.

Vintr, Josef (2006b): Das Slovakische. In: Peter Rehder (ed.): *Einführung in die slavischen Sprachen (mit einer Einführung in die Balkanphilologie).* 5. Auflage. Darmstadt: Wissenschaftliche Buchgesellschaft, 214–229.

Voegelin, C.F. (1957): Six statements for a phonemic inventory, in: *International Journal of American Linguistics* 23, 2, 78–84.

Vries, Lourens de (2007): Some remarks on the use of Bible translations as parallel texts in linguistic research, in: *Sprachtypologie und Universalienforschung/ Language Typology and Universals* 60, 2, 148–157.

Vulanović, Relja (2007): On measuring language complexity as relative to the conveyed linguistic information, in: *SKY Journal of Linguistics* 20, 399–437.

W

Waldenfels von, Ruprecht (2006): Compiling a parallel corpus of Slavic languages. Text strategies, tools and the question of lemmatization in alignment. In: Bernhard Brehmer, Vladislava Ždanova und Rafał Zimny (eds.): *Beiträge der europäischen slavistischen Linguistik (Polyslav 9).* München: Sagner (=Die Welt der Slaven, Sammelbände/Sborniki 27), 123–138.

WÄLCHLI, BERNHARD (2007): Advantages and disadvantages of using parallel texts in typological investigations, in: *Sprachtypologie und Universalienforschung/Language Typology and Universals* 60, 2, 118–134.

WANG, CHUAN-CHAO; DING, QI-LIANG; TAO, HUAN; LI, HUI (2012): Comment on "Phonemic Diversity Supports a Serial Founder Effect Model of Language Expansion from Africa", in: *Science* 335, 657.

WEBER, SABINE (2005): Zusammenhänge. In: Reinhard Köhler, Gabriel Altmann und Rajmund G. Piotrowski (eds.): *Quantitative Linguistik. Quantitative Linguistics. Ein internationales Handbuch. An International Handbook.* Berlin, New York: de Gruyter (=Handbücher zur Sprach- und Kommunikationswissenschaft 27), 214–226.

WERNER, OTMAR (1989): Sprachökonomie und Natürlichkeit im Bereich der Morphologie, in: *Zeitschrift für Phonetik, Sprachwissenschaft und Kommunikationsforschung* 42, 1, 34–47.

WERNER, OTMAR (1991): Sprachliches Weltbild und/oder Sprachökonomie. In: Yoshinori Shichiji (ed.): *Begegnung mit dem 'Fremden'. Grenzen – Traditionen – Vergleiche. Akten des VIII. Internationalen Germanisten-Kongresses, Tokyo 1990.* München: Juridicum, 305–315.

WICHMANN, SØREN; HOLMAN, ERIC W. (2013): Languages with longer words have more lexical change. In: Anju Saxena and Lars Borin (eds.): *Approaches to measuring linguistic differences.* Berlin: de Gruyter Mouton (=Trends in linguistics. Studies and monographs 265), 249–281.

WICHMANN, SØREN; RAMA, TARAKA; HOLMAN, ERIC W. (2011): Phonological diversity, word length, and population sizes across languages: The ASJP evidence, in: *Linguistic Typology* 15, 2, 177–197.

WIMMER, GEJZA; ALTMANN, GABRIEL (2005): Unified derivation of some linguistic laws. In: Reinhard Köhler, Gabriel Altmann und Rajmund G. Piotrowski (eds.): *Quantitative Linguistik. Quantitative Linguistics. Ein internationales Handbuch. An International Handbook.* Berlin, New York: de Gruyter (=Handbücher zur Sprach- und Kommunikationswissenschaft 27), 791–801.

WURZEL, WOLFGANG ULLRICH (2001a): Creoles, complexity and linguistic change, in: *Linguistic Typology* 5, 2–3, 377–387.

WURZEL, WOLFGANG ULLRICH (2001b): Ökonomie. In: Martin Haspelmath et al. (eds.): *Language Typology and Language Universals/Sprachtypologie und sprachliche Universalien.* Berlin u. a.: de Gruyter (=Handbücher zur Sprach- und Kommunikationswissenschaft 20, 1), 384–400.

Y

YEGERLEHNER, JOHN ET AL. (1957): Frequencies and inventories of phonemes from nine languages, in: *International Journal of American Linguistics* 23, 2, 85–93.

Z

ZIPF, GEORGE K. (1949a): Relative frequency and dynamic equilibrium in phonology and morphology. In: *Proceedings of the 6th international congress of linguists*. Paris, 391–408.

ZIPF, GEORGE K. (1949b): *Human behavior and the principle of least effort. An introduction to Human Ecology.* Cambridge, MA: Addison-Wesley.

ZIPF, GEORGE K. (1935): *The Psycho-Biology of Language. An Introduction to Dynamic Philology.* Cambridge: M.I.T. Press.

ZÖFEL, PETER (2002): *Statistik verstehen. Ein Begleitbuch zur computergestützten Anwendung.* München u. a.: Addison-Wesley.

ZÖRNIG, PETER; ALTMANN, GABRIEL (1983): The repeat rate of phoneme frequencies and the Zipf-Mandelbrot law. In: Reinhard Köhler and Joachim Boy (eds.): *Glottometrika 5.* Bochum: Brockmeyer (=Quantitative Linguistics 20), 205–211.

Abbildungsverzeichnis

Tabellenverzeichnis

10. Autorenregister

11. Sachregister

www.ingramcontent.com/pod-product-compliance
Ingram Content Group UK Ltd.
Pitfield, Milton Keynes, MK11 3LW, UK
UKHW041824290926
8980IPUK00002B/43

9 783631 664322